# 智慧北京目标谱系及分类设计框架

鲍新中◎编著

经济管理出版社
ECONOMY & MANAGEMENT PUBLISHING HOUSE

图书在版编目（CIP）数据

智慧北京目标谱系及分类设计框架/鲍新中编著．—北京：经济管理出版社，2023.3
ISBN 978-7-5096-8975-2

Ⅰ.①智…　Ⅱ.①鲍…　Ⅲ.①智慧城市—城市管理—研究—北京　Ⅳ.①F299.271

中国国家版本馆 CIP 数据核字（2023）第 053498 号

组稿编辑：魏晨红
责任编辑：杨国强
责任印制：黄章平
责任校对：曹　魏

出版发行：经济管理出版社
　　　　　（北京市海淀区北蜂窝 8 号中雅大厦 A 座 11 层　100038）
网　　址：www.E-mp.com.cn
电　　话：（010）51915602
印　　刷：北京市海淀区唐家岭福利印刷厂
经　　销：新华书店
开　　本：720mm×1000mm/16
印　　张：26.75
字　　数：510 千字
版　　次：2023 年 4 月第 1 版　　2023 年 4 月第 1 次印刷
书　　号：ISBN 978-7-5096-8975-2
定　　价：158.00 元

# 前　言

　　快速的城市化发展使以北京为代表的超大型城市面临着严重的城市管理问题。交通拥堵、环境污染、资源短缺等"大城市病"影响了首都功能的发挥，要提升北京城市精细化管理水平、深化城市管理体制改革、健全综合管理体系，须注重利用最新的信息和通信技术（ICT）寻求智慧的解决方案。智慧城市已成为全球应对快速城市化和社会经济挑战的重要途径，是国内外学者关注的热点领域。虽然城市管理者普遍对智慧城市建设抱有较高期待，但其相关研究仍处于起步阶段。在城市信息化与数据科学的推动下，如何构建智慧北京的应用目标谱系，为北京智慧城市技术整体发展提供一个目标明确、层次清晰、连贯系统的布局性指导；如何因地制宜充分挖掘城市核心数据的关联性和应用性，打破数据壁垒、实现多源数据的融合，提升"四个服务"水平，完成信息的完整增值利用，是创新智慧北京建设的核心命题，也是本书研究旨在突破的关键内容。

　　本书着眼于目标问题，结合北京市实际发展需求，以城市人口精准管理、交通智能管理服务、智慧医疗健康服务、生态环境智能监控、城市安全保障及风险防范等为主要应用场景，在应用层面设计了多个智慧北京应用单元，构建应用谱系全景，通过运行具有自适应特点的逻辑字段元，将基于全域集描述的数据结构运用于各类实际行业，在智慧城市运行管理的全生命周期过程中，依据各行业决策部门的综合需求，建立多维度元知识体系。

　　本书内容共20章，由北京联合大学鲍新中教授及其团队研究编写，其中第1、2、9章由孙琼、李林、李竹伊撰写；第3、5章由李雪岩、张同宇、李竹伊撰写；第4章由黄艳、裴一蕾、李英侠撰写；第6章由祝歆、李竹伊撰写；第7章由王冬妮撰写；第8章由黄静华、张俊玲撰写；第10章由王晓芳、王森、兰昌贤、陈俊荣、王献东撰写；第11章由孙洁、高书丽、刘洁撰写；第12章由胡艳君、温强、朱晓妹、杜辉撰写；第13章由吕明撰写；第14章由孙迪、周进撰写；第15章由丁庆洋撰写；第16章由张越今撰写；第17章由江晶晶撰写；第18章由徐成撰写；第19章由玄祖兴、庄晓撰写；第20章由陈建斌撰写。在此，

1

特别感谢李学伟教授，参与了各章的编写研讨和章节设计。全书的内容设计、编写组织、统稿工作由鲍新中教授负责。

　　本书在编写过程中，参考了已出版的研究专著、教材，借鉴了部分相关专著、论文等文献。由于笔者学术水平和实践经验有限，书中不足或不当之处在所难免，恳请读者予以批评指正！

编者

# 目　录

## 第一篇　智慧城市建设

第一章　智慧城市建设的重要意义 …………………………………………… 3

　第一节　智慧城市的内涵及价值 …………………………………………… 3
　第二节　智慧城市建设的总体目标 ………………………………………… 6
　第三节　智慧城市建设的历程与阶段特征 ………………………………… 13
　第四节　智慧城市建设的成就 ……………………………………………… 18
　第五节　北京智慧城市建设进展 …………………………………………… 24

第二章　智慧城市建设的关键技术 …………………………………………… 28

　第一节　智慧城市建设的关键技术特征 …………………………………… 28
　第二节　智慧城市建设发展阶段 …………………………………………… 31
　第三节　智慧城市建设的关键技术问题 …………………………………… 33
　第四节　智慧城市目标谱系建设的作用和价值 …………………………… 37

第三章　目标谱系理论 ………………………………………………………… 40

## 第二篇　目标谱系设计

第四章　智慧政务 ……………………………………………………………… 49

　第一节　智慧政务概述 ……………………………………………………… 49
　第二节　北京智慧政务的发展 ……………………………………………… 53
　第三节　智慧政务系统目标 ………………………………………………… 56
　第四节　智慧政务应用系统 ………………………………………………… 59

第五节　智慧政务的联动应用 …………………………………………… 61

**第五章　智慧交通** ……………………………………………………… 72

第一节　智慧交通建设目标 ………………………………………… 72

第二节　智慧交通建设内容 ………………………………………… 75

第三节　智慧交通建设现状 ………………………………………… 78

第四节　智慧交通运行系统 ………………………………………… 94

第五节　智慧交通目标谱系设计 …………………………………… 103

**第六章　智慧社区** ……………………………………………………… 108

第一节　智慧社区概述 ……………………………………………… 108

第二节　智慧社区技术架构与功能 ………………………………… 109

第三节　智慧社区应用系统 ………………………………………… 113

第四节　智慧社区谱系内容 ………………………………………… 117

第五节　联动应用 …………………………………………………… 121

**第七章　智慧医疗和智慧养老设计** …………………………………… 129

第一节　智慧医疗目标谱系设计 …………………………………… 129

第二节　智慧养老目标谱系设计 …………………………………… 137

第三节　北京智慧医疗养老发展 …………………………………… 148

**第八章　智慧教育** ……………………………………………………… 153

第一节　建设现状 …………………………………………………… 153

第二节　建设目标 …………………………………………………… 156

第三节　建设内容 …………………………………………………… 160

第四节　智慧教育实践 ……………………………………………… 167

第五节　北京智慧教育的目标谱系 ………………………………… 173

**第九章　智慧旅游** ……………………………………………………… 176

第一节　智慧旅游概述 ……………………………………………… 176

第二节　智慧旅游技术架构与功能 ………………………………… 180

第三节　智慧旅游应用系统 ………………………………………… 182

第四节　智慧旅游目标谱系设计 …………………………………… 184

第五节　北京智慧旅游谱系 ………………………………………… 190

第六节　北京智慧旅游案例 ………………………………………… 194

**第十章　智慧环保** ································································ 200

第一节　智慧环保建设现状 ···················································· 200

第二节　智慧环保目标谱系 ···················································· 205

第三节　智慧环保建设 ························································· 214

第四节　智慧环保联动应用 ···················································· 218

第五节　北京智慧环保目标场景 ················································ 220

**第十一章　智慧商务** ······························································ 225

第一节　智慧商务概述 ························································· 225

第二节　智慧商务目标谱系 ···················································· 231

第三节　智慧商务应用系统 ···················································· 234

第四节　智慧商务应用场景 ···················································· 238

**第十二章　北京智慧建造目标谱系** ·············································· 250

第一节　智慧建造内涵 ························································· 250

第二节　智慧建造应用系统 ···················································· 251

第三节　智慧建造目标谱系 ···················································· 255

第四节　智慧建造典型应用场景 ················································ 258

## 第三篇　预测决策篇

**第十三章　产业发展智慧管理** ·················································· 267

第一节　产业发展智慧管理概述 ················································ 267

第二节　产业发展智慧管理系统建设目标 ········································ 270

第三节　产业发展智慧管理系统建设内容 ········································ 272

第四节　产业发展智慧管理应用场景 ············································ 275

**第十四章　风险防控** ······························································ 283

第一节　城市风险应急体系 ···················································· 283

第二节　城市风险识别与分析 ·················································· 286

第三节　以高铁为例的风险分析 ················································ 293

**第十五章　数字化社会治理** ······················································ 298

第一节　数字化社会治理内涵及其重要意义 ······································ 298

第二节　国内外数字化治理进展 ……………………………………… 302

第三节　数字化社会治理潜在的风险与问题 …………………………… 307

第四节　数字化社会治理关键技术与提升路径 ………………………… 311

第五节　智慧北京数字化社会治理目标谱系 …………………………… 316

**第十六章　网络空间安全的概述** …………………………………… 319

第一节　网络空间安全的风险谱系 ……………………………………… 319

第二节　网络空间安全的管理谱系 ……………………………………… 324

第三节　网络空间安全的法规谱系 ……………………………………… 326

第四节　网络空间安全的技术谱系 ……………………………………… 330

第五节　网络空间安全的产业谱系 ……………………………………… 334

**第十七章　经济安全** ………………………………………………… 340

第一节　北京经济安全的影响因素 ……………………………………… 341

第二节　北京经济安全的内涵分析 ……………………………………… 344

第三节　北京经济安全的现状及问题 …………………………………… 348

第四节　北京经济安全目标谱系及联动应用 …………………………… 350

**第十八章　AI 智能平台** ……………………………………………… 357

第一节　国内外 AI 平台概述 …………………………………………… 357

第二节　AI 平台设计 …………………………………………………… 359

第三节　AI 的模式理论与算法创新 …………………………………… 366

第四节　AI 在智慧北京下的应用及其发展的关键技术和约束 ……… 372

**第十九章　大数据全域集模型** ……………………………………… 380

第一节　全域集思想的提出 ……………………………………………… 380

第二节　全域集的基础运算 ……………………………………………… 382

**第二十章　"四个中心"目标谱系** ………………………………… 383

第一节　建设目标 ………………………………………………………… 383

第二节　建设内容 ………………………………………………………… 389

第三节　建设现状 ………………………………………………………… 406

第四节　联动应用 ………………………………………………………… 412

**参考文献** ……………………………………………………………… 417

# 第一篇

## 智慧城市建设

# 第一章 智慧城市建设的重要意义

智慧城市（Smart City）是 21 世纪以来，在全球范围内兴起的对未来城市发展和信息化建设的新概念，建设智慧城市已成为当前世界城市发展的主流方向。在信息全球化的背景下，智慧城市建设是新一轮科技革命和产业变革交互融合的产物，以数字化治理和城市精细化管理为核心，以现代信息技术为载体，深度融入经济社会各领域的现代城市发展模式，是对现代城市的重构与升华。当下，智慧城市的建设与规划已经引起世界各国的重视，并已成为发达国家发展战略性新兴产业的重点。

## 第一节 智慧城市的内涵及价值

### 一、智慧城市的概念

"智慧城市"概念起源于 2008 年 IBM 在纽约召开外国关系理事会上提出的"智慧地球"这一愿景。随后，IBM 在《智慧的城市在中国》白皮书中，将"智慧城市"定义为：能够充分运用信息和通信技术手段感测、分析、整合城市运行核心系统的各项关键信息，从而对于包括民生、环保、公共安全、城市服务、工商业活动在内的各种需求做出智能的响应，为人类创造更美好的城市生活。

国内对智慧城市概念的界定分为狭义和广义两种。狭义上的智慧城市是以一种更智慧的方法通过利用以物联网、云计算等为核心的新一代信息技术来改变政府、企业和人们相互交往的方式，对于包括民生、环保、公共安全、城市服务、工商业活动在内的各种需求做出快速的、智能的响应，提高城市运行效率，为市民创造更美好的生活。广义上的智慧城市不仅是技术的，更是涉及空间、经济、社会、制度和管理等全方位革新的新的城市发展模式，尽可能地优化整合各种资源，实现人的全面发展的城市。智慧城市涉及城市经济社会发展、生活方式、城市治理、科技创新等领域，是城市信息化的高级形态，智慧城市建设有利于实现经济、社会、生态的可持续发展；以信息技术为基础，依托信息产业发展和技术创新应用，推动城市经济社会发展模式转型和城市治理的现代化；通过整合各种信息资源，全面提升城市居民的生活质量和幸福指数①。

**二、智慧城市的价值**

（一）智慧城市建设支撑全面建成社会主义现代化强国建设

现代城市是社会技术创新、经济增长和现代化的支柱。过去几年间，我国近300个城市开展了智慧城市建设试点，有效改善了公共服务水平，提升了城市管理能力，促进了城市的经济发展。随着国家治理体系现代化和治理能力现代化的不断推进，"创新、协调、绿色、开放、共享"发展理念不断深入。随着网络强国战略、国家大数据战略、"互联网+"行动计划的实施和"数字中国"建设的不断发展，城市被赋予了新的内涵和要求，这不仅推动了传统城市向智慧城市的演进，更为新型智慧城市建设带来了前所未有的发展机遇。智慧城市是以创新引领城市发展转型，全面推进新一代信息通信技术与新型城镇化发展战略深度融合，能提高城市治理能力现代化水平，实现城市可持续发展的新路径、新模式、新形态，已成为落实国家战略、关切民众福祉、提升城市治理能力的战略选择。

我国城市正处于新旧治理模式交替、城镇人口比重快速上升、信息技术蓬勃发展的新发展阶段，作为推动城市升级发展的重要方式，智慧城市的建设得到了党和国家的高度重视。习近平总书记强调，有条件的地方可以率先构建新发展格局探索有效路径，北京作为首都必须要率先探索有效路径，积极融入新发展格局。党中央已从战略上布好局，北京必须在紧要处落好子，第一"子"就是建设国际科技创新中心；2021年1月，《北京市政府工作报告》将全面推进智慧城市建设列为2021年的重点工作，并要求加强顶层设计，布局智慧北京全域应用场景，一体建设数字政府、数字经济、数字社会。中共北京市委在《关于制定北京市国民经济和社会发展第十四个五年规划和二〇三五年远景目标的建议》中指出，要提升基础设施和公共服务质量，提高城市治理智慧化水平。不难看出，在新发展理念的指导下，研究和建设智慧北京不仅是提升超大城市治理水平、推进首都治理体系和治理能力现代化的重要途径，同时是大胆探索贯穿其中的相关"卡脖子"技术与理论创新，带动一系列高精尖产业，特别是北京数字经济快速发展的关键抓手，研究智慧北京全域目标谱系的设计及其关键技术和理论，在新阶段具有重要意义。

（二）智慧城市建设有力推进数字技术创新发展

智慧城市的核心是通过物联网和云计算等新一代信息技术来改变政府、企业

---

① 何宗耀. 新型智慧城市建设现状、技术与研究［M］. 北京：北京邮电大学出版社，2018.

和居民相互交往的方式，深度融入经济社会各个领域，对各种需求做出快速、智能的响应，能够迅速、灵活、正确地理解和处理事务，从而提高整个城市运行效率，打造现代城市发展模式，为居民创造更美好的城市生活。从创新角度看，技术创新和制度创新是历史迭代向前发展的重要手段，交替牵引经济社会的进步发展。制度创新的主要路径是通过组织优化、流程再造，最终实现效率的大幅提升，其基础是数据。围绕城市大数据的规划、采集、流通、分析、反馈和修订等全生命周期，用信息流优化驱动各领域系统建设完善，将成为智慧城市建设的主要路径。在大数据处理的全生命周期中，都要依赖技术创新，即技术创新是推动智慧城市的直接动力。人类社会的进步和发展都是靠直接的技术创新推动的，每一次的技术创新或发明都改变着人类生产、生活的方式，没有技术创新做支撑，其他的目标将是空中楼阁。例如，蒸汽机和珍妮纺纱机的发明成为工业大生产的标志、电的发明将人类推进到电气化时代、计算机和互联网的发明标志着人类社会迈入了信息化时代。因此，在智慧城市的建设阶段，从城市学的视角出发，以数据驱动为核心，创新性地、系统性地解决城市复杂性问题的过程中，要有力地推进数字技术创新的发展。

（三）智慧城市建设有助于增强城市韧性

都市是世界现代文明的集合体，是文明的发动者。尽管这些大都市地区或城市只占地球陆地面积的不到5%，但它们消耗了超过75%的人类使用的自然资源，排放了全球60%~80%的温室气体（GHGs）[1]。全球城市化的进程依然以不可阻挡的趋势向前推进，到2050年，接近70%的世界人口将生活在城市。人口大国中国所在的亚洲将成为全球城市化最快的地区[2]。城市化的迅猛发展和能源消耗的持续增加，对城市的环境、综合治理和安全保障影响巨大[3]。快速城市化使全球的城市管理部门不得不面临着向越来越多的居民提供更多的无障碍安全设施、绿色建筑、清洁能源和经济住房等服务[4]。这些城市发展问题促使城市管理者开始通过信息技术、创新服务和高效治理，为城市服务寻求智慧的解决方案[5]。智

①　Hashem I A T., Chang V., Anuar K., et al. The role of big data in smart city ［J］. Management, 2016, 5 (36)：748-758.

②　United Nations. World Urbanization Prospects：the 2018 Revision. ［EB/OL］. https：//popula-tion. un. org/wup//Publications/Files/WUP2018-KeyFacts. pdf.

③　Naphade M., Banavar G., Harrison C., et al. Smarter cities and their innovation challenges ［J］. Com-puter, 2011, 6 (44)：32-39.

④　Burchell K., Rettie R., Roberts, T. C. Householder engagement with energy consumption feedback：The role of community action and communications ［J］. Energy Policy, 2016 (88)：178-186.

⑤　Yigitcanlar T., Velibeyoglu K., Martinez-Fernandez C. Rising knowledge cities：The role of urban knowledge precincts ［J］. Journal of Knowledge Management, 2008, 5 (20)：8-20.

慧城市建设正在成为全球应对快速城市化和社会经济挑战的重要途径[①]。截至2016年，全球已有1000多个城市启动了智慧城市建设项目[②]，旨在利用最新的信息和通信技术（ICT），解决城市规划和治理中的紧迫问题，这是一项涉及居民住房、交通管理、能源网络、教育培训、健康医疗以及电子政务等多学科、多领域的城市变革工程。

李德仁（2014）认为：智慧城市是在数字地球的基础上，通过物联网将现实世界与虚拟数字世界进行有效的融合，建立一个可视的、可量测、可感知、可控制的智能化城市管理与运营机制，以感知现实世界中人和物的各种状态及变化，并完成其海量和复杂的计算与控制，为城市管理提高便利，为公众提供各种智能化的服务，即"智慧城市+数字城市+物联网+云计算"。[③] 在城市化的过程中，如何实现城市的可持续发展成为城市管理者关心的议题。联合国《2030年可持续发展议程》中的第11项正是"可持续城市和社区"。用先进的技术实现城市的可持续发展正成为众望所归的最佳解决方案，特别是被人工智能武装的智慧城市将引领城市的未来发展。

（四）智慧城市建设有助于实现城市可持续发展

进入21世纪，城市发展速度前所未有，数字革命和持续的技术进步影响着人们生活的各个领域，包括社会、经济和环境等。快速的城市化进程给城市经济、资源利用、居民生活以及城市可持续发展等方面带来不同程度的影响。当今世界正经历百年未有之大变局，全球疫情突发，进一步阻碍人员、货物、服务资本和信息的跨界流动，对城市经济发展、资源利用、生态环境和生活质量带来严峻挑战，也暴露出以往智慧城市建设在顶层设计和数据获取中的现实短板，亟须继续探索可有效提升城市科学治理水平的有效路径，进一步激发城市数字化治理能力。在5G、大数据、人工智能、区块链和新基建等一轮轮科技浪潮的推动下，智慧城市已成为城市建设和前沿科技领域的新热点，可帮助城市管理者科学决策、精细管理和快速响应，以提升城市竞争力。

# 第二节　智慧城市建设的总体目标

智慧城市的目标是让城市的运行更加高效、精细和智能，涉及政府、企业、

---

① Chourabi H., Nam T., Walker S, et al. Understanding smart cities: An integrative framework [D]. the 45th Hawaii International Conference on System Science（HICSS），2012.

② Yigitcanlar T., Kamruzzaman M. Does smart city policy lead to sustainability of cities [J]. Land Use Policy，2018（73）：49-58.

③ 李德仁，姚远，召振峰. 智慧城市中方大数据 [J]. 武汉大学学报（信息科学版），2014，39（6）.

组织和个人间的互动，也涉及现实与虚拟系统间的互动。智慧城市的建设不是一蹴而就的，而是一个长期的、需要不断自我完善的过程，包括市政基础设施建设、高速通信网络建设等。

## 一、智慧城市建设要求

2020 年，是"十三五"规划的收官之年，也是"十四五"规划的启动之年，国家密集出台多项政策予以引导和支持，智慧城市也逐步迈向高质量建设发展阶段。2020 年 3 月 31 日，习近平总书记在考察杭州城市大脑运营指挥中心时指出，通过大数据、云计算、人工智能等手段推进城市治理现代化，大城市也可以变得更"聪明"。从信息化到智能化再到智慧化，是建设智慧城市的必由之路，前景广阔。2020 年 4 月 3 日，国家发展和改革委员会印发了《2020 年新型城镇化建设和城乡融合发展重点任务》，提出实施新型智慧城市行动，即完善城市数字化管理平台和感知系统，打通社区末端、织密数据网格，整合卫生健康、公共安全、应急管理、交通运输等领域信息系统和数据资源，深化政务服务"一网通办"、城市运行"一网统管"，支撑城市健康高效运行和突发事件快速智能响应。2020 年 4 月 9 日，中共中央、国务院发布了《关于构建更加完善的要素市场化配置体制机制的意见》，这份关于要素市场化配置的文件，指出了土地、劳动力、资本、技术、数据五个要素领域改革的方向，在智慧城市的规划、建设和运营中，将充分利用 5G、物联网、人工智能、大数据、云计算、智慧旅游等信息化技术推进城市治理的数字化转型，实现城市的智慧运营、精准治理、高效集约和人文关怀。2020 年 7 月 9 日，为深入实施新型城镇化战略，持续推进新型智慧城市分级分类建设，国家发展和改革委员会发布了《关于加快落实新型城镇化建设补短板强弱项工作》的通知，要求有序引导各地区因地制宜推进县城智慧化改造，保障建设成效、防范潜在风险，有效发挥项目数字化、智慧化赋能效应，支撑县域经济社会高质量发展。城市数字化建设的举措正在逐步落地实施，基于数字化转型的智慧城市建设将进一步激活巨大的内需潜力和发展动能，不断推进供给侧结构性改革和新旧动能转换的进程。依托智慧城市建设工作的加速，社会治理、经济发展、科技创新、环境改善、生活幸福等都将进入新的阶段，成为推动人类文明进步的重要驱动力。国家密集出台的多项发展政策对智慧城市的数字化建设提出了明确要求：

首先，新基建驱动多种新兴技术广泛融合应用于智慧城市建设中，奠定了智慧城市高质量建设的基础。一方面，5G、物联网等通信技术设施，AI、云计算、智慧旅游等技术基础设施，数据中心等算力基础设施，本身即是智慧城市的重要组成单元；另一方面，智慧城市建设中，所涉及的各类智慧治理、智慧民生与智慧产业等应用，是基础设施价值发挥的重要抓手。新技术的运用，对城市建设进行了重塑和再造，倒逼城市创新和发展，进而加速与经济社会发展深度融合，释放更多的发展潜力与空间。

其次，智慧城市建设和运营应以数据要素为核心，推动智能化程度提升，顺应高效和集约发展的要求。为此，一是重视数据采集设施，包括5G、物联网，以及各类传感终端；二是重视数据平台，实现对各类数据汇总；三是加强数据开放，以推动数据全方位应用。

最后，加速可实施的标杆项目落地，切实做优做深智慧城市建设。这其中包括智慧社区等微场景的建设，智慧交通、城市大脑等纵向领域建设等。

**二、智慧城市建设原则**

（一）需求驱动

以需求为导向的立体化服务是智慧城市建设的出发点。围绕着新基建的多项措施，智慧城市成为重要新型基础设施建设的组成部分。对于智慧城市的规划、建设和运营来说，要以需求为导向，全面打造立体化的服务体系，重点匹配政府、公众、企业三大主体需求，实现智管理、惠民生和新增长，充分发挥补短板、调结构和促创新的重要作用。

智慧城市建设通过建立城市要素间的万物互联、强化以需求为导向的立体化服务，可更好地满足城市精细化管理与智能化服务要求，并形成有幸福感、获得感和安全感的智慧城市体系。

（二）聚焦治理水平

随着文明的进步和技术的发展，城市治理向着集约、高效、绿色、精细、人文的方向延伸。城市的规划、建设和运营需要更多地嵌入智慧化元素，更加系统、更加科学合理地推动城市治理的进步，提升城市治理的水平。在这其中，城市的全景感知、数据流通、智能分析、安全保障、联合调度、协同治理的作用非常重要。依托"城市大脑"的城市运营中心，可以在夯实信息基础设施建设的前提下，实现城市的智能化、立体化、精准化治理，有效地协助政府提升城市的治理水平。

首先，在政府的大力支持及新基建的充分带动下，以企业为主体承担的城市信息基础设施建设成为智慧城市建设的重要前提。提升城市基础设施信息化水平，加强5G、物联网、数据中心等各类基础设施建设，实现千兆到户的规模网络部署，改造传输网络的超高速宽带技术，以示范应用带动网络节点的升级。深化5G建设，推动街道基站、小微基站，构建多层次、立体化的移动通信网络；推动物联专网建设，形成技术多样、应用多层、生态完善的物联网产业格局；强化数据中心建设，通过顶层设计推动数据资源共享开放和流通。着力推进数据资源交换共享能力建设，借助标识解析、智慧旅游等新技术，进一步发挥 5G、物联网、数据中心等公共基础设施的作用和价值，有力支撑技术融合、业务融合、数据融合，实现跨层级、跨地域、跨系统、跨部门、跨业务的协同管理和服务，推动城市各项基础信息资源共享利用，最大限度地激发数据的使用价值，着力提升城市公共服务水平，进一步增强社会公众获得感。

其次，高度聚焦"城市治理"网格化管理，通过数字化、智能化的手段，实现对城市的精确化治理，包括对各类微单元管理，实现实时管理、溯源管理、预测式管理等，进一步提升治理水平，提高市民服务的便利性；通过网格化应用拓展逐步渗透到社区卫生、公共安全和社会服务管理等领域，实现组织结构、运作机制和服务流程等多方面的协作与创新，整合和共享各行业、各系统和各部门的信息，为社会和市民提供一体化、全方位的社会管理服务。

社区是城市的组成细胞，是城市管理、政务服务和市场服务的载体；智慧社区是智慧城市建设落地的触点，是对智慧城市概念的继承、发展和实施，打造智慧社区能有效提高政府管理效率，推动和谐社会建设。在一定程度上，智慧园区是智慧城市小区域范围内的缩影，是建设智慧城市的重要组成部分，是推进我国产业转型升级和智慧城市建设的重要举措。根据德本咨询、eNet 研究院、互联网周刊统计，截至 2020 年国家级园区规模超过 500 家，省级园区超过 1000 家，在国家的大力扶持下，园区经济已成为我国经济发展的主要助推器。城市安全是保证智慧城市健康发展的重要抓手，是政府保障公众享有安全和谐的生活、工作环境以及良好的社会秩序的关键着力点，是政府加强社会管理和公共服务的重要内容。

（三）以人为本

"城市，让生活更美好"，智慧城市的建设，需要聚焦提升居民福祉。其中，智慧社区和家庭，作为与居民生活关系最密切的单位，直接促进智慧生活提升。

例如，将智慧社区的居民健康大数据通过智能家居系统（可穿戴、新风与环境监测设施等）、社区养老系统与城市医疗系统、政府医保系统对接，将咨询、保健、就诊、康复、检查等医疗保健资源真正与社区对接，落地到社区，是居民生活水平提高的一个重要指标。同时，基于智慧化的"互联网+政务服务"以及社区便民服务等新态势、新模式的落地应用在提升居民生活幸福感上也十分重要。例如，"一网通办"、社区邻里互动、基层民情民意采集和社区停车等便民举措的实施，将极大地赋能居民日常生活、事务办理等体验的改善。

智慧家庭是智慧城市建设的最小单元，是让人民群众实现"美好生活"的基础路径和"最后一公里"，通过智能化程度较高的家电、家具等家居环境，让家庭成员享受数字化美好生活。智慧家庭是未来家庭的发展方向，是满足广大人民群众不断提高的物质、文化生活需要的必然要求。

（四）创新发展

数字经济成为新型智慧城市建设的重要组成部分。城市通过发展数字经济形成叠加溢出效应，能更好地支撑城市创新转型，引领城市现代经济体系和生产方式加速向网络化、数字化、智能化演进。为了推动数字经济的发展，在智慧城市的建设过程中，需要重点促进两方面的工作。

1. 营商环境优化

智慧城市建设背景下，营商环境的改善，强调数据驱动影响企业活动的社会要素、经济要素、政治要素和法律要素的改善。依托智慧城市的大数据，充分为企业发展提供肥沃的土壤，不断吸引优质企业入驻、推动入驻企业成长，并且不断激发企业的创新活力和经营动力。例如，为了充分为企业服务，围绕针对企业的政府审批流程进行"互联网+政务服务"体系建设，其主要目的是打造智慧城市体系下的"服务型政府"，也是改善营商环境的重要举措。一是制定统一规范的审批服务标准，全面梳理部门政务服务事项以及事项办理过程中自行采集、加工处理、结果输出等方面的信息资源，调研部门业务系统现状，同时建立统一的审批服务标准规范；二是打通数据，实现纵向横向的政务信息共享，加强政务信息资源跨层级、跨地域、跨系统、跨部门、跨业务互联互通和协同共享，运用互联网、大数据、人工智能等信息技术，打通纵向垂直部门、横向职能部门的数据壁垒，实现纵向横向数据流通，消除信息孤岛。

2. 数字经济监管

由于数字经济的边界尚未明确，因此，具体产业形态、细分领域和统计计算口径目前尚未纳入国家经济监测和统计指标体系中。为了更有效地促进数字经济的发展，需要以信息化为抓手，构建完善的数字经济监管体系，实现对数字产业与产业数字化全方位的管理。

**三、智慧城市建设愿景**

智慧城市旨在有效管理不断增长的城市化和能源消耗，维护绿色环境，提高公民的经济和生活水平，提高人们有效使用和采用现代信息通信技术的能力。智慧城市正在帮助城市管理者应对挑战，其在全球范围的部署给各城市带来了实际效益，包括 GDP 增长、失业率降低、生活质量以及安全健康提升。这使得城市管理者能够实现科学决策，精细管理，快速响应，提升城市竞争力。智慧城市框架的核心由智慧城市的目标组成，最常见和关键的是社会、经济和环境的可持续性。

（一）城市可持续发展

可持续性是未来城市发展的一个重要问题。在智慧城市的概念中，这一问题被认为与解决负面环境外因相关。社会可持续性问题涉及生活在智慧城市中的人们和社区。它由不同的维度和主题组成。智慧城市的社会可持续性与有效的社区参与实践有关，并与对社会结构的积极影响有关。虽然社会可持续性和智慧城市概念高度相关，但它的研究不如环境可持续性。

（二）经济可持续性增长

智慧城市领域的经济可持续发展是人类可持续发展的必要条件。这被认为是一个代际公平的问题。它指的是分配公平、可持续发展、最优增长和纯粹时间偏好之间的关系[1]。在智能城市中，经济系统的管理方式应该是：可用资源在城市人口中分配，以便同等地保持和改善资产，而经济的可持续性是未来提高人类生产力的机会。这种方法被视为各种经济和社会环境，这些环境与智能城市中人口的教育及技能发展有关。

（三）环境绿色宜居

环境可持续性被认为是全球关注的重要问题之一。智慧城市项目可以通过开发和采用低碳排放技术来精准应对，以确保绿色环境。这一概念主要关注通过保护稀缺资源和减少二氧化碳排放来保护环境，以消除或减少环境退化。在智慧城市的发展中，环境可持续性是一个关键问题，城市在可持续性方面提供了巨大的潜力[2]。

**四、智慧城市建设框架**

智慧城市建设通常是因应城市发展中的现实挑战和机遇而提出，因此不同城市的智慧城市建设框架各不相同。如 Dameri 等（2018）发现，地理环境、国家和地区法律、文化特征和生活质量预期等这些与当地条件密切相关的因素是智慧城市建设的主要驱动力。在 Chourabi 等（2012）确定的智慧城市 8 个关键因素中，4 个与城市自身条件相关，包括城市居民、当地社会经济、已建基础设施与自然环境。城市管理部门的主要任务是在地方预算和市政收入的限制下，有效解决居民和社区问题，如土地使用、交通管理、环境保护、经济适用房和就业机会创造等。因此，智慧城市体系框架须能够充分协调城市发展所面临的现实挑战与机遇。如旧金山市面临着大湾区交通拥堵问题，在其智慧城市框架中突出了智能交通管理的特点；爱尔兰都柏林拥有全球极具竞争力的软件生产部门，在其智慧城市建设规划中强调了"创新解决方案"；港口城市鹿特丹利用物联网系统，使

---

① Bouzguenda I. , Alalouch C. , Fava N. Towards smart sustainable cities: A review of the role digital citizen participation could play in advancing social sustainability [J] . Sustainable Cities and Society, 2019（50）: 7-14.

② Ji T. , Chen J. H. , Wei H. H. , Su Y. C. Towards people-centric smart city development: Investigating the citizens' preferences and perceptions about smart-city services in Taiwan [J] . Sustainable Cities and Society, 2021（1）: 7-14.

其港口运营更加"智慧化"。在上述因素的影响下，一系列智慧城市的框架被提出。这些框架有重大重叠和差异，但对全球智慧城市的战略计划影响仍有限，需要一个明确的框架来提供智慧城市发展标准（IAS OUR DREAM，2014）。弗若斯特沙利文公司（Frost & Sullivan）对全球智慧城市进行了调查，并确定了它们的共同特征，提出了智慧钻石（Smart Diamond）框架，以预测未来趋势。智慧钻石框架包含八个基本方面，即智能治理、智能能源、智能建筑、智能移动性、智能基础设施、智能技术、智能医疗保健和智能居民①。IBM 提出了一个生态圈计划，其中包括执法和公共安全的规划，政府和行政机构管理以及智能建筑和城市规划，以打造一个更智慧的城市。2013 年，国际知名智慧城市战略家博伊德·科恩（Boyd Cohen）提出了"智慧城市轮"框架，用于对智慧城市属性进行广泛而深入的评估。该框架涵盖了智慧城市发展的六大重点领域，即智慧政府、智慧经济、智慧环境、智慧交通行、智慧居民和智慧生活。每个领域细分为三个子领域，包含六十二个指标，以更准确地评估城市实现的智慧水平②。"智慧城市轮"将智慧城市的六大重点领域结合起来并协调相关政策，优化了城市治理流程和服务效能。

（1）智慧政府：利用计算机/信息技术（以下简称 CS/IT）传递公共信息和服务，从而改善政府、企业和居民之间的沟通效率和信息透明度，以提高城市服务响应能力，并支持城市治理决策。

（2）智慧经济：由 CS/IT 带来的经济发展机会，包括制造和服务的提供、新产品的开发服务等，以提高城市生产力与全球化，提升城市核心竞争力。

（3）智慧环境：绿色建筑、能源利用和城市规划。利用远程监控技术对城市资源进行更有效的控制，包括智能能源（由 CS/IT 改进的能源电网的计量、控制和监测，以及可再生能源）、水、绿色建筑、绿色城市规划、城市服务（废物管理、排水系统和公共照明），资源的再利用和替代，以减少能源浪费和碳排放。

（4）智慧交通：汇集了一组通过使用 CS/IT 改善运输和物流服务，借助远程监控技术和可视化数据库用于对人员、货物和车辆的流动提供即时响应。

（5）智慧居民：重点是通过 CS/IT 创新，为居民创造终身学习环境，居民可借助网络平台参与城市公共事务，从而提高城市居民的认同感和目标感。

（6）智慧生活：强调利用 CS/IT 以提高城市居民生活质量，为其提供一个更加安全和健康的城市居住环境。

---

① Frost，Sullivan. Strategic opportunity analysis of the global smart city market［EB/OL］. https：// www. egr. msu. edu/~aesc310web/resources/SmartCities/Smart%20City%20Market%20Report%202pdf.

② B. Cohen，Smart city wheel. Retrieved from SMART & SAFE CITY［EB/OL］. https：//www. smart-cir-cle. org/smartcity/blog/boyd-cohen-the-smart-city-wheel/.

目前，智慧城市理论方法研究滞后于实践。智慧城市的建设与发展是一个复杂的巨系统工程，涉及管理科学、计算机科学、信息科学、统计学、智能制造等多学科的交叉融合研究，更与云计算、大数据、物联网、移动互联网、大数据等新技术密不可分。因此，需要整合跨学科综合型的复合人才及团队开展持续而深入的研究，按照国际一流智慧城市建设方向，在智慧城市运行管理的全生命周期过程中，依据各行业决策部门的综合需求，从顶层设计角度全面完整地对智慧北京的建设谱系进行系统架构。

在此基础上，本章通过对智慧城市发展的背景、价值、目标和现状等进行梳理，构建智慧北京目标谱系，如图 1.1 所示。

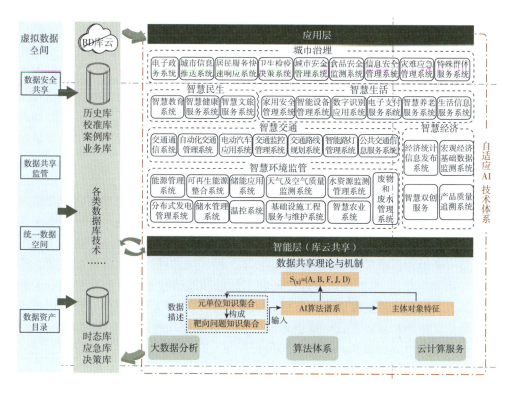

**图 1.1　智慧北京目标谱系**

## 第三节　智慧城市建设的历程与阶段特征

全球城市化的进程依然以不可阻挡的趋势向前推进，到 2050 年，接近 70%

的世界人口将生活在城市。人口大国中国和印度所在的亚洲将成为全球城市化最快的地区。

**一、智慧城市演进**

数字技术的出现催生了大量关于智慧城市的文献，而且这些文献还在不断增加。自 2014 年以来，已有超过 1.7 万篇论文发表，主要是在计算机科学、工程和社会科学领域。智能城市的概念相对较新，全球各国政府都在强调让它们的城市更智能，由此得到了更广泛的关注。近年来，由于信息和通信技术的出现，智能城市作为城市发展议程在全球范围内显著增加。由于其在城市规划者中的爆炸性增长，这一问题引起了学术界相当大的关注。这一事实从近年来该领域发表的研究论文呈指数级增长就可以明显看出。

智慧城市的概念最早由 IBM 在 2008 年提出，后由全球各国政府及组织机构逐渐传播、扩充、演变。因智慧城市设计范围广泛、内容体系庞杂，目前还在不断发展完善中，尚未形成统一的标准。智慧城市是国家大力推进的新型城镇化建设方向，是城市信息化建设的高级阶段，本质是融合，通过物联网、云计算和大数据技术等智能信息技术的运用，将城市里分散的、各自为政的信息化系统整合起来，其具有感知化、物联化、共享化和智能化的特点。

在过去的 10 年里，智能城市的概念一直是研究的中心，重点是数字化集成和利用先进技术，如物联网和人工智能在自动化过程中进行优化决策。尽管研究团体、私人组织和政府都对智慧城市有更广泛的热情，但智慧城市并没有一个普遍的定义（Prasad & Alizadeh，2020）。欧盟委员会对智慧城市的定义是："智慧城市是一个地方，通过使用数字和电信技术，使传统的网络和服务更加高效，造福于居民和企业。"智慧城市不仅仅是利用信息和通信技术来更好地利用资源和减少排放。这意味着更智能的城市交通网络，升级供水和垃圾处理设施，以及更高效的建筑照明和供暖方式。这也意味着一个更具互动性和响应性的城市管理，更安全的公共空间，等等（欧盟，2019）。

智慧城市的理论起源可追溯至 20 世纪 90 年代末的城市"精明增长"运动①。根据最近的文献回顾和研究，有多个相关概念与智慧城市交叉，如数字城市、智能城市和可持续城市等（见表 1.1）。人们对智慧城市的认识经历了从"数字"到"智能"再到"智慧"的演化②。20 世纪 90 年代的互联网浪潮和 Web 2.0

---

① Harrison C., Eckman B., Hamilton R., et al. Foundations for smarter cities [J]. IBM J. Res. Dev., 2010，4（54）：350-365.

② Mora L., Bolici R., Deakin M. The first two decades of smart-city research：a bibliometric analysis [J]. J. Urban Technol，2017，1（24）.

表 1.1　与智慧城市相近的相关概念

| 概念 | 定义 | 来源 |
|---|---|---|
| 数字城市<br>（Digital City） | 一个可供城市居民相互交流，分享知识、经验和利益的舞台 | Ishida（2002） |
| 生态城市<br>（Eco City） | 一个生态健康的城市 | Register（1987） |
| 绿色城市<br>（Green City） | 促进经济增长和发展，同时确保资源和环境质量的城市 | OECD（2013） |
| 知识城市<br>（Knowledge City） | 旨在鼓励和培育集体知识（智力资本）的城市，以形成有效和可持续的福利行动 | Edvinsson（2006） |
| 可持续城市<br>（Sustainable City） | 一个居民和企业不断努力改善社区和地区的自然、建筑和文化环境，同时始终支持全球可持续发展的城市 | Haughton and<br>Hunter（1994） |
| 连线城市<br>（Wired City） | 为家庭和企业提供各类电子通信服务的城市 | Dutton et al.（1987） |

技术的普及，推动了数字城市概念的诞生。数字城市被认为是结合宽带通信与基础设施的互联社区，基于开放、面向服务的计算基础设施，以满足城市管理机构及其雇员、居民和企业需求的创新服务城市①，强调城市信息与通信基础设施建设、数字网络与软件的应用，以实现为城市提供广泛的数字服务。智能城市一词最早出现在 Komninos（2002）的研究中，介于数字城市和智慧城市概念之间，出现在知识社会与数字城市的交叉点上，被视为一个鼓励技术创新的知识之城，并具有强有力的领导机构，为提高城市竞争力和可持续发展创造条件。除了信息通信技术基础设施建设和智能服务外，智能城市在支持学习和创新方面优于数字城市。在城市从智能到智慧的发展中，出现了两股重要驱动力：①信息和通信技术的创新发展，增强了人们借助智慧解决方案以应对城市发展问题的能力②；②以信息和通信技术为驱动的城市可持续发展战略，亟须从一个全新的视角对城市未来进行规划。欧盟委员会认为，智慧城市是通过使用数字和通信技术提高传统网络及服务效率的城市，以造福其居民和企业。CISSCO 白皮书（2011）提到，智慧城市应包括一个综合的城市信息和通信技术建设计划，不仅包括交通网络、供水和废物管理等城市基本功能，还包括各类技术驱动的智慧服务。也就是说，

---

①　Yovanof G. S. ，Hazapis G. N. An architectural framework and enabling wireless technologies for digital cities & intelligent urban environments［J］. Wireless Pers. Commun，2009，3（49）：445-463.

②　Komninos N. Intelligent cities：innovation，knowledge，systems and digital spaces［M］. London & New York Spon Press，2002.

智能城市的主要目标是通过部署和使用智慧城市技术，提供一种提高居民生活质量的方法。然而，有效的智慧城市发展需要在多方面进行规划，涉及功能性、有效性和智慧性。尽管国内外学者对智慧城市进行了定义，但其仍是一个模糊的概念，尚缺乏一个普遍认可的定义来概括这项涵盖多种新兴技术的复杂、互联系统（见表1.2）。智慧城市相较于智能城市更强调对城市治理政策和管理体制机制的支持作用，重视提升城市有机系统中的综合服务水平①。

表1.2 代表性智慧城市定义

| 文献 | 定义 |
| --- | --- |
| Hall et al. (2000) | 一个监测和整合所有关键基础设施的城市，包括道路、桥梁、隧道、铁路/地铁、机场、海港、通信、水、电力和主要建筑，可优化资源、规划维护活动，并监测安全，同时最大限度地为居民服务，并根据需求进行自我修复 |
| Harrison et al. (2010) | 一个连接物理基础设施、IT基础设施、社会服务基础设施和商业基础设施，以发挥居民集体智慧的城市 |
| Caragliu et al. (2011) | 投入人力和社会资本以及传统交通和现代信息通信基础设施，促进可持续的经济增长和高质量的生活，并通过参与式治理对自然资源进行管理 |
| EU（Manville et al.，n. d.） | 一个借助信息和通信技术解决城市公共问题的现代城市 |
| Giffinger et al. (2007) | 一个具有前瞻性的发展城市，建立在天赋、自主、独立的居民活动之上的"智慧"集合体 |
| Dameri（2013） | 一个通过寻求基于信息和通信技术的解决方案，以维护城市利益相关者和合作伙伴权益的城市 |

## 二、智慧城市建设历程

为了应对城市化所带来的各种挑战，在过去的10多年中，世界各国大量投资建设智慧城市，投入资金逐年升高。无论是世界的发达地区，还是非洲或部分亚洲等欠发达地区，全球大多数国家都在积极投身于智慧城市建设，其中欧美、北美、日韩等地区处于领先地位。

（一）国外智慧城市建设历程

2004年，韩国政府推出了u-Korea战略，希望通过互联网无线传感器等金属，使韩国进入智慧化社会。2006年，新加坡将智慧国家战略明确为经济社会引领性的战略。2009年，日本制定了i-Japan战略注重以人为本。此后，IBM在2009

---

① Nam T.，Pardo T. A. Conceptualizing smart city with dimensions of technology，people，and institutions［R］. The Proceedings of the 12th Annual International Conference on Digital Government Research，ACM International Conference Proceeding Series，Digital Government Research Center，College Park，2011.

年正式提出智慧城市的概念，后由全球各地政府及组织逐渐传播、扩充、演变。

20世纪80年代新加坡政府提出了"国家计算机化计划"，推广采用电脑化应用。此后，新加坡开始不断推进信息化建设，其行动规划也越发明确。2006年，新加坡政府提出了智能国家战略。2014年新加坡在智能技术发展的基础上，再次推出了"智慧国家计划"（The Smart Nation Initiative），期望通过智慧国家的建设推动新加坡的转型发展，实现到2025年成为"全球第一个智慧国家"的愿景。依托政府的全力支持，新加坡在2014年提前完成了"智能国家2015计划"，随后新加坡提出了新的"智慧国家2025"十年规划，该规划"以用户为导向"，具体战略的方向是根据新加坡国情进行制定，努力做到因地制宜、以人为本，真正以居民的需求为出发点。在具体实施内容方面，国家战略项目是推动新加坡向智慧国家转型的重要驱动力。

2014年，加拿大的圣阿尔伯特制定了社区发展愿景，致力于打造一个充满活力、创新且繁荣的城市，一个被居民称之为"家"的城市，一个珍视其独特身份和小镇价值的城市。社区愿景也成为目前圣阿尔伯特城市建设的核心目标。从圣阿尔伯特城市发展战略规划框架上看，城市战略规划遵循一个既定流程，即制定战略和业务规划、明确方向、确定战略成果、定义优先级、建立长期规划和短期目标、制定绩效指标、监测进展以提供指导。作为社区的长期规划，智慧城市建设与城市战略的每个领域都有一定联系，在某种程度上，智慧城市建设规划不仅是圣阿尔伯特城市战略规划的补充，也是城市建设的实施方案。

2015年，美国政府提出新智慧城市倡议，积极布局智能交通、电网和宽带等领域，投入1.6亿美元推动智慧城市计划。2017年，中国香港智慧城市蓝图提出包括近20个项目，总计约1亿美元。2018年，东盟智慧城市网络共有26个试点城市，借助于澳大利亚提供的2000万美元的基金，促进智慧城市发展的合作[①]。

（二）中国智慧城市建设历程

我国城市正处于新旧治理模式交替、城市人口快速增加、科学技术蓬勃发展时期，智慧城市的出现和建设顺应了我国当下社会经济发展的需要，有助于提升人民生活的幸福感。截至2021年9月，中国已经成为全球智慧城市建设最为火热的国家，试点数量超出欧洲全域。

总体看，中国智慧城市建设历经三个发展阶段：

1. 分散建设阶段

从2008年IBM正式提出"智慧地球"概念，到2012年住房和城乡建设部出台《国家智慧城市试点暂行管理办法》，中国智慧城市建设起步。

---

① 德勤. 超级智能城市2.0［R］. 北京，2021.

**2. 试点探索规范发展阶段**

2012 年底启动智慧城市较大规模的试点，2014 年国家发展和改革委员会等八部委颁布的《关于促进智慧城市健康发展的指导意见》明确提出，到 2020 年建成一批特色鲜明的智慧城市，将智慧城市上升为国家战略。

**3. 新型智慧城市发展阶段**

2016 年底确定了新型智慧城市的发展方向，将建设新型智慧城市确认为国家工程，正式进入以人为本、成效导向、统筹集约、协同创新的新型智慧城市发展阶段。2016 年开始，国家及各省市"十三五"计划出炉，把智慧城市建设作为未来城市发展的中心，同时政策文件分别从总体架构到具体应用等分别对智慧城市建设提出了鼓励措施，一系列政策的颁布实施明确了我国智慧城市建设方向与目标。随着国家对智慧城市重视程度的加深，主管单位和重点城市培育方式相应发生变化。

**图 1.2 中国智慧城市建设阶段**

"新型智慧城市"是数字中国、智慧社会的核心载体。相较于"智慧城市"，其更加重视顶层设计与数据的融合，发展重点在于进一步强化城市智能设施统筹布局和共性平台建设，破除数据孤岛，加强城乡统筹，形成智慧城市一体化运行格局。

## 第四节　智慧城市建设的成就

2008 年，IBM 在智慧星球计划中首次提到"智慧城市"一词，并于 2010 年正式提出"智慧城市"愿景。IBM 认为，智慧城市能够充分运用信息和通信技术手段感测、分析、整合城市运行核心系统的各项关键信息，从而对于包括民生、环保、公共安全、城市服务、工商业活动在内的各种需求做出智能响应，为人类创造更美好的城市生活。智慧城市目前在全球已经展开积极实践。

### 一、国外智慧城市建设

国外智慧城市的建设已经取得初步成果，并且集群效应对于经济转型也起到了重要的推动作用，同时，在基础设施、产业发展、社会管理、公共服务等方面为我国智慧城市建设提供了可借鉴的建设经验。

（一）已展开全面探索和实践

随着信息技术的快速发展，全球各大洲均有智慧城市分布，说明全球范围内智慧城市已经展开了全面的实践和探索。智慧城市的分布与全球各大洲经济发展水平呈正相关关系，经济较为发达的地区智慧城市数量较多，主要集中于美国、加拿大、英国、日本、澳大利亚等发达国家。发达国家城市化发展较早，面临的城市危机众多，信息技术水平相对较高，发展理念更为先进，进行智慧城市建设的经济基础和各项基础设施也较为完善，并且依靠工业化和城市化发展过程中积累的经验，在智慧城市的建设中居于领先地位。

全球范围内，智慧城市主要集中于北美洲和欧洲，其次是东亚地区。智慧城市集群的形成主要聚集于城市密集且经济发展水平高的地区，如美国东北部大西洋沿岸城市群、北美的五大湖城市群、欧洲西北部城市群等。该地区城市密度高、经济发达、信息技术先进，智慧城市的发展水平居于全球前列。在智慧城市建设推进中，大城市可以为周边中小城市提供信息技术支持，中小城市可以为大城市提供实践经验，两者互为补充，形成智慧城市建设的集群效应。

（二）建设热点集中

全球范围内智慧城市建设的出发点和重点领域各有不同，但建设的热点均集中于基础设施、产业发展、社会管理和公共服务四个领域，如图1.3所示。

图 1.3　智慧城市建设热点领域

北美发达国家把智慧城市作为推进新一轮产业布局以及推动国家经济复苏的抓手；欧洲在把智慧城市视为重振经济的重要领域的同时，也把其作为提升城市竞争力和解决城市能源、环保等发展问题的重要途径；亚、非、拉等发展中国家和地区，甚至包括欠发达的国家和地区在内，把智慧城市视为摆脱当前城市发展中出现的社会不公、市场失灵困境的重要途径。

（三）国外智慧城市建设代表案例

为了体验现实生活中的智慧城市，本书研究了全球三个不同地理位置的城市。入选的三个智慧城市分别是新加坡、伦敦（英国）、赫尔辛基（芬兰）。新加坡是人口密集的亚洲小国，伦敦是人口密集的国家的古老首都，赫尔辛基是人口较少的北欧国家的首都城市。

1. 新加坡

新加坡经常被认为是智慧城市的典范。在 ABI Research 2018 年的智慧城市排名中，新加坡领先，在与创新相关的标准上得分最高（Drubin，2018）。特别值得一提的是，新加坡利用货运即服务（FaaS）、移动即服务（MaaS）以及创新使用下一代技术和颠覆性范式来解决困难的结构性问题方面的创新。同样，2019 年，新加坡在国际管理发展研究所（International Institute for Management Development）首次发布的智慧城市指数中，被评为最智慧城市。

（1）智慧国家。新加坡的智慧城市发展集中在 2014 年推出的"智慧国家倡议"。当时，新加坡政府的目标是为世界上第一个智能国家建立技术架构。新加坡信息通信媒体发展局在硬和软基础设施的全面发展上处于领导地位。这包括物联网使用的标准化和智慧国家平台的发展。智能国家平台的目标是成为一个新的增强连接网络，提供异构网络、普及连接、全国物联网传感器和数据分析能力。然后，智能国家平台将允许企业和政府机构为公民提供更智能的服务。

（2）智能交通。仔细看看智能国家计划的交通倡议会发现一些有趣的项目和事实。从战略上讲，新加坡的目标是利用更高效、更可靠和更安全的车辆，改进交通方式和系统，优化有限空间的使用（Transport，2020）。自动驾驶汽车似乎在这些项目中发挥了关键作用：目前已经进行了三次与轿车大小相同的自动驾驶汽车的试验，四次与各种大小的自动穿梭巴士的试验，包括自动按需穿梭巴士、为花园游客提供的自动电动小型巴士、一所大学校园内的无人驾驶穿梭巴士，以及一辆更大的 40 座自动电动巴士。其中，一个项目是，试验无人驾驶卡车，由安装在道路上的应答器引导；一个项目是试验队列，重型车辆的领导-跟随编队（Min-ministry of Transport，2017）。

2. 伦敦

在智能城市比较中，伦敦通常名列前茅。伦敦的智慧城市倡议是在伦敦市市长直接管理下的智慧伦敦平台下组织的（Smart London，2020）。"智慧伦敦"的主要倡议之一是"智慧伦敦"路线图，其目标是让伦敦成为世界上最聪明的城市

（Smart London，2020）。开放创新平台集中在伦敦生活实验室（London Living Labs，2020）。智能数据和数据协作的利用在数据分析项目中得到了推广，该项目是伦敦数据存储开放数据共享门户（London Datastore，2020）的一部分，如图1.4所示。

**图1.4　智慧伦敦建设特征**

（1）智慧伦敦。智慧伦敦委员会是一个数字技术学者和企业家的集合，构建伦敦利用数字数据和技术系统，使城市成为一个更好的地方（Smart London，2020）。伦敦技术创新办公室是一个协作平台，为大伦敦地区的许多地方加强公共服务的数字创新服务。伦敦公民创新挑战赛邀请科技初创公司创新应用程序和解决方案，以解决伦敦一些最严重的问题。

"智慧伦敦计划"（Smarter London Together）是由伦敦市市长于2018年直接发起的一项路线图，目标是将伦敦变成世界上最智慧的城市（Mayor of London，2018）。在这一转变中，数据创新和数字技术发挥了主要作用，旨在服务于目标群体：在伦敦生活或工作的人群以及到访伦敦的人群。"智慧伦敦计划"分为五个主要任务：用户设计服务；数据分析和数据共享；互联互通和智慧街道；数字领导和技能；全市范围内的协作。

（2）智慧交通。"智慧伦敦计划"路线图只简单提到了伦敦的智慧交通倡议。市长交通战略中列出了伦敦智慧交通的三个关键主题：第一，减少对私家车的依赖，鼓励使用公共交通工具、骑自行车和步行，从而实现更健康的街道。第二，良好的公共交通系统可以减少伦敦街道上的车辆。第三，围绕公共交通、自行车和步行的城市规划应该使城市在新的地区成长，以满足伦敦不断增长的移动或工作人数。

3. 赫尔辛基

在全球智能城市排名中，赫尔辛基通常比不上新加坡和伦敦。然而，在欧洲议会的比较中，赫尔辛基是欧洲"六大"智慧城市之一（Virium，2020）。赫尔辛基也得到了越来越多的认可，2019年被评为欧洲智能旅游之都、最具创新等的欧洲地区、外国投资最佳的欧洲地区。

对赫尔辛基进行的一项研究指出，需要开发新的绩效指标来评估智慧城市及其服务的有效性（Argento，2016）。传统上，单独衡量每个市政服务的垂直绩效已经不够了，相反，需要新的跨部门和横向绩效指标来评估智慧城市整个服务体系的结果。研究表明，这些新的绩效衡量举措可能会改善识别管理结构、沟通和智慧城市透明度方面的问题。这些也可以帮助政府精简业务，达到社会可持续发展的目标。

（1）赫尔辛基论坛。赫尔辛基论坛报告了 81 个共同创建智慧城市解决方案的项目，涉及 750 家公司、170 个研究设施和 60 个合作城市。论坛的目标是将赫尔辛基打造成为世界上最具功能的智慧城市。

物联网计划包括从城市基础设施的 ICT 技术开发到数字解决方案建模，以吸引游客到赫尔辛基群岛（Virium，2020）。智能移动倡议列出了 9 个当前项目（Virium，2020）。智能移动计划中无人机项目的目标是在物流、远程安全和环境监管方面实现碳中和，以及"最后一公里"的配送问题，包括无人机运输，用更轻的、电力辅助的自动车辆代替汽车配送，以及使用自动驾驶客车作为公共交通服务的机器人巴士项目（Virium，2020）。

（2）赫尔辛基的智能交通。仔细研究 Virium 论坛的智能移动倡议，可以确定四个主要研究主题：低碳能源的利用、先进车辆的开发、智能移动服务和运输系统。低碳或碳中性能源被用于无人机服务试验和自动电动小型巴士试验（Virium，2020）。这些也是先进车辆的例子。除自动驾驶巴士的试验，智能移动服务和交通系统也出现在智能"最后一公里"城市物流项目中。

同样的主题也体现在赫尔辛基至塔林渡轮航线港口试点的五个智能移动解决方案中（Virium，2020）。第一个项目试验了一个队列管理系统，控制市中心客运港口的卡车移动，以减少拥挤。第二个项目研究了旅游服务套餐的客流管理。这些套餐可以提供免费服务，如免费饮料，包含在机票价格中。第三个项目涉及使用智能集装箱作为旅行者购买物品的短期储存。同样的容器也可以用于公民的共享经济概念。第四个项目测试一套自动免提电车售票系统，以了解如何加快渡轮码头的乘客流动。第五个项目通过匿名移动用户的位置数据来分析城市内渡轮乘客的移动趋势。

**二、国内智慧城市建设**

2008 年以来，中央和地方出台多项政策及规划推动智慧城市的持续建设，并且在基础环境、产业转型、城市管理、民生等方面初见成效。但同时也暴露出众多问题，需继续深化对智慧城市的认识，转变建设理念，进一步优化发展环境。

　　2008~2009 年，我国智慧城市发展尚处于摸索阶段；2012 年，随着我国城镇化程度不断提高，住房和城乡建设部出台了《关于国家智慧城市试点暂行管理办法》，我国智慧城市发展逐步走上正轨；2016 年，进入"新型智慧城市"① 阶段，5G、大数据、人工智能等技术的逐渐成熟推动智慧城市向数字化、智能化发展。截至目前，住房和城乡建设部发布了三批智慧城市试点名单，智慧城市数量已经达到 290 个。若加上国家发展和改革委员会、科技部、工业和信息化部等部委所确定的智慧城市相关试点数量，我国智慧城市试点数量累计达 749 个，如表 1.3 所示。

表 1.3　国内智慧城市试点

单位：个

| 试点项目 | 数量 | 部委 |
| --- | --- | --- |
| 首批国家智慧城市试点 | 90 | 住房和城乡建设部 |
| 智慧城市试点示范 | 20 | 科技部等 |
| 第二批国家智慧城市试点 | 103 | 住房和城乡建设部 |
| 基于云计算的电子政务公共平台试点示范 | 77 | 工业和信息化部 |
| 首批国家信息消费试点市 | 68 | 工业和信息化部 |
| 宽带中国示范城市 | 39 | 工业和信息化部与国家发展和改革委员会 |
| 信息惠民国家试点城市 | 80 | 国家发展和改革委员会等 |
| 第二批宽带中国示范城市 | 39 | 工业和信息化部与国家发展和改革委员会 |
| 第三批国家智慧城市试点 | 97 | 住房和城乡建设部 |
| 第二批国家信息消费试点市 | 36 | 工业和信息化部 |
| 第三批宽带中国示范城市 | 39 | 工业和信息化部与国家发展和改革委员会 |
| 新一轮智慧城市建设试点 2 | 46 | 国家测绘地理信息局 |
| 国家信息消费示范城市 | 15 | 工业和信息化部 |

　　根据 IDC《2019 年全球半年度智慧城市支出指南》，北京、上海和深圳三大城市在智慧城市的战略、技术领域和创新能力方面表现良好，是我国智慧城市建设的第一梯队。随着智慧城市建设推进，相关的政策红利不断释放，吸引了大量社会资本加速投入。2020 年，全国智慧城市建设支出规模达到了 266 亿美元，仅次于美国，如图 1.5 所示。

---

　　① "新型智慧城市"是指以数字中国、智慧社会为核心载体，重视顶层设计与数据的融合，进一步强化城市智能设施统筹布局和共性平台建设，破除数据孤岛，加强城乡统筹，重视形成智慧城市一体化运行格局。

图 1.5　国内智慧城市建设阶段

# 第五节　北京智慧城市建设进展

建设全球智慧城市典范是提升北京精细化管理水平、构建超大城市治理体系的重要手段，也是未来北京城市建设的重要工作。

"智慧城市"是当前世界城市发展的新理念和新模式，是我国统筹城乡发展的新型城镇化道路，是继"数字城市"后城市信息化的高级阶段，其核心驱动力是以信息技术为先导，通过深度的城市信息化来满足城市发展转型和管理方式转变的需求。目前，智慧城市的理念已受到广泛认可，并在全球范围内展开了全面的实践探索。1999 年，北京提出并推动"数字北京"建设，"十一五"结束时全面完成"数字北京"建设目标，又于 2012 年 3 月发布《智慧北京行动纲要》（以下简称《纲要》），从"数字北京"向"智慧北京"迈进。

北京"数字城市"建设经历了试点阶段、推广阶段和转型升级阶段，取得了丰硕的成果。在此基础上推出的《纲要》是未来十年北京信息化发展的主题，其基本特征是宽带泛在的基础设施、智能融合的信息化应用和创新可持续的发展环境。《纲要》提出了八大行动计划，包括城市智能运行行动计划、市民数字生活行动计划、企业网络运营行动计划、政府整合服务行动计划、信息基础设施提升行动计划、智慧共用平台建设行动计划、应用与产业对接行动计划和发展环境创新行动计划；按照市、县、部门和行业三个层次开展设计，在北京市信息化专家咨询委员会指导下，由市、县两级信息化主管部门统筹本级各部门开展顶层设计。

在"智慧北京"推进过程中，将"日类智慧应用"和"月个智慧支撑"划分为政府主导领域和市场主导领域，分类推进。政府主导领域包括城市管理公共服务、社会管理、市场监管、电子政务等；市场引导领域包括企业信息化数字生活、智慧社区、公共信息基础设施等。"智慧城市"建设是覆盖首都现代化建设全局的战略性举措，已经成为首都产业创新发展的主战场，城市管理创新的新动力，市民生活品质提升的新手段，政府服务改善的新途径，更是首都迈向现代化的新标志。

北京汇聚了一大批物联网领军企业，它们占据了智慧城市建设关键技术领域的制高点，使北京的智慧城市建设具备了产业优势。众多高新技术企业制定了IEEE1888、SVAC等国际和国家标准。据不完全统计，目前北京与物联网直接相关企业超过千家，已经形成了产业链较为完整的物联网产业集群，具备领先全国的基础资源优势。

北京已经形成了政府、产业联盟、研究机构、企业联合联动机制，共同推动物联网产业集群的发展壮大，加快培育和壮大物联网对智慧北京的支撑作用。2009年，北京成立了中国第一个物联网产业联盟——中关村物联网产业联盟，通过"产、学、研、用"智慧城市——人类睿变的加与减开放式创新合作，研究和设计形成了160多项物联网整体解决方案，已先后承担了一大批国家、北京和各个地方的物联网示范工程，形成了北京物联网产业集群的整体竞争优势。

北京用10多年的时间完成了"数字北京"的基础建设，为建设智慧北京奠定了基础。以2008年奥运会的举办为转折点，城市发展对城市管理和建设提出了新的要求。新的主题就是以智能、智慧为着眼点。在数字北京的基础上建设智慧城市是北京发展的必然选择。

数字北京在网络、应用等方面，使市民对信息化建设认可，使得智慧北京有了良好的群众基础。特别是在网络层面，奠定了从"数字"向"智慧"跨越发展的基础。2010年，北京已基本建成多层次、广角度、较完备的信息网络覆盖体系，使物联网、云计算、下一代互联网等信息技术的应用更加可行。在数字北京的基础上，北京向"智慧城市"进一步迈进。

在建设"智慧北京"的过程中，更多地体现在物联网等新一代信息技术在城市管理和市民生活中的应用。北京在物联网应用方面走在了其他城市的前列。率先在水文水质监测、供水监测、环境质量监测、污染源监测、车辆监督、交通流监测、电梯监测、一氧化碳监测等领域实现了物联网应用，在智能交通领域建成了指挥调度、交通管理、交通监控、公交服务与监测、货物运输、电子收费、交通信息服务等80多项应用系统；在城市管理领域建成了城市运行监测平台和覆盖城八区的信息化城市管理系统；在食品溯源、经济运行监测、资源监测等领域也有一批成功应用。这些应用在2008年奥运会、国庆60周年和城市运行的保障中发挥了重要作用。局部领先的物联网应用为物联网的大规模应用提供了宝贵经验，也为北京城市管理、建设智慧城市打下了坚实的基础。

12345热线即北京市政府非紧急救助服务，最初源于1987年设立的"市长电话"，经过2000年"北京市人民政府便民服务中心"、2007年"北京市非紧急救助服务中心"的成立和发展，已形成较为成熟的服务流程与功能体系，通过接听市民来电，解答咨询，受理问题、诉求、建议等，跟进和妥善解决市民的非紧急类问题。2014年，北京将12345热线调度功能从北京市应急管理中心下放到各区级分中心，由区级分中心接收和调度12345热线统一接电分派的诉求件。2017年，北京市城市管理委员会网格管理中心在全市各区承担管理网格职责的机构设立分中心，即区级城市管理指挥中心，承担辖区网格调度指挥和管理功能，城市网格化管理开始与市民服务热线协同处理案件。2019年1月1日起，12345热线正式启动"接诉即办"机制，将职责明确、管辖权属清晰诉求直接交由各区委办局、街道或乡镇，促进基层单位快速回应解决，区政府负责跟进工单的督办和考核。通过信息化、技术化方式统一接电、派单、处理、督查、考评的闭环管理模式，12345热线拓宽了市民诉求反映渠道，整合条块机制，助力解决市民的燃眉之急，取得显著成效。2019年1月1日至2021年11月30日，北京12345热线共受理群众反映3134万件，其中诉求1301万件，占比41.5%；咨询1833件，占比58.5%；群众诉求解决率从53%提升到89%，满意率从65%提升到92%。

以居住证为载体建立全市联网、部门联动的实有人口信息系统，加强人口信息的采集、共享和利用，有效提高人口管理的信息化和精细化水平。提高人群流动感知能力，服务交通管理、社会治安、公共安全预警、突发事件应急等城市运行保障活动。建立人口宏观决策支撑服务体系，服务城市人口、产业空间、交通设施、能源资源等规划决策。建设全路网智能监控体系，完善交通智能控制体系，推动各类交通信息共享，开展与周边地区的协调联动，实现联动管理。提升车辆的智能化水平，推广车辆智能终端、不停车收费系统（ETC）、"电子绿标"等智能化应用，加强营运车辆的智能化管理和调度。加强交通信息服务，在公共收费停车区域（场）推广停车电子计费系统，以多种方式为出行者提供全面及时的出行服务信息。建设智能城市生命线管理体系，推广智能电表、智能水表、智能燃气表和供热计量器具，形成智能的电力、水资源和燃气等控制网络。完善节能监测体系，实现对工业、交通及大型公共建筑、公共机构等主要用能行业（领域）及场所、单位的能耗监测。建设智能的土地、环境和生态监管体系，实现对全市土地利用、生态环境、重点污染源、地质资源和灾害、垃圾处理等领域的动态监测。建设城市安全视频监控网络，基本覆盖政治中心区、轨道交通、地面公交、在建工地、餐饮企业、地下空间、公园等重点公共场所。建设社会服务管理网格，基本覆盖全市的人、地、物、事和组织。建设安全生产智能监管网络，覆盖煤矿、非煤矿山、危险化学品、烟花爆竹及规模以上工业企业等重点行业（领域）生产经营单位。建设食品、药品安全监管和追溯体系，逐步实现药品全品种全过程电子监管以及重点食品、问题药品的可追溯。完善智能应急响应体系，支撑社会公共安全、公共卫生安全、食品安全、生产安全、消防安全、森林防火、防汛抗旱、抢险救险等领域的快速响应。加强网络安全保障能力建设，维护网络秩序。

"智慧北京"顺应了当前全球先进城市发展演进和技术变革的时代潮流，是我国新一轮城市发展与转型的客观要求，也是提升城市品质和竞争力的必由之路。

截至 2020 年，北京已基本完成了《北京市"十三五"时期信息化发展规划》中提及的互联网创新中心、信息化工业化融合创新中心、大数据综合试验区和智慧城市建设示范区的建设工作。2013～2015 年，分三批建成了包括东城区、朝阳区、未来科技城、丽泽商务区、经济技术开发区、房山区长阳镇、门头沟区、大兴区庞各庄镇、新首钢高端产业综合服务区、房山区良乡高教园区、西城区牛街街道等智慧城市建设示范区。这些示范区总体上具有如下特征：①"政务服务+智慧安防"的信息化基础设施完善，注重线上政务服务的建设与完善；②综合治理平台创新了城市管理手段，建成综合应急指挥技术支撑系统，提升了对各类突发事件的应急水平；③单元网格管理和城市网格管理创新了社区管理模式，提升了社会管理水平。

2018 年，海淀区启动了城市大脑建设，搭建数字孪生"城市时空一张图"。2021 年 2 月，海淀区建成城市大脑智能运营指挥中心（IOCC），实现全区 12000 多路监控视频 24 小时在线值守，10000 多个物联网传感设备实时联动，基于 35 个业务系统的 6000 万条数据动态运转分析。

虽然北京智慧城市建设进入加速期，在信息基础设施建设、智慧公共服务提供等方面有了突破式进展，但依然存在三个主要问题：一是未实现城市大数据资源与城市业务系统融合，系列智慧场景难以充分利用大数据分析；二是数据在不同行业或机构间流动受中心化共享模式及其技术机制限制，需要技术创新；三是亟须构建"全场景智慧赋能、全主体协同治理、全要素基础支撑"的智慧北京全域治理体系，特别是全域目标场景体系的设计，以及 AI 算法理论和芯片技术的突破。

2021 年《北京市政府工作报告》将全面推进智慧城市建设列为 2021 年重点工作，要求加强顶层设计，布局全域应用场景，一体建设数字政府、数字经济、数字社会。构建标准化的城市基础信息编码体系，推进泛在有序的城市感知体系初具规模，实现城市运行管理"一网统管"，重点发展智慧交通、智慧市政、智慧教育、智慧医疗、智慧养老，提升民生领域智能化服务水平，解决好老年人运用智能技术的"数字鸿沟"问题，创造普惠便捷的智慧生活服务。

# 第二章　智慧城市建设的关键技术

世界经济形势日益严峻复杂的背景下，快速的城市化发展使以北京为代表的超大型城市面临着严重的城市管理问题。交通拥堵、环境污染、资源短缺等"大城市病"影响了首都功能的发挥，要提升北京城市精细化管理水平、深化城市管理体制改革、健全综合管理体系，须注重利用最新的信息和通信技术（ICT）寻求智慧的解决方案。智慧城市已成为全球应对快速城市化和社会经济挑战的重要途径，是国内外学者关注的热点领域。虽然城市管理者普遍对智慧城市建设抱有较高期待，但其关键技术研究仍处于起步阶段。在城市信息化与数据科学的推动下，如何构建智慧北京的应用目标谱系，为北京智慧城市技术整体发展提供一个目标明确、层次清晰、连贯系统的布局性指导，如何因地制宜充分挖掘城市核心数据的关联性、打破数据壁垒、实现多源数据的融合，如何充分利用城市深层次数据，丰富应用场景，提升"四个服务"水平，完成信息的完整增值利用，这些是创新智慧北京建设的核心命题，也是旨在突破的关键内容。

## 第一节　智慧城市建设的关键技术特征

许多国家和政府认为智慧城市是解决全球变暖、人口增长和资源枯竭的一种方法。在创建智慧城市的过程中会遇到很多挑战。物联网、5G、区块链、协同计算、仿真和人工智能技术，为当前城市治理范式向智慧城市的转变提供了巨大潜力。

### 一、多源异构大数据源

智慧城市是以物联网、云计算、移动网络、大数据等为代表的信息技术与城市化发展相结合的产物。如何有效地实现对智慧城市中海量、异构、多源数据的数据共享和融合是智慧城市必须解决的核心问题。

　　智慧城市是融城市运行管理、产业发展、公共服务及行政效能为一体的城市全面发展战略，是现代城市发展的高端形态，是以大数据为中心的智能服务生态，通过数据融合、技术融合和业务融合，支撑政府决策科学化、社会治理精准化和公共服务高效化，是全球城市化发展的必然趋势，是时代的需求。目前，智慧城市建设已进入加速期，在信息基础设施建设、智慧公共服务提供等方面有了突破式进展。但随着发展的深入，仍有一些瓶颈问题严重制约着智慧城市的建设与发展，其中数据源的多源性、异构性是造成瓶颈问题的核心原因之一。2015年8月，国务院印发了《促进大数据发展行动纲要》（国发〔2015〕50号，以下简称《纲要》），要求"大力推进国家人口基础信息库、法人单位信息资源库、自然资源和空间地理基础信息库等国家基础数据资源，以及金税、金关、金财、金审、金盾、金宏、金保、金土、金农、金水、金质等信息系统跨部门、跨区域共享"。

　　自"大数据"的概念被提出以来，人类认识世界的角度与方式发生了颠覆式的转变，大数据形成的信息流使人类加速步入万物互联时代，依据梅特卡夫定律，网络的价值伴随其规模呈现指数级增长（Conde Clemente et al.，2017）。可见，数据已经成为新的生产要素，是第四次科技革命的"石油"，大数据的开放、共享、流通已成为万物互联时代的基本要求。大数据的全域性是其基本特征，更是应用中需要解决的应用基础理论问题，因此，亟须对其进行深入研究。人类思维的基础体现在对事物的认识上（张江、李学伟，2005），在人工智能从产生到发展的历程中，模拟人脑认知过程的建模思路大多以自上而下的方式进行，对于范围较小、较为具体的科学问题（如目前常见的各个子业务领域数据分析任务），一些低级的智能方法即可实现学习任务，因此该建模方式具有较好的适用性。然而，人类认识世界的角度必然是全方位、立体化的，其过程是自适应的，纷繁复杂的世界与人类的感官交互反馈，从而使人脑的思维过程具有高度的复杂性与不确定性，这一过程对应于高级人工智能对全域数据的信息捕捉、识别、学习、自底向上不断涌现的过程（李国良、周煊赫，2020）。怎样正确地描述数据、理解数据、充分使用数据成为大数据运用的本质问题（Paganelli，2020），这一本质问题为非经典数学与非经典逻辑理论对全域数据的描述奠定了理论与实践基础。

　　大数据技术的本质特征是数据认知方式的转变，意味着常规的软件工具与技术手段需要伴随数据量的指数级增长升级为全新的处理模式，数据的描述须具备统一标准化的方法，对数据、信息的捕捉、挖掘要在全域范围内进行。目前，一些代表性行业已经建立了数据运用的行业标准、接口标准及共享机制（董祥千等，2018），但在大多数行业的具体业务场景中，相应的数据描述方法、数据描述模型以及关键技术依然无法与数据量的日益扩增形成适应性的匹配，数据的分析与运用在大多数实际业务场景中都缺乏全域关联，依然以基于小样本分析的局部业务为导向，各行各业日益增长的数据需求与大数据技术的实际运用存在不平衡、不充分的矛盾。

随着多源异构数据量的大幅增长，既有的数据秩序不断被打破，需要进行标准化的各类业务范围越来越广、形式越来越复杂，不同业务领域之间的数据标准化存在不配套、不协调甚至互相矛盾等问题，这些问题会造成大量的重复劳动与资源的浪费。如何合理有效地获取各行业的大数据及其分类特征，并综合利用各种智能技术实现数据的分类与标注是建设智慧城市的首要课题。因此，管理和整合大规模的异构数据是一个新的挑战，尤其是在一个应用中使用多种数据时，只有提前建立起不同数据之间的关联，才能使后面的分析和挖掘过程变得高效、可行。如何高效管理这种多源异构数据（如时空文本数据、图数据、社交数据等）已成为当今大数据时代的一个挑战，正如梅宏院士所指出，"我们的城市已经形成了，并不是一张白纸，过去形成的大量信息孤岛，是智慧城市建设面临的关键难题"。

**二、多层网络架构**

如果从功能角度对智慧城市的架构进行研究，智慧城市的架构应包含物联网设备层、基础网络支撑层、基础设施网络层和应用层四个层次。

随着大规模计算设备的发展以及智能设备的开发，城市将变得更加智能化、人性化。信息与通信技术的结合正在创造新城市环境：日常个人服务更加丰富便捷，建筑以及交通更加自动化。实时监测、理解、分析以及规划等手段在不断地提升城市的工作、生活效率以及城市居民的生活质量。

智慧城市常常通过设备进行多层网络连接，提供关于人和物的动态连续数据，形成城市社会的决策信息流。但城市的智能化不止于此，通过开发智能技术，这些数据能根据具体目标进行整合与综合才是真正实现城市智能化，这也是实现城市高效率、公平、可持续发展的重要途径。基于未来信息与通信技术的发展，智慧城市不仅致力于软硬件开发，更要通过这些智能设备进一步探索不同的社会组织模式。

在智慧城市的建设中，更加关注城市级的三维地图应用，以能够完整呈现城市地理空间，进行精细刻画，直观还原受关注区域的地理空间信息，满足各种对重点区域、重点场所、重点建筑的精细空间刻画及复杂业务应用的需求。与此同时，将城市中分散的视频监控进行整合、关联，最大限度地实现视频的联动应用，拼接、融合以及跨境追踪（ReID），能够实现目标对象的行为识别和行为预测，业务数据一旦实现可视化应用，就能充分挖掘视频大数据的潜力，将城市治理中最关键的三要素（人、车、物）进行精细化数据刻画，并充分运用 AI 技术最大限度发挥数据的可计算能力，通过落地具体的应用场景，最终构建一个三维可视化、视频融合、多维数据关联的数字孪生城市。

将大数据的全域联动视为人类大脑对客观世界的认知学习过程，从集合论这一全新视角出发，以数据字段为研究对象，构建全域集数据描述模型，通过分析集合元素的要素组成、描述方法以及 AI 算法体系、数据字段变换方法与全域数据因素字段的关系，研究多源异构大数据的全域集数据理论，基于智慧北京目标场景定义全域集的各类基础字段变换运算逻辑。

解决多源异构大数据源特征分类与共享机制，从城市大数据源出发，梳理多源异构城市大数据源的产生、存储和使用特征、模式及其获取方法，研究城市大数据源的分类特征与共享机制。

从智慧北京应用目标谱系出发，力图解决全域数据关联理论，提出基于目标谱系的 AI 算法体系方法论，创建数据描述模型，通过全域大数据关键技术的应用，提高智慧城市管理能力，带动智慧北京的机制体制创新。

## 第二节　智慧城市建设发展阶段

变局之下，城市韧性与新经济正在重塑全球城市格局，推动 ABCDEI〔人工智能（AI）、区块链（Block Chain）、云计算（Cloud）、大数据（Data）、边缘计算（Edge Computing）、物联网（IOT）〕等数字技术加速应用，同时催生远程医疗、远程教育、远程办公等新需求、新业态和新模式。智慧城市建设已成为一种全球现象，其关键技术应用大体经历了三个阶段。

### 一、建设智慧

智慧城市概念于 2008 年底提出，随后引起国际上的广泛关注，并引发了全球智慧城市的发展热潮。这一阶段主要以行业应用为驱动，重点技术涉及无线通信、信息分发、遥感定位等，各领域分别开展数字化改造工作，建设分散、缺乏统一规划，更多强调从技术本身解决城市的信息化问题。这一阶段，人们普遍认为智慧城市发展应体现以现代科学技术促进城镇化健康发展的理念。

广州在进行智慧城市建设的早期由政府主导进行了一系列数字化改造工程，重点解决城市的信息化问题。政府重点抓战略性信息基础设施和战略性信息平台建设，实施网络普及提速计划。以物联网、光纤到户、新一代移动通信试验网、无线城市等为重点，加快建设覆盖全市的高性能宽带信息网络，推进城区"千兆进企、百兆到户"，农村"光纤进村、宽带到户"，并组织企业、社区和农村进行试点。其实质是信息的交互、匹配，涉及内容较为混杂，并未在医疗健康、食品安全、交通出行、文化教育、政务服务等重点领域进行协同推进[1]。

## 二、联动智慧

联动智慧，即业务驱动阶段。信息技术和城市发展深入融合，催生了智慧交通、智慧医疗、智慧健康、智慧养老等多领域应用场景，同时，大数据、人工智能、物联网、云计算等前沿信息技术产业也实现了蓬勃发展。在智慧城市的建设中，更加重视以人为本，机制新；更加注重统筹协调，监管新；更加注重安全可控。

2011 年，"智慧无锡"作为"智慧江苏"的一个重要门户，突破网站限制，基于云计算技术开放应用平台、电子商务平台、信息发布平台，为政府、市民、企业提供全方位服务。2012 年，无锡启动智慧城市建设，将物联网全面融入市民生活。在医疗健康领域，构建智慧医疗、智慧健康应用场景，比如利用物联网技术建设智能医院实现远程医疗、智能移动医疗，并建立基于物联网等技术的慢病监护服务平台，通过建立多病种、多指标的检测体系和医疗专家顾问为技术支撑的预警跟踪体系，为慢病患者提供远程智能监护服务；在食品安全领域，建立全市统一的综合性食品质量溯源管理物联网基础技术平台，扩大基于 RFID（射频识别）标签的食品安全可追溯范围，进行源头供应、处理、流通（包括批发、配送、零售和团购等）和消费各个环节质量安全信息的可追溯管理；在社区生活领域，建立智慧小区，在社区安全一体化建设、城市应急指挥、公共场所安全改造、城市要地及周界集控平台建设、危险品使用及转运安全监控等方面推进智能化。与此同时，无锡加大信息基础网络建设、综合平台开发和应用开发推广等方面的投资建设力度，全面推进宽带、4G、无线城市、下一代互联网建设，积极助力"物联网""云计算"等产业发展，使无锡信息通信基础设施建设和业务普及更好地满足经济社会发展需求[2]。

## 三、预测智慧

预测智慧，即场景驱动阶段。信息基础设施建设将不断完善，助力基础技术与城市建设深度融合。5G 使数据传输实现跳跃式发展，满足更多智慧城市应用场景；云计算提供计算存储等基础服务，为大规模软件、硬件、数据的操作和管

① 杞人，时良. 广州"五个一"工程推进智慧城市建设［N］. 科技日报，2011-04-22.
② 袁晓兰. 无锡启动"智慧城市"三年行动计划［N］. 江南晚报，2012-04-19.

理提供平台；人工智能提供深度学习等数据算法支持；物联网采集海量数据，并根据反馈提供命令执行支持；区块链有助于打通数据孤岛，并提供智能合约支持。强调"以人为本"，让城市变得"会思考"。以"城市大脑""数字孪生"为核心的城市各领域智慧应用全面深化，应用场景更加丰富、智能、生动。这一阶段更加注重"连接+平台+数据+运营"，实现城市资源的价值最大化，提升城市品质，赋能城市经济高质量发展。

2020 年，深圳从自身视角出发，着眼于深圳市民工作生活的方方面面，宣布打造"鹏程智能体"。2021 年，深圳"1+4"智慧城市和数字政府建设体系日臻完善（"1"即"以新型基础设施建设为支撑"，"4"即"公共服务、城市治理、数字经济和安全防控"四大板块），融合人工智能、5G、云计算、大数据等新一代信息技术，建设城市数字底座，打造城市智能中枢，推进业务一体化融合，实现全域感知、全网协同和全场景智慧，让城市能感知、会思考、可进化、有温度。智慧深圳将不仅具有"智慧大脑"，还有智能连接作为"躯干"，以及智能交互这样的"五官"和"手脚"，共同构建覆盖深圳的"感、传、知、用"等系统，再加上贯穿深圳的全域数据运行云平台，让数据与人工智能像血液一样循环流动起来，最终形成一个开放、自适应、自学习的智慧系统，从而服务于城市中的人，服务于城市治理，服务于数字经济的高质量发展，为这座城市和这里的人带来全场景的智慧体验[①]。

## 第三节　智慧城市建设的关键技术问题

### 一、智慧城市建设的关键技术

#### （一）全域目标谱系研究

以"全要素基础支撑、全主体协同治理、全场景智慧赋能"为目标，创新"民生服务、城市治理、数字经济、生态宜居"四大类应用场景，推进城市全域应用场景布局，构建智慧北京全域目标谱系。

谱系，借用棱镜（Prism）光谱理论，这个系统是开放的、发展的，谱系的分支可以不断演化、增长，不同的分支既有独立的标识，又存在普遍的联系。大数据的应用问题其关键是大数据的全域性。泛在的大数据应用重要的是泛在的深度学习和深度挖掘，其核心是全域的深度关联与各种分类适应的算法创新应用。

---

① 深圳市政府．深圳市人民政府关于加快智慧城市和数字政府建设的若干意见［Z］．2020.

对于广义的社会生产活动而言，政府、社会、行业、企业、个人，均有不同的智慧化的服务和接受智慧化服务的丰富内涵，只有研究设计好智慧城市的全域目标谱系，才能更好地引领智慧城市的建设与发展，以及引领高精尖产业的创新与发展，从而推动数字城市、数字政府、数字经济的发展。

（二）大数据全域集理论及应用模型体系

大数据是构建智慧城市核心竞争力的重要载体，大数据的流动是智慧城市政府服务性能和有效性的基础环节，全域性是其基本特征，是应用中需要解决的基础理论问题。

全域大数据是混乱无序且复杂多变的，对数据的充分利用不再是某一个机构自己的工作，需要一种理论来描述信息在不同概念、场景、机构间的联动与抽象过程，协调数据与信息的差异带来认知的隔阂、矛盾乃至利益纷争。通过建立一套数学集合理论量化联动标准、规范联动操作，可为数字城市、智慧城市以及解决超大城市治理各场景目标奠定大数据综合应用的理论体系。

（三）城市大数据管理与技术共享机制

智慧城市建设是跨行业、跨领域的复杂系统交织问题，特别是因为类别、行业、部门、地域等原因被孤立和隔离的数据资源的共享，仍是亟待解决的挑战。针对该挑战，拟研究基于区块链技术的城市大数据共享机制，以实现城市大数据的可靠安全共享。

针对城市全域数据的跨领域、跨组织特性，研究混合区块链模型，使区块链可跨组织内、外运行，实现城市全域数据的跨领域、跨组织共享，打造成为"城市智造""城市服务"的新名片。针对目前主流的数据共享交换系统存在数据权属、安全、监管等边界不清的问题，应强化智能算法体系结构，提升算据字节量，研究基于区块链的数据管控方案，从数据特征、发布、共享访问控制等多个维度开展研究，通过跨领域、跨组织城市数据的管控机制，将数据资产化，以实现数据的确权和监管，形成不可篡改的数据资产流转使用记录，为数据资产的确权溯源服务提供有效支撑。推动电子签章、城市码、碳交易、供应链金融、跨境贸易等典型应用场景落地。

（四）时间和空间双维度一体化 AI 感知计算研究

海量城市数据具有模态不一、多源异构的特性，如何有效融合多模态数据以充分挖掘整合多源信息是智慧城市建设的重要研究内容。数据的孤岛分布和隐私监管形成了数据互联、信息共享的壁垒，如何破除数据壁垒以全面利用海量数据是发展智慧城市的迫切需求。具体包括：研究基于广义图网络的多模态 AI 自适应理论，基于半监督联邦学习的数据互联与分类模型，以及面向 AGI 的跨模态全域通感认知应用研究。形成基于靶向问题场景与数据结构特征一致的自适应 AI

算法，即针对不同领域的问题，使 AI 算法体系可基于问题结构进行自适应调整，如图 2.1 所示。

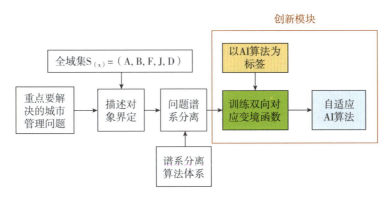

图 2.1　自适应 AI 算法谱系构建

**二、智慧城市建设的关键技术问题**

虽然智慧城市建设进入加速期，在信息基础设施建设、智慧公共服务提供等方面有了突破式进展。但依然存在三个主要问题：一是未实现城市大数据资源与城市业务较好融合，难以实现大跨度联动分析；二是数据在不同行业或机构间流动受中心化共享模式及其技术机制限制，难以共享；三是亟须构建"全场景智慧赋能、全主体协同治理、全要素基础支撑"的智慧城市全域治理体系。

究其根本原因，主要在于：①智慧城市建设是一个复杂的系统工程，涉及多个学科与高精尖产业技术，其理论方法研究严重滞后（如智慧城市的清晰定义、涉及可见与不可见的目标场景体系等）；②核心技术创新研究不足，尤其是涉及数据库、AI 算法理论与芯片、引领的技术标准等方面；③数据共享管理与技术机制没有理顺和突破，特别是技术机制的理论与共享体系（如区块链、云分布的共享技术、数据库语言创新等）；④万物互联的大数据（如人、物、事、情、环等）获取感知技术不完善，描述的理论模型缺失，这是泛在大数据应用制约的根本问题。

**三、不同阶段智慧城市建设的关键技术**

（一）物联网技术及其在智慧城市中的应用

1995 年，比尔·盖茨在《未来之路》一书中曾提及物联网（Internec of Things）的概念。1999 年，在美国召开的移动计算和网络国际会议提出，"传感网是下一个世纪人类面临的又一个发展机遇"。2003 年，美国《技术评论》提出传感网络技术将是未来改变人们生活的十大技术之首。物联网是通过射频识别（Radio Frequency Identification，RFID）系统、红外感应器、全球定位系统、激光扫描器等信息传感设备，按约定的协议，把任何物品与互联网连接起来，进行信息交换和通信，以实现智能化识别、定位、跟踪、监控和管理的一种网络。物联网是人与物、物与物之间相互通信的网络，是智慧城市的感知技术，为人类社会增加了新的沟通维度，即从任何时间、任何地点的人与人之间的沟通连接扩展到人与物、物与物之间的沟通。在电子政务领域，物联网技术在公安、国土、环保、交通、海关、质检、安监、林业等政府主管部门得到初步应用。

物联网的技术架构由感知层、网络层、应用层组成。感知层包括二维码标签和识读器、RFID 标签和读写器、摄像头、GPS、传感器、终端、传感器网络等，主要是识别物体，采集信息，与人体结构中皮肤和五官的作用相似。网络层由各感知层组成，具有信息量大，纠错能力强，识读速度快，全方位识读等特点。

RFID 技术是一种利用射频通信实现的非接触式自动识别技术，是物联网代表性的技术。RFID 标签具有体积小、容量大、寿命长、可重复使用等特点，可支持快速读写、非可视识别、移动识别、多目标识别、定位及长期跟踪管理。RFID 技术与互联网、通信等技术相结合，可实现全球范围内的物品跟踪与信息共享。RFID 技术应用于物流、制造、公共信息服务等行业，可大幅提高管理与运作效率，降低成本。

20 世纪 90 年代以来，RFID 技术得到了快速的发展。发达国家和地区已经将其应用于很多领域，并积极推动相关技术与应用标准的国际化。近年来，随着大规模集成电路、网络通信、信息安全等技术的发展，RFID 技术进入商业化应用阶段。由于具有高速移动物体识别、多目标识别和非接触识别等特点，RFID 技术显示出巨大的发展潜力与应用空间，被认为是 21 世纪的最有发展前途的信息技术之一。

中国已经将 RFID 技术应用于铁路车号识别、身份证和票证管理、动物标识、特种设备与危险品管理、公共交通以及生产过程管理等多个领域。在未来的几年中，RFID 技术将继续保持高速发展的势头，电子标签、读写器、系统集成软件、公共服务体系、标准化等方面都将取得新的进展。随着关键技术的不断进步，RFID 产品的种类将越来越丰富，应用和衍生的增值服务也将越来越广泛。

（二）云计算及其在智慧城市中的应用

作为一种新的网络计算模式，云计算的资源是虚拟化的、可以动态扩展的，用户不需要了解"云"中各类信息资源的细节，而是根据自己的实际需求获取相应的资源和服务，使人们可以像用水、用电一样使用计算资源。云计算在某种程度上降低了政府基层单位和中小企业的信息化门槛，为集约化建设智慧城市提供了强有力的技术支撑。

根据美国国家标准和技术研究所的定义，云计算（Cloud Computing）是一种可以随时随地方便而按需地通过网络访问可配置计算资源（如网络、服务器、存储、应用程序和服务）的共享池的模式，这个池可以通过最低成本的管理或与服务提供商交互来快速配置和释放资源。之所以称为"云计算"，是因为互联网的标识是云状图。

在云计算概念诞生之前，许多公司可以通过互联网提供服务，如订票、地图、搜索以及硬件租赁业务等。随着服务内容的不断增加和用户规模的不断扩大，对于服务的可靠性、可用性的要求急剧增加，这种需求变化通过服务器集群等方式很难满足要求，需要建设数据中心。对于像 Google 和 Amazon 这样有实力的大公司来说，有能力建设分散于全球各地的数据中心来满足各自业务发展的需求，并且有富余，于是 Google、Amazon 等就把自己的信息基础设施作为服务提供给相关的用户。

作为一种新兴的网络化计算技术，云计算技术已经在电子政务领域得到初步应用。作为建设智慧政府的关键技术之一，云计算技术将对新一轮电子政务发展产生深刻影响。云计算技术的发展将促进电子政务从电子政府（E-Government）到云政府（C-Government）转变，使一体化政府成为可能。

## 第四节　智慧城市目标谱系建设的作用和价值

智慧城市是新一轮科技革命和产业变革交互融合的产物，以数字化治理和城市精细化管理为核心，以现代信息技术为载体，深度融入经济社会各领域的现代城市发展模式，是对城市的重构与升华。智慧城市全域目标谱系是以数字技术为基础的综合性、全方位、系统化的城市发展体系，依托数字技术的智能体技术架构，推动技术融合、数据融合、业务融合，打造的综合性、全方位、全场景业务应用体系。

### 一、智慧城市目标谱系建设内容

智慧城市已成为一种全球现象，但关于智慧城市是什么，智慧城市的主要驱动力为何，建设的预期成果是什么以及智慧城市的框架和范式等关键问题尚无共识，缺乏一个目标明确、层次清晰、面向城市全场景应用的综合建设目标谱系。在数字经济加速发展和新型基础设施快速建设的驱动下，基于云计算、大数据、人工智能、物联网新一代信息技术发展，从智慧北京的三种驱动因素（社区、技术、政策）出发，围绕六种预期成果（生产力、可持续、可达性、民生福祉、城市宜居性、城市治理），以智能为核心，聚焦城市安全发展痛难点，面向市—区—街道—社区多层级，构建跨层级、跨地域、跨系统、跨部门、跨业务的智慧城市体系，创新智慧城市全周期治理新范式，对民生服务、城市治理、产业经济、生态宜居等全场景智慧赋能，构建新型的智慧北京目标谱系。

（一）需求和愿景分析

（1）短板需求分析。坚持问题导向、需求导向、成效导向，以全场景、全周期为目标，分析国家、北京在城市发展、智慧城市建设等领域出台的相关规划部署和政策要求，梳理北京智慧城市发展面临的痛难点和新挑战。

（2）战略愿景分析。按照"物理空间、社会空间、信息空间"的三度空间理论，建立"战略对象—战略路径—战略愿景"的智慧北京建设战略系统，以三大战略空间为对象，通过物与环境的产业生态战略、人与社会的民生服务战略、数据与信息的城市治理战略三大路径，实现智慧北京战略愿景，建立智慧北京发展的定期评价机制。

（二）技术架构

依托"智能交互—智能连接—智能计算—智慧应用"技术架构，推动技术融合、数据融合、业务融合。

（1）智能交互连接。通过人、事、物的智能交互连接物理空间、社会空间和信息空间，完成从单一空间到三度空间融合演化，实现城市发展的全域感知，采集城市数据，推动数据和 AI 的自由流动；通过无线通信、有线通信、卫星通信等物理连接，提供城市全方位、全过程、全天候的万物智联。

（2）全域智能计算。通过高度智能、自我进化、安全可控的数据使能、AI使能和应用使能，对汇聚的各类城市数据（物联、视频、遥感、消息、图片等）进行治理、检索、分析、研判，打造城市监测智能计算、指挥智能计算和信息服务智能计算，支撑城市发展全场景智慧的快速构建。

（3）智慧应用。以需求为导向，以数据为驱动，以智能为核心，在智慧北京运行管理的全生命周期过程中，对接市政府各职能部门和产业发展需求，设计应用单元，构建多维应用谱系全景。

（三）构建及典型应用场景研究

（1）目标谱系构建。以需求为导向，以数据为驱动，以智能为核心，在智慧城市运行管理的全生命周期过程中，对接市政府各职能部门和产业发展需求，设计智慧北京的全场景单元，构建多维应用谱系全景，打造一体化的全场景智慧北京谱系，驱动全场景智慧落地，实现城市发展"一体化监测、智能化管理、多信息融合和整体式管控"。

（2）典型应用场景分析。围绕民生服务、城市治理、产业经济、生态宜居等典型应用场景展开研究，如智慧旅游等。

**二、智慧城市目标谱系建设意义**

在充分分析和调研北京智慧城市发展需求基础上，以数据为驱动，以智能为核心，聚焦北京数字治理的痛难点，面向市—区—街道—社区多层级，以"全要素基础支撑、全主体协同治理、全场景智慧赋能"为原则，构建跨层级、跨地域、跨系统、跨部门、跨业务的智慧北京全域目标谱系，对城市治理和服务等全场景智慧赋能。

（一）顶层设计打破"数据孤岛"

城市的智慧城市规划若缺乏顶层设计，会使得智能技术解决的很多问题都是局部的，单个项目和解决方案永远有信息孤岛的存在。"城市数据大脑"作为人工智能中枢，对整个城市进行全局实时分析，自动调配公共资源，可以将交通、能源、供水等基础设施全部数据化，打通城市"神经网络"。

（二）提升数字化管理能力

以用户为导向，以居民实际需求为出发点，面向"民生服务、城市治理、数字经济、生态宜居"四大类应用场景，制定符合城市发展特点的全域目标谱系，实现城市治理的统一指挥和调度，提高城市服务的承载力和运行效率，提升数字化管理能力。设计集"全场景智慧赋能、全主体协同治理、全要素基础支撑"于一体的全域目标谱系，设计智慧北京全周期治理新范式，如图2.2所示。

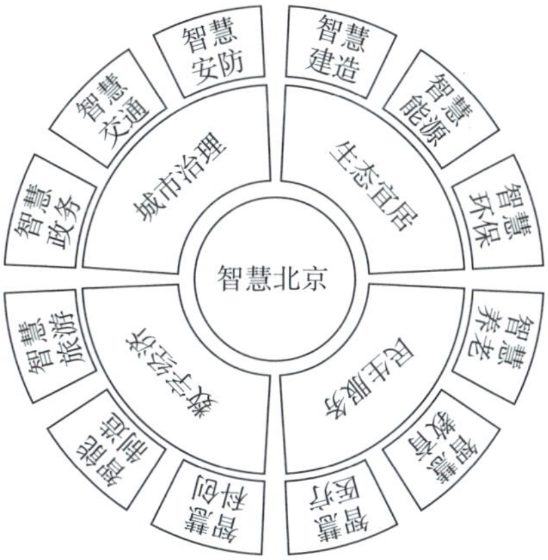

图 2.2　智慧北京应用场景分类

（三）推动 AI 技术及产业创新发展

一方面，智慧城市的建设与技术创新将有效融入国内大循环的经济格局中，智慧城市建设进程与新兴技术的蓬勃发展互为动力。智慧城市的建设将极大地带动 AI 技术横向和纵向的应用，推动包括物联网、云计算、三网融合、下一代互联网以及新一代信息技术在内的战略性新兴产业的发展。

另一方面，智慧城市在充分整合、挖掘、利用信息技术与信息资源的基础上，赋予物以智能，实现对城市各领域的精确化管理和城市资源的集约化利用，从而有助于瞄准新一轮信息产业竞争的制高点，实现产业创新发展。

# 第三章　目标谱系理论

## 一、构建全域目标谱系

在智慧城市的建设过程中，大数据的应用问题其关键是大数据的全域性。泛在的大数据应用重要的是泛在的深度学习和深度挖掘，其核心是全域的深度关联与各种分类适应的算法创新应用。对于广义的社会生产活动而言，政府、社会、行业、企业、个人，均有不同的智慧化的服务和接受智慧化服务的丰富内涵，只有研究设计好智慧北京的全域目标谱系，才能更好地引领智慧北京的建设与发展，以及引领高精尖产业的创新与发展，从而推动数字北京、数字政府、数字经济的发展。以"全要素基础支撑、全主体协同治理、全场景智慧赋能"为目标，创新"民生服务、城市治理、数字经济、生态宜居"四大类应用场景，构建智慧北京全域目标谱系，具有十分重要的理论与实践意义：

（一）大量的、来自多个业务系统的半结构化、非结构化数据需要进行存储、实现访问和查询

在数据采集的价值核心从"准确性"向"面向需求"过渡的同时，人们所面临的问题早已不再是信息的匮乏，而是面对需求时信息所体现的价值。如果不能从传统的数据应用模式中做出及时的转变，建立海量多种结构数据与应用需求之间的良性映射，则大数据的低价值密度特点将对决策主体的投入产出效率产生不良影响。目标谱系的形成是低价值密度大数据产生高价值涌现的必由之路。

（二）提升数据资源与目标应用需求之间的匹配程度

在实际操作过程中，全域大数据应用的基本盘是具体到各个行业内的业务人员以及大数据应用开发人员。对于具体行业内的业务人员而言，他们熟悉业务场景、手中握有数据资源、熟悉数据处理的基本方向和详细目标，但缺乏数据处理的具体技术和数据敏感度，而对于大数据关键技术的开发人员而言，他们精通数据处理技术，但往往不熟悉大数据应用的具体业务场景及不同应用领域之间的联动关系。此外，一些特定行业内的大数据开发与应用相对成熟，而对于广义的全

域性社会生产活动而言，政府、社会、企业、个人等主体所使用与产生的数据并不完全隶属于某些特定的领域。两种因素的共同作用，导致数据孤岛的产生。可见，技术纵然具有一定促进共享的作用，但智慧城市必须立足于满足市民的各项需求。因此，除技术层面的联动接口外，还应建立灵活的实际需求沟通渠道以提升数据资源与需求的匹配程度，避免服务对象陷入被动适应新技术的泥沼。

（三）全域数据资源的适应速度问题

随着大数据在多领域的应用，新的需求分支不断被开辟，带来了全新的人类社会协作关系、也使人类社会的分工进一步细化。这大大加速了人类社会中资源获取、价值观念、需求结构等的演化更新速度，既有的业务模式不断被新模式取代，AI算法体系也不断产生自适应性演化，因此，数据资源的应用目标与规划方式要动态地适应快速的业务变化，需要结构化的方法论加速目标匹配。

可见，大数据应用问题的实质可以归结为大数据的目标谱系问题。对于广义的社会生产活动而言，政府、社会、行业、企业、个人具有不同的智慧化服务及接受智慧化服务的丰富内涵，只有研究设计好智慧北京的全域目标谱系，才能更好地引领智慧北京的建设与发展，以及引领高精尖产业的创新与发展，从而推动数字北京、数字政府、数字经济的发展。

## 二、光谱原理及应用

1666年，物理学家牛顿进行了一次非常著名的实验，他用三棱镜将太阳照射形成的白光分解为红、橙、黄、绿、青、蓝、紫七种颜色，牛顿据此得出一个推论：太阳光由七种颜色构成。牛顿的实验，使人们第一次接触到了光的客观与定量特征。

大约一个半世纪后，德国物理学家约瑟夫·冯·夫琅禾费系统地研究了光谱中的暗线，在太阳光的光谱中，他一共绘制了574条谱线。

我们都知道，光谱中最大的一部分可见光谱是电磁波谱中人眼可见的一部分，能够被人眼所识别，在这个波长范围内的电磁辐射被称作可见光。在可见光谱的红端之外，存在着波长更长的红外线；同样，在可见光谱的紫端之外，存在着波长更短的紫外线。红外线和紫外线仅凭肉眼无法观察到，但可以通过仪器检测到。因此，除可见光谱外，光谱还包括红外光谱与紫外光谱。

此外，由于每种原子都有自己的特征谱线，科学家们还会根据物质的光谱来鉴别物质及确定其化学组成和相对含量，很多稀有元素就是从光谱中看到了以前所不知道的特征谱线而被发现的。人们通过不断了解各类光谱的成因、仔细分析光谱中的暗线，并通过对照各种原子的特征谱线，挖掘了众多天体的化学组成要素。

大数据及其相关技术发展到今天，实际上人们已经解决了"数据量"的问题，我们可以通过各式各样的设备收集大量的结构、半结构以及非结构化数据，比如大量的图像、出行轨迹、消费偏好等，然而，大数据具有低价值密度这一概念也同时应运而生，这里，我们将一条条谱线比作大数据环境下智慧城市各个领域要实现的目标或场景，"低价值密度"的现象意味着目前依然缺乏有效的理论或技术手段深入挖掘智慧城市建立过程中的"不可见光"、各条谱线之间的内在逻辑关系以及联动关系。

智慧城市的发展离不开大数据与人工智能技术的支撑，目前，AI 技术已经成为挖掘数据价值的利器，在单独领域的运用中实现了极高的精度和效率。然而，在智慧城市建设中的"不可见光"部分，却往往存在一定局限性。这是由于：一方面，一些机构或部门坚持不公开自身数据，或设置重重门槛，拒绝外界以合法的形式进行科学研究，造成严重的数据孤岛，此外，一些机构或部门往往仅采用对自己有利的大数据，故意忽略不利的数据或选择性分析，从而使本应智慧化的决策结果严重失真；另一方面，智慧城市是一个典型的复杂巨系统，系统整体功能的发挥并不等同于各个局部功能的机械累加，而是在各类局部功能复杂关联关系的作用下，不断产生"1+1<2"或"1+1>2"的结果，最终涌现出系统整体与局部的真实功能，如果各行业、各业务系统以及各场景的目标无法形成清晰的、自适应生长的谱系，即使具备先进的数据联动机制，智慧城市也只能停留于若干子系统的机械堆积，智慧城市的建设与数据资源治理缺乏层次与条理。

可见，谱系思想的引入可以使智慧城市中的联动分析不再孤立，更加有利于产生不同认知交互涌现的结果，让模糊的、不确定的、复杂的智慧化业务得到可计算的合理解释，从海量数据中挖掘出更多高价值的信息，从而不断提升大数据的价值密度。

### 三、全域目标谱系结构设计

借鉴上述光谱理论和光谱分析过程，并将其进行跨学科的概念迁移可知，这个"光谱"系统是开放的、发展的，谱系的分支可以不断演化、增长，不同的分支既有独立的标识，又存在普遍的联系。

其中，光谱分为可见部分（目前很多的智慧业务系统）与不可见部分（可预测、有待发展、智慧分析等）。从目标谱系概念模型的层次性而言（见图3.1），大数据的全域联动是真正意义上智慧城市建设的基础，目标谱系是智慧城市海量数据与 AI 技术之间产生涌现作用的催化剂。不同的谱系还可以依托各类数据资源，在先进 AI 适应性学习的基础上不断生长延伸，产生更为具体的场景式分析需求与智慧化目标。值得注意的是，"可见光"与"不可见光"部分不是相互割裂与孤立的关系，而是代表目标谱系之间的隐含联动关系。实际上，在智慧城市的大量场景中都存在着若干隐含的业务需求乃至业务痛点，对于常规分析（肉眼）不可见的目标，往往存在沟通协调难度大、数据管理秩序失调等问题，需要深度自适应判别挖掘潜在的场景目标。

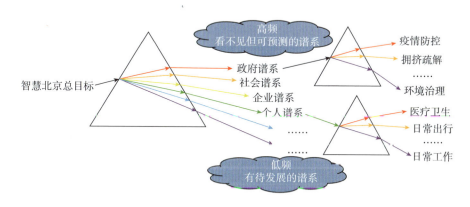

图 3.1 目标谱系概念模型

从人工智能认知客观世界的技术发展方向而言，应用目标谱系可为海量城市大数据价值密度的提升提供有效的管理协调机制与理论方法（见图 3.2），谱系理论的建立，实际上为智慧城市的数据基础提供了一种有效的粒计算创新。这是

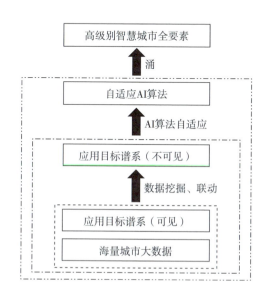

图 3.2 智慧城市目标谱系的层次与作用机制

由于，大型智慧城市的建设本质上可以抽象为一个"城市大脑"认知客观世界的过程。当然，从仿生学的意义上讲，人脑在接收外界信息后，并不会将所有信息都原封不动地存储起来形成一对一的映射，而是通过高级思维形式对接收的信息进行分类压缩，建立对象与概念之间的隶属关系，用抽象概念的形式进行存储，不同的概念之间不断进行交互与联动，产生更高级别的认知，从而面向复杂系统演化形成自主决策。由此可见，目标谱系实际上是一种复杂压缩映射关系的现实表述，粒计算思想虽然是一种相对传统的客观事物认知方法，但在智慧城市的目标谱系层面具有非常重要的理论意义。无论是人脑还是 AI，智慧的形成过程都不是孤立及确定性的，而是一个由识别"可见光"到识别"不可见光"的过程，是不同认知交互涌现的结果，粒计算思想能够让各种目标的不确定性得到可计算的合理解释，再一次说明"大数据具有低价值密度"是一个带有误解的伪命题。

引入光谱的思想，可以有效解决大型智慧城市服务过程中隐含联动关系与数据价值的挖掘问题，通过自底向上、由微观到宏观的知识涌现实现全域全要素精细化社会治理。在光谱系统的基础上，进一步引入枝叶系统，常见的枝叶系统也可衍生出目标谱系的概念模型，通过枝叶系统抽象形成的目标谱系，可以为 AI 数据分析的标签体系建立全域索引基础，如图 3.3 所示。

目前，针对基于全域大数据的智慧城市建设与社会治理问题，尚缺乏宏观层面的数据资源配置与管理模式创新，枝叶系统能够通过清晰合理的结构实现目标谱系对智慧城市建设的引领作用，枝叶系统包含干枝、分枝、细枝以及谱叶，分别代表智慧城市不同层级的服务目标，干枝表示智慧北京全域目标谱系，分枝是在干枝基础上生长出的智慧城市服务功能，细枝表示具体业务。干枝、分枝、细枝表示固定的论域、边界及业务系统，谱叶则具有动态演化特征，如同年复一年树叶的掉落与生长，表示在多级目标谱系下各类场景的动态变化，可以伴随场景变化举一反三，延伸出新的业务以及需求增长点，从而使产生数据的市民、企业、社会组织和政府也能够应用数据。显然，单一化的标签无法产生能够适应各类场景的"谱叶"。树形谱系结构的意义在于，大型城市全域生产生活产生的海量数据往往缺乏多元化的标签，既有的数据标签体系往往依赖于微观层面的业务目标，从而在数据壁垒的作用下影响联动效率。树形目标谱系的建立能够使海量数据在更大时空尺度上产生的标签体系为"谱叶"生长提供更多的营养，使智慧城市中要素和系统的逻辑匹配关系更加清晰，让原本互相独立的应用系统间高效共享信息，涌现出各业务之间关系的综合集成再创新。

在市民、企业及社会组织广泛参加智慧城市建设的趋势下，各主体的智慧化路径可以在目标谱系树形结构的作用下实现智慧建设的汇聚与城市包容性的提升，让城市各系统之间的相互联系和结构变得更为清楚、简洁、可扩展。

（a）枝叶结构

（b）树形结构

**图 3.3　智慧城市（北京）目标谱系概念模型**

### 四、谱枝、谱叶及其数字孪生

目前，为了便于进行综合分析，智慧城市建设中的大多数业务是将各个系统的数据机械物理地堆积到一个数据库中，跨平台、跨系统、跨部门、跨时段数据的整合计算、全域分析、动态 Online 展示等呈现不足，目标谱系及相应的枝叶模型从系统科学的角度为智慧城市的发展提供了打通全领域的框架模型，除大数据作为目标谱系的关键技术支撑以外，数字孪生也是智慧城市目标谱系落地实践的重要技术。

数字孪生指充分利用物理模型、传感器、运行历史等数据，集成多学科、多尺度的仿真过程，它作为虚拟空间中对实体产品的镜像，反映了相对应物理实体产品的全生命周期过程。数字孪生可在目标谱系的基础上，在虚拟世界形成一套平行的数字化成果与全新的信息采集方法，在大量数据的融合、整合、集成基础上，实现智慧城市各类要素内在联动关系的数字化。

（一）数字孪生是目标谱系的基础

数字化表达是智慧城市建设的基础阶段，城市建设管理中各类实体、场景、活动的数字化、可视化是智慧城市的构成基础，数字孪生将孤立的这些实体、场景、活动的数字系统如实地进行数字化表达，构造了问题产生的数字化情景，形成一个仿真的数字世界。而目标谱系可以实现数据之间的自适应全域联动，为每一个数字化场景找到其在整体智慧城市中的位置与联动关系，将破碎的镜像进行整合，最终实现真正意义上的万物互联，使城市的全息数字影像形成精准的需求问题导向，以社会治理问题的高度复杂性和不确定性作为靶向目标，同时使智慧城市关键技术的应用对现实世界的表达和预测更为真实。

（二）基于目标谱系的联动关系加速数字孪生的价值提升

通过技术手段映射出的虚拟数字世界或模型，是对物理世界或实体的数字映射，多源数据完成了汇聚与整合，智慧城市的业务需求实现了数字化梳理，但还需深入探索梳理业务流程和需求的新方法、新理论、新模式。

数字孪生完美搭建了与物理世界同步的数字虚拟空间，实现了物质世界的数据化表达与状态的客观监测，而目标谱系及其具有干枝结构的联动机制有助于形成智慧城市的"主动感知体系"与进一步深入的自适应智慧解决方案，使智慧城市的各个感知单元既具有信息感知能力，又具有全域智慧决策能力。通过数字孪生技术中的感知体系单元，可以将真实物理城市中得到的数据传输到目标谱系的枝叶系统中，在"谱叶"构成的动态场景下，通过对"数字空间"中的各项数据进行 AI 模式创新下的联动学习，以智慧决策的方式改造物理空间中的既有管理模式，可以实现在同一时空中将来源广泛的全域城市信息资源进行深度融合和关联，提升数字孪生的价值，实现真正意义上的万物互联。

（三）数字孪生加速高级别智慧城市全要素决策的涌现

在既有的智慧城市场景化解决方案中，城市在场景联动领域大多处于条块分割、各自为政、信息孤岛的状态，各业务系统存在一定数据壁垒和业务壁垒，也在某种程度上造成了大量的重复建设，从而影响 AI 技术进行自适应学习的涌现结果，使全域联动高级别智慧决策的产生受到限制，目标谱系在场景数字化的基础上可实现"城市大脑"各个神经元之间的有效连接，可以推进泛在的城市感知体系建设，最终实现真正意义上的城市数据与各类场景的"一网通管"。

# 第二篇

## 目标谱系设计

# 第四章　智慧政务

## 第一节　智慧政务概述

### 一、智慧政务的含义

2008 年，IBM 发布了《智慧地球：下一代领导人议程》，提出了智慧地球（Smart Earth）的概念，同时提出智慧城市（Smart City）的理念和方案，认为智慧城市是城市现代化发展到一定阶段的必然产物和趋势，是增强城市竞争力的有效途径。伴随着"智慧"一词进入公众的视野，"智慧"的生活也成为一种美好愿景，智慧开始应用于国家和城市的建设进程中，进而出现智慧城市。我国于2013 年开始了第一批智慧城市的试点，在此基础上，出现智慧政务，并逐渐兴起。智慧政务与其母体智慧城市一样，都是舶来词，在英语语境下我们通常有 Smart Government、Intelligent Government 等表述方式。虽然在概念的表述方式上存在不同，但从本质和外延上看，都是以现代化的信息技术为主体，促进政府公共服务范式的升级或转变。

对于智慧政务的学术定义，主要从两种路径进行阐释，一种是公共治理路径，另一种是技术路径。

从公共治理路径看，徐晓林和朱国伟（2012）认为，智慧政务是变革治理模式的一种回应性选择，依存云计算、感知、信息挖掘、物联网、虚拟现实等技术，使科技变得更加智慧化，从而让科技开始"思考"，以实现信息的实时更新、融合以及服务内容、方式的动态调适，去纠正传统电子政务存在的信息超载、数字鸿沟等问题，通过更加开放的合作治理，实现社会利益的整合，使公共利益更具人性。赵玎和陈贵梧（2013）认为，智慧政务是以实境网络为基础，通过综合应用云计算、语义网等相关技术，面向企业和市民提供无缝对接的政府公共服务的高级阶段，所以政府的公共服务范式必须从全能型转向服务型和社会型。

从技术路径看，张建明、朱建光、尚进（2015）在对国内外智慧政府研究现状和发展趋势进行综述时指出，智慧政府重视对技术手段的运用，包括大数据、人工智能、实境网络、云计算等，从而使政府的公共服务变得智慧、高效，并且呈现出更加简洁、透明、自治、移动、无缝对接等特征，从而在电脑、手机、平板电脑、智能电视等智能终端和政务微博、政务微信、政务网站、移动政务 App、社交网络等智慧政府应用平台上都取得良好的应用效果。

从公共治理和技术理念两方面讲，其对于智慧政务的解读都存在自身概念的庇护性，也就是说，两者对智慧政务的解读更多的是一种传统的行政二分的解读，智慧政务对于政府而言，其本身不仅仅是一种工具，其更广泛的意义在于公共管理属性，很难对智慧政务做出精确的定义，但其总体方向是对新科技工具的运用，进而实现对公共服务的有效供给和满足，智慧政务的出发点和落脚点都是在于如何更好地为人民服务，如何更好地让政府和民众有序互动，如何更有效地规范、约束、优化、完善政府组织，如何整合优势资源，实现发展。

智慧政务的内涵包括"智慧"以及"政务"两个基本属性，其核心主要是"政务"，"智慧"是政府处理政务采取的手段。因此，政府变革社会治理的必然趋势是建设智慧政务，既可以提高政府管理的效率，又可以为公众提供智慧化服务。从"智慧"的角度看，智慧政务主要是应用大数据、云计算以及物联网等，通过在线整合各种资源以及信息从而打破部门间的"数据孤岛"。从"政务"的角度看，智慧政务既可以提升政府的治理水平，又可以降低治理的成本，从而促使服务型政府的建设，做到真正以公众服务为导向的智慧政府。

本书涉及的智慧政务，更倾向于智慧政务是政府使用新兴的信息技术如大数据、物联网、云计算等实现各种信息资源的整合共享与在线应用，向公众提供智慧化的、无缝隙的公共服务的政务运营模式。

**二、智慧政务的发展历程**

从 20 世纪 90 年代开始，政府信息化的建设就开始围绕"通"进行，而现今正逐渐过渡到"云"的建设。2020 年，是我国电子政务网全面启动建设应用 15 周年，经过近 15 年的建设，政务外网已经在全国 32 个省份实现市、县级覆盖，对促进政务信息资源共享，加强一体化政务服务体系起到了至关重要的作用。从网络的联通、数据的整合，到云的出现与整合，政府信息化的建设是一个漫长而又快速发展的过程，正迈向新的里程碑。

随着以数字化、网络化、智能化为特征的 ICT 技术的飞速发展，全社会、全行业的数字化转型步伐不断加快。作为数字中国的重要组成部分，以及优化营商环境、推动社会经济高质量发展的重要抓手和引擎，加强数字政府建设、完善数字政府治理体系已成为政府行业发展的主旋律。基于 Web 时代的电子政务开始向基于云计算和实境网络的智慧政务转变，政府公共服务理念和服务范式也发生转变。智慧政务是指基于实境网络，通过综合应用云计算、语义网、人工智能、区块链等数字技术，面向市民和企业提供无缝对接的政府公共服务的高级阶段电子政务。

智慧政务并非一种全新的政务形式，而是电子政务发展到一定程度后的高级阶段，它必然要求政府公共服务范式从全能型转向服务型和智慧型。智慧政务与电子政务的对比如表 4.1 所示。在传统政务阶段（20 世纪 90 年代以前），由于技术等现实条件的限制，政府主要采取面对面的方式为市民提供公共服务。随着信息通信技术的发展和互联网的出现（1995~2000 年），电子政务应运而生，政府服务的效率得到极大的提高，但其服务的提供仍受时间和空间的限制，其服务范式是基于服务供给的统一服务。2005 年前后，Web2.0、CDMA 和 GPRS 等移动通信技术的发展引起各国政府部门的重视。如何利用手机、PDA 及其他手持移动设备，通过无线接入基础设施为一线政府工作人员和社会公众提供信息和服务，越来越成为政府关注的焦点。其服务范式是基于公私伙伴关系的协作服务。2015 年之后，Web2.0 进入 Web3.0 阶段，在这一阶段，虚拟网络将经由无线通信设备、语义网络、RFID/USN 等技术手段与现实世界紧密联系，产生实境网络以及公共领域的智慧政务。此阶段政府变得更加"智慧"、效率更高、管理更透明，智慧政务呈现出简便、透明、自治、移动、实时、智能和无缝对接等特征。从某种程度上讲，智慧政务综合体现了"公众为中心"（Citizen-centric）、"惠及所有人"（For All）、"泛在"（Ubiquitous）、"无缝"（Seamless）、"透明的政府"（Transparent Government）、"回应的政府"（Responsive Government）、"变革的政府"（Transformational Government）和"一体化的政府"（Integrated Government）的理念，是一种先进的、成熟的公共服务范式。

表 4.1　智慧政务与电子政务、移动政务的对比

|  | 电子政务（政务 1.0） | 移动政务（政务 2.0） | 智慧政务（政务 3.0） |
| --- | --- | --- | --- |
| 普及年份 | 1995~2000 | 2005~2010 | 2015~2020 |
| 政务载体 | 万维网 | Web2.0 | 实境网络 |
| 面向对象 | 面向政府、首站式 | 面向市民、一站式 | 面向个体、政府服务门户 |
| 服务方向 | 单向服务 | 双向互动服务 | 个性化智慧服务 |
| 局限条件 | 时间、空间的限制 | 移动服务 | 无缝对接服务、随时随地 |
| 服务范式 | 基于服务供给范式的统一服务 | 基于公私伙伴关系的协作服务 | 智慧服务 |

### 三、智慧政务的特点

（一）一站式

政府从电子政务发展到智慧政务后，其主要的变化就在公共服务供给范式的变革上，最大限度地简化和精确个体供给方式，逐步消除各个主体之间的信息屏障，实现信息的共享。有需求的民众在便民服务接入端键入自身的需求后，政府智慧服务系统将会对市民的需求进行分析、预判、满足、监督、完成，这就意味着政府和民众之间只需要由民众发起第一步，其后的步骤将由政府内部的系统进行协调，进而最省时、高效地满足民众需求。这个特征其实在于政府通过智慧政务系统对碎片化服务进行有效整合，进而上升到有效的整体性服务，形成有效的整体性治理。

（二）一体化

正如一体化一词本身所涵盖的意思一样，一体化服务特征是代表政府公共服务供给开始到供给结束，抑或是供给输入到供给输出的整个时间段，这与传统的政府部门在某个时间节点的供给有着明显的区别。

首先在于政府职能的全面覆盖，包括管理、决策、监督、服务等多重政府职能的体现，是由政府对市民（Government to Citizen，G2C）、政府对企业（Government to Business，G2B）、政府对政府雇员（G2E）、政府部门对政府部门（Government to Government，G2G）等多重结构系统结合形成的开放式复杂式综合性系统。于此而言，政府职能一体化进程的加快，不仅能够加速政府内部去官僚化步伐、精简冗余机构、缩减政府预算，而且其效能更在于政府服务更好、更快。

其次在于政府行政执政的一体化，从传统公共行政的被动型政府，即公众有需求，政府才会响应，主要在于信息的输入和服务供给，而智慧政务的转变在于将输入和供给形成一个全天候动态循环系统，涵盖信息的"输入—供给—反馈—完善—输入"。

（三）智慧化

在提供公共服务时，通过对数据的充分运用和处理，呈现感知化、数据化、智能化的趋势。感知化在于数据源的变化，通过各种智能终端与物品相连接，促成社会行为的感知，使人们更加快速地感知物理变化。如各种智能仪器感知着人类生活的方方面面，在公共管理上如可视化操作，通过传感器预测和监控森林火灾，并全天候无死角地传输数据，以便管理人员根据实时动态调整应对措施，降低财产损失，保护人类安全；数据化指信息呈现和处理方式的转变，大数据时代来临后，数据遍及社会生活的方方面面，如生活中的各种智能终端和虚拟计算，数据的增长造成信息量暴增，政府作为信息的采集者和使用者可以利用新技术对信息进行分析，评估社会对于公共政策、公共服务的反应；智能化是数据使用方式的变化。在计算机技术不断突破的今天，各种智能终端和后端计算机系统相连接之后，数据被大量地整体化结构化处理，通过云端技术，对不同产业、区域、领域的数据进行分析、演算、预测。智慧政务正是运用这些手段，更加精细化、动态化地监测社会发展情况，发现市民或组织需求、活动的新动向、新趋势，为政府的公共服务供给提供智慧化的决策支持和保障。

（四）战略性

智慧政务的战略性在于通过大数据、移动互联网等基础架构形成的数据平台，对公共组织、市民个体、服务供给的需求形成的有效预判，从而达到提前提供公共服务的目的。例如，公共安全的监控、安全生产的管理、城市交通的实时监测、环境卫生的动态监控、应急与救灾的提前预防、预算与审计的数据评估等。我们知道，如果地震之前能够提前发布预警将极大地减少人员伤亡，那么在公共管理领域中，在事情出现不可控的局面或者是恶化之前，这些公共服务依靠个人或者企业的力量进行预判难以实现，只有通过政府管理部门统筹协调各方面的资源才能有效地预先管控。

# 第二节　北京智慧政务的发展

## 一、北京智慧政务发展情况

北京已建成覆盖四级的一体化政务服务体系。根据北京市政府于 2016 年发布的《北京市人民政府关于加强政务服务体系建设的意见》，北京推动政务服务实体平台和网上服务平台深度融合，2019 年建成集行政审批和公共服务功能于一体，市、区、乡镇（街道）、村（社区）四级贯通、协同联动、一网办理、运行高效的政务服务体系。

截至 2020 年底，北京已建成覆盖四级的一体化政务服务体系，政务服务平台个人用户总数 2040 万，企业用户总数 210 万，81% 的事项实现"全程网办"，138 项事项"跨省通办"，9000 项事项市区两级"全城通办"，如表 4.2 所示。

北京的智慧政务建设水平位于全国前列。根据赛迪顾问发布的《2020 中国数字政府建设白皮书》显示，2020 年全国数字政府建设指数排名前 10 位的分别是广东、浙江、山东、福建、北京、上海、江苏、四川、河南和贵州。北京数字政府建设指数为 68.4，排名全国第 5，处于全国前列。根据中央党校（国家行政学院）电子政务研究中心发布的《2021 省级政府和重点城市一体化政务服务能

表 4.2  2020 年北京智慧政务建设情况

| 指标 | 具体情况 |
|---|---|
| 成果 | 已建成覆盖四级的一体化政务服务体系 |
| 政务服务平台个人用户总数（万） | 2040 |
| 企业用户总数（万） | 210 |
| 实现"全程网办"的事项占比（%） | 81 |
| "跨省通办"事项（项） | 138 |
| 市区两级"全城通办"事项（项） | 9000 |
| 政务服务事项申请材料压减（%） | 74 |
| 办理时限压减（%） | 72 |
| 平均跑动次数（次） | 0.18 |

资料来源：笔者根据资料整理。

力调查评估报告》显示，省级政府方面，北京、上海、江苏、浙江、安徽、广东、四川、贵州 8 个省级政府的一体化政务服务能力总体指数非常高（超过 90）。

"十四五"时期，北京将深化"一网通办"服务。根据《北京市"十四五"时期智慧城市发展行动纲要》，到 2025 年，北京将建成全球新型智慧城市的标杆城市。"一网通办"惠民服务便捷高效，"一网统管"城市治理智能协同。"十四五"时期，北京将继续深化"一网通办"服务，提高政务效能，助推数字政府建设，具体包括以下四部分内容：

（1）统一办理：全面推进政务服务事项统一入口、统一预约、统一受理、统一赋码、协同办理、统一反馈，助推数字政府建设。

（2）电子证照：推动电子证照、电子印章等在政务服务领域应用，促进政务服务"减环节、减材料、减次数"。

（3）跨省互认：推动高频证照跨省共享互认，实现京津冀高频事项"跨省通办"。

（4）个性化政务服务：完善网上政务服务支撑体系，打造数据同源，多端同步千人千网的个性化政务服务。

**二、北京智慧政务发展配套政策**

北京制定出台了多项智慧政务相关政策，初步建立了信息化标准体系，为规范北京市的信息化管理、加快信息化建设提供了法规政策依据。2020 年 6 月 10 日，北京市经济和信息化局发布《北京市加快新型基础设施建设行动方案（2020—2022 年）》，聚焦"新网络、新要素、新生态、新平台、新应用、新安全"六大方向明确了30个重点任务，其中即包括政务专网建设。这些相关配套政策的颁布为北京市智慧政务的发展提供了助力。北京智慧政务相关配套政策如表4.3所示。

表 4.3 北京智慧政务相关配套政策

| 时间 | 政策 | 内容 |
|---|---|---|
| 2016 年 12 月 | 《北京市"十三五"时期信息化发展规划》 | 统筹建设全市统一的电子政务云平台和电子政务内网云服务平台。推动全市各部门应用系统迁移上云。统筹建设政务数据中心体系 |
| 2016 年 12 月 | 《北京市人民政府关于加强政务服务体系建设的意见》 | 加快推进"互联网+政务服务"。市政务服务办要建设完善全市统一行政审批管理平台和市投资项目在线审批监管平台 |
| 2017 年 4 月 | 《北京市市级政务云管理办法（试行）》 | 按照"上云为常态、不上云为例外"原则。各部门现有信息系统逐步迁移上云、停止服务器、存储等相关软硬件采购 |
| 2018 年 7 月 | 《北京市推进政务服务"一网通办"工作实施方案》 | 2020 年底前推动互联网和政务服务深度融合建成覆盖全市的整体联动、部门协同的"互联网+政务服务"体系，大幅提升网上服务效能和智能化水平 |
| 2019 年 5 月 | 《关于解决形式主义突出问题为基层减负的若干措施》 | 依托电子政务内网建设推进无纸化办公减轻基层文件流转负担 |
| 2019 年 11 月 | 《北京市新一轮深化"放管服"改革优化营商环境重点任务》 | 通过微信小程序、支付宝、百度、北京通等多种途径。实现水、电气、热、通信掌上办理报装、查询、缴费等业务，不断提升便利化水平 |
| 2020 年 6 月 | 《北京市加快新型基础设施建设行动方案（2020—2022 年）》 | 提升政务专网覆盖和承载能力。通过对现有资源的扩充增强、优化升级。建成技术先进、互联互通、安全稳定的电子政务城域网络、全面支持 IPv6 协议 |
| 2020 年 12 月 | 《北京市进一步优化营商环境更好服务市场主体实施方案》 | 构建数字政务平台体系加快搭建数字服务、数字监管、数字营商信息化平台统筹各类为企业群众提供服务、进行监管的业务系统 |
| 2021 年 3 月 | 《北京市"十四五"时期 智慧城市发展行动纲要》 | 全面推进政务服务事项统一人口、统一预约、统一受理、统一赋码、协同办理、统一反馈，助推数字政府建设 |

## 第三节 智慧政务系统目标

### 一、智慧政务定位

智慧城市建设的首要目标应是提供智慧的政务服务。智慧政务定位是以政务服务为导向，重构以感知、评价、决策、管理服务和传播的政府管理新流程，推动服务型和透明化政府建设，形成政、民、企融合、良性互动的治理新格局。

### 二、智慧政务系统目标谱系

北京智慧政务系统总体目标是以推动传统政府向高效政府转变，提升政府内部效率，开展对企业和公众的高效服务，并协同企、事业单位高质量地、及时地处理日常管理和应急管理事务。北京智慧政务系统需要对多数据中心资源统一管理，灵活调度分配资源，实现对目标服务对象的智能支持。智慧政务系统目标谱系结构可由用户层、应用层、平台层和数据层构成，如图4.1所示。

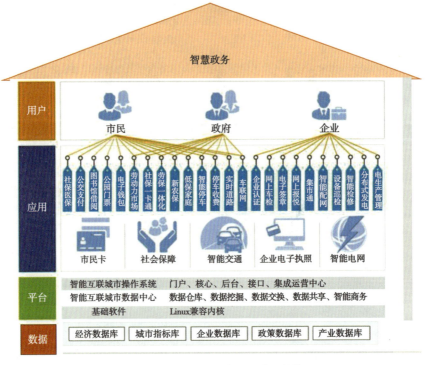

图 4.1 智慧政务系统目标谱系结构

（一）用户层

智慧政务的服务目标对象主要包括三类，即市民、企业和政府。因此，智慧政务公共服务的典型服务场景包括三种，即政府对市民（Government to Citizen，G2C）、政府对企业（Government to Business，G2B）及政府部门对政府部门（Government to Government，G2G）。

政府服务的业务系统承载了政府对全体企业、居民服务的所有作业流程，随着智慧政务的发展，能够进一步实现一站式、移动化、集成化的效果。

对政府而言，智慧政务有助于推动部门协同通办。通过统一全市政务服务事项标准和监督规范，做到"同一事项、同一标准、同一办事指南"实现"一表申请、一口受理、并联审批、统一出证"的服务方式，整合各政府部门现有政务服务系统，打造新一代政务服务平台体系，打破原有业务边界，整合分散、独立的平台入口，实现跨地区、跨部门、跨层级数据共享，身份互信、证照互用、业务协同，奠定智慧政务的业务融合性基础。

对企业而言，智慧政务平台基于云平台和政府信息资源库，可以有效推动更多企业实现"一网通办"。智慧政务有助于为企业提供优化的线下线上政务，提升在线咨询、网上受理、网上审批、网上反馈、快递送达等办事效率，加大电子证照、电子表单、电子签章、电子签名等在政务服务中的应用深度，实现线上线下办事无缝衔接。

对市民而言，智慧政务有助于为其提供精准服务。大数据重塑了政务服务的生态环境，可利用多源共享实时政务服务数据分析，对办事者数据与业务数据深度学习和智能挖掘，进而准确掌握办事者访问行为特征和规律。智慧政务在深入了解办事者的服务需求的基础上，根据办事者需求和习惯体验优化配置服务资源，丰富服务内容，优化服务方式，化解办事导向的难题，从粗放式供给向精准化供给转变，从政府端菜向群众点餐转变，变被动服务为主动服务，逐步实现办事者全生命周期服务推送，最大限度地满足办事者个性化、定制化以及多样化的服务需求。

（二）应用层

智慧政务系统应用层需要对应服务目标对象搭建相关的服务内容，并能够动态调整服务内容。针对市民提供的应用包括社保医保、公交支付、公园门票、社保一卡通、电子钱包等；针对企业提供的应用包括企业认证、网上报税、智能配网、工商注册、生产管理等；针对其他政府部门提供的应用包括：车联网、劳保一体化、实时道路、协同办公、行政执法等。

（三）平台层

智慧政务平台层为整个系统安全体系和运维体系提供信息化支撑。鉴于云平台具有云端资源易于向公众开放、灵活性和可扩展性强、运维管理方便等特点，智慧政务系统平台层多为云构架平台。北京政务云架构可规划为"三横两纵"结构，自下而上分别为基础资源服务层（IaaS）、应用支撑服务层（PaaS）和业务应用层（SaaS），如图4.2所示。

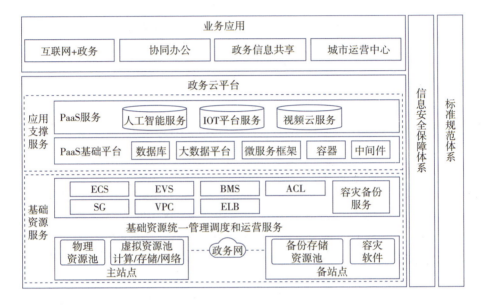

图 4.2　北京政务云总体架构

　　基础资源服务层包括计算、网络和存储等基础设施；应用支撑服务层提供标准化的开发、测试和运行环境，建立不同部门间的数据交换共享能力；业务应用层为各类电子政务应用，政府和公众可以通过网络获得而无须安装独立软件。实际建设过程中，遵循物理分散、逻辑统一的原则，在最大化 IT 资源利用率的同时对外呈现统一的政务云平台。

　　云架构平台能够保障：

　　（1）实现政务业务统一接入，在不同终端上实现一站入口、一触即达。

　　（2）构建面向政府、企业、民众的"一码通、一网通、一号通、协同办、协同管"智慧政务应用场景生态，直击业务痛点。

　　（3）通过政务服务数据共享平台和区块链可信政务服务平台，支持政务服务数据的可信融合共享，打破信息孤岛，让数据"盘得清""管得住""用得好"。利用"双引擎"的差异化能力，使政务数据更好服务于场景化政务应用，支持政务办公效率更高效、企业与个人办事更轻松，真正实现"线下"更有速度、"线上"更有温度。

（4）通过高效、安全、可信的云为政府数字化转型打下坚实的基础。

云平台可以实现政府部门的资源整合、信息共享与业务协同。在智慧政务云平台的基础上，运用无边界管理理论与区块链技术，进一步打破智慧政务信息协同边界，推进无边界化智慧政务平台建设，实现无边界化智慧政务，提升信息协同效率，高效满足公众需求，使整个政府部门在信息协同层面真正融为一体。

（四）数据层

智慧政务系统需要构建共享、协同、统一的政务云和大数据平台。在北京打通跨区域、跨行业、跨层级的数据壁垒，把"信息孤岛"变为"业务通、数据通、网络通"的北京共享与协同统一的大数据平台。智慧政务数据源包括政务服务、智慧城市运营的全面数据体系。

从数据采集的来源看，智慧政务的数据主要来源有企业数据、社会数据、政务数据。其中，政务数据处于核心地位。这个仅因为公共部门是国家最大的数据源，政务大数据占据全部数据的70%～80%，而且因为政务数据具有权威性、可靠性，更具有开发价值。未来的趋势是政务数据、企业数据、社会数据相互融合，通过三类不同数据的融合、开发、利用，提高政务服务效率。

从数据主题内容看，智慧政务的数据包括经济数据、城市指标、企业数据、政策数据、产业数据、市民数据等。从数据类型看，智慧政务系统的数据包括活动数据（Activity Data）、地点数据（Location Data）、可视化数据（Visual Information）、移动数据（Moving Information）等。从数据的标准和要求看，智慧政务系统的数据需要具备以下特征：容易获取、高度相关、质量可靠、组织效率高。容易获取指用户可以无障碍地从政府部门合法获取数据和信息；高度相关指政府部门为用户提供的数据符合用户的需求；质量可靠指政务部门采集和掌握的数据是真实、准确、完整、一致和及时的；组织效率高指政务部门为实现智慧政务所采集的数据符合低成本、高效率的原则。此外，如何处理政务数据的合法公开和隐私保密问题，也是智慧政务数据的采集和使用不可避免的难点问题。

# 第四节　智慧政务应用系统

智慧政务应用系统目标是融合、利用数字技术和政务大数据，打造"政务超脑"。以服务对象为中心，以数据共享为基础，以"不跑为常态，跑一次是例外"为目标，致力打造企业和群众办事"零填报、秒办理、不见面"的政务服务模式。面向企业和公众，实现办事搜索即搜即办、办事问题智能问答、办事资格自动预判和申请材料自动生成，进一步降低企业和群众办事的复杂度。

智慧政务应用系统目标如图4.3所示。

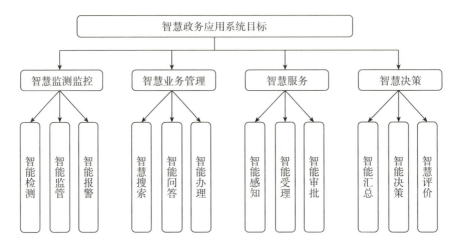

图 4.3　智慧政务应用系统目标

（1）智能检测。对实施清单核心要素问题进行自动检测，保证办事流程的同源一致和标准规范。

（2）智能监管。对监管对象自动感知、自动识别和自动跟踪。

（3）智能报警。可以对突发性事件进行自动报警、自动处置等。

（4）智慧搜索。基于智能语义分析、用户画像和事项之间的关联关系，实现即搜即办。

（5）智能问答。通过智能语音技术，准确识别用户真实需求、精准定位具体页面，提供真正了解用户的智能助手。

（6）智能办理。提供办事资格预审、办事"零填报"、网上签名、智能推荐等服务，打造全流程网办。

（7）智能感知。自动感知、预测用户所需的服务，为用户提供个性化、场景式的服务，引导办理有关事项。

（8）智能受理。为窗口受理人员提供无差别全科综合受理、审查点自动提醒和材料瑕疵点自动检测服务。

（9）智能审批。由电脑代替人工审批，实行自动受理、智能审批，自动出具结果，提供"秒批秒办"服务。

（10）智能汇总。采用数据仓库、数据挖掘、知识库系统等技术手段，自动生成统计报表，为决策者提供决策支持数据。

（11）智能决策。开发用于辅助决策的"仪表盘"系统，把经济运行情况、社会管理情况等呈现在决策者面前，便于决策。

（12）智慧评价。在全面感知用户需求的基础上，采用大数据分析评价技术对政策的执行对象、执行过程、执行效果和既定目标、社会预期、意见反馈、态度情绪等相关数据进行实时全面的动态分析，评估政策总体效果，提出调整建议。

## 第五节　智慧政务的联动应用

### 一、面向市民的智慧政务

（一）面向市民的智慧政务介绍

政府与市民间智慧政务（G2C）是指政府对市民的服务使市民按照其需求和沟通偏好的不同与政府进行友好互动，这种模式能够帮助市民全天候地了解政府的动态，向政府提出服务请求，完成事务的处理，提交评论并反映问题，以及请求紧急援助和访问相关数据。政府与市民间的智慧政务涉及各个方面，一个人从生到死，从衣食住行到每个人的工作，从基本的物质需要到自我实现的精神需求，都可以通过政府获得相应的智慧政务服务，其服务主要包括四种类型：一是信息和教育服务；二是交互性服务；三是事务性服务；四是治理和市民参与。

信息和教育服务，主要包括：一般的服务信息（如天气、公共安全、健康等）；特定信息（如市场利率、外汇牌价等）；紧急警报（如恶劣天气、恐怖袭击等）；健康和安全教育（预防和防范）；通知（如社会媒体文章、安全通知等）。很多国家都建立了以 G2C 模式为核心的紧急短信通知系统，例如，北京政务部门利用其发送停电信息、即将发生的自然灾害，如台风、暴雪或雪灾等消息。市民可以用手机拨打一个共同的号码 12345 获得政府服务。

交互性服务，其目的在于公民可以参与政府的对话，提出问题和意见，或者直接向特定机构发送服务请求。在整个互动阶段，公民的权益、诉求，其负责的部门和领域都变得更具个性、针对性、精细化，其沟通方式是一对一的，而不是一对多的，这种沟通方式在于提升公民的参与度和便利性，公民可以选择接收特定的通知。具体的服务包括健康服务、教育服务、安全服务、信息查询服务等。

事务性服务，要求政府与市民之间的双向互动不断增强，从而使政府的服务水平不断提高，促进政府变革。相关的服务有就业（如职位、配套服务等）、政府转移支付项目（如基本收入补助金、社会福利）、纳税（如工资收入、房地产税）、预订（如应对检查）、运输（如购买车票）等。从税收这项事务看，如国家的个人所得税 App 可以为市民申报个人所得税、查询收入纳税明细、纳税记录开具、综合所得年度汇算、专项附加扣除填报等众多业务的一站式服务。

治理和市民参与，主要借助移动技术实现市民访问的便捷和高效，让市民参与到社会治理中。例如北京的交通管理 App 提供市民参与交通监控的接口。市民可以将自己拍摄的违法车辆信息，如违规闯红灯、斑马线没有按规定避让行人等通过照片和文字方式上传到 App 中，交通管理部门会根据市民提供信息进行核实，从而对一些违规车辆进行监管。

（二）案例介绍——面向市民的智慧民政大厅

以"金民工程"为平台基准，围绕民政业务的各项服务应用，整合数据资源，坚持"一盘棋"理念，坚持"一体化"发力，以提升民政信息化应用水平为方向持续创新，以打通"互联网+民政服务"最后一公里为核心，致力于民政大厅的智慧升级，将民政服务大厅打造成智能化、便民化、一体化的智慧民政大厅，科技赋能，为全国智慧民政建设提供可复制可推广的经验和模式。

在城市信息化建设的大浪潮中，民政信息化建设关系就业、收入、教育、文体、健康、养老和社保等民间社会事务的管理与服务，在智慧城市建设中有着重要的地位。智慧民政大厅解决方案将现代信息技术与传统民政工作深度融合，加快提升民政大厅办事效率，为政府优化组织结构和工作流程。打破时间与空间的制约而打造智慧型民政服务大厅，建成一个经济社会发展水平更加适应的智慧民政大厅，为民政部门提供精准的民政业务管理与服务，为更高效的社会治理水平提供有力技术支持。

1. 智慧民政大厅的优势

传统民政大厅存在人工核验不准确，业务办理效率低，特殊日期用户大量来访导致拥挤等现象。针对上述问题，北京市政府对民政大厅重新设计，打造智慧型民政大厅，以 AI 识别区、智能引导区、柜台服务区、自助服务区为核心功能区，如图 4.4 所示，优化办事流程，实现办公自动化、智能化、数据化，有效提高办事效率，大幅度提升了客户满意度。

与传统的民政大厅对比，智慧民政大厅具有以下特点：

（1）兼容性、拓展性、可维护性强。智慧民政使用标准规范的、可拓展的、开放的、统一的接口，以其广泛的可兼容性，可供部级、省级、地市、区县调用，也可以与外部系统进行合理的对接。标准规范也会令后期的维护费用与难度降低，节省成本。

（2）用户体验更好。对于市民用户，能用、易用、好用。普通大众用户会用，上手快。得到相关审批后及时进行相关反馈。能够对办公人员监督，提高效率。

图 4.4 智慧民政大厅

对于办公人员，结合实际，综合分析并采纳常用的操作习惯。执行民政部门信息化规范。方便快捷，两步实现基本业务流程。

（3）资源整合性强。民政综合平台涵盖数据共享、数据统一处理、数据综合管理、大数据应用、共享数据库，强大的资源整合能力，辅助完成精准的管理与高效的民政服务，数据挖掘为科学决策提供支持，数据共享促进业务协同。

2. 智慧民政大厅解决方案

根据上述政策与传统民政大厅存在的问题，设置不同的功能区域，提出智慧型民政大厅解决方案，它以 AI 识别区、智能引导区、柜台服务区、自助服务区为核心功能区，并在不同的区域配置相关的智能设备。

（1）AI 识别区。针对办理用户信息不明确问题，引进人脸识别设备，提供实名认证功能。通过集成生物认证算法，结合人脸识别技术，避免冒用身份证、年龄变化等因素导致认证不一的情况再次出现。

入口摆放的人脸识别设备拥有易操作的后台管理系统，同时将人脸图像采集和身份证信息读取功能集于一台设备。支持人脸采集和二代身份证照片自动对比，保持警务联动，核实身份后方可进入民政大厅。

（2）智能引导区。为了避免引导台前咨询人数过多导致的秩序混乱现象，此方案中的智能引导区具有查询、咨询、引导等功能，通过智能机器人和自助排队机实现群众的快速业务分流和正确窗口引导，实现智能咨询、引导、数据交互、资料审核验证、扩大营业时间，有助于提升群众办事体验感和效率。

前台配置智能机器人。当客户在前方识别范围内经过时，无轨导航的智能机器人会识别当前用户，为用户提供智能签到、接待、咨询、导览等服务，引导用户排队、预约或是去相应的功能区办理民政业务。

同时将排队机、查询机等设备放在智慧民政大厅的智能引导区，如图 4.5 所示，为用户提供查询，引导，二代身份证读取等功能，客户自助取号，无须站着排队，只需拿着叫号码在等待区即可办理相关事务。

图4.5　智慧民政大厅的智能引导区

（3）柜台服务区。为了避免用户不了解民政大厅在柜台前排错队而出现不得不重新排队的现象，柜台服务区配置多种智能柜面设备，实现"一窗通办"。同时，柜台能提供智能采集功能，对申请人提交的证件及证明材料进行高清采集，结合智能纠向、精准切裁、异型校正等图文处理算法，实现档案管理规范化，办理民政业务的自动化、无纸化、数字化。办事效率的大幅度提升有效降低了用户办理业务时的核验缓慢、办理扎堆状况。

柜面放置的多功能桌面自助服务终端能够一机双屏显示，使工作人员与市民同时看到业务办理流程信息，让用户体验更透明化的业务服务。助力智慧民政大厅实行"一个窗口受理、一站式审批、一条龙服务、一个窗口收费"的运行模式。

基于民政业务办理场景在柜面放置信息交互终端，它具有身份核验、签批审核等功能，有效实现无纸化移动办公，提升业务服务的品质和形象。

为工作人员配置的高拍仪能够一机多用，配合摄像头，实现档案快速数字化和人证比对的功能，提高业务办理的准确性与效率，助力业务全流程纸张文档数字化。

（4）自助服务区。此方案扩展了民政大厅的业务办理渠道，不再局限于人工窗口办理，在人流量突增时，既可选择在人工柜台办理，也可选择在自助服务区配置的婚姻登记一体机和民政服务一体机办理相关业务。配置的自助服务终端支持自助打印功能，凭有效身份证，查询个人婚姻登记信息，并提供婚姻档案浏览及打印，操作简单，有效减轻了业务窗口的压力。响应北京市民政局的号召，使"放管服"改革在民政业务办理过程中得到了落实。

自助服务区摆放多台民政服务一体机，提供智能采集、信息共享去伪存真、自助查询、智能审查、优化流程等技术支持，如图4.6所示。有效避免冒领登记，实现精准安全服务，分担窗口压力，满足多样化服务需求，精减预审环节，为用户提供安全、快速、高效、优质的服务。

**图4.6 智慧民政大厅的自助服务区**

自助服务区内的婚姻登记一体机提供自助结婚预约、自助结婚登记和婚姻档案查询打印等智能服务，有效缩短结婚登记时间，提高办事效率。

（5）其他区域。除上述几个核心区域外，还将诸多智能设备应用到智慧民政大厅中，如壁挂式智能终端和液晶显示拼接屏。它们将动态宣传与民政大数据深度融合在民政大厅中。充分运用互联网技术，使民政大厅具有科技感，具象化地了解政府升级改造后为广大民众带来的便捷服务。

壁挂式广告机能满足民政大厅的宣传需求，简单易学的编辑变更操作就可以根据宣传需求展示对应素材，通过超高清液晶显示屏实现轮播视频、海报播放，呈现极致视觉体验。

大厅墙上安装的液晶显示拼接屏可根据墙面决定拼接屏数量与安装方式，能够自由编辑拼接屏上的宣传内容，可用于大数据可视化和媒体资料大屏展示，视野开阔，有助于了解大厅动态，提升大厅形象。

智慧民政大厅解决方案从解决民政工作的痛难点入手，依托互联网、云计算、人工智能等先进技术，根据共享平台内法院、公安提供的数据，实现对证件、身份等信息有效甄别，避免传统人工审核过程中造假、隐瞒婚史等情况的发生，兼具引导分流、优化流程、宣传推广等功能。因地制宜，能够根据当地实际需求，紧跟政策做出相应的技术改进与设备调整，有助于各地的民政部门打造以人为本、高效便捷的智慧民政服务大厅。

## 二、面向企业的智慧政务

（一）面向企业的智慧政务介绍

政府与企业间智慧政务（G2E）是指政府对企业的服务。政府可以通过政务平台给企业提供有关政策法规、格式、采购、执照申请、审批和缴纳税款等信息，以及支持中小企业业务发展的信息。

政府与企事业之间的智慧政务的主要内容包括：

（1）审批类业务：各类企业的注册、变更、注销；各行各业的专项审批；养老机构、公共图书馆、就业机构、协会等事业单位和社会团体的审批；招商引资类项目审批等。

（2）税务类政务：税务的登记、变更、销毁、纳税、处罚等。

（3）金融保险类政务：经常项目管理和服务、资本项目管理和服务、出口项目管理和服务、各类融资和保险服务等。

（4）法律类政务：律师事务所的申请和管理、申请公证、知识产权的保护、法律咨询、司法鉴定、法规查询等服务。

（5）公共资源交易类政务：国有产权交易、工程项目招投标管理、土地使用权和开发权出让、政府采购等公共资源交易。

（6）管理监督类政务：工商管理、环境保护、安全保护、劳工管理政务。

（7）综合服务类电子政务：政策等政务公开信息查询，档案和资料的查询，专用数据库的查询，政府机构职能综合介绍，各种服务政策咨询、查询、审批等。其典型的例子有：北京市政府通过北京企业登记 e 窗通平台提供企业注册登记、申请营业执照、公章制作、涉税事项、五险一金、银行开户等一系列服务。

（二）案例介绍——面向企业的智慧政务云

基于华为鲲鹏政务云，融合 AI、大数据、区块链技术，华为智慧政务解决方案为自然人/企业法人提供全场景政务服务：一个入口、一码通行、一码通办、一码通用、一码通管、全程网办、一号通达，为政府工作人员提供统一工作平台，为政府监管人员提供协同监管系统。

1. 智慧政务云解决方案亮点

（1）一站式政务服务入口。

免安装：快应用。

精准直达：搜索与推荐结合，服务获取快捷。

统一入口：全业务聚合。

（2）一码通行、一码通办、一码通用、一码通管。

一码通行：政务服务大厅、试点事项，推行使用"一码通"代替身份证。

一码通办：信息核验，政务服务大厅、试点事项，推行使用"一码通"作为电子证照调用授权。

一码通用：评估匹配在执法监管、医疗卫生、城市管理等政务领域应用。

一码通管：延伸到"互联网+监管"领域，与公安、市监、应急、税务等执法机关开展试点合作。

（3）一网通办全程网办。

一网通办，智能引导：全业务聚合，虚拟大堂经理智能引导。

智能识别，智能填报：资料自动完善、智能识别、自动填报。

智能预审，远程面审：智能预审，减少人工审核，远程面审，全线上办理。

智能互联，协同减负：系统打通，同步数据，减少重复录入。

（4）一号通达政务服务智能总客服。

全媒体服务：传统热线、App、微信、邮件、短信等多媒体通过 12345 一号接入、统一服务。

人工智能提速提效：运用人工智能技术，构建平台自动服务应答体系，通过智能应答实现业务分流；实现自动智能回访、智能质检。

智能化集中受理：以人工智能辅助座席，实现自动填单、自动归口、自动派单。

大数据决策监督：大数据的分析挖掘，及时掌握舆情热点、政情民意；及时了解服务效能，为服务监督和实时决策提供重要依据。

（5）政府工作人员统一工作门户。

统一办：所有工作项都能够通过个人工作台办理。

统一看：所有政策/公告都能够通过信息中心发布。

统一学：所有问题/知识都能够通过知识中心找到。

统一管：所有应用/服务入口，统一管理。

（6）感知监管风险助力监管决策。

规范监管：梳理监管事项目录清单，统一监管事项要素，统一监管数据标准，逐步实现监管行为标准化、规范化。

精准监管：归集监管信息资源，通过对监管大数据的分析、比对，发现苗头性、跨行业跨区域风险，实现精准监管。

监管的监管：通过效能评估，强化对地方和部门监管工作的监督和评价，督促各部门履职尽责，提高监管水平。

（7）政务服务数据共享开放。

盘得清：目录链建家底、全域数据归集、全面数据治理、公共数据整合。

管得住：数据依职能共享、数据可控共享、统一共享入口、统一开放入口。

用得好：一站式开发部署、新老数据整合、数据价值挖掘、数据应用智能化。

（8）区块链实现跨部门政务服务协同提质增效。

开放应用开发平台：构建开放的区块链+政务服务开发平台和生态，实现政务服务效能提升。

打造公共服务链和专业服务链：基于统一区块链政务 BaaS 平台，打造公共服务链，按需创建专业服务链。

整合技术架构，兼容不同区块链平台服务：基于统一区块链技术架构的多区块链技术平台，提供可选区块链平台服务。

智慧政务云如图 4.7 所示。

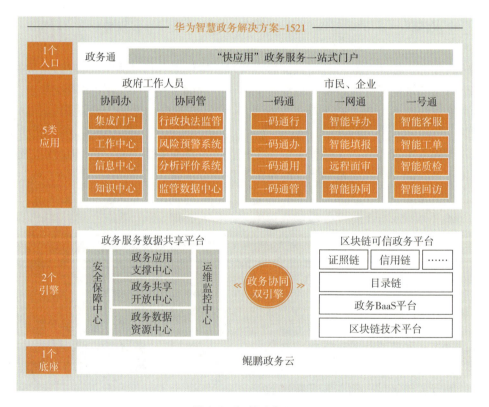

图 4.7　智慧政务云

华为发布的基于鲲鹏计算架构的政务云解决方案，提供涵盖计算、存储、网络、PaaS、大数据等全栈云服务，能够满足政务信息化资源整合需求。通过生态合作，该方案预集成 100 多个政务场景化云服务能力，使政务数据和业务整合。

华为鲲鹏计算架构政务云解决方案为高效政务提供 IaaS/PaaS/DaaS 全栈平台和 100 多个生态服务，并提供"芯—端—管—云"E2E 全流程安全保障。该方案通过在核心领域的创新技术实现了鲲鹏处理器、昇腾 AI 处理器、配套硬件产品、系统软件、云和人数据的全栈产品与解决方案，在鲲鹏架构上承载操作系统、数据库、中间件、政务大数据技术创新。华为鲲鹏计算架构政务云解决方案为政务云大数据创新发展提供动力，并借此立足中国、面向全球，构建开放的鲲鹏计算产业生态，形成全球数字化经济。

2. 鲲鹏政务云的具体应用

北京市政务服务数据管理局与华为共建北京市鲲鹏政务云应用创新实验室。实验室以推动政务信息系统的创新发展、提升政府治理和公共服务水平为使命，以鲲鹏处理器为核心、昇腾 AI 处理器为加速器，目标是打造北京乃至全国政务信息化领域的"创新示范中心、前沿研究中心、适配验证中心、标准规范中心、应用推广中心"，并成为推动"数字政府"、智慧城市以及鲲鹏生态建设相互融合的重要平台。

实验室基于华为云 Stack 混合云解决方案，软硬协同优化，性能领先，为全市提供统一的鲲鹏适配和验证云平台，采用基于鲲鹏处理器的华为云桌面云 FusionAccess，芯片级加密满足政务应用的高安全需求，同时使用支持鲲鹏架构的企业级数据库 GaussDB，支持各种场景的政务应用向云迁移，提升行政效率、社会治理和科学决策的能力。目前，实验室已初步具备向各区、各部门提供应用创新、适配验证所需的环境和服务能力，并已完成全市 300 个政务应用系统适配改造需求调研和试点政务应用上线的运行。

基于鲲鹏技术路线，依托实验室，华为将与北京共同探索政务应用创新场景，引领技术和应用的前沿研究，通过适配验证制定技术标准和应用规范，指导基于鲲鹏技术路线的应用推广，助力北京成为国家"数字政府"创新体系建设的引领者，并将经验和成果逐步推广到全国，助力提升政务公共服务水平。

云、AI、5G 时代，海量数据和多种业务形态，政企行业对多元算力和稳健投资提出了新的需求，混合云得到越来越多政企用户的青睐。基于此，华为云发布了 69 款基于鲲鹏处理器的云服务和 43 款基于昇腾 AI 处理器的云服务，以及多款基于鲲鹏处理器的云服务解决方案，其中就包括华为云 Stack 混合云解决方案，推动"鲲鹏+云"的能力释放到全行业，助力政府、企业加速云端创新。

### 三、面向政府的智慧政务

政府与政府之间的智慧政务分为两种：一种是外部智慧政务，另一种是内部智慧政务。外部智慧政务主要强调上下级政府、不同地方政府、不同政府部门之间的智慧政务；内部智慧政务涉及电子信息、电子办公、电子公文、电子财务、电子劳保福利、电子后勤等方面。

我们通常所说的智慧政务主要是外部智慧政务，主要分为四个方面：

第一是政务信息共享，政府各部门可以将法律法规、规章、政策、行政命令、政府机构和职能、档案资料、数据库发布到自己的网站；建立电子档案；工作上密切相关的上下级之间可以建立大型的网络体系，行政命令、公文等可在网上的专门通道进行传递；在保障信息安全的条件下，政府网络实现互联互通，可以进行数据信息交换，实现信息共享。

第二是智慧办公，主要指的是电子会议、数据统计、项目申请、上下级之间的业务和行政工作职能化，同时可利用网络系统进行政务培训。

第三是政府的财政管理，通过政务网络向各级国家权力机关、审计部门和相关机构提供分级、分部门的财政预算及其管理方法，实现各项经费的转换，监控部门的财政支出和收入，审核政府各部门预算执行情况和项目经费执行情况。

第四是智慧监督评价，通过智慧政务监督和评价体系，可以达到动态监督和评价政府之间的政务，包括国家机关对各级行政机构的监督和司法体系对各级行政机关的监督和评价。智慧监督和评价体系可以通过网络随时随地进行评价和监督，保证监督的及时性和有效性。

其典型的案例主要体现在一些国家应对公共安全和应急管理上，如我国的G2G服务使用移动技术帮助实现现场申报，跟踪救护车，连接到应急专业人员、警察、消防队员和公共部门之间的其他通信系统使各个政府机构可以实时访问数据，协同开展业务；国家计算机和信息部对每个政府组织的信息系统进行了集成运作和管理，并通过短信向每个官员提供故障警报、维护状态和结果信息。此外，我国政府向各政府组织提供微信服务和移动民事起诉服务，并提供一个MSG和WAP服务环境，用以确保移动政务目标的达成。

### 四、面向政府公务员的智慧政务

政府与政府公务员之间的智慧政务，主要是政府与政府的内部工作人员之间的智慧政务，通过利用互联网和政府智慧政务系统，建立其行之有效的行政办公和员工管理体系，不断提高政府的工作效率，提高公务员业务水平。G2E模式是政府机构使用互联网技术达到政府内部电子化和智慧化管理的有力方式，同时是其他几种智慧政务模式的发展基础。

在我国，"社区疫情监控点"项目是一个旨在通过社会监控管理居民疫情情况的移动政务应用系统，街道或社区工作人员可以使用移动设备（如智能手机或掌上电脑）上安装的移动政务应用现场填写正在发生的事件信息，这些信息通过

GPRS 和蓝牙连接映射功能传递到系统中。

智慧政务目标谱系如图 4.8 所示。

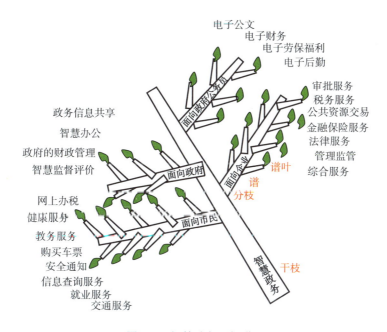

图 4.8　智慧政务目标谱系

# 第五章　智慧交通

## 第一节　智慧交通建设目标

### 一、建设智慧交通的指导思想

智慧交通的指导思想应紧紧围绕建设"综合交通、智慧交通、绿色交通、平安交通"的战略部署，重视市场在交通资源配置中的决定性作用，重视新技术的强大引领作用。各级政府应加快自身在智慧交通建设中的服务转型，推动"云、物、移、大、智"等新一代信息技术与交通业务的深度创新融合，以实现智慧出行、智慧物流和智慧管理为目标，以基础设施系统、信息服务系统、运输组织系统、行业管理系统和支撑保障系统建设为重点，以智慧路网为基础，以智慧运输装备为载体，建设服务优质、运行高效、节能环保的交通运输服务体系，实现"人、车、路"的全面智慧协同。

### 二、建设智慧交通的"十字方针"

建设智慧交通的"十字方针"是：安全、低碳、便利、技术、转型。

（一）安全

交通安全是智慧交通建设的重中之重，信息通信技术能为强化道路交通安全作出突出的贡献。道路监控、定位技术以及不使驾驶员分心的现代通信技术，都有利于保障道路交通安全。智慧交通可实现对客运和货运的车辆管理、对驾驶员的诚信考核管理、对重点场所的安全管理、对路况执法的实时管理以及对应急处置的管理。智慧交通体系可通过卫星车载终端，监管营运车辆的运行轨迹、超速情况等，确保车辆安全行驶。

（二）低碳

伴随着机动化的快速发展，城市交通可达性水平不断提高，但机动车保有量的高速增长导致了城市交通拥堵和环境污染问题常态化，交通事故频发，出行环境日益恶化。在既要保证城市机动化水平，又要减少交通对气候变化和城市环境造成负面影响的背景下，智慧交通的发展，迫切需要新理念、新路径、新技术来使交通管理达到系统性、整体性、信息交互性及服务广泛性的新高度，以促进城市交通的高效性、可持续性与低碳化。

（三）便利

智慧交通引入智慧理念，从便民、利民、安民的角度出发，以"人"为本，将交通资源的获取者和使用者统一视为用户主体，将交通资源的供给者视为服务主体。其可有序、高效、智慧地提供、分配交通资源，通过配置机制协调用户主体与服务主体间的感知关系、共享关系，最终促进主体间的智慧关系的实现，从而实现智慧治理的高度自治。

网络约车是一种新型交通拥堵智慧治理方式，其充分利用闲散车辆资源，或是拼车、顺风车等理念，实现资源的合理利用和共享，使人们足不出户，随手打车。如今去哪里、怎么去已不再是令人头痛的烦心事，一切皆可"掌上"完成，人们甚至可以提前规划线路，"抄近路"直抵目的地。移动设备可实现实时公交、停车服务、出租车查询、出行规划、服务评价、投诉建议等多种服务功能，市民只要输入所在位置或出发点，并输入目的地，系统就会自动显示"里程最短"和"时间最短"路线。人们还可以获得实时更新的城市交通路况、城市客运票务数据、停车场车位数据等。

（四）技术

智慧交通立足人脑"智慧"全面分析交通要素，通过物联网终端传感收集到的数据信息，运用云计算、大数据等先进技术对数据信息进行智能挖掘与分析，加强拥堵预防，同时及时发现拥堵路段状况，形成用户主体和服务主体与交通资源的感知关系。智慧交通平台通过交通服务主体对交通实时数据的分析处理，第一时间作出应急反应，对用户主体个性化、多样化的交通需求进行协同管理，使之构成协同关系，并通过及时与用户交互信息，实现交通信息的共享，促成用户和服务者共享关系的达成。通过感知、协同、共享机制的相互影响作用，智慧交通平台使交通资源在整个模式运行中得到合理、高效、科学、人性化的感知和运用，从而推动交通自治，实现在智慧交通发展的基础上实施智慧治理。

（五）转型

智慧城市建设的热潮席卷全国，智慧交通建设也在不断深入推进，智慧交通建设逐渐从管理向服务转型，从侧重于交通信息服务向城市基础设施建设、运营、维护和城市土地利用与交通一体化发展等方面拓展。交通规划的重心也由注重设施建设转向注重居民的出行需求管理，从以物质空间规划为主转向"以人为本"，关注人的需求规划。通过合理的土地利用和交通规划、管理、服务手段引导居民低碳出行和智慧出行，智慧交通必将成为解决城市交通问题的重要途径。

### 三、智慧交通建设目标

（一）智慧交通建设的总目标

建设智慧交通就是要使智慧交通的"神经系统"发达，即使智慧交通系统各要素（神经末梢、神经网络、中枢系统、血液和养料、细胞和生命元）均得到"营养"和提升，并充分发挥各自的聪明才智。

通过对交通运输系统信息化基础设施和信息资源的逐步整合，对智慧化管理决策机制的逐步创建，智慧交通装备体系、智慧交通路网体系、智慧交通管理体系、智慧交通物流体系以及智慧交通出行体系"五大体系"已被初步建成，其基本可实现对交通基础设施的智能掌控、对运输装备的动态掌控、对交通出行的人性化掌控、对交通物流的全程掌控，以及对交通管理的高效掌控，为公众提供人性化、便捷化、综合化、智慧化的交通出行服务，为行业管理提供科学决策。

（二）智慧交通建设的分目标

1. 丰富"神经末梢"——设施建设

智慧交通建设的目标包括基本建成以智能化车辆、智能化船舶、智能化飞机为主体的设备先进、结构合理、自动化水平较高的智慧交通装备体系，实现对车、船、飞机的全面定位、跟踪和引导，为建设智慧交通提供装备基础。

2. 完善"神经网络"——网络覆盖

智慧交通建设的目标包括基本建成以高速不停车收费系统、交通视频监控和智能引导系统、交通信息发布系统为主体，技术先进、反应灵敏、运营高效的智慧交通路网体系，初步实现对公路、水路、港口、场站等交通基础设施的全方位监测，为建设智慧交通提供设施基础。

3. 强化"中枢系统"——平台构建

智慧交通建设的目标包括加快建立基于云架构的交通行业云平台，综合提升高速公路光纤网、海事卫星网、行业专网等各类网络的使用效益，形成先进、合理的智慧交通基础设施架构。智慧交通建设的目标包括基本建成以数字公路、数字运管、数字港航、交通综合指挥平台为主体，公正公平、反应灵敏、决策科学的智慧交通管理体系，实现对交通运输行业的高度集成监测和监管，以满足交通行业不断提升的管理需求。

4. 补充"血液和养料"——数据处理

智慧交通建设的目标包括全面推进交通运输基本要素的数字化和在线化，建立健全交通行业数据采集制度，明确信息采集责任，依法及时、准确、规范、完整地记录和采集相关信息，妥善保存并及时更新信息，进一步提高数据资源的完备性、真实性和时效性。同时，智慧交通建设的目标包括：充分利用新一代信息技术及社会资源，加强对交通运输运行状态与通行信息的采集，推动跨地域、跨类型交通运输信息的互联互通，促进更加完善的交通运输感知体系的形成，全面提升数据开发利用水平；建立交通运输数据资源管理体系，形成交通行业大数据，加大信息资源开放共享力度，鼓励政府向社会购买服务，鼓励交通公共数据向社会开放，鼓励社会机构创新应用，鼓励充分借助社会力量开展交通大数据分析，全面提升交通运输科学治理能力。在云计算、大数据等技术支撑下，未来的交通管理系统需具备强大的存储能力、快速的计算能力以及科学的分析能力，系统模拟现实世界和预测判断的能力也要更加出色，能够从海量数据中快速、准确提取出高价值信息，为管理决策人员提供应需而变的解决方案。未来，交通管理的预见性、主动性、及时性、协同性、合理性将大幅提升。

5. 提升"细胞和生命元"——人才培养

智慧交通建设，科技是关键，人才是核心。智慧交通建设的目标包括加强智慧交通关键技术自主创新、应用创新，加强智慧交通专业人才培养，加强对智慧交通共性关键技术的研发投入，以及加强现代信息技术在交通行业中的集成应用创新，加强技术成果转化。智慧交通建设的目标包括提高行业管理人员、基层业务人员信息化应用能力，充分发挥行业内外智囊作用，结合科研项目开展，加大对既懂行业业务又精通信息技术的复合型人才的培育力度，促进优质的智慧交通人才基础的形成，为智慧交通发展培育优良的软环境。同时，智慧交通建设的目标包括建立完善国际合作机制，积极推进智慧交通技术交流，充分利用国际创新资源，促进相关技术发展，积极引进高质量人才和领军人才，完善配套措施，鼓励海外高端人才回国就业创业，参与智慧交通建设；引导国内企业与国际优势企业加强关键技术、产品的研发合作，扎实推进智慧交通示范工程建设。

## 第二节　智慧交通建设内容

### 一、智慧交通总体构架

传统智能交通系统包括交通管理系统、交通信息系统、公交信息系统、车辆管理系统、泊车系统、车辆控制系统六大子系统，其核心在于控制，即将控制技术、信息技术、通信技术融入交通领域，形成完整的控制体系。

智慧交通是在智能交通的基础上，融入人的智慧，实施及时、便捷、安全、高效的交通控制。智慧交通的核心在"智慧",即给交通安装大脑,使之能够及时看到、听到有关信息,并及时做出反应,从根本上解决城市交通拥堵、资源浪费、安全事故频发、难以实时控制事态等难题,使城市交通发展走上良性发展的轨道。可以说,智慧交通系统是将电子、信息、通信、控制、车辆以及机械等技术融为一体,应用于交通领域,并迅速、灵活、正确地理解和提出解决方案,以改善交通状况,使交通发挥最大效能的系统。

智慧交通系统是一个开放的复杂的巨型系统,由许多关系密切的不同领域、不同功能的子系统综合集成。智慧交通系统需要由政府、企业、科研机构、高等院校和交通参与者等众多主体参与,具有多主体、跨部门、跨领域、复杂性、系统性的特点。

人们的多样化需求和技术的不断进步是智慧交通发展的双重推力,需求是交通系统升级的源动力,而技术提供了交通系统进化的无限可能性。智慧交通的实现依赖于技术与理念的进步,技术的进步使交通朝纵深、智能的方向发展;技术和理念的提升给交通领域带来了前所未有的延伸拓展空间,不但联通了各种交通方式和交通参与主体,使交通更加高效,而且将交通系统的末端渗透到智慧城市的其他领域,通过便捷的交通吸引大量客流、物流、资金流,给城市医疗、旅游、教育、安防、商业等领域带来巨大活力,极大地开拓城市发展潜力,而城市的发展反过来又会带来交通领域更大的繁荣,激发出交通领域更多更新的商业模式。

## 二、智慧交通建设内容

智慧交通融合了智能交通系统、汽车工业、车联网三方面的内容,智能交通系统侧重于交通智能化的技术层面,汽车工业侧重于车辆工程组装方面,车联网的侧重点是车辆的互联互通。

《中国国家 ITS 体系框架(第二版)》将我国 ITS 应用系统分为 10 个子领域,分别为交通管理领域、电子收费领域、交通信息服务领域、客运管理领域、货运管理领域、城市公共交通管理领域、自动公路与安全辅助驾驶领域、交通基础设施管理领域、安全与紧急救援管理领域、ITS 数据管理领域。结合智慧交通的最新发展,本节将从交通管理与规划、出行者信息服务、车辆运营管理、电子收费、智能车辆、综合运输、汽车移动物联网这几项建设内容对智慧交通进行介绍,这几方面最终形成一个有机和完整的体系框架。各项技术之间有良好的接口和兼容性,才能整合到一起真正实现系统智慧交通的总体功能和目标。人、车、路之间的互联互通,将各种设施单元(车载设备、路侧单元、控制中心)、交通管理部门和出行者集成到一起,为提高运输系统的总体运输效率和安全水平提供基础及手段。

（一）交通管理与规划

智慧交通在交通管理与规划领域的建设包括三方面，分别是先进的交通管理系统、交通基础设施智能监控系统、交通运输规划决策支持系统。其中，先进的交通管理系统是重点，交通基础设施智能监控系统是基础，交通运输规划决策支持系统则属于长期宏观类型的应用。

先进的交通管理系统是目前交通管理所包含的各项业务的全面智能化升级，包括多手段、全方位的交通信息采集与路网状态监控系统、自动化的卡口监测系统、各类先进的电子警察监测系统、智能化的交通信号控制系统以及各种交通执法系统等。

交通基础设施智能监控系统，通过在海量的交通基础上部署各类先进的传感设备，实时获取其状态信息，这些信息为交通基础设施的维护和相关信息服务提供决策支持。该系统与具体的交通基础设施一起构成实施智慧交通所需的公共设施。

交通运输规划决策支持系统，基于智能交通系统和物联网的基础设施建设中获得的海量历史与实时交通信息，利用各种先进的交通规划理论模型挖掘有价值的交通需求、供给以及运营效果层面的信息。将这些信息资源提供给交通运输规划人员，并实现路网交通运输规划计算、评估以及仿真的各种实用功能，从而提高交通运输规划工作的高效性、科学性和智能性。

（二）出行者信息服务

出行者信息服务领域包含的内容非常丰富，服务的分类方法多种多样。从系统建设独立性的角度分析，智慧交通在该领域的建设内容包括三方面：智能车流诱导系统、智能车载导航系统和多渠道信息服务系统。

智能车流诱导系统是指交通管理部门利用实时采集到的路网状态信息和交通需求信息，以路网上分布式部署的可变信息板、可变交通标志、交叉口信号控制机、匝道控制器等为信息发布载体，向在途机动车出行者发布实时路况、交通管制、路径诱导等信息。

智能车载导航系统是指以车载终端设备为信息接收端向机动车出行者提供实时路况、最优路径以及动态路径引导服务的系统。

多渠道信息服务系统，泛指其他多种多样的信息服务，信息发布渠道包括Web/移动 Web、广播、WAP、短信、语音触摸式服务终端等，服务内容覆盖出行前、出行中乃至到达目的地并停车的全过程。

（三）车辆运营管理

智慧交通在车辆运营管理领域的建设内容包括智能公交系统、快速公交运营管理系统、轨道交通运营调度系统、出租车调度管理系统、公共自行车管理系统、智能商用车辆管理系统以及特种车辆运输智能监控系统等。主要通过在目标车辆上安装必要的终端设备，实现高精度的定位功能和高效的双向信息通信能力。通过车辆终端与中心系统的实时信息交互，实现对车辆的实时跟踪、安全保证、应急救援，实现对运营业务的优化调度、效率提升。

（四）电子收费

智慧交通在电子收费领域的建设主要体现为不停车收费系统（ETC）和智能停车系统。不停车收费系统是智能交通系统中起步较早、发展较成熟的建设内容。在物联网的全新技术背景下，随着传感技术和短程通信技术的进步，现有的不停车收费系统在技术先进性、通行高效性和服务可靠性等方面都将得到全面改进。此外，还将衍生出多种其他基于便携终端的自动收费系统。

（五）智能车辆

智慧交通在智能车辆的建设内容包括智能防撞系统和智能辅助驾驶系统。通过先进的车载电子系统、车载传感系统以及车路无线短程通信系统，实现全方位的车辆避撞功能，包括纵向防撞、横向防撞、交叉口防撞以及碰撞前的车辆乘员保护等，还可以提供拓宽视野等辅助驾驶功能。

（六）综合运输

智慧交通在综合运输领域的建设内容主要体现为智能客货综合联运系统。该系统利用部署在货物、车辆上的各种传感与识别技术以及旅客的便携智能终端的能力，结合运输路径所在范围内的实时路况信息，实现客货运信息资源的交换，大幅提升旅客联运服务和货物联运服务中的运输效率及服务质量。此外，近年来迅速发展的综合交通枢纽也构成综合运输的一部分。

（七）汽车移动物联网

汽车移动物联网，简称车联网，是物联网在交通领域的具体应用。在物联网的技术背景下，交通系统中人、车、路等组成要素的泛在感知能力将逐渐实现，这相当于提供了覆盖率极高的海量信息采集终端和信息发布终端。在物联网的环境中，以汽车移动计算平台为核心，利用泛在感知能力可以对几乎所有智能交通系统进行升级强化，建设基于物联网的路网车辆状态监控系统、基于物联网的交通控制系统以及基于物联网的信息服务系统等。

## 第三节　智慧交通建设现状

### 一、智慧交通建设历程

20 世纪 70 年代，我国开始在交通运输和管理中应用电子信息及自动控制技术，并在全国主要的大城市如北京、上海等地使用单点定周期交通信号控制器和"线协调"交通信号控制系统，其中以北京前三门大街的交通控制系统为代表。

20 世纪 80 年代初，我国陆续从国外引进了先进的城市道路交通控制系统，如英国的 SCOOT 系统、澳大利亚的 SCATS 系统等。20 世纪 80 年代后期，在公安部的组织下，我国开始了 ITS 的基础性研究开发工作，并在"面协调"交通信号控制系统方面有所突破。

20 世纪 90 年代以来，部分城市开始建设综合性的交通指挥控制系统以应对城市交通的拥堵情况，包括交通信号控制系统、电视监视系统、警车定位系统和车辆与驾驶人员档案管理系统等。

进入 21 世纪，随着我国城市道路资源的利用趋于饱和，合理配置交通资源，加大城市智能化交通系统建设，成为各地治理交通问题的重要任务。自"十五"时期以来，国家出台了一系列交通智能化的相关政策，从不同层面支持交通信息化、智能化的发展。我国智慧交通发展阶段如表 5.1 所示。

表 5.1　我国智慧交通发展阶段

| | 2000 年之前 | "十五"规划 2001~2005 年 | "十一五"规划 2006~2010 年 | "十二五"规划 2011~2015 年 | "十三五"规划 2016~2020 年 | "十四五"规划 2021~2025 年 |
|---|---|---|---|---|---|---|
| 高速公路 | 开始因应收费解决方案需求的初步发展 | 拓展扩大基建及应用同步发展 | 持续发展集中于先进的专业解决方案及精密的管理 | 逐渐成熟转入先进的专业解决方案及精密的管理，转入建成后的阶段，专注增值服务 | 深化 BIM 技术在公路、水运领域应用；推进交通基础设施智能化管理；提高 ETC 的普及率 | 发展自动驾驶和车路协同的出行服务，推广公路智能管理，建设数字航道和智慧停车场 |
| 城市道路交通 城市轨道交通 | 将先进城市交通管理理论引入中国市场 | 发展缓慢。由于缺乏中央规划、中央资金及统一的技术标准，发展缓慢且不时停顿 | 2008 年北京奥运会和 2010 年上海世博会等盛事带动主办城市的公路及轨道交通智能化需求 | 拓展需要，统一技术标准，中央统筹政府资金，以提升项目环境 | 趋于成熟政企合作，建成智慧交通综合管理体系，推进智能化企业管理，有效实现节能减排，缓解交通拥堵 | 推进城市群都市圈交通一体化，有序推进城市轨道交通发展，推广交通信号联动和公交优先通行控制 |

随着物联网、大数据等新一代信息技术的发展，智能交通系统逐渐升级到新一代智能交通系统，并在智慧城市的理念下发展出真正的智慧交通。

## 二、北京智慧交通系统建设现状

（一）北京公交系统建设现状

北京公共交通控股（集团）有限公司作为提供公共交通服务的公益性企业，承担着不断改善乘客出行条件，提供更好的公共出行服务的责任。截至 2020 年底，北京市城区公共汽（电）车线路总数增至 1207 条，较上年增加 49 条，同比增长 4.2%；运营线路长度 28418 千米，较上年增加 786 千米，同比增长 2.8%；运营车辆 23948 辆，较上年增加 938 辆，同比增长 4.1%；施划公交专用道里程 1005 车道千米，较上年增加 53 车道千米，同比增长 5.6%。

表 5.2　"十三五"期间（2016~2020 年）北京市城区公共汽（电）车指标

| 指标 | 2016 年 | 2017 年 | 2018 年 | 2019 年 | 2020 年 |
|---|---|---|---|---|---|
| 线路条数（条） | 876 | 886 | 888 | 1158 | 1207 |
| 线路长度（千米） | 19818 | 19290 | 19245 | 27632 | 28418 |
| 运营车辆（辆） | 22688 | 25624 | 24076 | 23010 | 23948 |
| 公交专用道（车道千米） | 851 | 907 | 952 | 952 | 1005 |

"十三五"期间，北京公交集团提出构建"一、六、四"的信息化架构体系。"一"是指具有信息网络与安全、数据中心、集成服务及综合展现四大功能的一个公交基础信息云平台。"六"是指建设企业资源管理、客户服务管理、安全维稳应急、多元业务管理、企业综合管理、企业战略管理等六大业务应用平台。"四"是指健全信息化管理控制、信息安全、信息化标准规范和加强人才队伍及组织建设四个保障体系。

在云计算、大数据、物联网、移动应用等信息技术不断创新发展的背景下，北京公交集团主动适应国家经济发展新常态，深入贯彻两化融合与"互联网+"战略，结合企业面临的战略形势和转型升级的内在需求，制定了"三年打基础、五年大发展"的战略构想，把信息化作为实现深化改革、业务创新的重要手段。

通过"十三五"信息化建设的快速发展，北京公交初步实现了"基础平台柔性化、信息安全体系化、运营调度智能化、信息服务多样化、安全维稳可视化"的目标，同时构建了较为完善的信息化管理组织、制度体系、信息安全及企业考核管理体系，为进一步推进"经营决策数字化、管理控制一体化"奠定了坚实的基础。主要体现在以下六个方面：

第一，公交云平台基础能力显著提升。北京公交构建了星形企业网络系统，实现了公交场站内部专网网络全覆盖，升级数据中心网络，增扩骨干网络带宽，投入安全监控设备，初步实现了安全态势感知，为集团多元化的业务系统提供了全面支撑。搭建了虚拟化平台，为业务应用弹性扩展、云扩展提供了敏捷的基础资源服务；构建了大数据平台，整体提升了数据整合和分析能力；建设了灾备数据中心，形成"同城双中心"模式，实现了调度、人力、财务等核心业务应用级灾备，为集团核心业务应用系统的持续运行提供可靠保障；建设了统一门户和统一权限管理平台，开发了移动应用管理平台，为业务应用提供了统一访问和管理工具，提高了业务处理便捷度和办公效率。还建设了数据资源平台（SOA）、实时数据统一调度发布平台和基于大数据的实时生产要素协同平台，完成了人、车、线、站等16类基础信息以及线网客流、运营调度、加油加气、维修保养、国家新能源平台电池信息、隆瑞三优充电信息、车辆 CAN 信息7类核心业务信息的实时生产数据采集、计算、存储和共享服务，实现了数出一门、归口管理，初步构建了综合可视化监控和展示界面共 36 个，为业务决策和业务协同管理提供支撑，满足了公交业务生产操作的可视化需要。

第二，核心业务系统功能逐步完善。深化人、车、线、站等各项企业资源管理系统的建设，北京公交集团重点对智能运营调度系统、线网业务管理系统、车辆技术保修综合管理平台、人力资源管理系统、场站资源动态管理系统和物业服务质量综合管理平台等业务系统进行了升级建设。开发了基于物联网技术的枢纽站集中调度系统，配套建设公交场站信息化系统并形成标准化，升级了两级公交调度指挥中心形成业务协同新模式，为重要部门及二级单位配备应急指挥车构建现场快速指挥体系，初步开展基于大数据态势分析下的调度指挥可视化系统应用。

第三，客户服务管理信息化水平不断提升。"十三五"期间，北京公交开展了从传统的服务热线、公交网站到微博、微信和移动 App 等互联网信息服务应用，同时结合互联网思维提出定制公交服务。建设了实时动态出行信息预报系统，从"公交 e 路通"App 到"北京公交"App，逐步实现了车辆到站预报、二维码刷码支付、拥挤度查询、一码通乘等功能，为乘客提供了动态化、精准化的出行信息服务。2020 年，在新冠肺炎疫情防控常态化形势下，为进一步减少因乘客购票、过闸、乘车、换乘等环节造成的人员聚集，北京公共交通领域推出"一码通乘"服务，乘客使用北京公交 App 就可刷码乘坐北京 1500 余条常规地面公交线路及轨道交通线路，在国内首个实现特大城市公共交通一码通。京津冀一卡通互联互通工程已累计发行互联互通卡 716.66 万张，实现与全国 288 个城市互联互通，一卡走遍京津冀乃至全国的出行模式已初步形成。2020 年，北京公交集团持续升级"北京公交"App。配合新冠肺炎疫情防控，全新上线疫情病患同行查询、车厢拥挤度查询、扫码乘车、一码通乘、银联云闪付、定制公交、北京—广州公交乘车码互联互通等系列功能，开发了定制化出行信息服务平台，集成了出行需求调查、商务班车、快速直达专线、休闲旅游专线、节假日专线、高铁专线、社区巴士、集体出行、旅游公交、南站定制、公务员专线 11 大功能板块于一体，推动了全新服务模式的形成，促进了新业态的多样化发展，不断为乘客提供精准化出行服务（见图 5.1）。截至 2020 年 12 月底，App 累计注册用户已达 1050 万人。

图 5.1　北京公交部分公交站点已实现车辆到站预报

第四，安全维稳应急系统实现可视化。完成了图像信息管理系统的建设和升级，为运营调度、客户服务、行车安全、场站安全保卫等业务提供了图像浏览、录像调取、报警信息管理、站台拥挤度查询等功能。同时整合了已有的智能调度、图像信息管理、保卫信息等系统数据，基于一张图的设计理念，设计了Web、大屏幕、App 三种模式，实现了应急事件处理过程的统一规范管理，同时配合已经建成的两级调度应急指挥中心及应急指挥车，初步构筑了应急体系信息化整体框架。

第五，业务管理系统呈现多元化。一是建立了资产管理系统，为北京公交集团资产的统一管理及全面分析奠定了基础。二是开发了资产投资管理系统，有助于对投资进行全程监测、分析和决策。三是资产投资管理系统通过采集市场化单位的经营管理数据，为投资管理提供了更为全面、准确的信息化支撑。

第六，信息化治理及保障体系不断完善。北京公交集团还完善了网络安全和信息化领导小组的工作职能和工作机制，建立了 CIO 负责制，调整了信息化管理组织机构，增设了流程与架构管理职能，制定和优化了一系列信息化管理制度，确定了运维主体由专业化公司管理的思路，推动了信息化运维管理集控、资源集约、业务集中的改革发展，如图 5.2 所示。

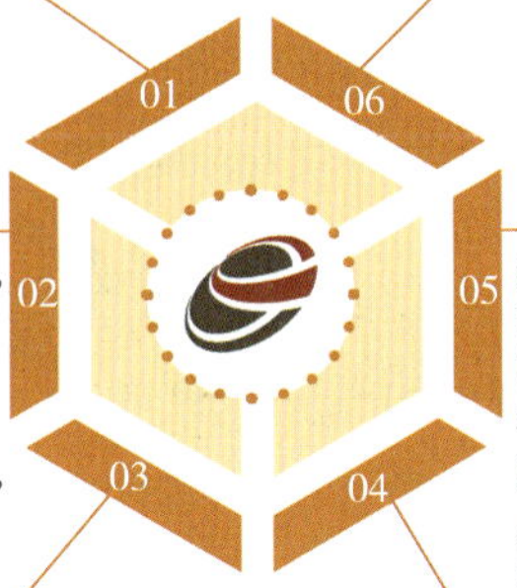

**强化数字思维**
主动适应数字经济，将数字化转型思维融入组织变革、管理变革，用数字化驱动业务变革、流程变革

**夯实数字基础**
完善公交云平台，开展数据湖建设，形成一套数据中台体系，提升数据集成能力、分析能力、共享能力、展示能力、处理能力和应用能力

**强化数字治理**
升级公交云平台、建立公交数据湖，打通业务体系和数字平台，提升网络通信能力、信息安全能力、数据治理能力和运维管控能力，实现"人、车、站、网、云"互联互通，努力打造公交智慧园区

**实现三大感知**
通过移动终端设备，对一线人员实现"人联"；基于车载信息设备架构，对车辆和设备实时状态感知、存储和回传，实现"车联"；应用新技术，提升场站与中途站数据接入采集和处理、传输和存储、联动控制、状态监控、远程管理运维能力，实现"站联"

**强化数字赋能**
打造主动安全、效率优先、体验一流的运营服务和经营管理新模式，实现智能规划、智能调度、智能驾驶、智能运维，智能治理

**强化数字变革**
运用数据决策、人机协同，加快传统服务向个性化、精准化、智慧化、场景化服务转变

图 5.2　北京公交数字化转型方案

"十四五"期间，北京公交将从做好客流走廊的服务供给、完善轨道网接驳饲喂、全力保障城市副中心线网"三个提升"、依托信息化支撑探索智能化调度新发展四个方面，继续以乘客为中心，全面推进运营组织高质量发展。

（二）北京轨道交通建设现状

首都地铁作为我国地铁的发展摇篮和行业龙头，经过半个世纪的发展，取得了举世瞩目的成就，已发展成为超大规模的城市轨道交通系统，运营综合实力达到"国内领先、世界一流"水平，实现由"跟跑"向"并跑"的转变。进入新时代和新阶段，首都地铁在支撑交通与城市现代化服务首都功能及实现高质量发展的过程中面临着更高的要求。截至 2020 年底，北京地铁运营线路达 24 条，运营里程达 727 千米，较 2019 年增加 28 千米。全线网地铁车站 428 座，其中换乘站 64 座；运营车辆 6736 辆，较 2019 年增加 261 辆，如表 5.3 所示。

表 5.3　"十三五"期间（2016~2020 年）北京地铁线网指标

| 指标 | 2016 年 | 2017 年 | 2018 年 | 2019 年 | 2020 年 |
|---|---|---|---|---|---|
| 运营线路条数（条） | 19 | 22 | 22 | 23 | 24 |
| 运营线路长度（千米） | 574 | 608 | 637 | 699 | 727 |
| 车站数（个） | 345 | 370 | 391 | 405 | 428 |
| 运营车辆（辆） | 5204 | 5328 | 5628 | 6475 | 6736 |

2020 年，北京地铁公司编制并发布《首都智慧地铁发展白皮书》，明确"智慧地铁"建设顶层设计与功能规划，力争通过三步走实现首都智慧地铁建设目

标。第一阶段（2020~2025年）：到2025年，实现首都地铁重点功能场景的智慧化。第二阶段（2026~2030年）：到2030年，"十四五"结束时，实现首都地铁多业务系统智慧化。第三阶段（2031~2035年）：到2035年，实现首都地铁全方位智慧化，建成适应首都超大城市现代化的智慧化骨干交通系统。

2020年，北京地铁在以下四个方面进行了智能化建设。

1. 试点地铁预约进站

2020年，北京市交通委员会深化交通大数据应用。优化和改善出行引导服务，为市民出行提供高品质、精细化服务，在地铁沙河站、天通苑站等开展了地铁预约进站试点，目前预约系统注册用户8万余人，累计预约80余万人次，实际预约进站60余万人次，总履约率76.2%，乘客接受度较高，进站秩序良好。

2. 智慧地铁建设

2020年，北京地铁公司完成首都机场线"智慧地铁"示范线EUHT工程建设，实现对列车控制系统、视频监控、广播系统、PIS信息系统等信息"一张网"综合承载，为推动首都5G产业布局发挥了重要作用。在2号线阜成门站完成"信用+智慧安检新模式"试点应用，为解决目前安检存在的问题进行了有益探索。

3. 打造轨道交通"智慧大脑"

2020年，轨指中心持续推进"智慧大脑"构建相关工作。

一是按照集约设置、降本增效、数据赋能等原则，提出指挥中心升级改造方案，启动在建新线、既有线OCC整合改造。

二是编制路网乘客服务中心顶层设计和技术方案。依托11号线乘客服务支持系统建设，重点推进轨道交通App、乘客服务热线等落地。

三是完成大数据中心优化升级方案及第一阶段落地实施方案。形成9套指标体系规范初稿，共涉及指标485项。

四是开展路网智慧地铁系列课题研究，"北京轨道交通AFC系统智能化转型研究"等7个课题已展开工作。

4. 北京和上海、呼和浩特实现地铁"一码通乘"

2020年6月5日起，北京与呼和浩特实现城市轨道交通支付互联互通。呼和浩特市民可用"青城地铁"App在北京地铁刷二维码乘车，"亿通行"App用户可在呼和浩特地铁刷二维码乘车。"青城地铁"App支持北京城市轨道交通现已开通的全部线路（除市郊铁路副中心线），目前仅支持手机二维码刷闸乘车业务。12月1日，北京、上海地铁乘车二维码实现互联互通，范围包括两市城市轨道交通所有运营线路和车站（不含市郊铁路）。自此，北京市民可用"亿通行"App乘坐上海地铁，上海市民可用"Metro大都会"App乘坐北京地铁。

建设智慧地铁已成为当前城市轨道交通行业的发展共识和趋势。当前，交通强国战略和习近平总书记的重要指示为首都地铁发展提出了更高要求，要继续大力发展轨道交通，构建综合、绿色、安全、智能的立体化现代化城市交通系统，始终保持国际最先进水平，打造现代化国际大都市。此外，首都"四个中心"城市战略定位和现代化发展对首都地铁也提出了新要求。同时，市民对首都地铁的交通需求已从"走得了"向"走得好"转变，人民群众对安全、效率、舒适、经济、个性化和定制化的需求越来越高，单纯的安全可达、方便快捷已难以满足出行需求，出行品质正成为乘客关注的重点。

"十四五"期间，北京地铁将依据首都智慧地铁高质量发展指标体系，从安全指数、服务指数、效益指数、基础支撑指数四个方面，提高风险自动识别率、线网韧性能力、列车服务可靠度，提高自助服务功能覆盖率、便民设施覆盖率、乘客综合舒适度，提高出行分担率、网络资源共享率、网络化运行动态调度线网覆盖率，提高线网互联互通率、外部系统协同能力。践行交通强国战略，落实首都战略定位，推进首都地铁高质量发展，满足市民美好出行需求。

（三）北京市郊铁路建设现状

截至 2020 年底，北京共有市郊铁路 4 条，包括城市副中心线、S2 线、怀柔—密云线和通密线。2020 年，北京市郊铁路运营里程新增 125.6 千米、达 400 千米，站点总数为 24 个，其中市域内 23 个。市郊铁路副中心线西延至房山区良乡站，使市郊铁路的覆盖范围进一步扩大；通密线实现简捷开行，打通了北京东北部区域联系中心城和城市副中心的轨道交通走廊；怀柔—密云线延伸至北京北站，进一步扩大了公共交通服务供给，为缓解城市交通拥堵提供有效保障，如表5.4 所示。

表 5.4　"十三五"期间（2016~2020 年）北京市郊铁路基本情况

| 指标 | 2016 年 | 2017 年 | 2018 年 | 2019 年 | 2020 年 |
|---|---|---|---|---|---|
| 运营线路条数（条） | 1 | 3 | 3 | 3 | 4 |
| 站点总数（个） | 6（其中市域内 5） | 12（其中市域内 11） | 12（其中市域内 11） | 16（其中市域内 15） | 24（其中市域内 23） |
| 运营车辆 | 8 台机车 28 辆客车 | 12 台机车 42 辆客车 5 组动车组 | 12 台机车 42 辆客车 5 组动车组 | 12 台机车 42 辆客车 5 组动车组 | 12 台机车 42 辆客车 11 组动车组 |
| 运营线路长度（千米） | 108.3（其中市域内 73） | 216.9（其中市域内 181.6） | 216.9（其中市域内 181.6） | 274.4（其中市域内 241.3） | 400（其中市域内 364.7） |

2020 年，北京城市铁路投资发展有限公司不断拓展信息中心相关业务，全面推进两网融合工作，实现轨道交通线网图与市郊铁路线网图和铁路客票数据与

市郊售票数据有机融合；做好 AFC 系统运维，全年无设备故障，为线路"平稳有序运营"提供有力保障；开展公司资产管理研究，系统梳理市郊铁路资产管理信息化需求，探索固定资产管理制度以及流程，谋划市郊铁路资产科学化、智能化管理蓝图。

"十四五"期间，北京将着力补齐城市交通短板，大力发展市郊铁路，让轨道交通在"主城区内密起来，主城区外快起来"，推动"四网融合"，实现轨道引领城市发展，建设"轨道上的北京城"。北京将深化市郊铁路微中心方案研究，细化项目实施方案，加快实施霍营（黄土店）综合交通枢纽等一批市郊铁路微中心。推动 TOD 理念落地，引导城市功能、人口向轨道站点周边聚集，切实发挥轨道建设引领城市发展的作用，促进铁路与城市深度融合，实现"轨道上的职住平衡"。北京还将按照"试点推进，持续完善"的原则，坚持站城一体化规划建设，继续加强市郊铁路线路及车站与周边用地的整合规划，通过推动铁路与城市的融合发展，为城市群发展注入强大动力。

（四）北京出租系统建设现状

2020 年，北京市出租企业（不含网约车）户数共计 222 户，与上年持平；出租汽车运营车辆为 74875 辆，同比增长 4.7%。受网约出租车和"专车"等新交通模式快速发展和新冠肺炎疫情双重影响，传统出租行业客运量继续下降。2020 年，出租汽车完成客运量 1.74 亿人次，较上年减少 1.57 亿人次，同比下降 47.4%，客运量与增长率均持续走低。

2021 年 5 月 31 日，北京出租汽车暨汽车租赁协会与高德打车达成合作，北京众多中小出租车企业将集体接入高德打车，实现网约化运营。接入完成后，北京全市约 6 万辆出租车将基本实现全量网约化，通过"北京的士"品牌为乘客提供线上呼叫出租车服务。"北京的士"上线后，高德打车将进一步帮助北京中小出租车企业更好发展，调动中小出租车企业积极性，实现巡游车网约化、数字化、智能化，从而提升服务质量和乘客体验，提升企业管理水平，帮司机增加收入，为市民乘客提供更好的服务。

此外，高德"好的出租"计划上线了助老打车服务，并在北京 20 个社区设置助老打车暖心车站，老年人线上打车不再需要输入起终点，只需要扫一下、点一下即可"一键叫车"。中小出租车企业接入高德打车后，也将有更多出租车加入可以"一键叫车"的助老服务行列，方便老年人出行。

2020 年 9 月 10 日，北京市开放自动驾驶载人测试启动仪式在 Apollo Park 举行。百度 Apollo 宣布在北京正式开放自动驾驶出租车服务 Apollo Go，北京用户可以在百度地图及 Apollo 官网上预约体验 Robotaxi。北京此次开放的自动驾驶载人测试区域总长度约 700 千米，覆盖亦庄、海淀、顺义的生活圈和商业圈等近百个站点，全国开放区域最广、测试里程最长。此次自动驾驶出租车服务在首都的落地，为中国自动驾驶的发展起到了引领和表率作用。

（五）北京自行车系统建设现状

2019年5月31日，北京首条自行车专用路——回龙观至上地自行车专用路开放试运行，24小时向社会开放。该专用路东起昌平回龙观，西至海淀后厂村路，全长6.5千米，设置上下两条车道和一条潮汐车道，全程共设置了8个出入口，出入口平均间距约为780米。开通两年多来，自行车专用路累计通行量已超过318万人次，累计碳减排超过800吨。

2020年，北京市完成378千米慢行系统综合治理，完成对两广路、安乐林路、三里屯路、北苑路等道路步行道、自行车道改造整治。在回龙观地区至中关村软件园一线，首次尝试自行车左转信号优先等措施，完成自行车专用路西延工程，彻底打通3.8千米骑行通道；选取西二环路北段为试点，实施压缩机动车道宽度、设置路口一次左转、增设优先标识、完善设施等综合措施，实现非机动车道宽度平均加宽0.6米，为慢行交通提供更舒适、安全、便捷体验。

依据《北京市非机动车管理条例》，2020年持续推进落实互联网租赁自行车总量调控，统筹考虑道路承载力、市民骑行需求、车辆运营效率等因素，指导企业自主减量。截至2020年底，共享单车规模为84.4万辆，较上年减少1.0万辆；共享单车运营企业数4家，较上年减少1家。

随着北京市绿色出行环境优化提升和共享单车普及，市民骑行热情高涨。2021年前三季度，北京累计骑行量已达6.38亿人次，日均骑行量242.03万人次，同比增长44.4%。为进一步规范共享单车停放秩序，改善首都功能核心区环境，北京市交通委在2021年发布了《关于本市部分区域设置为互联网租赁自行车禁止停放区的公告》，明确环路等道路范围内，除停放区外共享单车禁停的原则，并将五四大街等首都功能核心区的16个重点区域（包括机动车道、非机动车道、人行步道等的全路段）划为共享单车禁止停放区域。

同时，北京还在扩大"电子围栏"试点范围。在2020年共享单车"电子围栏"技术31个试点区域基础上，2021年将继续扩大"电子围栏"试点范围，计划在中心城区新增51个重点轨道车站纳入试点，进一步引导骑行人"停车入位"、规范车辆停放秩序。截至2021年9月，已完成规划建设方案并建成6处，分别为鼓楼西大街、西安门大街、酒仙桥商圈、朝阳医院周边道路、西二旗地铁站、清华西路东口地铁站，其他站点于2021年底前完成。

"十四五"期间，北京将坚持"慢行优先、公交优先、绿色优先"的发展理念，持续优化慢行出行环境，培养绿色出行习惯，使慢行逐渐成为城市出行新风尚。

（六）北京交管系统建设现状

1. 启动北京交通综合决策支持和监测预警平台建设

2020 年，北京市交通委员会启动北京交通综合决策支持和监测预警平台建设。依托交通大数据平台，已完成方案设计、原型功能设计等开发关键技术的研究，打造融交通运行监测、指挥调度、决策支持、综合信息服务为一体的交通大脑，提升交通管理智能化决策处置能力，实现城市交通管理现代化。

2. 城市副中心智慧交通综合管理平台应用场景项目发布

2020 年，城市副中心智慧交通综合管理平台应用场景项目正式发布。围绕当前副中心交通治理的难点问题，系统梳理 5 个方向 11 个场景需求，希望通过导入新技术、新产品、新模式，有效改善副中心交通环境，提升交通治理效率，增强多部门数据共享和联动能力；项目聚焦交通数据资源的开放，深化共享数据应用，将围绕全域路网交通运行场景，通过引入数据共享交换、视频结构化算法技术、视频分析技术、区块链技术和人工智能技术，重点解决城市交通拥堵、交通运输智能化等问题；通过智慧交通场景牵引带动作用，推动公共数据开放，打造城市副中心交通管理智能化体系建设和出行服务质量提升示范应用场景。探索大数据优化交通综合治理的新路径，为培育数字经济新生态提供"新引擎"。

3. 智慧交管建设项目

2020 年，北京市交管局实施了 1700 处智能交通综合信号控制系统建设项目，涉及 1148 处路口信号灯和 235 处太阳能闪光警示信号灯及配套建设综合视频监测设备、搭建全市交通信号系统大数据平台和交通信号系统通信网络，目前项目正在建设中；实施二环路内核心区域智慧电子警察项目，涉及 1082 套电子警察前端设备、公安网警务云平台、部分机房改造和二环路内通信网络，目前项目正在建设中。

4. 持续推进信号灯"绿波工程"建设

2020 年，北京市交管局组织信号配时大赛研究优化配时策略，完成 10 条绿波带建设和 100 个重点路口配时优化。出台《道路交通信号控制系统建设管理导则 2.0 版》，初步建立了信号灯规范化建设、标准化采购和常态化运维机制，持续提升信号灯建管维工作效能。同时，北京市交通委员会配合完成广宁路、石景山路等 10 条道路的效果评估，通过配时加评估的工作机制，形成了适应北京交通特点的绿波配时技术，提高了重要交通节点的通行效率。

5. 智能设备提升执法效能

2020 年，北京市交管局依托"云瞳"平台升级，将开车"不系安全带""接打电话"纳入非现场执法种类。路面新启用 637 套固定违法监测设备，共享接入雪亮视频 1205 路、停车电子收费视频设备 729 套，重点区域管控力度全面强化。新建 200 套太阳能电子警察，机动执法效能显著提升。

6. 科技赋能首都专业铁骑队伍

2020 年，北京市交管局立足"四个中心"战略定位，组建 800 人专业铁骑队伍，建立点线结合、网格布局、动态调整的勤务机制，构建统一管理、扁平指挥、分级响应的指挥体系，配套完善专业化、标准化保障措施，并依托车载智能设备和智慧管理后台，实现警情自动感知、实时回传、交互通信，在日常勤务框架下，"挤出"了一支指挥更有力、运转更高效、更加机动灵活的特种作战力量。

7. 持续推进"互联网+"便民交管服务

2020 年，北京市交管局优化简证便民，业务办理更加快捷高效。持续推进"互联网+交管"服务，驾驶证、行驶证等电子证照实现"北京通"App 显示，并逐步拓展应用范围。研发交通事故 e 处理平台，指导群众远程处理事故。

8. "随手拍"App 正式上线

2020 年，北京市交管局开发交通违法行为市民举报"随手拍"App，鼓励市民拍摄举报违法停车、占用公交专用道、违反限行政策等交通违法行为；建立后台交通违法证据 AI 智能识别和审核系统，对违法人员进行提醒、警告、曝光及处罚；结合线下流动巡查执法，建立线上线下一体化执法体系。

（七）北京公路系统建设现状

1. 智慧高速公路建设

2020 年，北京市交通委员会编制了《北京市智慧交通（车联网）工作方案》，部分示范路段已安装了健康监测设备，正在搭建健康监测系统平台，取得阶段性成果。

2020 年，首发集团在智慧公路建设方面，主要开展了以下五项工作：一是智慧高速系统架构设计，其中计量支付、视频监控等子系统已在高速公路项目建设管理中广泛应用，为高速公路智慧交通系统建设奠定坚实的基础；二是构建智慧高速公路云控平台，使高速公路具备更全面的感知能力、更智慧的管理控制能力和更精准的服务能力；三是服务于自动驾驶的车路协同研究，包括自动驾驶车辆实现途径研究、基于自动驾驶的车路协同场景研究、高速公路隧道内等特殊场景车路协同研究等；四是路侧感知设备选型和布设，尤其是 RSU/网络设备在高速公路场景中的应用；五是智慧高速公路的设计方案和相关标准，包括智慧高速内涵界定、设计方法以及高速公路车路协同和自动驾驶相关技术标准等。

2017 年 7 月，经过交通运输部遴选，延崇高速（北京段）智慧公路的建设作为北京的高速公路代表纳入交通运输部智慧公路与新一代国家交通控制网示范工程列表，重点从自动驾驶和车路协同方面开展示范工程建设。2020 年，京礼高速 14 千米示范路试点安装了车路协同设备，同时在国内率先开展了高速公路封闭场景下的车路协同测试。

2. 自动驾驶测试场景增加

2020年，北京市交通委员会积极支持企业开展自动驾驶道路测试工作。全面支持亦庄高级别自动驾驶先行示范区建设，修订自动驾驶道路测试管理实施细则，完善相关管理规定，增加了夜间、高速、无人等测试场景。截至目前，北京市开放全国首个40平方千米的测试区域，开放全国首个自动驾驶测试区域，测试道路达200条700千米，自动驾驶发展水平全国领先。为14家自动驾驶企业87辆车，发放一般性道路测试牌照，为2家自动驾驶企业45辆车，发放允许载人测试的联席审查意见。2020年11月，出台《北京市自动驾驶车辆道路测试管理实施细则（试行）》4.0版本，安全测试里程超200万千米。

3. 智能网联汽车特色小镇建设

2020年，顺义区全力推进智能网联汽车特色小镇建设。依托北小营镇汽车核心零部件产业基础和1200亩封闭测试场，规划建设25平方千米多场景城市形态和多功能承载空间。目前国家级智慧交通示范基地初具规模，完成11万平方米测试场及所有路段道路施工及配套设备安装，拥有高速公路、乡村道路、特种道路等六大功能区，模拟加油站、隧道等不少于32个场景。5G车联网示范路提效20%，在不同道路场景部署智能网联终端，共计18个路侧智能化基础设施部署点，开放路段全长7.133千米，验证并实践5G与V2X无缝连接。车联网示范道路交叉口安全性提升60%，通行效率较改造前提升20%。智能服务型无人驾驶车辆实现示范应用，该车基于5G及车路协同技术，实现"无人驾驶+招手即停+自助购物"创新应用，目前已在金茂体育公园道路开展无人车售货示范应用。

4. 自动驾驶车辆加速走向应用

2020年新冠肺炎疫情暴发后，为最大限度地降低人际接触带来的潜在感染风险，更安全地满足用户特殊时期的生活需求，百度、京东、美团、智行者、新石器、一清创新、行深智能等公司在北京不同区域、不同领域部署了低速自动驾驶车辆，协助室内外消毒、体温检测以及物品、食品配送等各项工作，有效避免了人工作业带来的交叉感染风险。

（八）北京铁路系统建设现状

1. 北京铁路枢纽概述

北京铁路枢纽由京沪、京广、京原、丰沙、京包、京通、京承、京哈、大秦等铁路干线及京津城际铁路、京沪高速铁路、京广高速铁路、京哈高速铁路、京雄城际铁路组成，各干线间通过环线相互连接，形成了环形、放射形铁路枢纽。北京铁路枢纽地处华北平原，北京境内，沟通我国东北、西北、华北和中南地区，是全国最大的铁路枢纽之一，承担着与全国各地的客货运输任务，是中国铁路路网性客运中心之一。北京铁路枢纽营业里程 1387.5 千米，以北京、北京西、北京南、北京北、北京朝阳为主要客运站，担负旅客列车的始发、终到任务；大红门、百子湾、南观村、巨各庄、沙河、通州、顺义为主要货运站，担负货物运输任务；丰台西为路网性编组站，双桥为辅助性编组站，担负货车中转及车辆集散任务。

2. 铁路建设情况

2020 年，北京铁路完成投资 200.8 亿元，较 2019 年增加 8.7%；营业线路里程达 1387.5 千米，较 2019 年增加 2.7%；京雄城际和京包客专开通，客运专线里程达 242.4 千米，较 2019 年增加 1.1 千米，同比增长 0.5%；铁路复线率达到 60.4%，电气化率达到 64.2%。

2020 年，北京地区铁路重点建设项目有京原铁路北京局集团公司管段电气化改造工程、京通铁路昌平至朝阳地段电气化改造工程、丰台站改建工程、北京至沈阳铁路客运专线、北京至张家口铁路、北京至雄安城际铁路。

3. 京雄智慧城际铁路

京雄城际铁路广泛运用大数据、云计算、新一代移动通信等先进技术装备，全面提升旅客乘坐体验和高铁运维水平。在智能牵引供电系统方面，由智能牵引供电设施、智能供电调度系统和智能运行检修管理系统组成，实现了将通信、信息、大数据、人工智能等技术与牵引供电系统基础设施的有机融合，以信息化、自动化、网络化、互动化为主要技术特征，具备全息感知、多维融合、重构自愈、智慧运维的先进性能，提高了牵引供电系统的安全可靠性和运行效率品质。在智能高铁车站建设方面，推出旅客精准定位、路径规划、位置搜索等智能服务，将车站与城市空间紧密融合，高铁与航空、城轨等交通方式无缝衔接，旅客出行更加方便快捷。同时，京雄城际铁路设备采用电子标签管理，实现智能运维，并运用地震预警、综合视频一体化等智能技术，提升高铁防灾能力。

4. 京张智能高铁

京张高铁是我国首条采用自主研发的北斗卫星导航系统的智能化高速铁路。智能动车组实现了 350 千米时速的自动驾驶，可实现车站自动发车，区间自动运行，车站精准自动对标停车，自动开门防护等。

京张高铁的购票、候车、调度、运维等也实现了全面智能化。旅客服务与生产管控平台依照动车组到发信息，自动形成并调整作业计划，向检票、接发车、上水、吸污、广播等下达作业命令。

智能运营的基础是智能建造。京张高铁在建设中，首次融合 BIM、GIS 等新技术，同步推进数字铁路和实体铁路建设。通过集成施工图设计电子文件，在全球首次建立了全线、全专业三维 BIM 模型，为铁路设计、建设、施工、监理等环节提供统一的协同管理平台,指导实体铁路建设。

智能高铁不是某项技术、某种工艺、某个专业甚至某个领域的拓展和突破,而是对铁路建设的认知和理念的变化,是从设计、建造、装备、运营到维护全生命周期系统性的技术创新、集成和系统间匹配协调的划时代变革。智能铁路通过各种智能化技术的应用,最大化模拟、延伸和扩展人类智能,将这种机制尽可能地移植给人造设备及系统,从而将人类从铁路运输生产组织众多复杂的观察、思维、决策活动中解脱出来,实现整个运输过程的自动化、智能化、便捷化。

京张智能高铁是我国智能铁路最新成果的首次集成化应用,进行了 67 项智能化专题科研,在列车自动驾驶、智能调度指挥、故障智能诊断、建筑信息模型、北斗卫星导航、生物特征识别等方面实现了重大突破。京张高铁开启了中国智能铁路新时代,依托京张高铁建设,我国将进一步形成智能高铁应用示范方案,构建智能高铁技术标准体系,成为引领世界的智能高铁应用国家。

(九)北京航空系统建设现状

1. 通用航空

2020 年,北京共有已取证通用航空机场 3 个,分别为北京八达岭机场、密云穆家峪机场、海淀机场;共有备案通用航空机场 7 个,分别为定陵机场、北京石佛寺机场、北京金海湖机场、怀柔北宅机场、通州西集机场、通州潞城机场、北京大兴礼贤机场。2020 年,北京市通用航空企业数量为 46 家,较 2019 年增加 3 家。飞机数量总计 261 架。其中,固定翼飞机数量为 123 架,直升机数量为 128 架,其他 10 架。2020 年,北京通用航空飞机作业量共计 49906 小时,同比减少 20.0%,以空中巡查、执照培训、航空器代管、包机飞行等为主。

2. 首都国际机场

2020 年,首都国际机场共有 3 条跑道、停机位 380 个;定期通航点达到 262 个,其中国内通航点 148 个,国际通航点 114 个,如表 5.5 所示。

表 5.5 "十三五"期间(2016~2020 年)首都机场定期航班通航情况

| 指标名称 | 2016 年 | 2017 年 | 2018 年 | 2019 年 | 2020 年 |
|---|---|---|---|---|---|
| 国内通航点总量(个) | 159 | 165 | 160 | 161 | 148 |
| 其中:地区(个) | 4 | 4 | 4 | 4 | 4 |
| 国际通航点总量(个) | 120 | 127 | 136 | 134 | 114 |
| 合计(个) | 279 | 292 | 296 | 295 | 262 |

3. 大兴国际机场

大兴国际机场共建设 4 条跑道,停机位 235 个,航站楼面积 70 万平方米,设计停车楼、停车场等位置的停车位共计 7525 个，设计近期旅客吞吐量 7200 万人次/年、远期旅客吞吐量 1 亿人次/年，设计近期货邮吞吐量 200 万吨/年、远期货邮吞吐量 400 万吨/年。2020 年定期通航点为 161 个，其中国内通航点 148 个，国际通航点 13 个，如表 5.6 所示。

表 5.6　2019~2020 年大兴国际机场定期航班通航情况

| 指标名称 | 2019 年 | 2020 年 |
| --- | --- | --- |
| 国内通航点总量（个） | 105 | 148 |
| 其中：地区（个） | 1 | 1 |
| 国际通航点总量（个） | 9 | 13 |
| 合计（个） | 114 | 161 |

2019 年 8 月，北京联通和华为采用基于室内数字系统的 5G LampSit 完成大兴机场航站楼 5G 网络全覆盖，实测速率超过 1.2Gbps。基于 5G 网络的千兆带宽能力，大兴机场的旅客可以流畅享用高清视频在线播放或快速下载、云 VR、云游戏等高速 MBB 业务体验。此次 5G 空港智慧出行集成服务系统，围绕"一张脸走遍机场""一张网智能体验""一颗芯行李管控"三个维度，构筑立体化的智慧出行服务。

一张脸走遍机场——今后在大兴国际机场，乘坐东航航班的旅客无须再像以往那样出示身份证、二维码。通过与大兴机场安检等系统的对接，旅客只需人脸识别，就可完成从购票、值机、托运到安检、登机等各个出行流程。客舱乘务员还可通过机舱口人脸识别系统进行旅客复验、旅客清点确认、座位引导等每个环节工作，提升服务精准度。通过便携式人脸识别装置设备，地服人员也可以快速自动识别旅客，智能推送旅客登机信息。

一张网智能体验——借助北京联通和华为打造的 5G 全覆盖网络，东航 App 为旅客智能推送覆盖旅客的行前、行中、行后、航班变动等各个场景的全流程服务信息，除了常规的出票提醒、值机提醒、登机提醒、催促登机提醒、登机口变更、行李提取转盘等服务信息外，还新增了到登机口预计用时提醒、无人陪伴儿童登机、交接通知等。

一颗芯行李管控——此次合作开发了 5G 行李跟踪解决方案，让行李运输全程可视化，旅客可以随时查询托运行李状态。届时，旅客可通过 App 完成自助值机、选择行李托运，将电子行李牌贴近手机进行数据感应，几秒钟就能完成航班号、行李目的地等信息录入。随后，旅客前往专柜激活即可完成行李交付，真正实现全程"无纸化"。相比传统柜台办理，无源电子行李牌让出行变得更智慧、更便捷。地服工作人员也可以实时快速查询旅客行李，提升行李处理效率。

# 第四节　智慧交通运行系统

## 一、智慧公交系统

### （一）面临挑战

（1）海量数据利用——物联网技术在交通行业的大力推广应用带来了海量城市公交数据积累。如何有效利用这些数据为公共交通规划、决策提供数据支持。

（2）管理模式转化——粗放式的公交基础建设取得的效果不明显，需要向精细化精准化的管理模式转化。亟须实现对各公交企业、线路服务水平进行量化评估。快速发现系统短板，确定改善的优先级。

（3）个性化需求满足——随着移动互联网的发展，以往静态的、内容单调的信息服务已经不能满足乘客对出行信息的个性化需求。需要开发更多内容，为乘客提供更丰富的出行信息服务。

### （二）解决方案

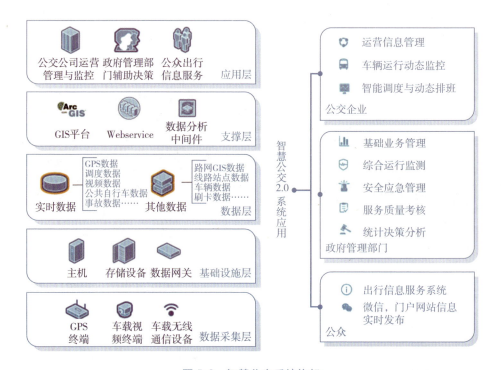

图 5.3　智慧公交系统构架

（三）关键技术

（1）基于手机信令数据的 OD 估计技术。

（2）基于 GPS 和 IC 卡数据的客流预测技术。

（3）基于 GPS 的公交运行特征提取技术。

（4）基于网络舆情分析的满意度评价技术。

（四）实现功能

公交运营监测、调度排班、视频监控、运营管理、客流分析、线网规划辅助决策、统计报表分析、应急救援管理、公交服务指数。

（五）方案特点

（1）数据驱动的智慧公交全息感知能力：通过对轨迹数据、地理信息数据、公交 GPS 数据、公交线路站点基础数据、舆情数据等多源数据的整合、在线分析处理、规律挖掘、模式识别等方法，实现对城市公共交通运行状况的全息感知。

（2）精细化精准化的公交健康诊断：从供给侧出发，面向问题与需求，对城市公交系统进行运行评价分析与健康诊断，包括健康状况鉴定、致因诊断分析、改善方案生成和改善效果评价实现问题定位更精准、诊断思路更清晰、改善方案更实用。

（3）高品质的公交运营组织：基于大数据、云计算、人工智能等先进技术，以服务为导向，以组合式技术创新为驱动，实现从理念到模式的全面升级，使公交的运营组织能够在有限的资源约束条件下最大化满足乘客出行需求。

（六）产品及服务

（1）公交线网健康诊断系统：基于 GPS 数据和 IC 卡数据计算线路公交服务指数，判断公交线路的健康状况，识别不健康的因素，改善线路不足，提升公交服务水平。

（2）政府指挥决策支持系统：面向城市公共交通主管部门，实现对公共交通运营运行数据的统一管理和深入挖掘应用，为行业管理、企业运营提供决策技术支持，包括基础业务管理、综合运行监测、安全应急管理、服务质量考核、发展水平评价、统计决策分析及换乘优惠评价等功能。

（3）公共出行信息服务系统：通过网页和微信公众号向出行者提供公交出行信息，包括公交基础信息查询、实时位置信息查询及换乘信息查询等。

（4）企业公交运营调度系统：实时接入公交 GPS 数据及调度数据，实现城市公交运行监控，利用数据挖掘技术提供路况、车速、发班、准点率、车公里等多种指标分析结果，提高运营管理效率。

（5）综合客运监测管理系统：整合公交、地铁、公共自行车、出租车数据，分析客运交通网络运行动态，评估公交、出租车燃油及碳排放情况，并实现对出租车的运行效益分析及绩效管理。

（6）公交线网优化辅助系统：利用大数据技术和交通模型算法，从公交线网及站点布局优化、车辆配置及运营组织等方面，实现基于 GPS 数据的公交线网拓扑自动绘制及线网分析评价，为公交线网优化提供辅助决策支持。

### 二、智慧地铁系统

智慧地铁通过地铁物联网，进行万物互联和全息感知，与人类获取外界信息的眼、耳、口、鼻、皮肤等感觉器官相对应；通过大数据资源湖对感知数据进行清洗、标记和存储，与人类的记忆功能类似；地铁云平台对数据进行分析处理、深度计算和智能诊断，与人类的抽象和表征能力、思维认知能力相对应；智慧地铁大脑则是依据判断结果，一方面进行逻辑推理，给出行动决策，另一方面进行迭代训练，实现自主学习，这与人类大脑的行为决策和层级组成能力、形成新技能相对应；智慧地铁四大核心业务，智能客服、智能运行、智能维护和智能管理，与人类的行动相对应。

#### （一）系统组成

基于上述对智慧地铁系统的逻辑解构，围绕安全防控、高效运行、个性服务、网络维护等方面，以构建面向超大城轨高效运输与安全服务新体系为导向，以实现乘客、企业和政府的多元需求为驱动，以面向人—移动装备—基础设备设施—环境全息状态感知为依托，以地铁智慧大脑为中枢，以智慧客服、智慧运行、智慧维护和智慧管理为核心业务，以面向智慧地铁的时空基准网络体系为支撑，提出首都智慧地铁"1—4—1"的系统组成，如图 5.4 所示。

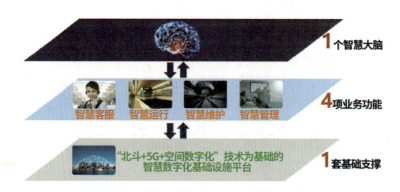

图 5.4 首都智慧地铁"1—4—1"系统组成

1 个智慧大脑是智慧地铁的数据计算中枢和决策机构，主要实现对智慧地铁系统的数据存储与治理、大规模计算、平行推演和智能决策等功能。面向国家重大活动保障、重大科技创新及应急处置等首都特殊场景，根据具体业务应用功能的数据和信息，利用大数据、云计算、机器学习、人工智能等新技术，在自主辨识和学习外部环境和内部需求的基础上进行计算分析，平行推演多业务综合场景，提出科学有效的决策信息，并反馈至各业务系统。

4项业务功能是智慧地铁的源泉和载体。一方面，所有的智慧决策来源于业务应用的实际需求和感知数据；另一方面，业务应用以多元主体需求为导向，精准执行智慧大脑或边缘计算节点的分析结果，将决策转换为行动，智能联动不同业务，高品质、个性化地服务多主体。

1套基础支撑是智慧地铁实现的关键和纽带。时空基准网络体系包括以"北斗+5G+空间数字化"技术为基础的地铁定位系统和空间数字化地理信息平台，为智慧地铁提供高精准、低时延的基础时间信息和空间信息；技术标准体系包括智慧地铁建设需遵循的统一技术标准和相应的评价指标体系；安全保障体系包括确保智慧地铁通信网络及信息安全的解决方案，以及适合首都智慧地铁发展的保障措施，包括制度保障、组织保障、技术保障、人才保障等方面，形成有效的智慧地铁建设支撑体系。

（二）系统架构

根据首都智慧地铁"1—4—1"系统组成，构建了首都智慧地铁的系统架构，如图5.5所示。

通过物联、时空基准等先进的感知手段，收集地铁系统各元素，综合时空信息与状态数据，提供统一的高精度时间和位置信息，对智慧地铁运营管理的基础信息状态、移动以及固定设备状态、自然环境及人文环境状态进行感知，为智慧地铁夯实数据基础。在此基础上，通过大容量、高带宽的通信网络进行车载传输、车地传输、地面传输，为智慧大脑和边缘计算节点提供原始数据资源。

智慧大脑将感知层获取的数据进行海量数据融合与集成、元数据建模、海量数据存储与管理、数据互操作、海量数据处理与挖掘、大规模数据融合与表达实现基础数据管理、数据集成、数据共享、大数据存储与分析等功能。在此基础上，搭建智慧地铁计算平台，引入先进的人工智能、机器自学习的通用服务模块，构成数据信息知识决策的闭环，提高数据驱动能力，形成智能决策。

边缘计算节点在不需要经过地铁智慧大脑进行系统级分析决策的前提下，自身依据具体业务系统的数据和信息完成计算分析，并传输至业务系统，实现业务系统的资源配置与调控。

在接收到智慧大脑和边缘计算节点的信息指令后，立足于首都智慧地铁的服务需求和业务架构，建立一系列新的智慧化应用，提升业务执行和服务的能力，实现智慧客服、智慧运行、智慧维护、智慧管理的功能。

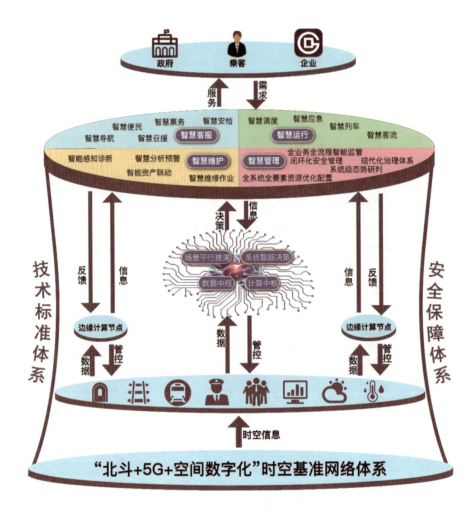

图 5.5 首都智慧地铁系统架构

（三）组织架构

基于首都智慧地铁的系统组成和系统架构，构建了适应首都智慧地铁建设发展的新型组织架构，由中心—分公司—车站三层组成，与传统北京地铁的组织架构相比：一是依托地铁智慧大脑和车站综合管控平台强化中心及车站两级管理能力，弱化分公司管理权限，提高管理效率，为网络化集约高效管理奠定基础，例如服务、运行两大业务实现中心到车站两级管控，分公司在管理时"只监不控"；二是在中心级和车站级将地铁各业务进行整合为服务、运行、维护、管理四大板块，构建集约化的块状管理；三是增加现场设备层为底层感知主体，为数字化业务提供基础服务，如图 5.6 所示。

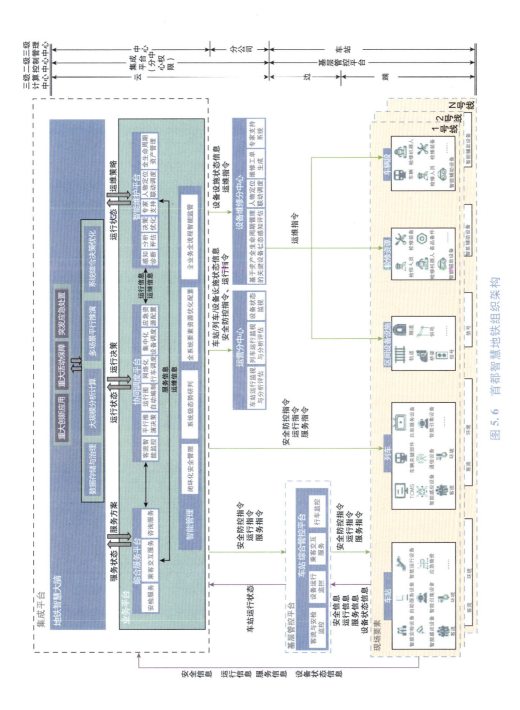

图 5.6 首都智慧地铁组织架构

中心级管理：中心级依托集成平台对全系统进行管控，集成平台包括地铁智慧大脑和综合服务平台、协同调度平台、智能维护平台等业务平台。地铁智慧大脑主要面向重大科技创新、重大活动保障及突发应急处置等场景，完成系统级态势研判、多业务综合场景平行推演、系统级综合决策优化、安全监控与政府等工作，为全线网系统级管控提供支撑；业务平台面向各自业务范围实现相应的业务功能与对现场的指令下达管控。

分公司级管理：分公司级按照业务不同，分为运营分中心和设备维修分中心，依托四大业务平台权限下的功能，行使自己管辖范围内的管理职责，其中，运营分中心在接收中心级的运营指令后，负责车站运行监视与分析评估、列车运行监视与分析评估、设备状态监视等职责；设备维修分中心在接收中心级设备设施状态信息和运维指令后，负责基于资产全生命周期管理的设备状态感知评估、人物定位联动、维修工单生成与专家支持系统等职责，并将运维指令下发到现场。

车站级管理：车站级依托车站综合管控平台，负责车站运营业务的具体实施和管理工作，在实时接收现场数据的同时，对车站的业务进行状态研判、分析决策、指令下达管控等，包括客流与安检监控、设备运行监控、乘客交互服务、行车监控等业务。

### 三、车路协同系统

（一）车路协同系统概述

车路协同系统（Cooperative Vehicle Infrastructure System，CVIS）是一种基于人工智能、信息处理、定位导航、无线通信、电子传感等众多技术来获取车辆和道路信息，实现车与车、车与道路之间的无缝对接，通过对实时交通数据的采集、分析，实现车辆主动安全控制及道路协同管理，充分发挥人、车、道路的协同联动作用，最终达到提高交通效率与安全性目标的道路交通系统。在智慧交通建设中，车路协同系统是一项重要组成部分。

（二）车路协同系统的产生与发展

交通安全、通行效率及节能环保是交通领域的三大痛点，随着我国城镇化进程日渐加快，其负面影响越发严重。这种背景下，为满足交通运输整体战略的需要，能够保证交通安全、提高交通效率且节能环保的车路协同系统应运而生。随着车路协同系统不断走向成熟，车辆与道路管理处于割裂状态的不利局面将被打破，车与车、车与道路将保持实时交互，充分利用现有交通资源，提高交通路网供给能力，有效减少交通事故的发生。

车路协同系统在我国的发展可以追溯到 2010 年 10 月，当时科技部推出了863 计划"智能车路协同关键技术研究"课题项目，不久后，工业和信息化部立项并开展深入研究。2011 年 9 月，清华大学等十家单位被赋予实施"智能车路协同关键技术研究"项目的使命。2014 年 2 月，经过科技部验收后，该项目成功交付。在车路协同系统发展初期，我国的相关研究主要集中在车路协同典型场景验证、交叉口安全通行、交通环境监测、危险状况识别等领域。2015 年 12 月，我国车路协同技术开始对接国际标准，车路协同系统的技术与应用得到一定程度的拓展，如路口车速引导、以节能环保为目标的在途动态诱导、车队引导下的信号协同控制等。

2016 年，我国智能汽车集成系统试验区建设取得初步成果，多个国家级智能汽车集成系统试验区开园，例如，11 月 15 日，位于重庆两江新区的智能汽车集成系统试验区 i-VISTA（Intelligent Vehicle Integrated Systems Test Area）正式开园。有了试验区的支持，我国车路协同系统研究从理论研究转变为现场检测与试验，如车路协同的辅助驾驶与自动驾驶、基于信号协同的公交先行、基于智能驾驶的多交通主体群决策与控制等，这为科技成果转化提供了强有力的支持。

（三）车路协同系统中的关键技术

车路协同系统是 ITS 领域的热点研究方向之一，对信息安全、状态感知、多模通信、数据融合与协同处理等诸多技术有较高依赖性，而这些技术相互交叉和作用成为车路协同系统的关键技术，如智能通信、智能车辆关键技术、智能系统协同控制、智能路测系统关键技术等。

（1）智能通信。在智慧交通与车辆领域，移动通信技术是基础性技术，它是人、车辆及道路进行实时交互的核心所在。智能通信技术基于车车通信技术以及车路通信技术，实现了车辆高速行驶过程中的车车、车路实时高效的信息交互。

（2）智能车辆关键技术。智能车辆关键技术主要包括：借助在车辆上安装的定位系统、陀螺仪、电子罗盘及激光雷达车载单元等传感设备，实时收集车辆位置、运行状态、行车环境等各类信息；借助在车辆上安装的电液制动系统、工业控制计算机等控制设备，智能化控制车载单元，以便及时规避追尾等交通事故。

（3）智能系统协同控制。智能系统协同控制可以分为两大类，一类以效率为目的，另一类以安全为目的。其中，以效率为目的的智能系统协同控制包括：精准停车控制技术、动态协同专用车道技术、交叉口智能控制技术、集群诱导技术、交通控制与交通诱导协同优化技术等。以安全为目的的智能系统协同控制包括：协作式驾驶辅助系统（C-DAS）、车路协同安全预警系统。

（4）智能路测系统关键技术。智能路测系统关键技术可实现多种功能，如多通道路面状态信息采集、多模无线数据传输、多通道交通信息采集、信息融合及突发异常事件快速识别与定位等。

#### 四、智慧停车系统

（一）方案介绍

路侧智慧停车管理的总体目标是通过自顶向下的总体结构设计，统一管理、统一规划、统一标准、分步实施完成城市静态交通的智能化管理，有效促进和提升城市形象与政府行政管理、执法水平，最终让城市居民满意。路侧智慧停车管理要求在城市交通管理者、道路停车设施、停车经营者、机动车辆、交通参与者及行人之间建立统一、和谐的关系，使城市停车静态交通和城市动态交通有机结合，最终实现城市和谐、高效、便利的交通运转系统，有效缓解"停车难""难停车"困境，如图5.7所示。

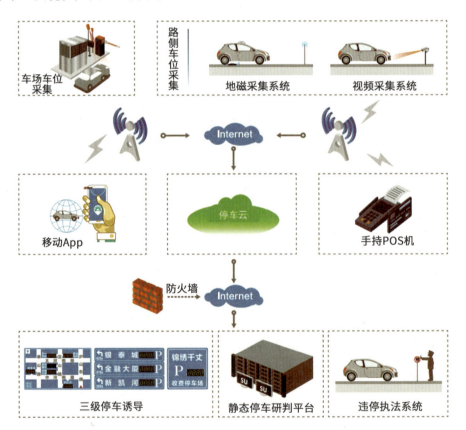

图 5.7　智慧停车系统架构

（二）方案优势

（1）路侧停车收费无人值守：结合视频桩、枪球一体机等视频检测技术，满足不同路侧环境需求，实现路侧停车自动计时计费，实现无人值守。

（2）车场出入口收费无人值守：采用出入口视频识别技术，对进出口车辆进行车牌自动识别，自动计时计费，实现无人值守，余位统计等功能。

（3）移动端车位导航：通过移动端 App 或微信可查看城市路内路外余位情况、收费明细及具体位置，可预订目的地附近车场车位，然后通过车位巡航功能以最优路径至预订车位。

（4）三级停车诱导：通过路边的可变信息板等信息发布方式提供实时停车信息，引导驾车者更方便、迅速地寻找停车位，减少因驾车者四处寻找车位而带来的交通拥挤和污染，并可以使停车设施的车位得到更充分的利用，使停车资源得到最优配置，进而缓解交通压力，规范城市静态交通管理。

（5）智慧停车云平台：中心管理员通过停车云平台一张图展示实时车场车位状态，余位分布情况；通过统计分析了解车位占有率、利用率和周转率等信息，为制定停车收费提供科学依据。

## 第五节　智慧交通目标谱系设计

### 一、北京智慧交通目标谱系设计的意义和作用

在新冠肺炎疫情防控常态化和交通领域环境复杂变化的背景下，智慧交通目标谱系设计的意义和作用更加深远。

（一）智慧交通目标谱系设计的意义

（1）有利于对不同交通系统中的突发事件及时作出响应和处置，提高交通系统应对突发事件的能力。

（2）有利于避免交通系统中突发事件的扩大或升级，最大限度地减少突发事件对交通系统造成的损失和影响。

（3）有利于提高交通领域居安思危、积极防范行业各类风险的意识。

（二）智慧交通目标谱系设计的作用

（1）可以分析不同交通系统中的风险场景，探索各类风险场景发生的背景条件，对可能造成的不良后果进行预判。

（2）可以科学规范交通系统突发事件的应对处置工作，明确交通系统各个部门和组织在应急体系中的职能，以便形成精简、统一、高效和协调的突发事件应急处置体制机制。

（3）可以合理配置应对交通系统突发事件的相关资源，通过事先合理规划、

储备和管理各类应急资源，在突发事件发生时，按照预案明确的程序，保证资源尽快投入使用。

（4）可以提高交通系统应急决策的科学性和时效性，突发事件的紧迫性、信息不对称性和资源有限性要求快速作出应急决策，智慧交通目标谱系为准确研判突发事件的规模、性质、程度并合理决策应对措施提供了科学的思路和方法，从而减轻其危害程度。

**二、智慧交通目标谱系谱叶场景案例**

（一）城市公交系统

（1）早晚高峰等时段部分道路拥堵严重，造成公交线路上车辆积压，导致运营车辆无法正常周转。

（2）因重大会议活动、暴雨暴雪极端天气、突发事件、新冠肺炎疫情防控政策等采取的道路交通管制，导致需要临时变更公交运行线路。

（3）公交车辆在发车前或运营过程中出现故障，无法继续使用，导致线路发车时刻及顺序需要调整。

（4）公交车辆在运营过程中出现满载现象，导致部分站点乘客积压，需增加车次或增开区间车。

（5）场站内充电站供电故障或临时停电，导致纯电动车辆无法充电，需更改发车计划或临时增加燃气车辆上线运营。

（二）城市轨道交通系统

（1）轨道交通线网出现信号故障，导致列车无法正常运行，造成故障区间内部分列车积压，运营受阻。

（2）轨道交通站点在高峰期出现大量客流，乘客大量积压，运营压力猛增。

（3）轨道交通运营车辆故障，无法继续运营，导致线网运营短暂中断，需进行现场维修或及时退出运营正线，后续列车出现积压。

（4）受新冠肺炎疫情防控政策的影响，部分区域内的车站需要临时关闭，各趟车次通过站点不停车。

（5）在暴雨等极端天气下，轨道交通车站和隧道内可能会出现雨水倒灌的现象，影响列车和车站的正常运营。

（三）市郊铁路系统

（1）市郊铁路信号系统故障，导致线网运营短暂中断，后续列车积压，运营受阻。

（2）市郊铁路营运列车突发故障，无法继续运营，无法立刻修复，需要启用热备机车或热备动车组，转移乘客，导致线网运营短暂中断，后续列车积压，运营受阻。

（3）在大风等极端天气下，可能会使铁路附近的彩钢板、塑料薄膜吹到接触网上，影响列车的正常运营，致使列车晚点。

（4）行人或异物入侵轨道、山坡塌方导致线路中断等各类突发事件可能会使列车出现不同程度的晚点情况。

（四）自行车系统

（1）共享单车线上运营系统出现故障，无法扫码使用单车。

（2）共享单车出现各类机械故障，无法正常使用。

（3）自行车专用道出现各类设施故障和隐患，影响骑行者的正常骑行。

（4）在早晚高峰等时段，可能会在小区、写字楼等客流量较大地段出现单车短缺和单车积压的瞬时现象，影响市民使用和正常通行秩序。

（五）出租客运系统

（1）早晚高峰等时段道路拥堵，造成线路上车辆积压，导致运营车辆无法正常周转。

（2）因重大活动，暴雨、暴雪等极端天气，突发事件等采取的道路交通管制，导致部分地点无法到达。

（3）在暴雨、暴雪等极端天气下，可能会出现乘客较多、车辆较少的情况，乘客出行可能受到一定影响。

（4）网络约车平台系统可能会出现崩溃或故障，导致无法正常约车，影响乘客的正常出行。

（六）交管系统

（1）系统服务器可能会出现故障，导致交管系统及相关 App 无法正常运行，交管业务办理出现延迟。

（2）在极端天气等情况下，智能交通综合信号控制系统可能会出现故障，影响道路的正常通行。

（3）在光线、摄像头清晰度等多种因素的综合情况下，违法抓拍摄像头可能会错误识别行为并抓拍，可能会给驾驶员带来不便。

（七）公路系统

（1）早晚高峰等时段道路拥堵，造成道路上车辆积压。

（2）市内道路或高速公路上发生交通事故，影响其他车辆的正常行驶，严重事故可能会对各类设施造成损坏。

（3）在大雨、大雾、大雪等极端天气下，会影响驾驶员的视线，影响正常行车，降低行驶速度。

（八）铁路系统

（1）普速铁路或高速铁路信号系统故障，导致线网运营短暂中断，后续列车积压，运营受阻。

（2）普速铁路或高速铁路营运列车突发故障，无法继续运营，无法立刻修复，需要启用热备机车或热备动车组，转移乘客，导致线网运营短暂中断，后续列车积压，运营受阻。

（3）在大风等极端天气下，可能会使铁路附近的彩钢板、塑料薄膜吹到接触网上，影响列车的正常运营，致使列车晚点。

（4）行人或异物入侵轨道、山坡塌方导致线路中断等各类突发事件可能会使列车出现不同程度的晚点情况。

（九）航空系统

（1）在大雾、大雪、雷电、暴雨等极端天气下，有航班延误或取消的可能。

（2）在机场空域附近可能会因驾驶员操作失误等原因出现航空事故，造成机场跑道部分或全部暂停运营。

（3）航空客运管理系统发生瘫痪，无法进行正常的值机、行李托运等操作，会对运营秩序带来一定的影响。

（4）在航班运行过程中，可能会出现客舱内乘客突发疾病、客舱内突发恶性事件、货舱内起火、飞机发动机突发机械故障等各类突发事件，需要临时备降附近机场，给航班和机场的正常运营带来影响。

（十）智慧换乘的枢纽体系

2019 年 9 月 19 日，中共中央、国务院印发了《交通强国建设纲要》，指出："建设城市群一体化交通网，推进干线铁路、城际铁路、市域（郊）铁路、城市轨道交通融合发展，完善城市群快速公路网络，加强公路与城市道路衔接。尊重城市发展规律，立足促进城市的整体性、系统性、生长性，统筹安排城市功能和用地布局，科学制定和实施城市综合交通体系规划。推进城市公共交通设施建设，强化城市轨道交通与其他交通方式衔接……全面提升城市交通基础设施智能化水平。"

目前，北京正在建设望京西交通枢纽、清河交通枢纽、东夏园交通枢纽和北京朝阳站交通枢纽四大交通枢纽站。这些交通枢纽站能够实现国家铁路、城市轨道交通、市区公交、市域公交、出租车、网约车、共享单车等多种运输方式的协调统一、调度管理和实现乘客的集中、立体化便捷式换乘，有效缓解枢纽站区域周围一带的交通拥堵状况，大大提高各类交通方式的服务水平。同时，可以充分发挥大容量轨道交通，对有效截流外省市以及中心城外围地区的"进城"交通量、进一步减轻中心城内的交通压力具有重大意义。

在"十四五"期间，我国还将大力推进"多位一体"的综合交通枢纽建设。以正在建设的北京丰台站为例，其主要承担京广高速铁路、京港台高速铁路以及丰沙、京原、京沪、京九普速线和市郊铁路等多条线路始发终到作业。从交通枢纽的角度看，北京丰台站具备先进、完善的立体交通换乘功能，能够更好地疏解人流，充分发挥交通枢纽的作用，加强交通接驳的能力，多元化的功能组成满足城市多方面需求，带动周边区域发展，将为铁路部门服务京津冀协同发展、雄安新区建设等国家战略提供有力支撑。

北京智慧交通目标谱系如图 5.8 所示。

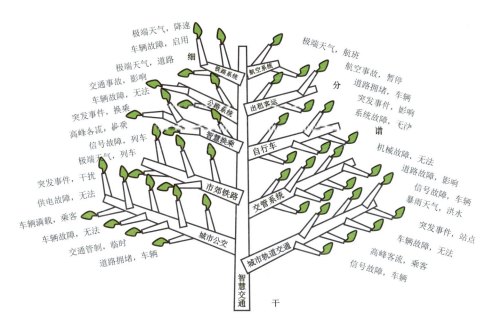

图 5.8　北京智慧交通目标谱系

# 第六章　智慧社区

## 一、含义

早在 1992 年，国际通讯中心便对"智慧社区"概念作出了初步定义。目前，业内普遍认为智慧社区是指运用云计算、大数据、人工智能等科技搭建综合平台，将社区范围内所有资源连接起来，通过对数据的采集、整合、分析和预测，让社区实现智能化响应，更好地服务社区居民。

目前，学界对于智慧社区的定义多集中于技术性、功能性、结果性、价值性四个方面。一些学者从技术性方面强调现代智慧社区注重"服务智能化"，不再单一依靠信息化手段，而是重视对信息化、虚拟化、数字化、无线化、移动化、物联化等多种技术方法的集成。从功能性方面看，不同于传统社区，智慧社区必须具备信息发布、信息交流、社会管理、公共服务、商业便民服务、居民自治、志愿服务和数据库建设等系统功能。从结果性方面看，当前社区服务与管理存在政出多头、效率低下的问题，而建设信息社区、智慧社区，重置信息价值链，必然可以减少资源误配现象，提升服务效率。从价值性方面看，智慧社区与以往社区模式最本质的区别就在于，智慧社区必须坚持互相信任、情感归属、自助互助、有无互通、协调共进等价值认同。还有学者强调从多维视角解读，认为智慧社区是指以居民需求为导向，以美好生活为目标，以多元组织为主体，以智能化服务为手段，以资源整合为基础，向社区居民提供方便、快捷、透明、公平公共服务的新型社区治理模式。

由全国智能建筑及居住区数字化标准化技术委员会（SAC/TC426）归口管理与组织编制的国家标准《智慧城市建筑及居住区第 1 部分：智慧社区建设规范》

（征求意见稿）中将智慧社区定义为：利用物联网、云计算、大数据、人工智能等新一代信息技术，融合社区场景下的人、事、地、物、情、组织等多种数据资源，提供面向政府、物业、居民和企业的社区管理与服务类应用，提升社区管理与服务的科学化、智能化、精细化水平，实现共建、共治、共享管理模式的一种社区。

综上，智慧社区是指通过利用各种智能技术和方式，整合社区现有的各类服务资源，为社区群众提供政务、商务、娱乐、教育、医护及生活互助等多种便捷服务的模式。从应用方向看，"智慧社区"应实现"以智慧政务提高办事效率，以智慧民生改善人民生活，以智慧家庭打造智能生活，以智慧小区提升社区品质"的目标。

### 二、发展历程

智慧社区建设是智慧城市建设的主要内容，国家高度重视。2013 年至今，国家层面出台了 20 多份与智慧社区相关联的政策文件，不断引导智慧社区建设。与此同时，各省市纷纷出台地方性政策意见，将智慧社区试点建设提上日程，智慧社区智能化、数字化、智慧化的道路不断前进。

当前智慧社区存在三种模式：

一是基于物业管理的智慧社区建设模式，这要求物业公司必须具有一定的规模效益，才有能力或者有资格把建设工作做好；

二是基于运营商的智慧社区建设模式，运营商基于服务通道、服务内容进行智慧社区建设，但需提高服务质量和服务的及时性，让老百姓觉得更方便、舒适、便捷；

三是纯粹基于第三方公司的智慧社区建设模式，大部分是互联网公司，它们不受原有物业能力水平低下的困扰，也没有运营商基础网络的局限性，只是前期更需要大量的投入。

## 第二节　智慧社区技术架构与功能

### 一、整体技术架构

通过大数据应用，建立北京智慧社区目标谱系。智慧社区应把握新一轮科技创新革命和信息产业浪潮的重大机遇，充分发挥 ICT 产业发达、RFID 相关技术领先、电信业务及信息化基础设施优良等优势，通过建设 ICT 基础设施、认证、安全等平台和示范工程，加快产业关键技术攻关，构建城区（社区）发展的智慧环境，形成基于海量信息和智能过滤处理的新生活、产业发展、社会管理等模式，面向未来构建全新的城区（社区）形态。

（一）感知层

感知层主要包括全部硬件环境，如家庭安装的感应器，老人测量身体状况的仪器，通信的网络硬件（如宽带、光纤），还有用于视频监控的摄像头、定位的定位器等。通过多种配套终端设备，抓取各类基础数据，如人脸识别闸机、车牌识别道闸、消防烟感等，同时对系统平台下达的相关指令有效地执行。感知层具有提供小区内原始数据和指令执行的功能，形成人口、房屋、公共物品和服务、交通、市政基础设施、社区治理等几个部分数据。

（二）传输层

传输层通过不同的接入模式，将感知层的所有设备和系统平台联通，使数据正常传输。传输层借助政府专网、互联网、物联网、监控网络、局域网、通信网等，充分发挥我国 ICT 产业发达、RFID 相关技术领先、电信业务及信息化基础设施优良等优势。同时，为了和基层治理综合信息指挥系统联通，采用电子政务网络的模式进行连接，以确保整体数据安全性。

（三）处理层

处理层结合感知层、传输层数据，深入挖掘数据资源，将大数据技术影响下的社区治理参与主体、管理体系、运行机制、服务流程等作为分析要素，将市民满意度、诉求问题解决率及解决速度等作为分析监测指标。处理层包括两个层面：

第一层是云支撑和数据源：将小区内采集的数据进行分类管理，同时通过最终对分类汇总的数据进行关联和入仓存储，根据业务需求的不同提前对相关数据进行挖掘和分析，并将结果存放至数据库，具有为业务层提供数据准确而快速的功能。基础数据库包括基础信息数据、综合业务数据、系统支持数据、社会管理基础数据、交换数据和其他数据六类数据。

第二层是智慧社区系统：利用云服务模式，在数据分析模型中采用了关联分析、决策树分析、漏斗分析和多维数据分析模型，确保在数据挖掘和分析中能达到业务预设目标。建立面向对象的业务应用系统和信息服务门户，以云计算、虚拟化和高性能计算等技术手段，整合和分析海量的跨系统、跨行业的数据信息，实现数据的实时处理、海量存储、深度挖掘和模型分析，实现"更深入的智能化"。

（四）应用层

应用层是在处理层基础上，通过智慧社区系统，实现社会治理、基层自治，提升服务质量和治理效能。将用户不同的业务需求进行模块化，形成最小颗粒度，达到松散耦合，提高效率达成目标，同时方便需求扩展。结合对数据挖掘和分析的结果应用，达到智能化服务的效果。例如，应用服务体系包括个人信息管理系统、日志管理系统、应急呼叫系统、视频监控系统、广播系统、智能感应系统、门禁系统、远程服务系统等，由这些系统完成对社区居民的直接服务。

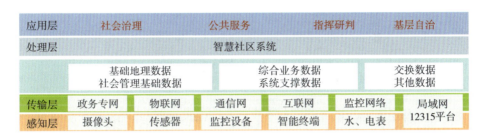

图 6.1 智慧社区技术架构

## 二、数据来源

智慧社区治理相关客观数据，如居民基本信息类、智能终端类、活动轨迹类等，梳理这些相关数据的来源、作用、领域、字段等，明确对社区治理产生影响的大数据边界。与智慧社区治理相关的大数据主要分为以下三种：一是社区基本信息数据（A1），人口、建筑、法人单位、车辆、群防群治、部件设施、地理信息、组织机构信息；二是社区感知信息数据（A2），视频图像感知信息数据、人脸感知信息数据、车辆感知信息数据、门禁感知信息数据、物联感知信息数据、消防感知信息数据；三是社区相关外围信息数据（A3），事件信息数据以及其他信息数据，包括政务服务、交通出行、生活缴费、综合执法、环境卫生、物业管理、社区医疗、社区警务、社区商业等数据，如图 6.2 所示。

（一）社区基本信息类

社区基本信息共 8 个方面、12 种类型、32 项信息、107 类基础数据。如，基本信息中的人口信息主要包括常住人口、流动人口以及重点人口 3 种，涵盖人员身份、人口类别信息等 6 项信息及姓名、性别等 7 类基础数据；组织机构主要有社区综合服务机构、社区便民服务机构，涵盖 10 类机构信息、16 类基础数据；车辆信息包含号牌号码、类型、车主姓名等 16 类基础数据；建筑信息主要包括小区和房屋信息，涵盖建筑的基本信息、历史居住人员信息等 6 项，涉及如编号、门牌号、居住者姓名等 53 类基础数据；群防群治包括物业保安、志愿者、业主委员会成员，涵盖编号及姓名等 6 类基础数据；部件设施信息包含设施编号、地理坐标等 9 类基础数据。

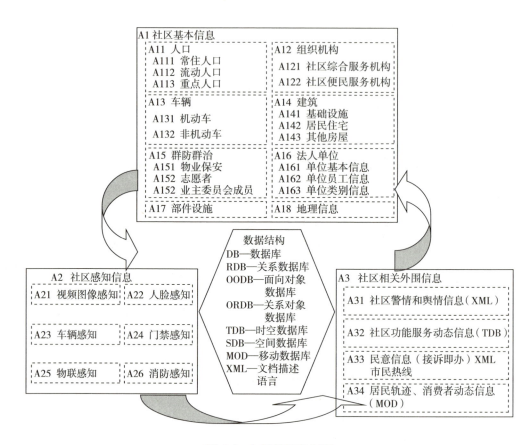

图 6.2　智慧社区数据源

（二）社区感知信息类

社区感知信息主要包括视频图像感知信息、人脸感知信息、车辆感知信息、门禁感知信息、物联感知信息及消防感知信息 6 个方面。

（三）社区相关外围信息类

社区相关外围信息主要分为社区警情和舆情信息、社区功能服务动态信息、民意信息（接诉即办）XML 市民热线以及居民轨迹、消费者动态信息 4 个方面。舆情信息其事件类型可以分为市民热线事件、智能设备感知事件以及网格员上报事件 3 种类型，包含事件编号等 8 类数据。社区功能服务动态信息包括政务服务信息数据等 9 类数据。此外，还包括街面巡查信息等 5 类常规巡查类目数据。

## 第三节 智慧社区应用系统

智慧社区构建了社区发展的智慧环境，形成基于海量信息和智能过滤处理的新的生活、产业发展、社区管理等模式，面向未来构建全新的社区形态。通过智慧社区建设，为实现智慧监测监控目标、智慧业务管理、智慧服务、智慧决策等目标提供支持。

### 一、智慧监测监控

（一）风险源监控管理信息系统

智慧社区系统可以直接对风险源监控管理。通过社区人员动态管理，促进动态化治理。随着不同社会阶层间流动性不断增强，社会发展的速度不断加快，公共管理急需由静态治理向动态治理转变。大数据技术为及时掌握社会治理相关数据的变动情况和变动趋势提供了技术支撑。通过大量数据的关联计算，数字预警系统、指挥调动、培训演练系统等对可能发生的事件事故及时预警，推送给相关部门，通过事前预防、监管，把问题消灭在萌芽之中。智慧监测能对突发事件做出合理可行的决策，促进预见性治理。

（二）社区保障管理系统

社区管理人员是社区信息的管理者。通过智慧社区建设的社区保障管理系统，为社区管理人员提供对社区居民信息、系统账号信息等核心信息进行快捷、高效的管理手段，同时这些信息也是平台正常运转的重要保障。

物业是社区的运行管理者，不仅需要处理居民需求，还要管理社区公共设备。为了提高物业工作效率及可靠性，平台提供了智能化系统模块，将社区公共设备按服务性质分为停车场管理系统、智能照明系统、视频监控系统、通风及防排烟系统、电梯监控系统、安防系统六大子系统，以三维建筑模型为背景，嵌入设备模型及状态监控面板，实现对社区设施的实时监察与控制，提高了社区设施管理水平及办事效率。

（三）应急信息管理系统

通过智慧社区，以提高社区治理的立体化、法治化、智能化、专业化水平为目标，进一步完善社区治安防控体系，提高社区预测预警预防各类风险能力及决策能力，增强社区治安防控的整体性、协同性和精准性。通过"互联网+"实现对基础数据采集、群众信访及矛盾等受理事项登记、流转处理、监督管理、查询、统计分析和实时发布的应急信息管理的目的。

### 二、智慧业务管理模式

通过智慧社区建设，加强对社区的工作支持和资源保障，统筹上级部门支持社区的政策，整合资金、资源、项目等，提升业务管理效能，满足基层自治和基层共治多场景需要。

**（一）上级政府对社区业务监管**

智慧社区可以帮助上级部门对社区业务进行监管，增强部门协作，通过平台进行上传下达，协调统一，增强部门之间的配合协作。基于监管业务、投诉举报、社会舆情、群众信访、重大事故、群众评价等监管数据资源，构建可计量、可检索、可追溯、可问责的综合评价指标体系，对地方监管部门的事前市场准入监管、事中日常检查监管、事后执法处罚监管综合评价，促进整体性治理。通过大数据运用，将不同部门的信息资源整合在一起，逐步解决跨部门合作难题，可以有效降低社会治理成本，促进整体治理。

**（二）基层政府"一站式服务"管理系统**

社区基础政府（居委会）虽然不是一级行政机构，但承接着各级行政机构下沉的社会管理和公共服务等各种职能。政府各部门之间职能是条块结合的，社区在日常运行中总体上是条块细分，导致以社区居委会为主提供的公共服务必然是分割的、零碎的。通过智慧社区建设，社区公共服务供给主体之间、供给客体之间以及供给主客体之间相互隔离、互不衔接的"信息孤岛"现象能够借助于相关的平台而被打破，分散化的各类资源实现整合、走向集成，复杂化的管理和办事流程进行重塑、提高效率。"一口受理""一站式服务"等社区事务办理方式就是顺应这一趋势的典型体现。

智慧社区可实现小区住户、物业、街道、政府等多级多端互联互通，从而为政府街道提供一个基于信息化、智能化的社区管理新模式，包含生活缴费、公告通知、报事报修、智能门禁、投诉建议、社区指南、随手拍、曝光台、小区活动、访客管理、访车管理、小区管家、邻里互动、小区评价、邻里公约、政务服务接入、住户一卡通、社区党建功能。

**（三）社区服务站**

通过社区服务站"一站多居"，调整人员配置，优化服务方式，"综合窗口""全能社工"模式。网络大时空背景下，我国协商民主应由线下民主逐渐转向线上民主与线下民主的双层互动，通过多层次多领域网络协商，促进公权力与网络民意在虚拟空间的对流与动态平衡。传统行政模式下，在社区居民参与社区事务协商时，邻里纠纷的琐碎繁杂导致协商时间的分散和参与协商居民人员的不确定，使得社区参与协商治理的效果与应然层面的预想存在偏差。在智慧式协商模式下，社区居民通过网络技术实现在线表达意见，发表看法，获知民意信息，上下交流更加方便。

### 三、智慧服务

通过互联网专门通道，将市、区、街道、镇、社区（村）五级有关单位进行信息联网，实现信息互享能力提升。智慧服务系统对网络、个人健康以及楼层等各个领域开展智能化的管理，为社区中居民娱乐与日常生活提供较多的帮助。对社区四周商业进行完善，提升社会的经济效益，将社区的公告及时更新，打造智能化宜居环境。

（一）社区管理服务

（1）智慧物业管理：针对智慧化社区的特点，集成物业管理的相关系统，例如停车场管理、闭路监控管理、门禁系统、智能消费、电梯管理、保安巡逻、远程抄表、自动喷淋等相关社区物业的智能化管理，实现社区各独立应用子系统的融合，进行集中运营管理。

（2）智慧警务管理：一方面，民警可以根据执勤需要，随时随地获得公安业务信息的综合支持，包括查询警务内网中的常住人口、在逃人员等各类信息数据；另一方面，执勤民警可以对现场将所需要记录的信息作实时录入，如外来人口信息、重要线索等。此外，执勤民警在现场处理交通肇事违章等问题时，可在现场直接打印罚单，这大大精简了处理流程，提高了一线执法的实际效率。

（二）社区企业服务

智慧社区有政府（政府机构、执法机构）、企业（物业、商业和服务）和个人（居民、来访者）三大类直接参与者。除此以外还有邻里社区的互动，即本社区与邻近社区的互动。智慧社区系统为社区企业提供相关信息服务，社区企业承担必要公共事务的同时，应维持企业的生存和发展，这要求企业拓展新的增值业务，丰富盈利模式。通过网络信息技术突破了原有社区空间的界限，为社区企业发展提供新机遇。

通过智慧社区，可以为社区企业拓展增值业务。例如，物业服务企业在社区治理中是一股不可或缺的力量，承担着公安、社区、卫健、城管、市场监管等各部门在"围墙内"的公共环境、公共安全、社区秩序等各方面职责，不仅增加物业服务企业的成本，也对物业服务企业的收益产生了挑战。通过智慧城市建设，物业服务企业在直达业主"最后一公里"的区域内服务，能够利用智能设备获取客户资源和大数据积累，有效圈定客流，提供包括生活用品、食品电商销售配送，房屋租赁，家居设施维修，叫车，养老等服务，为企业创收。

（三）民生服务

智慧社区以社区群众的幸福感为出发点，通过打造智慧社区为社区百姓提供便利，从而加快和谐社区建设，推动区域社会进步。社区居民的主要需求是与物业进行互动及了解社区公告信息，社区服务平台为居民提供了交流平台及社区新闻平台，交流平台包含信息反馈及报修服务，满足居民生活服务需要，社区新闻平台可为居民提供社区新闻、活动及重要通知，以便居民把握社区最新动态。

智慧社区还提供群众反映问题的途径，可以帮助居民诉求解决，协助政府各职能部门及时做好源头治理、落实前端防范，努力提高化解各种矛盾纠纷水平，减少群体性事件。逐步实现"小事不出街道、大事不出区、矛盾不上交"，创新社会治安综合治理，创造平安和谐的社会环境，助力实现和谐稳定目标。

（四）社会服务

智慧社区还可以提供一些社会服务，例如志愿服务、协助建立社会信用体系（企业信用数据、个人信用数据）等。基于物联网、云计算等高新技术的智慧社区是一个以人为本的智能管理系统，有望使人们的工作和生活更加便捷、舒适、高效。

**四、智慧决策系统**

（一）政府决策

通过智慧社区建设，有助于政府可视化指挥调度：对内统筹数据规划与数据标准，研究分析数据应用场景；对外加强与社会机构在数据共享方面的合作。提高数据应用效率，支持智慧决策，可为各级党政机关领导实时了解社会管理信息、掌握全局动态过程、及时采取管控措施、正确决策指挥提供科学依据。

1. 风险防范决策

通过监管风险预警模型对全面的监管态势感知，预测规则、预测模型、行业与区域风险指标及风险事件发现构成风险控制系统。通过大数据技术实现监管态势感知的数据汇聚、融合、洞察、仿真，呈现监管风险态势，为监管风险研判提供依据。相关政府部门通过社区微脑综治端实现小区、物业、街道、政府等多级多端互联互通，及时响应，实行统筹、协调，从而为政府提供一个基于信息化、智能化的社区管理新模式。主要包括对全区智安小区建设情况、全区基础信息、全区治理情况（治安、消防）、小区不安定因素等统筹监管。

2. 社区共治

"智慧"代表的治理模式要求多元主体"协同、联动"地应对某个治理需求。社区的存在是为了满足人们生产生活的不同需要，使他们的生活条件更加舒适和安全。智慧社区为社区居民提供了更多便利，提高了他们的工作效率，增加了他们的休闲时间，并通过更广泛的取代增加了社会参与感。智慧社区专群结合、群防群治，通过平台，把政府执法监管部门、社会组织、居民串联在一起，构建点线面相结合、防控管打相贯通的治理通道，从而形成问题联治、工作联动、平安联创、齐抓共管的社区治理责任链条，结合社区服务与关怀，打造安全、温暖、绿色、健康的高质量社区，高居民生活品质，高社区治理的综合水平。

（二）社区居民决策

1. 社区居民参与社区治理

如今，公民自主意识逐步增强，人们参与社区事务的积极性和主动性也慢慢调动起来。智慧社区可以强化"自治—法治—德治"融合的基层治理方式，完善居民参与治理的制度化渠道，通过平台，居民不仅可以投诉、举报、反映问题，还可以积极参与问题的处理和化解，避免小事拖大、大事拖炸，努力做到"大事一起干，好坏一起评，事事有人管"，将12345热线投诉事件和110报警事件扼杀在萌芽状态，减少政府部门强制执法的案件数量，更好地维护社会和谐稳定。

2. 便利居民生活

基于数字社区，以手机小程序为载体而打造的住户一站式生活服务平台，围绕业主生活及社区全生命周期，为社区住户提供社区邻里、健康、治理、生活、教育等服务，通过支付宝小程序，可以为社区住户提供一种安全、舒适、便利的社区生活方式。

（三）社区企业决策

通过智慧社区，企业可以利用相关信息平台、先进的管理模式以及大量的人力、物力和财力。由社区街道办事处等对社区企业提供帮助，包括政策倾斜，通过智慧社区，可以消除信息不对称。同时，可以定位社区企业问题的确切位置，明确问题，进而消除重复处理的弊端。对于社区最重要的物业企业，可以实现社区基础物业服务落地，简化物业管理流程，提升业主满意度；实现社区运营及服务落地，搭建住户生活服务阵地，利民、惠民、便民服务落地，打通政府及居民的互动服务场景。

## 第四节 智慧社区谱系内容

### 一、智慧社区建设目标

智慧城市建设推动社区治理实践创新研究的总目标是使社区治理体系更加完善，进一步推动实现"七有""五性"，以增进民生福祉。落实"七有""五性"的目标，在智慧社区治理的目标谱系中具有不同程度的体现，如智慧社区教育有助于实现"幼有所育"和"学有所教"，智慧社区医疗有助于实现"病有所医"，智慧社区养老有助于实现"老有所养"，智慧社区基础设施有助于实现"住有所居"和"弱有所扶",智慧社区创业有助于实现"劳有所得"。智慧社区治理能力的提升应强调以人为本,力求为居民提供"便利性、宜居性、多样性、公正性和安全性"的服务。

社区治理涉及党和政府部门、居民群众、社区工作者及企业等各类主体。不同主体在社区运行过程中的诉求及目标各不相同,其扮演的角色与承担的作用也不同。对政府而言,政府是智慧社区建设的主导者,包括制定相关政策标准、投入建设资金等,实现政府与社区居民的双向沟通,政府通过推动建设智慧社区来提升基层治理的现代化,使社区治理更精准高效,在大数据驱动下,也有助于为居民提供更优质高效且个性化的公共服务。对社区工作者等社会组织来说,基于实时动态信息数据,社区工作者可以在第一时间处理发生的紧急事件及居民诉求,对事件进行事前控制,减少安全隐患,提高社区风险管控能力和社区居民满意度。对企业来讲,基于居民的消费习惯和兴趣等商业数据,可以帮企业挖掘分析潜在市场,实现大数据驱动下的更好服务。对社区居民来说,追求的是舒适的社区环境、配套的基础设施、便捷的社区服务。

（一）提升社区治理与服务水平

智慧社区建设将依托新一代信息技术对"互联网+社区"治理模式进行精进与完善,以科学应对当前我国社区治理方面的困境,提升社区的公共服务质量和社会治理水平。居民自下而上的微观权利得到彰显,居民参与社区公共事务的自主性提升,增进了社区治理的效能化。另外,网络空间与地域空间的结合,有效激发了社区活力,通过新型公共空间重塑和广泛连接社区周边资源,构建新型社会关系与智慧服务生态,推动智慧社区向多元主体"共建、共治、共享"的高质量发展阶段迈进。

在社区政务方面,通过构建"一号申请、一窗受理、一网通办"信息服务平台,提高政务服务效率,便捷精准主动服务居民,让"数据多跑路,群众少跑腿";通过社区管理平台,全面实时监测社区运行状态,对社区事情进行综合决策,实现社区事件精细化管控。

在社区服务方面,依托智慧城市建设整体框架,有机整合、高效利用各方信息资源,包括社区居民资源、政府相关资源以及商业相关资源,为居民提供优质、便利、快捷的政府服务（如政务咨询、政务办理、信息查询等）、商业服务;依托网络,灵活运用各种信息技术,为居民提供更加人性化、智慧的社区服务,满足居民的需求,提升社区事务管理效率,实现社区生活服务（如消费、休闲、娱乐等）、生活照料、家政维修、医疗保健、精神慰藉、安全防护、文化体育等的全面保障,实现一站式集中服务,提高办事效率,改善社区服务水平,提升居住质量。

（二）构建健康安全可持续的社区环境

建立权责明晰、集约高效的智慧社区建设推进机构，制定切实可行、引导到位的政策法规，建成一支多层次、高效的人才队伍，通过宣传推广提升政府、科研机构、企事业单位和社会组织对智慧社区建设的认知度、参与度，形成良性的智慧社区建设环境。通过对社区范围内区域空气及水质、环境污染源的治理监控等，实现对社区区域空气环境质量状况的实时掌握及垃圾卫生等的治理，为公众提供知情权。同时，在遇到特殊严重的空气污染状况时，也能及时向所处区域人员报警，并且能够有效改善社区街道及辖区空气环境质量管控检测难题，营造绿色宜居的社区环境。

在社区安防方面，实现对社区进出人员和车辆进行实时管理，对异常状况进行预警报警，为居民提供安全可靠的居住环境；利用新技术与传感技术实现社区物资的实时治安管控，提升社区数字化建设水平，为居民提供便捷的设施及服务。

在社区医疗方面，通过智慧医疗为居民健康提供保障，可以实现全过程的医疗管理和医疗服务，提供全面远程的医疗与应急救助，实现治疗路径和康复路径的双向转诊；通过完善医疗服务信息化基础设施，实现疫情防控及公共卫生事件预警，提高社区医疗卫生事业智慧与决策的反应能力，做到真正意义上的智联融合与关护无界，为社区居民提供更加多样、高效、安全的智慧医疗服务。

（三）促进居民实现美好生活

智慧社区建设坚持以社区居民的需求为导向，通过利用各类智能基础设施和物联网、大数据等现代技术构建覆盖社区居民"吃、住、行、游、购、娱、健"七个基本领域的智能化生活体系，推动物业、医疗、养老、安防、环卫、家居等方面问题的解决，改变居民的居住空间和生活方式，保障社区公共安全，提高社区居民生活水平，实现"智慧家园、幸福生活"5A 模式。

在社区文化方面，通过各种文化、体育、教育、科普等活动，实现社区文化和精神文明建设的和谐友好，逐步建成布局合理、特色鲜明、舒适美观的文化空间，使群众文化活动更加积极健康，丰富多彩，社会风气秩序更良好，居民综合素质明显提高。

**二、智慧社区目标谱系**

智慧社区目标谱系的构建以总谱根"智慧北京全域目标谱系"为基础，充分利用棱镜原理，对谱枝进行分解，分解出的二级谱枝包含社区政务、社区服务、社区安防等方面。其涵盖的主要场景包括智慧社区政务、智慧物业、智慧家居、智慧安防、智慧教育、智慧医疗、智慧出行、智慧养老、智慧生活等。对于智慧社区谱枝的分解，如同参天大树的一个枝干，如图 6.3 所示。

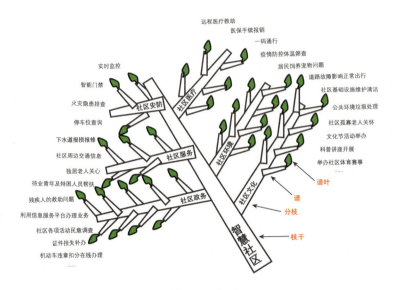

图 6.3　智慧社区目标谱系（一）

同时，针对智慧社区每一场景又包含不同的治理内容。本书基于社区治理的参与者诉求及治理场景梳理出智慧北京社区治理目标谱系。围绕"七有""五性"需求以提高社区治理能力为总目标，可将其细化为社区服务方便贴心、社区环境舒适卫生、社区危机防控井然有序、社区文化和谐友好等目标，再根据智慧社区治理的主要场景还可划分更精细的目标，从而形成智慧社区目标谱系，如图6.4 所示。

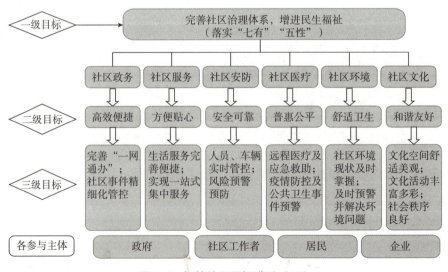

图 6.4　智慧社区目标谱系（二）

## 第五节 联动应用

智慧社区以网络、智能设施、存储设备等硬件为基础，以数据为驱动，数字化平台为支撑，综合利用 5G、物联网、人工智能、大数据等新一代信息技术构建智慧社区技术底座，支撑社区智慧应用。应用场景可以是智慧安防、综合执法、智慧小区、智慧治理、智慧消防、应急指挥、疫情管控、智能楼宇、智能家居、路网监控、智能医院、城市生命线管理、食品药品管理、票证管理、家庭护理、个人健康、数字生活和民生服务等诸多领域。

### 一、智慧社区关键技术在社区治理中的应用

（ ）全域大数据在社区治理中的应用

1. 全域大数据在社区养老中的应用

社区养老是智慧社区治理的一大场景。智慧社区建设围绕老人的生活起居、安全保障、保健康复、医疗卫生、学习分享、心理关爱等需求，构建远程监控、实时定位的信息监测、预警和自动响应的智慧服务和管理系统，满足老人自助式、个性化的交互需求。随着我国老年人口的增加，大部分居民可能还是需要依靠社区居家养老的方式，这对于社区养老提出了更高的要求。以社区养老为例，老年人在家里或社区可能会遇到一些突发情况，若家里没有人时，他们可能面临危险隐患。此时，构建集合 $A_{ij}$ 表示老年人的关键信息与可识别的标识信息，通过老人的活动轨迹，即可得到关键信息在不同场景下的映射，如菜市场（$B_1$）、电梯（$B_2$）、公园（$B_3$）等，考察不同场景下样本之间的重叠关系，进而依据 A 与 B 之间的逻辑依赖关系判定需要关注的重要因素。在智慧社区场景中，基于大数据的个人信息、门禁、监控等数据分析研判，若老人在一段时间没有出门或者没有动态信息，此时可以安排服务人员去确认是否遇到危险情况并采取相关措施。将该类问题所涉及的场景与数据谱系结合，形成自适应 AI 算法，为智慧社区治理过程中的具体问题提供解决方案。

2. 全域大数据在社区防疫中的应用

社区是疫情防控的基础环节，以社区疫情防控为例，可以梳理并建立全域集视角下的映射依赖关系，社区疫情防控包括体温筛查、口罩识别预警、疫情防控信息实时发布、社区居民疫情快报、疫情防控视频会议、返京人员网格化管控、重点人员集中隔离管理、居家隔离、社区服务等场景。虽然个体的关键信息字段 A 在不同场景下具有差异化的映射，但均可通过数据的汇聚判定并量化其依赖关

系，例如，新冠肺炎病毒密切接触者（$A_1$，包含身份证号码、手机号、工号、各类账号等）在工作单位（场景 $B_1$），居住社区（场景 $B_2$）与火车站（场景 $B_3$）买票时都登记了身份证号码，显然有 $A_1 \xrightarrow{F} B_1$，$A_1 \xrightarrow{F} B_2$，$A_1 \xrightarrow{F} B_3$，而 $\{B_1，B_2，B_3\}$ 提取关键业务属性后构成的 $A^*$ 又进一步构成间接映射，字段映射关系的梳理与建立是完善安全链条必不可少的环节，直接或间接映射的结构形成全域联动关系。通过社区门禁、测温感应、进出车辆、智慧梯控、健康数据等数据实时生成居民电子健康档案，实现健康状况可视化管理。基于实时数据通过 AI 算法深度分析发热规律，辅助研判发热疫情趋势，实现对疫情防控的有效监管与预警；结合无接触技术手段实现对发热人员和居家隔离人员的快速沟通和控制，尽可能阻断病毒的传播途径，促进公共和便民服务智能化，保障社区安全与居民健康，构筑起社区防疫的坚强堡垒。

（二）智慧技术在社区安防中的应用

智慧安防系统包含视频监控系统、智慧门禁管理系统、紧急呼叫系统、一键报警系统、燃气监测报警系统及电子巡更系统等。

安防系统主要服务于公安用户，重点解决社区场景下公共安全要素的智能化管控问题，包括人口智能管控、重点单位管控、消防安全管控、社区警情管理、安防设施管理等应用，主要目的是打造平安社区。

1. 智慧消防

消防安全是智慧社区必不可少的内容，社区智慧消防解决方案越来越受到关注。智慧消防建设包括两个层面：感知层数据来自智慧终端的安装，处理层依靠系统集成与运营。

感知层包括：第一，无线消防报警设备（通过检测烟雾浓度、温度、可燃气体，实现对小区的火灾监控及预警，并将火警信号推送至居民，争取黄金逃生时间）；第二，电气火灾监控探测器（监测由于电气线路或设备绝缘层老化破损、电气连接松动、电动车充电不规范、空气潮湿、电流电压急剧升高等原因而引起的漏电、温度超限和过载等电气故障，并发出预警信号，防患于未然）；第三，消防水源监控系统（在线监控社区消防水池、水箱的水位、喷淋管网水压、泵房控制柜手/自动状态等消防水系统运行情况，及时将管网欠压，水位偏低或偏高等异常预警信息进行推送）。

处理层包括：第一，视频联动系统监控，基于视频的监测功能，辅助消防报警、电气监测等智能终端进行有效监测；第二，智慧消防云平台，对各个小区进行集中管理，进行数据的汇总与处理，总体协调调度安全员进行处理和巡查。

2. 智慧警务

智慧社区警务应用场景包括高清摄像头、无人机、机器人、AR 眼镜等，可实现远程喊话宣传、快速识别锁定可疑人员事件、治安隐患排查提醒等"云端警务"功能。专门设计高空抛物监控方案，通过高清变焦摄像机，将信号稳定传至后端录像机，可实现抛投记录的全过程回溯，减少高空抛物事件发生的次数。5G等信息技术为公安信息化提供了技术支撑，通过探索警务专网和边缘计算应用标准，规范警务应用技术标准，为社区警务应用标准体系建设提供新的思路和方案。将AI视觉引入社区应用，采用人脸识别技术，将人脸特征作为身份识别的依据，并以此为基础借助视频技术、深度学习技术改变传统一卡通通行模式。

智慧社区结合网格化治理，借助城市大脑建设契机，打造平台和应用工具，有效避免政令传播中的信息衰减问题和责任无法追溯问题，提高数据管理和利用效率。公安用户可以通过公安应用端进行事件的上报、跟踪，掌握小区的人、车、物相关态势，可以进行查找、分析。信息中心可以查看接收感知到的所有事件，进行调度派发、预警解除、处置确认等。技术上依托业界先进的图像识别算法，实现识人、识车、识行为，结合小区内的房屋基本信息、采集登记的住户人车信息、出入行为信息，对人、车、房进行关联分析，形成各种安全态势分类标签。另外可对接用户的处置派单系统，也可人工操作（线上线下协同），实现完整的业务闭环。

（三）大数据技术在社区生活中的应用

1. 智慧停车

智慧社区将社区公共服务从有限领域扩展到广泛空间。随着社会发展进步和整体收入水平提高，社区居民对公共服务的需求更加广泛多元。特别是现代技术手段的更新换代为满足多样化的公共服务需求提供了有力的技术支撑。只要有需求，相应的技术就会迅速跟进，研发和提供相应的产品以满足需求。

社区普遍存在停车难的问题。借助于卫星定位和高清地图技术，没有固定车位的居民通过社区智能停车平台可以了解公共停车场空闲车位的位置，并可由导航直接引导到相应的位置，避免在小区内反复寻找。通过智慧社区平台可以对汽车进行多元化信息（如车身颜色、车辆品牌、车主信息等）识别，实现自助车辆放行，业主无须停顿，无须保安值守询问。而拥有私家车位的社区居民，也可以通过智慧社区平台，将上班时段或者外出旅游期间空闲出来的车位分享给临近办公区域的上班族群，这样就能够大幅提高车位的使用效率，既方便别人，又能够创造更多经济收入。

2. 智慧家居

智慧家居是智慧社区的重要场景之一，包括基础智能场景、居家安防及关联场景、能耗优化场景、健康护理、照明系统、环境感知、客厅和大屏场景、厨房、卧室、卫生间等。在智能门锁方面可以利用指纹、感应式ID卡、防泄露密码等多种方式开门,监测门锁状况和开关门时间;在智能窗户方面可以利用环境传感器感受光线强弱调整窗帘开度,也能在必要时刻紧锁窗户防盗;在智能照明方面实现通过 App 进行远程操控,随意切换角度、色温、色调;在智能家电方面实现通过网络连接到同一个智能家电控制终端,既能通过语音控制,又能实现远程操控。

(四)智慧技术在社区生活决策预测中的应用

1. 日常生活决策预测

利用根据监管风险预警模型建立起来的风险控制系统和根据大数据技术实现的监管态势感知。系统通过对社区的路灯、电梯、垃圾桶、围栏等生活基础设施的检查和使用寿命的分析,能提出设备提前维护或更换的决策。生活基础设施的及时更新有利于避免出现设施损坏而影响社区居民正常生活的现象,也提高了物业工作效率。同时,系统能通过分析社区居民的出入时间和居家时间,及时发现社区房屋的不合理空置状态,对长时间保持该状态的社区住户进行报备并通知人员上门排查,消除消防安全隐患,避免独居老人或儿童发生危险。此外,系统也能根据天气、交通等情况预测社区居民居住及出行指数,并提供穿衣出行等建议,提高社区居民生活便利度。

2. 突发事件决策预测

在发生突发应急事件时,系统能结合地理位置、事件危害程度、时间持续性等因素综合分析该事件对本社区的影响程度。例如,当预测出公共卫生事件会影响到本社区正常生活时,自动进行全区居民生活轨迹分析,告知管理人员该事件影响本社区居民的可能性。当预测出恶性危害事件会影响到本社区居民时,及时报备安保人员以及社区警察,加大监控监测范围,启动犯罪嫌疑人门禁控制机制。当预测出网、水、电等发生地区性故障会影响到社区正常生活时,提前通知居民进行相应准备,并通知物业管理人员和相关部门进行维修保障,最大限度地减少对居民社区生活的影响。

**二、数据关联在北京市社区治理中的案例应用**

为了解决信息的碎片化、人力和运行成本高、快速反应能力不足等问题,同时为了提升社区管理与服务的科学化、智能化、精细化水平,实现共建、共治、共享的管理模式,东城区社区数据汇聚共享服务平台项目应运而生。该项目自2019 年 3 月开始调研、建设了一期,2020 年,根据一期的需求及建议,将该平台与 2017 年建设的微网格、2019 年建设的"互联网+"公众参与小程序进行了系统整合与升级,通过 2020 年的项目实施,现已汇聚 168 个社区数据,其中包括楼房数、楼院数、房间数、人员数、车辆数以及东城区的出租屋间数与流动人口数等数据。东城区社区数据汇聚共享服务平台，实现了全区社区数据汇聚，将全区 168 个社区全覆盖，形成全区一盘棋，实现区—街道—社区的三级数据汇聚模式，创新网格化微循环体系，全面提升社区信息化能力。

（一）理论设计

东城区社区数据汇聚共享服务平台项目设计思路，采用了以数据汇聚为先、数据共享与数据应用服务为后的总体框架思路。通过该平台，利用信息化手段支撑社区日常服务及管理业务，在提高工作效率的同时，自动沉淀汇聚社区数据，将社区的数据集中起来，形成社区的大数据平台。在社区大数据平台已经建立的基础上，通过与东城区的大数据平台进行数据共享与交换，形成数据一次采集多次共享，一处采集多部门使用的共享机制。另外，借助社区大数据的力量，充分挖掘分析，为社区提供科学、合理的治理指导，为居民提供精准化、个性化的服务支撑，逐步形成社区"数据治理"的新模式。

1. 数据汇聚

将数据分为静态数据和动态数据，静态数据包括人、地、物、组织、车辆和宠物，动态数据包括民情日志、办理证明、协商共治里的接诉即办、诉求服务、民意征集和问卷调查，以及社区活动里的活动报名、社区微拍和知识竞赛等。汇聚的方式有很多种，在系统建设之初采用购买第三方服务进行批量实施，通过数据的采集、建模、清洗、入库、核验等多个环节，保证数据的完整性和一致性。静态数据汇聚形成一个基础底库，系统就可以使用了。系统建设好后，更多的汇聚方式是在工作过程中动态汇聚，例如在信息核实的过程中发现有变化可随时更新，搜索到某人准确定位时进行修改，再如居民到社区办理居住证明时，发现不在库里时及时采集居民信息后再进行办理。数据汇聚不仅有社工参与，居民在参与社区活动过程中也能实现数据汇聚。通过数据汇聚，系统可形成以人为中心的大数据关联，人房关联、人人关联、人事关联、人宠关联、人车关联的管理模式，用于支撑社会事件分析。除了以人为中心的大数据关联，系统还会形成地、物、组织在地图上的可视化维护情况，用于支撑社区消防、防汛、垃圾分类等日常工作的协同解决，物类等可导出并上报，提升了社区的工作效率。

2. 数据共享

该平台实现了数据一次采集多次共享，首先实现了社区内部的共享，全社区分楼包片维护一套数据，社区两委一站工作人员共同使用和维护，设置好相应权限实现内部共享，系统目前共设置了 28 个角色权限，包含功能权限和数据范围权限。目前已经共享人房车数据 1374445 条，已提供"重点人员""在职党员""现役人员""失业人员"等 80 类居民标签，东城区社区已使用其中的 56 类。通过对居民的多标签画像，可以使服务更精确，支撑起居民的精准化服务。同时实现了外部单位的数据共享，通过区大数据平台共享人员和车辆信息，为智慧平安小区的静态数据采集提供了快速通道。社区数据汇聚共享服务平台，已经实现了与区级驾驶舱、区大数据中心、智慧平安小区的数据共享，充分发挥了数据一处采集多部门应用的共享协同价值。

（二）业务层

在业务层面上，将社区数据汇聚共享服务平台作为业务中心，为治理服务平台、共建共治平台与基础民情管理平台提供技术功能支撑，以实现党组织建设、社区服务、宣传教育和精神文明建设等业务的信息化。同时，社区业务的信息化也为数据汇聚和进一步的社区画像、民情数据分析提供了条件。具体流程如图6.5所示。

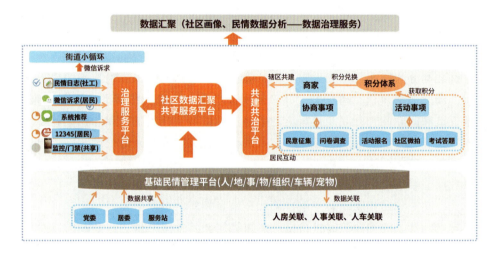

图6.5　数据汇聚共享平台业务层

（三）技术层

在技术层面上，设计出PC端平台与微信公众号端和"京细话"小程序端。其中，PC端的平台也就是社区数据汇聚平台，其作用定位是服务与管理，用户主要面向社区、街道与区级，其功能包括基础民情管理、社区服务、社区学习与社区数据分析；微信公众号端的作用定位是信息共享与政策宣传，用户主要面向居民，其功能包括诉求上报、政策动态、办事指南、事项预约、便民服务与参与互动；"京细话"小程序端的作用定位是数据采集与社区互动，用户主要面向居民、社区、街道与区级，其主要功能包括民情日志、人员基础管理、社区活动与协商共治。三者的作用与用户定位清晰，在社区层面上完善了微循环体系。

（四）用户应用体系

该平台的用户主要分为区级、街道、社区三级，社区用户主要又分为社区专员、书记、副书记、常务副主任、网格员、主任、副主任服务站长、常务副站长、副站长、各口负责人等28个角色，主要体系如图6.6所示。

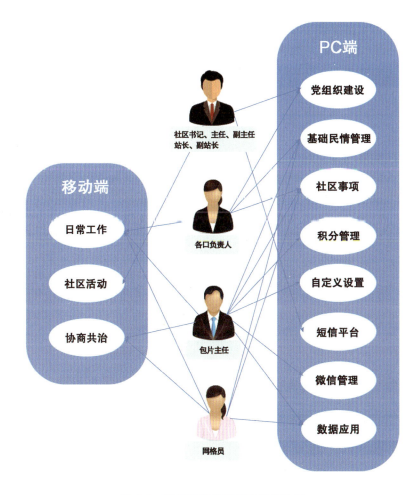

图 6.6　数据汇聚共享平台用户体系

数据应用主要分为五个方面。

第一个应用是综合查询，社区是城市管理的神经末梢，是最基本的管理单元，经常要应对上级部门各种数据上报要求，该平台提供了全条件的搜索和一键导出，如通过人员标签查询80~89岁的老年人时，能够很快筛选出来。

第二个应用是画像分析，例如对一条胡同进行画像，包括胡同的基本情况、人员分析、地的分析，对某栋楼可以生成民情图，直观显示房间的状态和房间里人员的状态，在疫苗接种专项工作中，社工就很清楚知道接种人员的分布，未接种人员写明未接种原因。

第三个应用是人员历史全景，系统是一个数据仓库，只要在社区居住过的人员都会永久保存下来，可以查看人员的流动情况，如有多少入住的、有多少死亡的、有多少户口迁出的、有多少搬离的，能追溯到详细信息。

第四个应用是入户推荐，社工经常要到自己的包片入户，通过与居民面对面交流，系统根据时间、房屋情况、重点关注对象等多因子，自动为每名社工推荐入户名单，在推荐名单里直接添加民情日志，记录离案工作事项。

第五个应用是积分应用，设置了一套灵活的可自定义的积分管理规则，可以按次数积分、按打卡积分、按时长积分、按时间点积分，积分在活动中灵活应用，配合移动端进行扫码与人员活动关联，积分自动计算，能够很好地鼓励居民参与社区活动。

为了方便社工移动办公和居民参与线上活动，还开发了移动端应用。

第一个是社工的信息采集，由于居民个人信息属于敏感信息，系统独创了二维码安全认证+内外网信息摆渡技术，很好地解决了信息在互联网端应用的安全问题，做到信息加密传输、加密存储、脱敏显示，外网不存任何数据。

第二个是民情日志，移动端很好地解决了社工下户后二次录入的问题，在入户的过程中利用手机拍照、语音识别把服务居民的过程快速记录下来，能现场解决的现场办结，需要别人协调的可以@给同事一起解决，解决不了的可以挂账待解决，做到事事有记录、件件有回应的闭环民情日志。

第三个是居民参与微拍的一个活动，社区发布的活动在小程序端参与，如果该活动设置了积分，系统自动积分。居民可以在小程序上实时查看自己的积分情况。

# 第七章　智慧医疗和智慧养老设计

## 第一节　智慧医疗目标谱系设计

### 一、智慧医疗概述

（一）智慧医疗的内涵

智慧医疗是智慧城市的重要组成部分。目前，学者们对于智慧医疗的概念主要有三种理解。一是认为智慧医疗是以医疗物联网为核心、信息高度移动和共享的医疗信息化生态系统，是综合运用先进的互联网技术与人工智能设备等各要素构建而成，能够实现患者与设备、医护人员与设备、医疗机构与设备之间的通信与传输，本质是利用物联网技术，打通患者与医务人员、医疗机构、医疗设备的关联，建立健康档案区域医疗信息平台。[①] 二是智慧医疗是建立协同工作的合作机制，提供更好的医疗卫生服务，有效防治疾病，并且帮助和激励个人做出更明智的选择。三是智慧医疗建立以个人电子健康档案为核心的数据中心，并按照统一标准实现区域卫生信息互联互通和智能评价。

本章认为，智慧医疗是运用医疗物联网、移动互联网、数据融合和挖掘、可穿戴设备、家庭智能终端等新兴科技，将医生诊疗方法、医疗技术手段和医疗机构等医疗基础设施，与医疗服务相融合，并在此基础上使用相应软件产品进行实时智能决策与评价，突破传统医疗系统的时空限制，实现医疗服务最优化。

（二）智慧医疗的发展历程

1. 起步阶段：2008～2015 年

2008 年底，IBM 首次提出"智慧医院"的概念，是为提升医疗护理效率和

---

① 金新政，谭警宇，舒占坤. 智慧医疗［M］. 北京：科学出版社，2021.

居民整体健康水平，充分运用物联网技术，建立以病人为中心的医疗信息管理和服务体系。在这一阶段，主要是实现医院内信息化覆盖，医院信息系统（Hospital Information System，HIS）已覆盖全国90%的医疗机构；临床信息系统（Clinical Information System，CIS）覆盖率约为30%，其中，三级以上医院CIS已实现100%覆盖。这一阶段，医院建立起了早期的医疗数据信息化管理模式，降低了医疗机构的运行成本，提高了管理效率。

2. 探索和规范发展阶段：2015～2020年

2015年以来，多项医疗信息化政策密集发布①，尤其是2016年6月，由国务院办公厅发布的《关于促进和规范健康医疗大数据应用发展的指导意见》，首次将医疗大数据应用正式纳入国家发展规划。在相关政策的驱动下，政府机构、医院、通信运营商及相关企业，利用5G通信技术共同搭建起可跨区域实现远程医疗协作共享的医疗信息化专用网络，实现对医疗卫生数据的充分收集和存储，畅通了医院间和区域间的信息共享渠道。

3. 快速发展阶段：2020年至今

在这一阶段，随着智慧医疗应用系统和终端产品的不断成熟及完善，以及医疗理念从"以治疗为主"逐渐转化为"以预防为主"，就诊患者可以充分享受智慧医疗带来的个人健康管理和精准医疗服务，医务人员也可以充分利用大数据、物联网、云计算等新一代技术，最大限度地实现远程医疗协作的各类应用场景。

### 二、智慧医疗的建设内容

#### （一）智慧医疗建设系统框架

智慧医疗是一个庞大、复杂、动态的系统，要注重顶层设计，制定具有战略远见、符合城市医疗健康现状的总体规划，同时充分考虑各部分之间及其与智慧城市其他领域之间的关系，做出科学合理的规划方案和目标谱系（见图7.1），切实推进智慧医疗建设。

该目标谱系主要包括四个模块，分别为用户层、应用层、大数据平台和基础设施。其中，用户层包括智慧医疗系统中涉及的各利益相关者。应用层由监控系统、业务管理系统、服务系统和决策系统四大系统构成。大数据平台主要包括居民健康档案信息库、医疗资源信息库、医疗管理信息库、临床医学知识库、数

---

① 2015年3月，国务院印发《全国医疗卫生服务体系规划纲要（2015-2020年）》；2015年7月，国务院印发《关于积极推进"互联网+"行动的指导意见》；2015年9月，国务院印发《关于推进分级诊疗制度建设的指导意见》；2016年6月，国务院印发《关于促进和规范健康医疗大数据应用发展的指导意见》；2016年11月，国家发展改革委印发《全民健康保障工程建设规划》等。

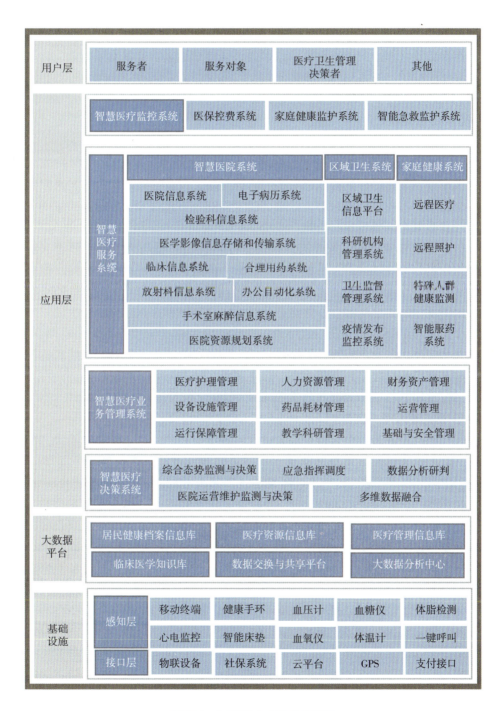

图 7.1 智慧医疗建设系统框架

据交换与共享平台、大数据分析中心。基础设施主要包括感知层和接口层。感知层是医疗信息采集的关键组成部分，主要包括移动终端、健康手环、血压计、血糖仪、体脂检测、心电监控、智能床垫、血氧仪、体温计和一键呼叫等；接口层主要包括物联设备、社保系统、云平台、GPS、支付接口等。

（二）应用系统

1. 智慧医疗监控系统

（1）医保控费系统。实时监控医保基金的使用情况，对于不同付费方式有针对性地进行事前的评估预测、事中的流程控制、事后的统计分析。针对限制用药、过度用药、频繁就医、超高费用、过度检查、不合理入院等制定相应的识别规则和监管方案，进行实时监控。

（2）家庭健康监护系统。通过使用医疗传感器对慢病患者、亚健康人群的生理指标进行实时监测，并将如心电、心率、体温、血压、脉搏、血糖、血氧等指标实时地传输到健康监护系统中。医院监护中心的专业医护人员需要实时查看，定期反馈统计分析报告，并在必要时提出预警和有针对性的治疗建议。

（3）智能急救监护系统。在突发应急情况下，精准定位患者所处地理位置，并通过医疗传感器远程监测患者身体状况，实时将患者位置信息、病情和体征相关视频图像等信息传输到急救中心，以便医护人员在第一时间制订出急救方案并及时进行远程急救干预，提高救治效率。

2. 智慧医疗服务系统

智慧医疗服务系统由智慧医院系统、区域卫生系统以及家庭健康系统三部分组成。其中，智慧医院系统集合了诸多信息系统，包括医院信息系统（Hospital Information System，HIS）、电子病历系统（Electric Medical Record，EMR）、检验科信息系统（Laboratory Information System，LIS）、医学影像信息存储和传输系统（Picture Archiving and Communication System，PACS）、临床信息系统（Clinic Information System，CIS）、合理用药系统（Prescription Automatic Screening System，PASS）、放射科信息系统（Radiography Information System，RIS）、手术室麻醉信息系统（Anesthesia Information Management System，AIMS）以及其他医技科室信息系统、医院资源规划系统（Hospital Resource Planning，HRP）、办公自动化系统（OA）等。区域卫生系统包括收集、处理、传输社区、医院、医疗科研机构、卫生监管部门记录的所有信息的区域卫生信息平台，对医学院、药品研究所、中医研究院等医疗卫生机构的病理研究、药品与设备开发、临床试验等信息进行综合管理的科研机构管理系统，以及卫生监督管理系统和疫情发布监控系统。家庭健康系统包括针对行动不便无法送往医院进行救治病患的远程医疗，对慢病以及老幼病患的远程照护，对智障、残疾、传染病等特殊人群的健康监测，还包括自动提示用药时间、服用禁忌、剩余药量等的智能服药系统。

3. 智慧医疗业务管理系统

智慧医疗业务管理系统主要包括医疗护理管理、人力资源管理、财务资产管理、设备设施管理、药品耗材管理、运营管理、运行保障管理、教学科研管理、基础与安全管理等模块。

4. 智慧医疗决策系统

（1）综合态势监测与决策系统。为辅助医院管理者全面掌握医院的运行情况，在整合医院现有信息系统数据资源的基础上，对医院门急诊挂号、患者就诊情况、药品库存、财务管理、医护人员科研和医疗服务能力等方面的指标进行综合监测及统计分析。

（2）应急指挥调度系统。基于智能急救监护系统提供的相关信息，对突发急救情况进行快速定位和方案制订，同时通过大数据、云计算、物联网等信息技术的应用，智能化筛选和识别突发事件发生地附近的应急医疗及救助资源，进行集中指挥和调度，为突发急救事件处置提供决策支持。

（3）医院运营维护监测与决策系统。主要包括：资产运维监测，对各类资产、基础设施等要素进行可视化管理；能效管理监测，整合医院内能耗数据，实时了解能耗状况，并进行统计分析，为资源合理调配、医院节能减排提供可靠的数据支撑；综合安防监测，对医院重点区域、人员、车辆等情况进行实时监测，实时调取监控视频，辅助管理者有效提升医院安全管控效力。

（4）多维数据融合系统。集成物联网、各类传感器及移动终端采集的数据，对重点区域、重点事件、人员流动等信息进行实时监测，辅助管理者综合掌控医院整体运行状况。

（5）数据分析研判系统。整合医疗体系中各部门海量业务数据，提供可视分析图表，进行多维度分析研判，实现多指标数据的并行监测分析，为管理者决策研判提供全面的数据支持。

（三）数据源

1. 居民健康档案信息库

个人的健康信息可以分为官方和非官方。个人健康官方数据来自各级医疗机构及其对应的市民健康信息平台，以及社保中心的医保数据。个人非官方数据来源于智能穿戴设备监测数据、商业保险公司、商业健康管理机构等。

2. 医疗资源信息库

整合医疗卫生体系中所有提供医疗服务的生产要素信息，包括专家资源、床位资源、检查资源、药品资源、检验（病理）资源等各类医疗资源，以便应急资源管理体系按照居民患者实际需求，合理分配、公平有效利用医疗资源，提高医疗资源利用效率。

3. 医疗管理信息库

医疗管理信息库包括门诊管理信息（门诊挂号及费用信息等）、药房管理信息（药房药品划价信息等）、住院管理信息、卫生材料管理信息等。

4. 临床医学知识库

临床医学知识库是一个全方位的医学和临床知识管理、信息交流与区域共享系统，提供学术交流的网络平台。主要包括药品信息库、临床药学知识库、检验信息库、影像学知识库、诊疗知识库、疾病知识库、典型病例库、医学论文库等。

5. 数据交换与共享平台

为解决各医疗业务系统间存在的由于系统开发商、数据格式、通信协议不一致等导致的数据无法交换共享问题，智慧医疗建设中需要搭建起医疗数据交换与共享平台，将医疗服务相关信息、大型设备使用信息和医院人、财、物等各方面信息数据进行整合、传输和交换。

（四）大数据分析中心

大数据分析中心可以汇集智慧医疗系统中产生的数据信息，运用人工智能、机器学习和预测分析等新兴技术对这些数据进行有效处理，对患者的健康状况进行分析和预测，帮助准确判断患者身体状况并改善治疗效果；通过分析历史索赔和医疗花费数据，在事前识别出欺诈行为，减少过度使用资源，从而降低人均医疗保健成本。

**三、智慧医疗的目标谱系**

智慧医疗建设的总目标是助推国家公共卫生防护网建设，为人民提供全方位全周期健康服务，提高国民身体健康素质。智慧医疗建设中涉及政府部门、个人、医护人员、医疗机构等各类主体。不同主体在智慧医疗建设过程中的需求和目标各不相同，承担的角色和发挥的作用也不同。

对个人来说，需求是以个人的健康为出发点，追求个性化的医疗健康服务体验。在智慧医疗系统中，居民个人可以通过智能可穿戴设备和医疗健康云，24小时监测自己的生命特征，实时分析健康状况，自行诊断健康状况，在身体健康状况有问题时会收到提醒或警报信息，并得到及时的健康咨询，在系统指导下自主选择和执行治疗方案。若选择去医院就医，进入医院后可以通过一张数字就诊卡，在物联网中完成整个就诊过程。

对于医护人员而言，智慧医疗建设可以打通医疗体系内部的信息交流，加速诊疗服务速度，提高诊疗服务的质量。在智慧医疗系统中，医生给病人开诊断单、化验特检、复诊挂号、双向转诊、医嘱等各项诊疗信息的采集和记录，都可以直接传输到护士站、手术室、药房、病房等相关科室，在诊室看病或是在住院区查房，医护人员都可以在权限内远程调阅病人的电子病历、CT 影像、检查结果等，实时掌握病人的情况，并直接反馈注意事项至值班医生或病人，在某种程度上还能减少医患纠纷。住院医师还可通过远程会诊，建立集视频、语音、文字与数据交互于一体的全方位沟通体系，和远程专家进行无缝异地交流讨论，提升治疗效率。

对于医疗机构而言，智慧医疗有利于在运营中建立灵活性，实现节约成本，提高运营效率和绩效。在智慧医疗系统中，医疗机构可以简化临床流程，建立一体化信息平台，优化内部资源供应链，构建人性化的医疗环境。

对于政府部门而言，当整个智慧医疗系统可以高质量地运转时，医院资源配置不均的问题将会得到解决，政府可以付出更少的成本去提高对医疗行业的监督，从而提高人民的健康水平。智慧医疗涵盖的主要场景包括远程医疗和院内医疗，在不同场景中，智慧医疗可以有效满足不同主体的需求，最终实现提升国民身体健康素质的总目标。

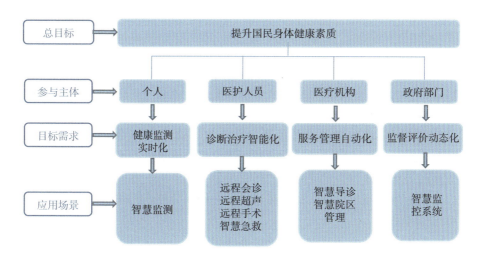

图 7.2　智慧医疗目标谱系

## 四、智慧医疗的应用场景

（一）远程医疗

1. 远程会诊

远程会诊是采用音视频会议与医疗设备、智能系统等相结合的方式完成医疗诊断，为医护人员和就诊患者提供医疗信息及服务，既可应用于慢性疾病的复诊，也可以应用于复杂病例讨论，如手术中会诊、远程影像会诊、远程病理会诊、肿瘤多学科会诊（MDT）等。目前，我国医疗资源在各地区间的分布和发展仍然存在着不均衡的问题，基层医疗机构的医疗卫生服务状况仍然不能很好地满足就诊患者的需求。远程会诊作为一种可以突破时间和空间限制的智慧医疗手段，可以充分发挥医疗信息化手段，实现在全国范围内分享优质的医疗资源。同时，医护人员可以通过远程会诊技术，对就诊患者的病情做出全面的诊断和分析，得出与线下诊疗一致的诊断结论，并制订出合适的诊疗方案，使患者可以足不出户就能得到医疗服务，不仅有利于节省患者的就诊成本，也能大幅提高专家资源的利用效率。

2. 远程超声

目前，国内基层医疗机构缺乏优秀的超声医生是其医疗水平低下的重要原因之一。而远程超声检查医疗服务可以很好地解决这一问题，基于通信技术、传感器和机器人技术，超声专家可以利用高清音视频系统实现和基层医疗机构的医生及患者的实时沟通，并通过远程控制机械臂及超声探头对就诊患者进行超声检查。远程超声系统能够充分发挥优质医院专家的诊断能力，实现跨区域、跨医院之间的业务指导、质量管控，保障基层医疗机构进行超声工作时的规范性和合理性。

3. 远程手术

远程手术是远程医疗中难度最大也最重要的一个环节，医护人员借助医疗机器人对异地远端就诊患者进行手术。不同于诊断以及其他的一些辅助治疗手段，手术一般是有创操作，错误或者延迟的操作将对就诊患者的身体造成严重的伤害，甚至会危及生命，因此远程手术对于网络的传输速度、医护人员的诊疗技术等有极高的要求。远程手术成功的关键在于手术机器人、系统操作的一致性和实时性，以及信号的稳定、抗干扰和高通量信号传输等技术问题。

4. 智慧急救

在急救流程的每个环节中，依托智能医护设备和互联网等技术手段，实现以患者为中心的多维度数据连续、实时传输，院内医护人员可以无时差、实时化、立体化、智能化地隔空查看，多方协同进行远程会诊和急救，助力医护人员更准确、更高效地完成急诊救治工作，打通患者入院前急救与院内完整信息链，保障患者医疗信息完整可追溯，如图7.3所示。

（二）院内医疗

1. 智慧导诊

智慧导诊提供院内导航、导诊导医、精准分诊、健康咨询、健康宣教等服

图 7.3　智慧急救流程

务、挂号，支持声音、图像等多种交互方式；支持医生排班功能查询、语音播报功能、界面保护功能、后台管理系统对机器人使用情况进行统计。实现病人就医需求和专家匹配，科学精准就医；辅助导诊导医护士完成大量重复性工作，让他们专注于更加专业、更具情感和人文关怀的医疗服务，提高护士的工作认同感和价值感，促进构建和谐的医患关系；实现导诊导医服务的过程结构化全记录，提升医疗机构管理的精细化和智能化水平。

2. 移动医护

以医院现有的医疗信息管理系统为基础，利用移动计算、智能识别、数据融合等技术，建立以患者为中心的医护数据交换平台，将查房信息、药物使用情况、医嘱以及护士交接班情况等同步传输到移动终端上，实现查房和床前护理的数据调阅实时化及信息移动化，提高医护人员的工作效率和临床诊断的准确性。

3. AI 在线诊疗

人工智能辅助影像诊断以 PACS 影像数据为依托，通过"大数据+人工智能"技术方案，构建 AI 辅助诊疗应用，对影像医学数据进行建模分析，对病情进行分析，为医生提供决策支撑，提升医疗效率和质量，能够很好地解决我国的医学影像领域高水平医生短缺、城乡医疗资源不均衡、受限于设备成像精度导致的误诊等诸多问题。

# 第二节　智慧养老目标谱系设计

## 一、智慧养老概述

### （一）智慧养老的内涵

"智慧养老"（Smart Senior Care，SSC）这一概念最早由英国生命信托基金会提出，当时被称为是"全智能化老年系统"，随后，根据 2010 年 IBM 提出的"智慧城市"（Smart City）理念，在"智能化养老"的基础上发展出了"智慧养老"的概念。从资源整合视角看，"智慧养老"指应用物联网、互联网等各种智能技术，把政府、医院、各社区等连接起来为老年人提供便捷安全养老服务的一种新型养老模式。从智能设备交互视角看，"智慧养老"指通过老年人与智能化养老设备的交互，实现老年人生理、心理等数据的自动检测并适时对其进行异常监测处理，以求为老年人提供安全便捷的各类养老服务。

智慧养老主要包含三个方面的内容，分别为智慧助老、智慧孝老和智慧用老。智慧助老是由林肯的民有、民享、民智思想衍生而来的一种提法，指利用信息技术从增、减、防、治等四个方面帮助老年人。其中，"增"指增强老年人的能力，如防抖勺可以帮助患帕金森病的老年人自主进食；"减"指减轻老年人的认知负担，如可以通过智慧养老服务系统自动识别，为老年人精准匹配一些产品和服务，帮助老年人选择合适的养老服务；"防"指防范老年人出现风险事故；"治"指辅助老年人进行疾病的治疗和改进健康状况。智慧孝老是中国独有的一个特色，指的是利用现代科技对老年人行孝。与智慧助老更多地从物质层面帮助老年人相区别，智慧孝老更多是从精神层面给予老年人情感和尊严的支持。智慧用老指通过智慧养老平台充分用好老年人经验、技能和知识。老年人，特别是一些有专业及技能的老年人，可以将自己的独特经历、感悟和知识积累，利用信息技术或者通过一些系统和平台实现知识及经验的代际转移，从而加速年青一代的知识利用和创新。

（二）智慧养老的发展历程

近年来，我国连续出台了一系列促进智慧养老发展的政策和指导文件，大力推进传统养老产业转型升级，与数字技术等新兴科技深度融合，形成养老新业态，加快健康智慧养老产业发展。

1. 起步阶段：2010~2015 年

2010 年，全国老龄办提出养老服务信息化，由此我国开始进入智能化信息化养老的新阶段。全国老龄办积极推动建设基于互联网的虚拟养老院，运用互联网和电话呼叫的养老服务开始出现。2012 年，全国老龄办首次提出"智能化养老"的概念，并且以智能化养老试验基地形式在全国开展了实践探索。与此同时，华龄中心也做了大量研究工作，出版了我国第一本研究智能化养老理论和实践问题的《智能养老》绿皮书和《中国智能养老产业发展报告（2015）》蓝皮书，发布了智能养老基地建设标准等。2014 年，国家发展改革委联合 12 个部门发布《关于加快实施信息惠民工程有关工作的通知》，全面部署实施"信息惠民工程"，至此"智能养老"被正式列入国家工程。

2. 探索和示范发展阶段：2015~2020 年

2015 年 7 月，国家发布的《国务院关于积极推进"互联网"行动的指导意见》明确提出，要促进智慧健康养老产业发展。2017 年 2 月，工业和信息化部、民政部、国家卫计委发布了《智慧健康养老产业发展行动计划（2017—2020 年）》，标志着智能养老第一个国家级产业规划出台。同年 7 月，三部委联合发布《开展智慧健康养老应用试点示范的通知》，标志着智能养老进入示范发展阶段。2019 年 4 月，国务院办公厅印发的《关于推进养老服务发展的意见》提出，实施"互联网+养老"行动，持续推动智慧健康养老产业发展，拓展信息技术在养老领域的应用，开展智慧健康养老应用试点示范。2019 年 11 月，国务院印发的《国家积极应对人口老龄化中长期规划》提出，要不断提高老年服务科技化和信息化水平，把技术创新作为积极应对人口老龄化的第一动力和战略支撑。

3. 快速发展阶段：2020 年至今

在此期间，适应智慧养老服务产业的各类企业基本建立，创新的服务模式不断涌现，投融资市场十分活跃。基于网络的无形市场规模逐渐接近传统的有形市场规模，智慧养老服务产业进入成熟期。2020 年 3 月，国家发展和改革委员会等部门联合印发《关于促进消费扩容提质加快形成强大国内市场的实施意见》，提出要促进医疗健康、养老服务消费线上线下同时发展，支持发展社区居家"虚拟养老院"。

**二、智慧养老的建设内容**

（一）智慧养老建设系统框架

在国家大力支持养老行业发展的背景下，智慧养老产业迎来了发展的黄金期。但在快速发展的过程中，也存在着一些不可避免的问题，如风险大、行业有待规范、商业模式不清晰等。要明确智慧养老服务体系的运行模式，科学准确地分析和预测，首先要做好定位和明确目标。因此，本章构建了智慧养老建设系统框架（见图 7.4），有利于对养老服务过程中涉及的各利益相关者进行有效管理和提供服务支撑，也更有利于为服务对象和社会公众提供多层次、多样化的健康养老服务。

智慧养老建设系统框架主要包括四个模块，分别为用户层、应用层、大数据平台和基础设施。其中，用户层包括智慧养老系统中涉及的各利益相关者，主要有老人及其亲属、养老运营机构、政府机构、医护人员、社区管家和志愿者等。应用层由监控系统、业务管理系统、服务系统和决策系统构成。大数据平台主要包括老年人口基本信息平台、老年人健康信息平台、民政部养老机构直报信息平台、数据交换和共享平台、大数据分析中心。基础设施主要包括感知层和接口层。感知层是养老信息采集的关键组成部分，主要包括移动终端、健康手环、血压计、血糖仪、体脂检测、心电监控、智能床垫、血氧仪、体温计和一键呼叫

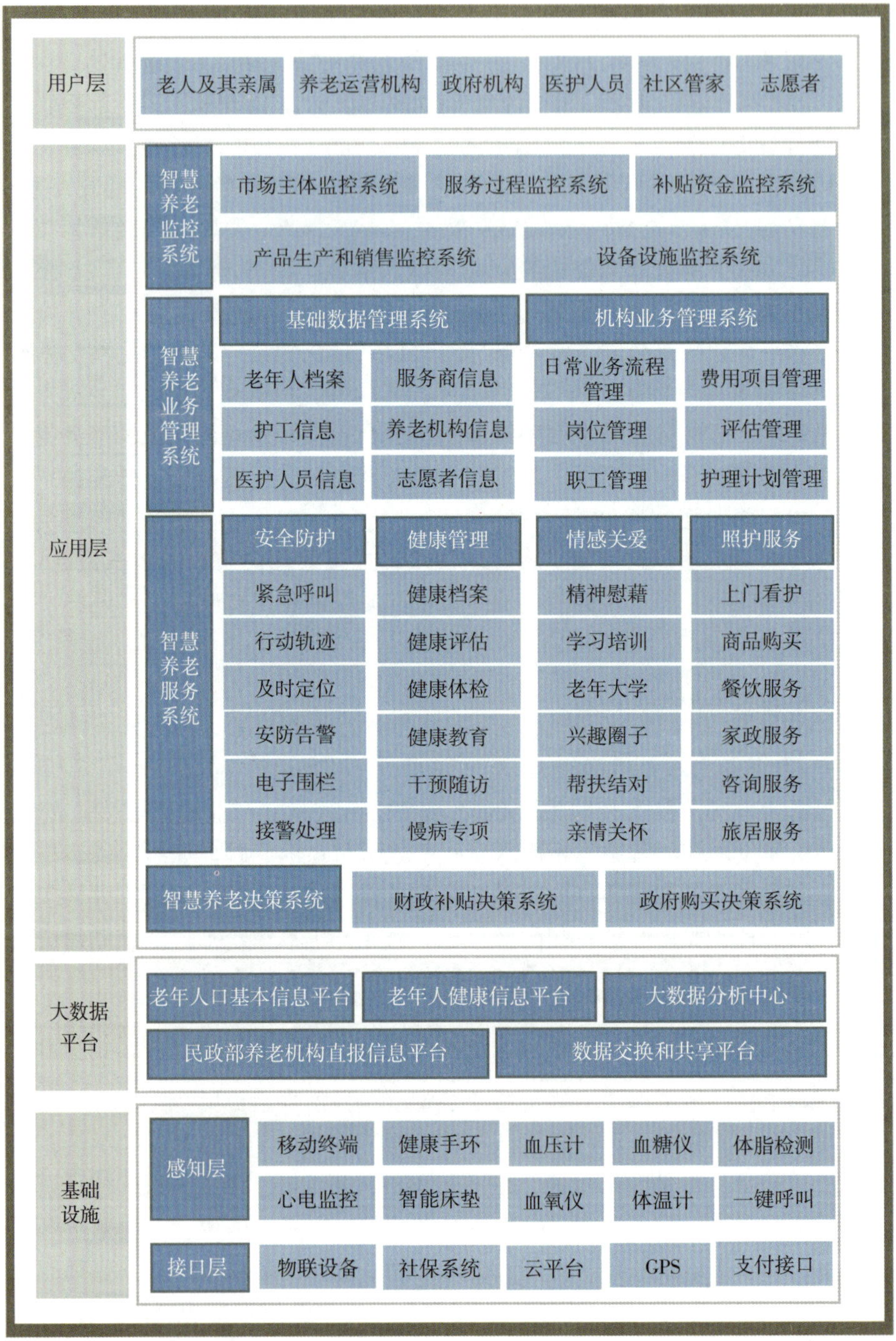

| 用户层 | 老人及其亲属 | 养老运营机构 | 政府机构 | 医护人员 | 社区管家 | 志愿者 |
|---|---|---|---|---|---|---|

**应用层**

| 智慧养老监控系统 | 市场主体监控系统 | 服务过程监控系统 | 补贴资金监控系统 |
|---|---|---|---|
| | 产品生产和销售监控系统 | 设备设施监控系统 | |

| 智慧养老业务管理系统 | 基础数据管理系统 | | 机构业务管理系统 | |
|---|---|---|---|---|
| | 老年人档案 | 服务商信息 | 日常业务流程管理 | 费用项目管理 |
| | 护工信息 | 养老机构信息 | 岗位管理 | 评估管理 |
| | 医护人员信息 | 志愿者信息 | 职工管理 | 护理计划管理 |

| 智慧养老服务系统 | 安全防护 | 健康管理 | 情感关爱 | 照护服务 |
|---|---|---|---|---|
| | 紧急呼叫 | 健康档案 | 精神慰藉 | 上门看护 |
| | 行动轨迹 | 健康评估 | 学习培训 | 商品购买 |
| | 及时定位 | 健康体检 | 老年大学 | 餐饮服务 |
| | 安防告警 | 健康教育 | 兴趣圈子 | 家政服务 |
| | 电子围栏 | 干预随访 | 帮扶结对 | 咨询服务 |
| | 接警处理 | 慢病专项 | 亲情关怀 | 旅居服务 |

| 智慧养老决策系统 | 财政补贴决策系统 | 政府购买决策系统 |
|---|---|---|

| 大数据平台 | 老年人口基本信息平台 | 老年人健康信息平台 | 大数据分析中心 |
|---|---|---|---|
| | 民政部养老机构直报信息平台 | 数据交换和共享平台 | |

**基础设施**

| 感知层 | 移动终端 | 健康手环 | 血压计 | 血糖仪 | 体脂检测 |
|---|---|---|---|---|---|
| | 心电监控 | 智能床垫 | 血氧仪 | 体温计 | 一键呼叫 |

| 接口层 | 物联设备 | 社保系统 | 云平台 | GPS | 支付接口 |
|---|---|---|---|---|---|

图 7.4　智慧养老建设系统框架

等；接口层主要包括物联设备、社保系统、云平台、GPS、支付接口等。

（二）智慧养老应用系统

1. 智慧养老监控系统

（1）市场主体监控系统。养老服务行业的市场主体包括为居家养老、社区养老和机构养老服务的各类企业、机构和个人。这些企业、机构的基本情况、资质、服务范围、服务能力、服务对象、服务方式、服务标准、服务团队、诚信情况、奖惩情况、投诉情况，各类服务人员的技能、职业经历、不良记录、培训情况等，都是需要监管和监控的范畴。

（2）服务过程监控系统。政府要根据不同养老形式（如居家养老上门服务、社区养老服务；老年公寓、养老地产、养老机构提供的服务）的特点和要求，对服务的流程、质量、效率、收费、响应速度、服务人员、老人的满意度、投诉的跟踪处理等指标和要素进行实时监控，发现问题及时解决，确保服务质量，避免乱收费、服务差甚至欺老虐老等问题发生。

（3）产品生产和销售监控系统。政府需要对所有涉老产品的生产、销售活动进行认证管理和跟踪监管，保障老年人的权益。老年食品、保健品、各类养老生活辅助器具、养老金融产品等以老年人为销售对象的产品，其生产和销售需要进行严格管理及控制，并建立市场准入门槛。

（4）补贴资金监控系统。政府一般通过现金补贴、全额购买服务、差额补贴服务等形式为老年群体或者养老项目发放养老补贴或者进行资费补贴，可以促进老年人转变养老观念，推动养老服务产业的全面发展。在此过程中，需要对养老补贴的发放、使用去向，对政府购买的养老服务的真实性、有效性、使用去向进行监控和追溯。

（5）基础设施监控系统。各类养老服务机构的服务用房和设备，大多数由政府投资购置或租赁；而其使用和运营，一般由社区代管或者招聘商业运营机构管理，其使用、维护和运营与出资方（一般为政府）是分离的。政府有义务也有责任对其使用状况、维护水平、运营效果进行有效监督管理，确保物尽其用，真正用在养老服务上。

2. 智慧养老业务管理系统

（1）基础数据管理系统。该系统主要包括对老人档案信息、护工信息、医护人员信息、服务商信息、养老机构信息、志愿者信息等的管理。

（2）机构业务管理系统。该系统主要包括日常业务流程管理、岗位管理、职工管理、费用项目管理、评估管理、护理计划管理等。其中，日常业务流程管理主要包括对预约、轮候、入住、退园、外出、人事等业务的管理。岗位管理指通过工作分析、设计、描述、培训、计划、评估、激励和约束来进行工作流程控制，实现人与岗位之间的最佳配合，充分发挥人力资源在企业中的作用，以提高劳动效率。职工管理主要包括对职工的基础信息、入职离职时间、岗位职务的管理以及员工转正、岗位调整、续签合同等的记录管理。费用项目管理是对日常业务的收费，以及费用明细的管理。评估管理主要是为了在养老机构和老年人之间提供平衡，为老年人提供入住、照顾和康复等信息。老年人能力评估包括日常生活活动评估、精神状态评估、感知与沟通评估和社会参与评估，老年人护理需求评估包括健康状态评估、并发症及意外风险评估和特殊护理项目评估。护理计划管理主要包括入院前老人评估、护理服务和病例管理等。

3. 智慧养老服务系统

智慧养老服务是以人民为中心，与广大人民群众的切身利益密切相关的，基于智慧养老大数据平台，为老年人及其亲属、企业、商家、社会组织等提供服务。系统主要由以下模块构成：

第一，利用远程监测设备为居家老年人提供安全防护服务。主要包括紧急呼叫、行动轨迹、及时定位、安防告警、电子围栏、接警处理等安全监控类养老服务。

第二，提供健康管理服务。为老年人提供建立健康信息档案、定期的上门体检和健康评估、干预随访、慢病专项诊治、开展健康讲座和培训等。

第三，提供情感关爱服务，主要为老年人提供精神慰藉、学习培训、老年大学、兴趣圈子、帮扶结对、亲情关怀等服务。

第四，为老年人提供照护服务。例如，上门看护、商品购买、餐饮服务、家政服务、咨询服务和旅居服务等。

构建智慧养老服务平台，可以大大提高社会养老服务能力和服务水平，为老年人提供便捷、高效的服务。同时，在紧急情况下减少信息层层传递时间，实现实时救助，改善老年人的生活质量并优化资源分配。

4. 智慧养老决策系统

（1）财政补贴决策系统。该系统基于智慧养老大数据平台，运用大数据分析技术，对建设补贴、运营补贴、服务补贴、高龄补贴等方面的事项进行科学分析和判断，为政府进行财政补贴决策提供科学依据。其中，建设补贴中，项目可在线申报立项，政府监管部门可查看每个项目进展及验收结果，通过决策系统监测和分析项目资金的运用，为后续资金发放提供决策依据。运营补贴包括就餐补贴、床位补贴等项目，由养老机构、社区或居家服务商发起，可在线申报，由审批方在线核查、审批。服务补贴由第三方评估公司对老人进行在线评估打分并申报补贴预算，经过有关部门核算审批同意后，有关部门、街道、服务商、老人可多方在线签约，对服务项目、补贴等级、时长进行签约确认。高龄补贴由各社区、街道或区县为辖区内高龄老人发起在线申报，产生统计报表，为资金发放提供决策依据。

（2）政府购买决策系统。利用智慧养老大数据平台，政府进行定制化的养老服务购买，确定政府购买服务的对象和服务项目，以满足不同养老服务需求群体的要求，优化提升养老服务的质量和效率。

（三）数据源

1. 老年人口基本信息平台

基于统一的规划和标准，将分散于政府各部门和相关机构之中的老年人基础信息进行整合和共享，建立老年人口基本信息平台。在信息安全和隐私保护的前提下，有限度地向开展业务的养老服务企业开放，可以更好地为养老服务企业指明市场方向，拓展服务范围，优化业务机构。

2. 老年人健康信息平台

老年人个人的健康信息可分为官方和非官方两类。个人健康官方数据来自各级医疗机构及其对应的市民健康信息平台，以及社保中心的医保数据。个人非官方数据则来源于智能穿戴设备监测数据、商业保险公司、商业健康管理机构等。

3. 民政部养老机构直报信息平台

民政部养老机构直报信息平台主要用于养老机构基本信息的收集、储存、统计和分析，如机构基本信息、机构内部管理信息、机构服务质量信息、机构安全管理信息、入住对象信息、机构从业人员信息、机构房屋信息、机构设施设备信息等。该平台可以为政府实施行业管理提供依据、为社会参与养老服务提供咨询、为老年人养老提供信息。

4. 数据交换和共享平台

通过相关标准和协议，建立统一的信息共享接口，实现与公安、人社、国土等政府部门信息系统数据共享，加强整合行业外数据，完善养老大数据中心，为应用系统提供数据支撑，实现养老各系统之间的数据共享交换、养老数据与分析数据之间的数据交换和更新。同时，还要保证内外网之间，各民政系统上下级单位，以及外部部门之间的数据交换。增强与公安、人社、国土等政府部门的数据提取、同步、对比等功能，实现数据的实时、定时同步与共享。通过标准的养老设备数据接口，建立养老人群的唯一索引，实现与不同厂商之间养老设备的连接与应用。

5. 大数据分析中心

基于养老基础数据，补充互联网和物联网信息，结合大数据技术和养老业务发展需求，探索包括通用数据检索、大数据碰撞比对、大数据挖掘分析等创新应用模式。建设养老大数据分析研究系统，使老年人各项基础信息和业务信息得以规范、汇聚、存储和利用，为养老事业的业务决策提供信息和知识支撑。

### 三、智慧养老的目标谱系

智慧养老建设的总目标是推动我国养老保障体系高质量发展，让所有老年人都能老有所养、老有所依、老有所乐、老有所安。智慧养老建设中涉及政府部门、老年人、护理人员、养老机构等各类主体。不同主体在智慧医疗建设过程中的需求和目标各不相同，承担的角色和发挥的作用也不同。

对于老年人及亲属而言，他们是智慧养老系统中的主要用户，是智慧养老服务的需求方。对于老年人个人，除衣食住行方面的生理需求之外，还需要通过智慧养老系统获得安全预警服务、护理服务、医疗和健康管理服务、交友娱乐等。对于老年人亲属，智慧养老系统可以实现老年人与家属之间的信息互动和沟通交流，使家属能够实时获知老年人的健康状况和生活情况，及时发现风险事件并进行干预，增加家人之间的互动频率，促进情感交流。

对于医护人员而言，可以将自己的医疗资格证明材料提交到智慧养老系统中备查，确保具有诊疗资质，保障老年人的生命安全。同时，医护人员可以通过系统按照各自的权限查询老年人的基本信息和健康档案，也包括通过物联网设备采集到的健康信息，监测其生命体征，针对不同的对象设置预警阈值，一旦发现风险情况，及时预警通知老年人家属和医护人员。管家是在养老社区里工作的一线服务人员，专职负责老年人的生活起居、身体健康和文化娱乐服务。社区管家需要监测老年人的生活轨迹，及时响应老年人的求助申请和信息咨询，遇到紧急呼叫和健康问题时能通过智慧养老系统及时通知医护人员和家属。帮助老年人完成日常生活、购物等活动，并且根据具体情况主动关怀老年人。志愿者可以通过智慧养老系统发布自己可以帮助老年人的时间安排，能在系统中查询到需要帮助的老年人信息，双方自由匹配和选择。同时，志愿者也可以看到老年人对自己的评价等信息，获得荣誉感和成就感，提高对志愿活动的参与度和活跃度。

对于养老运营机构而言，需要控制机构成本，通过智慧养老系统中的大数据分析中心，找出成本控制点，进行预算管理、绩效管理，有效控制机构运营成本。同时，优化机构决策支持，提高养老服务质量，通过对系统中各项信息和数据的挖掘，提高机构的经营管理水平。

对于政府相关机构而言，可以利用智慧养老系统引导健康养老服务供需双方精准匹配对接。制定标准化的审批流程和工作规范，通过线上平台简化机构审批流程，也可以联合多部门协同办公，提供工作效率。政府机构可基于智慧养老系统基础数据和平台，构建智慧养老行业的信用体系，定期向社会公布相关信息，促进行业发展，如图 7.5 所示。

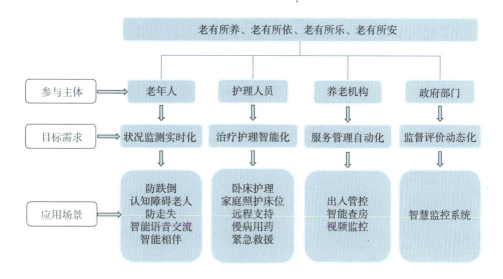

图 7.5　智慧养老目标谱系

### 四、智慧养老联动应用

智慧养老系统主要应用于安全防护、健康管理、照护服务、情感关爱四大类场景中，适用范围如表 7.1 所示。

（一）安全防护类场景

1. 老年人防跌倒场景

跌倒是我国 65 岁以上老年人因伤害死亡的主要原因。据统计，老年人发生创伤性骨折的主要原因是跌倒，年龄越大，发生跌倒及因跌倒而受伤或死亡的风险越高。因此，针对发生跌倒事故风险比较大的老年人，在其居家生活、外出活动或者在机构养老的过程中，可以通过使用舒适性较高、灵敏度较强的可穿戴设备、助行机器人等智慧养老产品，帮助老年人更安全地独立行动，并在发生跌倒事故时能够最大限度地降低身体伤害。

2. 认知障碍老人防走失场景

老年人特别是有认知障碍的老年人容易发生走失行为，自身安全受到很大威胁的同时，也给家人和养老机构带来困扰，运用智能终端设备如智能手环、智能定位器等，可以实时查询和定位老人所处位置，并可以通过设置老年人行动的常规路线，一旦发生偏离可及时向其亲属和养老机构进行预警，在一定程度上降低认知障碍老人走失概率。

3. 老年人紧急呼救场景

老年人独自在家或者独自外出情况下，身体出现异常情况时，需要能够便捷

表 7.1　智慧养老服务系统典型应用场景

| 类型 | 场景 | 场景适用 | | |
| --- | --- | --- | --- | --- |
| | | 主要用户 | 主要场所 | 主要人群 |
| 安全防护类 | 老年人防跌倒场景 | C 端（老年人）<br>B 端（机构） | 居家<br>社区<br>养老机构 | 失能老人、认知障碍老人、高龄老人等 |
| | 认知障碍老人防走失场景 | C 端（老年人）<br>B 端（机构） | 居家<br>社区<br>养老机构 | 认知障碍老人 |
| | 老年人紧急呼救场景 | C 端（老年人） | 居家<br>养老机构 | 高龄老人、独居老人、纯老家庭等 |
| | 居家老年人安全智能管家场景 | C 端（老年人）<br>G 端（政府） | 居家<br>社区 | 独居老人 |
| 健康管理类 | 老年人慢性病用药场景 | C 端（老年人）<br>B 端（机构） | 居家<br>社区<br>养老机构 | 高龄老人、独居老人、失能老人、认知障碍老人等 |
| | 老年人智能体检场景 | C 端（老年人）<br>B 端（机构） | 社区<br>养老机构 | 所有老人 |
| 照护服务类 | 老年人卧床护理场景 | C 端（老年人）<br>B 端（机构） | 居家<br>社区<br>养老机构 | 失能老人、认知障碍老人、高龄老人等 |
| | 家庭照护床位远程支持场景 | C 端（老年人）<br>B 端（机构） | 居家<br>社区<br>养老机构 | 失能老人、认知障碍老人、高龄老人等 |
| 情感关爱类 | 老年人智能语音交流互动场景 | C 端（老年人）<br>G 端（政府） | 居家<br>社区 | 高龄老人、独居老人、纯老家庭等 |
| | 老年人智能相伴场景 | C 端（老年人）<br>B 端（机构） | 居家<br>社区<br>养老机构 | 自理老人、独居老人、纯老家庭等 |

地向家属或者专业救护机构发出呼救信息，以便得到及时救治。一方面，依托于现有的基础通信网络，可以为符合条件的老年人提供标准统一、及时响应、操作便捷的"一键呼救"应急服务；另一方面，针对老人在无人看护时发生中风、

跌倒、心肌梗死等意外情况，可能失去知觉、无法行动或拨打手机，通过家中监控系统或者医疗传感器等智能设备，实时监测并主动发出报警信息，通知家属或指定人员，以便及时得到救助。

4. 居家老年人安全智能管家场景

在家独居的老年人因为身体机能不断发生变化，所面临的用水用电用气安全风险也在不断增加。通过智能电水气表等实时获取老年人用电用水用气等数据信息，利用大数据分析技术，对独居老年人的生活习惯进行精准刻画，主动研判老年人生活用电用水用气的异常情况，并使用线上线下相结合的方式及时核实老年人的生活状况，变被动式事后安全监管为主动式预防性安全监管。

（二）健康管理类场景

1. 老年人慢性病用药场景

大部分老年人患有糖尿病、冠心病、高血压等慢性疾病，需要长期服用药物控制病情。但与此同时，老年人的活动能力和身体素质普遍下降，去取药和买药比较困难；有的老年人视力不好或记忆力差，导致服药困难或者忘记服药；有的老年人服药种类多，用药量和服药时间、次数容易混淆。针对以上这些问题，可以为老年人家庭或者养老机构等养老场所配备智能药箱，采用人脸识别等技术，设置自动分药和用药提醒功能，供老年人取用药品；在缺少药物时，智能药箱可以及时报警并远程对接相关联的医疗机构，实现远程开药、远程刷医保卡买药、对接医药企业送药上门。

2. 老年人智能体检场景

构建贯通居家、社区和机构的智能体检服务体系，整合老年人健康档案信息，运用物联网、云计算、大数据等新一代科技，实时追踪老年人健康状况，针对身体异常情况，进行提早干预和健康管理，也可为术前或者术后随访老年人、患有慢性病老年人提供初步诊断和就医预约，做到早预防、早发现、早治疗。

（三）照护服务类场景

1. 老年人卧床护理场景

针对失能老人、认知障碍老人、高龄老人等，提供智能化多功能专用护理床，应用智能床垫、人体雷达、生命体征探测、离床感应、体征监测、紧急呼叫等构建智能化卧床护理系统，实时收集并总结分析各种状态数据，如有异常能及时反馈给老年人家属或专业医护人员，及时响应服务需求。

2. 家庭照护床位远程支持场景

目前，大量居家养老的老年人，因术后康复、失能程度增加等原因，迫切需要在家中得到专业的照护服务。针对这类居家养老的老年人，通过对其家居环境的适老性改造，如配置智能护理床、康复器具等设施，安装离床感应、体征监测、紧急呼救等智能设备，对接专业的医护机构，及时响应老年人的护理需求。同时，通过"互联网+AI+医疗健康"技术，使老年人及其家属足不出户就可以进行"云挂号""云问诊"，并可通过远程动态监测，实时查询和分析老年人的体征情况和服药情况，及时为其配置药物和调整药量，提供上门照护服务。

（四）情感关爱类场景

1. 老年人智能语音交流互动场景

将语音识别、语义分析、语音操作提醒等技术和功能，全面嵌入适老化终端设备中，帮助老年人使用语音操作上网和使用智能手机，实现服务自助、操作自由。

2. 老年人智能相伴场景

在老年人居家、社区服务中心活动和养老机构等生活场所中，应用多种信息化和智能化手段，为老年人提供界面友好、操作便捷的养老信息资源服务、智能陪伴和突发事件的紧急处置等服务，增强老年人的社会参与感，提高其生活质量。可以依托电视、触摸屏、陪伴机器人、智能音箱等设备，为老年人定制个性化的访问入口、频道和栏目等，采取自动推送或者人机互动等方式，帮助老年人获取养老服务信息和各类精神文化资源。

# 第三节　北京智慧医疗养老发展

## 一、北京智慧医疗养老政策发展

近年来，北京在智慧医疗和智慧养老的服务标准、硬件设施、补贴制度、评估机制等方面已经制定了较为全面的政策措施。

（一）智慧医疗政策发展

2016年，北京市卫生和计划生育委员会印发《中华人民共和国居民健康卡与北京通基本卡融合应用实施方案》，在北京地区对全体公民实施中华人民共和国居民健康卡与北京通基本卡融合应用服务，促进健康诊疗信息在各级医疗卫生机构的互联互通，保障患者诊疗信息安全。

2017年7月，北京市卫生和计划生育委员会联合多部委印发《北京市进一步加强和完善医联体建设工作方案》。提出发挥"互联网+"优势，拓展市级多平台远程会诊中心内涵。明确各相关部门职责，全力推进医联体政策落地。9月，中共北京市委、北京市人民政府印发《"健康北京2030"规划纲要》提出建设信息化服务体系，围绕健康北京建设和深化医改重要任务，持续推进市、区两级人口健康信息平台建设。10 月，北京市卫生和计划生育委员会关于印发《进一步加强北京地区互联网+健康医疗信息便民服务实施方案》，从总体目标、具体措施、信息安全保护和保障措施等方面，有针对性地对互联网+健康医疗信息化惠民便民服务工作提出整体规划。11 月，北京市人民政府办公厅印发的《北京市"十三五"期间深化医药卫生体制改革实施方案》把加强医疗卫生信息体系建设作为重点任务，并且提出要优化完善"智慧家医"、微信号绑定家庭医生、全科医生团队等服务模式，推广"互联网+家庭医生"做法，使签约居民享受便利服务。

2018 年，北京市卫生和计划生育委员会、北京市中医管理局联合印发《进一步改善医疗服务行动计划（2018—2020 年）实施方案》，提出要形成远程医疗制度，到 2020 年底前，各综合医联体实现远程医疗覆盖本医联体内 100% 医疗机构。

2020 年，在北京市经济和信息化局印发的《北京市促进数字经济创新发展行动纲要（2020—2022 年）》中，把医疗数字化转型列为重点工程之一。提出支持互联网企业与医疗机构协同创新，整合线上线下医疗资源，建设互联网医院，开展远程诊断和健康管理服务。全面推进医疗机构电子病历共享和电子医学影像共享，建立共享数据资源库和智慧医疗健康大数据平台。

2021 年，北京密集发布了多项支持智慧医疗发展的政策文件。2 月，北京市卫生健康委员会和北京市中医管理局联合发布《关于北京市互联网医院许可管理》，为规范互联网医院的许可管理指明了方向，有助于北京互联网医院的持续健康发展，确保医疗质量安全，创新服务模式，提高服务效率。9 月，北京市卫生健康委员会与北京市规划和自然资源委员会联合印发《北京市医疗卫生设施专项规划（2020 年—2035 年）》，明确指出要以"新基建"为抓手，加快科技创新应用，推进"智慧医疗"和"互联网+"健康医疗。12 月，北京市人民政府关于印发了《"十四五"时期健康北京建设规划》，强调要加大服务模式创新力度，建成一批发挥示范引领作用的互联网医院和智慧医院，形成线上线下一体化医疗服务模式。

（二）智慧养老政策发展

2015 年，北京市人民代表大会常务委员会印发了《北京市居家养老服务条例》，该条例是国内首部针对居家养老服务的地方性法规，明确了促进养老全面实现智能化、网络化，让智慧和科技信息给老年人带来便利的目标，同时首次提出要建立社区养老服务平台。

2016 年，北京市老龄委印发了《北京市支持居家养老服务发展十条政策》。其中提到北京通—养老助残卡的发放使用和养老服务网络的建设，并从餐饮、医药等方面对智慧养老未来的实现途径给出了指导方向，为"智慧养老"在应用方面提供了范例，同时明确了完善的社区养老服务配送网络是智慧养老的基本要求。同时，北京市老龄工作委员会印发了《关于开展社区养老服务驿站建设的意见》，在驿站的基本服务中也提到智慧养老的具体使用场景，如老年人可以通过互联网、物联网等网络手段或电话、可视网络等电子设备终端提出养老服务需求。进一步提出了由手机终端数据整合，联系社会专业服务机构、服务资源和社区志愿者，为居家老年人提供更加专业化的养老服务。

2018年，北京市人民政府办公厅印发了《关于加强老年人照顾服务完善养老体系的实施意见》，指出要加强养老大数据服务工作，探索"互联网+养老"服务，提升养老服务领域的信息化水平。针对家庭、社区和养老机构等不同应用环境，发展健康管理类可穿戴设备、便携式健康监测设备、自助式健康检测设备、智能养老监护设备、家庭服务机器人等智能健康养老服务产品。推动企业和健康养老机构充分运用智慧健康养老产品，创新发展慢性病管理、居家健康养老、个性化健康管理、互联网健康咨询、生活照护、养老机构信息化服务等健康养老服务模式。

2019年，北京市人民政府办公厅印发了《北京市关于加快发展老年教育的实施意见》，提出要创新老年教育方式，探索完善"互联网+老年教育"服务模式。开发建设北京市老年教育资源共享和学习服务的信息化公共服务平台，整合、开发老年教育数字化学习资源。

2021年1月，北京市老龄工作委员会印发了《北京市"十四五"时期老龄事业发展规划》，提出要加快发展智慧养老。支持养老机构智能升级改造，推动"智慧养老院"和智能化养老社区建设，促进科技养老在社区落地。9月，北京市民政局、北京市规划和自然资源委员会联合印发《北京市养老服务专项规划（2021年—2035年）》，其中一节专门列出要推动智慧养老发展，并提出了具体措施：第一，推动科技养老产业发展，包括创新开发智慧养老健康产品和推进"互联网+养老"行动；第二，打造养老产业科技创新中心，包括培育发展老年用品市场、培育养老产业创新研发以及加强康养产品创新。

总体看，北京在政策上给智慧医疗和智慧养老服务发展提供了有力支持，也创造了很大的发展空间。为积极应对人口老龄化，北京市政府相关部门始终坚持以习近平新时代中国特色社会主义思想为指导，坚持以人民为中心的发展思想，发布一系列以满足居民日益增长的美好生活需要为目标导向的政策文件。在政策支持下，北京智慧医疗和智慧养老服务得到了长足发展，也形成了较为完善的服务体系，居民的获得感和幸福感得到进一步提升。

## 二、北京市智慧医疗养老服务发展

### （一）智慧医疗服务发展

第一，在智慧医院建设方面。北京大力支持"互联网+医疗服务"发展，截至 2022 年 1 月已有互联网医院 32 家，提供互联网诊疗服务的医疗机构达到 131 家。实施二级以上医疗机构非急诊全面预约就诊，通过多渠道预约挂号服务、提供现场号源、建立就医绿色通道、无码绿色就医通道等。如北京首家获批的互联网医院——北京协和医院互联网医院，可为部分常见病、慢性病患者提供复诊服务，目前开通了心内科、内分泌科、皮肤科等 19 个科室，支持在院病例调阅、在线问诊，检查检验、处方开具等功能，北京医保患者可在线进行互联网复诊费的脱卡直接支付。

第二，在智慧医疗网站和移动应用建设方面。北京地区医疗机构移动应用增长较快，多家医疗机构开展了以患者为核心的全周期、全流程智慧医疗服务。如，中国医学科学院阜外医院从基础、诊前、诊中、诊后到全程场景，均提供了便捷高效的互联网便民惠民服务。其自建 App "掌上阜外医院"功能全面，打通了从诊前预约、入院预登记，到诊后药品配送、出院结账进度提醒和查询，以及病历报告快递的线上服务全流程，进度全程可视化。同时，阜外医院还推出在线问诊和医保处方外配，提供"互联网复诊+医保报销+外配处方"的一站式服务，患者在家即可通过互联网完成复诊开药。阜外医院通过硬件配置、软件开发、服务流程改进、人员培训等多方面持续加强互联网诊疗服务能力建设，利用互联网的正向作用，不断提升医疗服务能力，降低运营成本，提高工作效率。

### （二）智慧养老服务发展

"十三五"时期，北京充分发挥首都科技创新中心资源优势，大力推进 5G、物联网、云计算、大数据等新兴科技在养老服务领域的应用。在 2020～2022 年的北京老龄健康工作要点中，都将持续推进老龄信息化建设作为工作要点，并已将其提升到老龄工作的五大格局中[①]。

第一，智慧老年生活照护服务。借助 5G、物联网、大数据等新技术搭建互联网养老服务平台，精准对接专业养老服务商等供给端和老年人需求端，为老年人提供定制化生活照护服务。如北京首个以养老服务为主、老年用品为辅的社区居家养老综合服务平台——怡亲安安。该平台以为老年人提供服务为主，销售产

---

① 在北京市卫生健康委员会发布的《2021 年北京市老龄健康工作要点》中提出"发挥统筹协调作用，构建新时代老龄工作大格局"，具体包括五项：编制实施《北京市"十四五"时期老龄事业发展规划》；开展全国示范性老年友好型社区创建工作；开展"智慧助老"行动；大力营造敬老孝老的社会氛围；持续推进老龄信息化建设。

品为辅。提供的服务包括生活照护、保姆护工、健康服务、居家改造、文旅康养等，产品包括床上用品、卫浴用品、代步用品、生活用品、生鲜食品等。在该平台购买养老服务和产品除手机微信支付外，还可以使用老年助残卡以及使用失能护理补贴支付。此外，作为全国首家按需派送养老服务和产品的服务滴滴平台，该平台有效整合能提供养老服务及适老化产品的专业服务商，以社区老年人需求为导向，只要老年人提出服务要求，平台就找出相匹配的服务和产品推荐给老年人，把被动的"让老年人找"变为主动的"帮老年人找"，解决老年人选择难的问题。

第二，智慧老年教育服务。整合优质的教育资源，打破时间和空间限制，为老年人提供多样化、便捷化的学习方式和途径，老年人可以通过广播、电视、手机、电脑、VR 设备、电子宣传屏、智能机器人等终端进行学习交流。北京已经在全市范围内开展"智慧助老"行动，动员全社会积极参与"我教老人用手机"活动，为老年人提供志愿培训服务，引导老年人学会使用消费付款、打车、挂号、健康扫码等常用 App。

第三，智慧养老服务链延伸。北京注重养老科技成果与老年人需求的精准对接，鼓励养老专业机构积极研发实用型老年居家产品和康复辅助器具，提供创新型为老服务。如根据老年人特点支持研发穿戴式手功能软体康复器、基于眼控技术的脑卒中护理沟通仪、糖尿病足溃疡防护智能鞋等康复辅具；智能助力多模态轮椅、安全如厕智能起身器等安全、便利、适用性强的老年产品。建立居家养老辅具产品数据库和北京老年医院居家养老辅具产品科技示范展厅，推动科技成果及时、有效地惠及民生，形成技术研发—成果转化—社会推广应用—经济与社会效益双赢的良性循环。

# 第八章　智慧教育

　　智慧教育是依托物联网、云计算、无线通信等新一代信息技术所打造的物联化、智能化、感知化、泛在化的新型教育形态和教育模式。智慧教育体现了以学习者为中心的思想，强调学习是一个充满张力和半衡的过程，揭示教育要为学习者的智慧发展服务的内涵。通过构建智慧学习环境，运用智慧教学法，促进学习者进行智慧学习，从而提升成才期望，即培养具有高智能和创造力的人，利用适当的技术智慧地参与各种实践活动并不断地创造价值，实现对学习环境、生活环境和工作环境灵巧机敏地适应、塑造和选择。

## 第一节　建设现状

　　新兴信息技术和教育深度融合的个性化学习成为国内外共同的研究前沿，国外研究主要集中在智慧学习环境建设、智能技术支持下的智慧教学和机器学习技术支持下的个性化学习；国内研究则囊括了不同时代和政策背景下给教育领域带来的变革[①]。

### 一、国外智慧教育的发展

　　美国自 1996 年开始稳步制定和推进国家教育信息化发展战略，2008 年，IBM 提出"智慧地球"的观念，2016 年推出国家教育技术计划，提出后续 5 年教育信息发展方向，建立基于技术的教育（学习、评估、教学、设施和系统）框架[②]。英国高校联合信息系统委员会提出 2021~2024 年战略规划[③]，从增强文

---

[①]　张茂聪，鲁婷 . 国内外智慧教育研究现状及其发展趋势［J］. 中国教育信息化，2020（1）.

[②]　National Education Technology Plan［EB/OL］. https：//tech. ed. gov/netp/#collapseaccordionone.

[③]　Higher education strategy 2021－2024：powering UK higher education［EB/OL］. https：//www. jisc. ac. uk/reports/higher-education-strategy-2021-2024.

化和领导力、重建学习教学和评价、重构学生体验和改革基础设施 4 个领域提高英国高等教育。[①]。日本 2018 年发布《提升教育的第三个基本计划》[②]，明确教育政策的未来方向，细化使用 ICT 的发展基础。马来西亚于 1996 年实施智慧学校（Smart School）计划，提出 2020 年全面落实完成课程、教学法、评量和教材等方面的变革。新加坡于 2006 年宣布 iN2015 计划，在 2015 年前构建全国信息技术通信生态系统，2014 年推出智慧国家 2025 计划，兴建未来学校和教育实验室[③]。韩国于 2011 年颁布智能教育推进战略，提出所有学校和国家教育信息系统联网，教师和教育行政人员利用学校信息系统和家长沟通，2015 年所有中小学以数字教科书取代纸质教科书。目标是培养在 21 世纪社会中能够引领国际社会，具有创造力和个性的全球化人力资源。韩国认为智慧教育是智能化的、可定制的个性化教与学[④]。

国内外对智慧教育的界定尚不统一，国际学界采用智慧学习（Smart Learning），很少用智慧教育（Smart Education）。国外关于智慧教育多从实践层面构建信息技术支撑下的智慧学习环境，利用人工智能和机器学习技术来服务教育的产业升级。

国外研究大致分为三个部分：

（1）智慧学习环境建设的研究。智慧学习环境从智慧地球、智慧城市、智慧家庭等概念派生。对智慧学习环境的研究主要集中在高等教育阶段，在自然科学学科和计算机学科上应用较多，其中，对智慧学习环境里的教学策略和案例设计最为关注。

（2）智能技术支持下的智慧教学研究。虚拟现实技术和 3D 打印技术走进课堂后，教师、学生、智能终端和云端资源展开了多维互动，给学习者带来了交互式和沉浸式的学习体验。教师可以便捷地从云端获取海量教育资源而丰富教学内容，学生通过自带设备，充分利用智能终端（笔记本和手机）随时记录笔记并与教师展开互动，实现一对一学习。辅助打破传统课堂的还有 MOOC、SPOC、翻转课堂、微课等新型教学模式。新型教学模式下的学生学习方式，从传统学习向混合学习、协作学习、移动学习、在线学习、个性化学习等新型学习方式转变。

（3）机器学习技术支持下的个性化学习研究。机器学习的出现加大了校企

---

① 吴砥，尉小荣，卢春. 中英高等教育信息化发展战略对比研究 [J]. 中国电化教育，2013（2）.

② The Third Basic Plan for the Promotion of Education [EB/OL]. https：//www. mext. go. jp/en/policy/education/lawandplan/title01/detail01/1373799. html.

③ National AI Strategy [EB/OL]. https：//www. smartnation. gov. sg/inititatives/artificial－intelligence.

④ 张奕华. 智慧教育与智慧学校理念 [J]. 中国信息技术教育，2013（6）.

合作的力度，帮助教育的发展从经验主义过渡到科学主义。对于学习者，通过深入挖掘海量的教育大数据，发现学习者的规律，预测学习者的学习行为，并为其提供个性化学习的支持和测评。对于教育者，支持教育者掌握学生整体和个体的学习情况，帮助教育管理者制定决策，企业开发者能更精准地评估和维护教育系统。国外建立了许多自适应学习平台为学习者提供个性化服务，其中最成熟的是Knewton 学习平台。

## 二、国内智慧教育的发展

20 世纪 90 年代，钱学森提出大成智慧学，强调利用现代科学技术培养人的高级智慧。国内智慧教育发展大概分为四个阶段：

第一阶段为 2010~2011 年。2010 年，教育部印发《国家中长期教育改革和发展规划纲要（2010—2020 年）》，提出要高度重视信息技术对教育发展的革命性影响，到 2020 年，基本建成覆盖城乡各级各类学校的教育信息化体系[①]。信息化发展较好的城市相继出台智慧教育发展规划，重视计算机及信息技术对于辅佐教育教学产生的革命性影响。

第二阶段为 2012~2014 年。2012 年，教育部《教育信息化十年发展规划（2011—2020 年）》提出，充分发挥现代信息技术优势，注重信息技术与教育的全面深度融合，基本建成人人可享有优质教育资源的信息化学习环境[②]，技术对教育的支持由辅助教学向融合变革转变。

第三阶段为 2015~2016 年。2015 年，国务院印发《国务院关于积极推进"互联网+"行动的指导意见》[③]，提出探索新型教学模式如创客、翻转课堂、MOOC、晒课等，注重学习者个性化和差异化的学习需求，帮助学习者打破时间和空间上的限制，学习活动可以随时随地地发生。

第四阶段为 2017 年至今。2017 年，国务院印发《新一代人工智能发展规划》。2018 年《教育信息化 2.0 行动计划》提出以人工智能、大数据、物联网等新兴技术为基础，依托各类智能设备及网络，积极开展智慧教育创新研究和示范，推动新技术支持下教育的模式变革和生态重构[④]。高等教育领域开始注重智能教育，培养创新型人才，推动智能技术和教育的深度融合。

2021 年 4 月，修订后的《中华人民共和国教育法》指出，国家推进教育信息

---

①　教育部．国家中长期教育改革和发展规划纲要（2010—2020 年）［EB/OL］．http：//old. moe. gov. cn/publicfiles/business/htmlfiles/moe/info_list/201407/xxgk_171904. html.

②　教育部．教育信息化十年发展规划（2011—2020 年）［Z］．2012.

③　国务院．国务院关于积极推进"互联网+"行动的指导意见［Z］．2015.

④　教育部．教育信息化 2.0 行动计划［Z］．2018.

化，加快教育信息基础设施建设，利用信息技术促进优质教育资源普及共享，提高教育教学水平和教育管理水平。国家鼓励学校及其他教育机构推广运用现代化教学方式①。

<h2 style="text-align:center">第二节　建设目标</h2>

习近平总书记指出，积极推动信息技术与教育融合创新发展，坚持不懈推进教育信息化，努力以信息化为手段扩大优质教育资源覆盖面②。我们要从党和国家事业发展全局的高度，全面贯彻党的教育方针，坚持优先发展教育事业，坚守为党育人、为国育才，努力办好人民满意的教育，在加快推进教育现代化的新征程中培养担当民族复兴大任的时代新人。要总结应对新冠肺炎疫情以来大规模在线教育的经验，利用信息技术更新教育理念、变革教育模式③。

智慧教育的建设目标体现在：实现教育信息基础设施的全面覆盖和教育信息资源的广泛应用，教育单位符合教育现代化要求的信息化环境建设，推进信息技术在教育教学工作中深度应用，形成人人皆学、时时能学、处处可学的学习型社会。

智慧教育能消除区域之间的教育鸿沟，促进教育领域的交流与合作，实现因材施教，学习者利用富有智慧的信息技术支持学习和实践。与传统教育信息化相比，智慧教育具有集成化、自由化、体验化、多样化的突出特征，通过信息技术构建网络化、数字化、智能化和虚拟现实等学习环境，集成多种信息资源，让学生通过多种学习路径、多样的教与学方法，随时随地、随心所欲地进行互动学习交流，完成智慧学习。

智慧教育建设分为三部分：教育信息化基础设施的建设，智慧教育应用的研发，智慧教育教学法研究。我国教育信息化基础设施的建设大部分由政府主导，学校是主要实施场所。智慧教育应用的研发除政府主导外，还有许多互联网企业参与，已逐渐实现了教育资源共建共享。

### 一、建设智慧校园

智慧校园是政府主导、学校和企业共同参与构建的现代教育信息化服务体系，由云计算、物联网、互联网、数字课件、公共服务平台和先进的云端设备组成，是信息技术高度融合、信息化应用深度整合、信息终端广泛感知的信息化校

---

① 中华人民共和国教育法［Z］.2021.
② 习近平致国际教育信息化大会的贺信，2015.
③ 习近平在教育文化卫生体育领域专家代表座谈会上的讲话，2020.

园。智慧校园特征包括融合的网络与技术环境、广泛感知的信息终端、智能的管理与决策支持、快速综合的业务处理服务、个性化的信息服务、泛在的学习环境、智慧的课堂、充分共享灵活配置教学资源的平台、蕴含教育智慧的学习社区等。智慧校园能加强校园管理，促进教育主管单位、学校和家长互动，创新教育应用，推动教育现代化。

物联网技术应用于教育，可以全面了解掌握师生活动的所有实时动态信息，实现感知校园各个领域的信息化、智能化。对学生在路途和学校里进行全面监控、管理与服务，学生可以安全上学，家长可放心工作；教育资源的开放共享，不同区域的学生可以享受到同样优质的教学服务；学校、教师、家长、学生之间的顺畅沟通渠道，可构建理解和配合的和谐校园；教育的全面信息化，孩子的成长将得到更多科学的指导。

智慧校园的典型应用包括提供学生成长履历管理、学生电子标签考勤、家校互动交流、教育资源共享、智能安全校车、学生安全应急联动、校园安全监控联网工程、电子巡更、政府决策支持等服务。

（一）学生成长履历管理

学生成长履历服务，记录学生的学习、考勤、交通、饮食、健康等多方面的成长信息，累积成长过程，分析其在成长过程中的行为发展，并可提供预警机制，使负面发展趋势及时被发现，有助于家长、老师及时干预、及时预防。

（二）学生电子标签考勤

学生电子标签考勤，为学校的教务管理提供可靠的技术支撑，同时考勤信息对家长可视，方便家长了解学生上学期间的动态。学生电子标签考勤与智能安全校车系统关联，实现智能校车的相关提醒服务，如学生未上校车提醒服务、学生上错校车提醒服务等。

（三）家校互动交流

提供教师、家长的沟通交流服务，教师可以将近期对孩子的表现、要求等信息通知家长，家长也可以将孩子在家表现及对学生的期望反馈给教师，使教师、家长对学生有一个统一的认识。

（四）教育资源信息共享

教育资源信息共享平台，实现对学生、教师各种学习、教学相关资源的分类共享功能。通过统一的教育资源信息共享平台实现教育资源分类、教育资源上传、教育资源检索、教育资源的在线或下载查看以及教育资源管理等功能。

（五）教学教务管理

教学教务管理，通过学校应用平台的管理平台提供学生信息管理、教师信息管理、年级管理、班级管理、课程管理、公告发布等与学校教学、教务相关的管理。通过教师平台提供考勤管理、成绩管理、家庭作业、教师评语、班级管理、沟通交流等服务，方便教师及时掌握班级学生在校情况，并发布考试成绩、家庭作业等信息，同时实现与家长的沟通交流。

（六）智能安全校车服务

智能安全校车服务应以校车综合管理及学生安全为中心，全面互联学生、家长、教师、学校、政府多方面的主体，使其沟通顺畅。全面感知跟踪学生乘车过程，对于乘车过程中的潜在危险问题及时发现，及时干预，及时预防。

（七）校园安全监控联网工程

校园安全监控联网工程，是加强学校安全措施的重要组成部分，以实现区域内学校视频安全监控的整合及集成。使相关部门能够监控学校的重点部位，并能灵活地控制前端摄像头及云台，实现视频的存储及调阅查看。

（八）电子巡更

电子巡更服务提供设定巡更计划、保存巡更记录等基础内容，并根据计划对记录进行分析，从而获得正常、漏检、误点等统计报表。

（九）政府决策支持

决策支持平台基于平台已有数据，实现针对学生的一员式综合档案信息展现、区域内师资分布、区域内学生考试成绩分布、考勤数据分析、信息服务统计、重点指标分析、应急管理统计、校园安保统计等功能，通过各类数据分析工具，深度分析信息资源内部的潜在关系，辅助政府相关部门进行决策支持，以便指导后续校园综合管理与服务。

## 二、构建智慧学习环境

智慧教育提升了现有数字教育系统的智慧化水平，深度融合信息技术与教育主流业务。通过信息技术构建网络化、数字化、智能化的学习环境，让学生通过多种学习路径、多样的教与学方法完成智慧学习，满足社会及自身的需求，如图8.1所示。

智慧学习环境以云平台为资源支撑、学习分析学等新兴技术为依托，实现技术与教学的融合需求。智慧学习环境主动感知学习者的学习能力、学习风格、动机水平和学习任务等重要信息，计算机能处理低水平操作和简单记忆等任务，学习者将更多时间和精力集中在复杂的、非结构性、挑战性任务上。智慧学习环境连接虚拟学习环境和个人学习环境，为学生提供适合自己认知能力及学习风格的学习空间，师生采用灵巧的教学方法，在教师指导与学生自主学习中实现平衡，为学习者提供最适宜的个性化服务，为学习者提供丰富的学习资源，通过统计分析学习者的学习数据，为其推送个性化的学习内容。

图 8.1　智慧教育的特征

（1）智慧学习环境可以减轻学习者认知负载，可以用较多精力在较大的知识粒度上理解事物间的内在关系，将知识学习上升为本体建构。

（2）智慧学习环境可以拓展学习者的体验深度和广度，提升学习者的知、情、行聚合水平和综合发展能力。

（3）智慧学习环境可以增强学习者的学习自由度与协作学习水平，促进学习者的个性发展和集体智慧发展。

（4）智慧学习环境可以给学习者提供最合适的学习辅助，提升学习者的成功期望。

### 三、研究智慧教学法

智慧教学法是教师根据特定的教学/学习情境（如问题情境、教学内容、学生的认知风格与偏好、学生人数、施教环境、师生的信息素养、现有设备、服务人员等）的特点和约束条件，保持技术、学科知识和教学法三者的动态平衡，选择应用恰当的教学法、学科内容以及支持技术，促进学习者智慧学习的发生和智慧行为的涌现。

智慧教学法强调信息技术促进教学方式和教学过程的改革，建构文化共享（伦理、责任、价值认同、利益观）的学习共同体，提供丰富的学习内容、学习工具和实践机会。

## 第三节　建设内容

智慧教育着眼于教育信息化，以满足教学、管理和科研的业务需求为目标，建设覆盖学生、教师、家长、教育管理者等所有需要人群的完善服务体系。构建区域教育信息化平台和应用，实现教育系统内部的一体化管理，实现数据互联互通，提升教育监管能力与服务水平；提高教育公共服务水平，实现各级之间的无障碍沟通和资源共享。

### 一、智慧教育云平台

运用物联网、云计算、移动互联网等信息技术，打造涵盖政府、学校、家长"三位一体"的智慧教育云平台，能够互联学生、家长、教师、学校、政府多方面主体，贯穿学生全范围管理与服务，关注学生行为、关爱学生成长，助力感知教育规律，均衡教育资源，辅助教育体制改革。通过门户网站、手机短信、WAP门户等丰富的访问渠道，实现对学生的全方位、立体式的管理与服务，全面推进和提升教育及管理的智能化水平，为学习者提供跨区域的智慧学习环境。

教育云是教育信息化的基础架构，包括教育信息化所必需的硬件资源，这些资源经虚拟化后，提供一个良好的平台，为教育领域提供云服务，资源共建共享而摒弃信息孤岛。智慧教育云平台按地域可分为国家平台和区域平台，如图8.2所示。

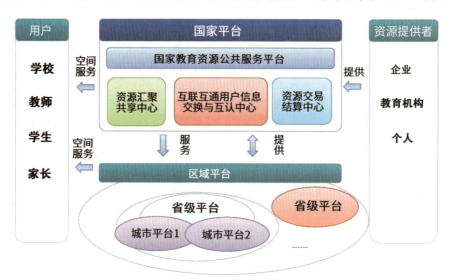

图8.2　智慧教育云平台模型

## 二、智慧校园

智能、服务型的智慧校园，数据与服务是核心，能促进学校办学水平和综合能力的全面提升。智慧校园有三个基本特征：第一，提供个性化的服务，通过智能化服务平台及智能感知功能，实现学校管理、教学、生活等各项业务。第二，建立在互联网基础上，通过互联网实现信息服务与校园各种应用领域的结合，提供数字化校园整体解决方案。第三，为学校与外部世界的联系提供有效的平台和接口，促进学校资源与外部资源的有效融合，如图8.3所示①。

图 8.3　智慧校园体系结构

### （一）教育资源云服务

基于智慧教育云平台，可进行资源的共享、展示、审核、存储、校本资源的开发建设、资源的维护更新、管理等功能，保证资源内容的不断更新、补充，实现资源建设的可持续发展。

---

① 辛建平. 国内外智慧校园建设的现状［J］. 电脑知识与技术，2018（14）.

教育资源云服务，支持校本资源、第三方资源、个人资源的共建共享，基础资源库包含试题、试卷、教研资料、教辅、教材、课外书籍、微课资源等，能满足教师备课、资源阅读、学生自评自测等需求，并可根据教师习惯与学生水平进行资源的推送。

（二）教育管理云服务

提供校园门户、班级门户、个人空间、协同办公、校务管理、教务管理、统计分析、决策支持等功能，实现数据互通和系统互联，支持学校电子一体化管理业务，提升教育监管能力与服务水平。

（三）智慧校园的功能

1. 营造交际性的学习环境

搭建全方位的服务平台，营造社交性的学习环境，支持学习者的社交活动，拓展校园的社交网络，为学生学习和生活提供便利。

2. 提供便利的学习空间

构建云平台，实现信息资源的有效共享，为学习者提供便利的学习和交流空间。构建智能化的考勤系统，为师生提供服务与管理。

3. 构建安全的校园

借助物联网技术构建智慧校园系统，从传感器通信结构和用户接口两方面设计，实现校园信息的互联互通，对校园践行全面监督，发现异常情况时，系统及时报警。

4. 帮助学生有效学习

借助大数据技术对课程开展情况进行分析，有效收集学生学习情况资料，比如能够对学生线上阅读材料、网络论坛发言情况、作业完成情况等进行分析，对学生的学习问题进行研究；通过相关数据研究分析，帮助学习困难的学生查找问题，优化和改善学习活动状况，提升学生的学习质量和课程教育质量。

**三、智慧教室**

智慧教室通过推动教室环境的变革，提供技术丰富的教室环境，便于课程内容的教学展开与互动，通过建立积极的学习环境，实现技术和学习环境的融合，以促进学习者成长。改变教学方式，改造课堂环境，通过移动终端使师生可以方便接入各种技术和资源，实现课堂移动教学、师生互动、课堂点评等特色教学应用。

智慧教室的建设包括两个方面：构建技术丰富的学习环境，研究适合于智慧学习环境的教学方法及学习方法。

智慧学习空间要满足"以老师为中心"和"以学生为中心"两种教学模式的不同需求，是教育机构物理空间和虚拟空间的整合，目的是适应学习者的个性化学习需求，促进学生有效、高效和投入地学习。

物理学习空间是整个学校的空间，包括教室、图书馆、室外学习区域、无线网络的技术环境等，支持学生之间的对话、问题解决和信息分享，促进学生的深度学习；移动和无线技术使得多样的教学法成为可能。灵活性是学习空间设计的一个重要因素，如多媒体设备、课桌椅等室内的装备可移动，室内的温度、声音可调节；结构、通风、采光等设计有弹性，可根据未来需要随时调整；能支持个人自学和小组学习等具有操作性的建议。

虚拟学习空间可实现跨平台的整合，能打通各个不同的虚拟平台，为学习者提供统一友好的界面，让学习者用简单、自然的交互深入其中。

物理学习空间和虚拟学习空间的融合是学习空间建设的目标。高清摄像头、宽带网络和多屏触摸板的配置，使得身处不同地区的教师和学生在物理教室环境中实现和面对面效果一样的实时互动，利用混合同步网络课堂实现并超越真实物理课堂的效果。

智慧教室包括以下几种类型：

1. 智能设备与互动教学系统融合的智慧教室（见图 8.4）

图 8.4　智能设备与互动教学系统融合的智慧教室

教师通过交互式电子白板在智慧教室里授课，学生利用智慧笔与教师授课交互，教学过程产生的内容上传并保存到教学平台中，能通过电子书包、互动式电子白板、教学控制台打开演示。授课笔记能够通过终端直接打印，智能录播系统自动跟踪教师的授课过程，录制视频自动编辑处理对接到 MOOC 平台，MOOC 平台将更新的课程信息推送给学生。教师在线组织教学，学生可以利用手机、平板电脑等移动设备随时随地学习、测试和评价，并将结果同步到教师端。

2. 多点互联构成的远程课堂（见图 8.5）

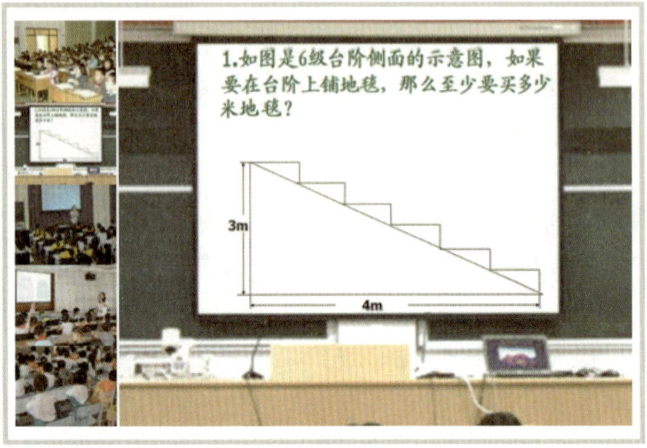

图 8.5　多点互联构成的远程课堂

实现录存播一体化设备完整记录交互教学，具备课件录制和课堂直播等功能，支持多路高清视频源，通过录制课件、网络同步直播课件，提供学生课后学习的课件资源，解决教学与管理中的时空矛盾、课件无法实时存储和重复利用等问题。老师的视频、学生视频和一体机桌面授课内容同时录制，并融合成视频课件，也可以实现单独录制、编辑、网络直播、资源管理等功能。

3. 互动教学系统

智能教室配备教学的主流设备（如交互式一体机、交互式白板、电脑、平板电脑、移动终端等），实现硬件与教学应用的深度融合，支持多种教学终端互联互通和教育教学中的数据采集，实现教学全场景的智能化，跨设备的信息共享与协同操作，如图 8.6 所示。

图 8.6　互动教学系统

4. 3D 体验型智慧教室

将虚拟现实技术应用到常规教育中，通过 VR 头盔、VR 眼镜、VR 桌面交互一体机等硬件设备，营造超强沉浸感的智慧课堂，让每位学生都有探究创新的实训操作机会。利用人机交互的场景化学习实践方式，模拟出立体逼真的场景。这种学习体验更容易激发学生的学习动机，促成主动学习、促进知识迁移，如图8.7 所示。

图 8.7　3D 体验型智慧教室

5. 创客实验型智慧教室

创客教育秉承国际 STEAM 教育理念，打破科学疆域，通过对多学科素养的综合应用，解决实际问题，培养综合型人才。创客教育培养的核心素养包括软件编程能力，智能电子认知和应用能力，3D 结构设计能力，创新意识及造物方法等。创客教室包括硬件设施的建设，以及软件课程资源的开发，具备普适性的创新教育职能，满足教学、制作、活动的开展，如图 8.8 所示。

图 8.8　创客实验型智慧教室

### 四、构建智慧课堂

智慧课堂可概括为四个方面：一是以学定教，根据学生的学来选择教学内容，展开教学环节；二是以教导学，从学出发，把引导学生更好地学作为教的需要，教师的作用不断转化为学生的独立学习能力；三是以学促学，以学习促进学习的提高和发展，促进学生更好地学；四是自学为主，引导学生借助已有知识去获取新的知识，形成"想学—愿学—学会—会学"的良性循环机制。

智慧课堂以问题为导向，以思维为核心，思维力的发展是学生智力发展的核心和重要的标志。智慧课程的建设和智慧教学模式的设计，都是为学习者更好地开展智慧学习服务的。智慧学习是在数字化学习、移动学习、混合式学习、泛在学习、协作学习、个性化学习等信息化学习方式上，融合智慧时代特征而发展起来的新型学习方式。

国外在 MOOC、SPOC、翻转课堂、微课等智慧型课程建设方面具备了较多的实践经验，我国展开了试点，且突破性地开展了"一师一优课"活动。随着智慧教学和智慧课程在设计上的不断创新，在开展范围上的不断扩大，教师和学生的角色会发生根本性的转变。

翻转课堂将学习的决定权从教师转移给学生[①]，是学生在课堂上完成知识吸收与掌握的内化过程、在课堂外完成知识学习的新型课堂教学结构。"翻转课堂"通过对知识传授和知识内化的颠倒安排，引发教师角色、课程模式、管理模式等一系列变革。改变传统教学中的师生角色并对课堂时间的使用实行了重新规划，实现对传统教学模式的革新。学生自主规划学习内容、学习节奏、风格和呈现知识的方式，课堂时间学生能够更专注于主动地基于项目的学习，共同研究解决问题，获得深层次的理解。教师采用讲授法和协作法，以满足学生的需要和促成他们的个性化学习。翻转课堂增加了学生和教师之间的互动和个性化的学习时间，让学生对自己的学习负责，教师角色由讲师转变为教练，混合直接讲解与建构主义的课堂。

未来学校没有固定的教室，每个房间都需要预约；没有以校长室、行政楼为中心的领导机构；可以在社区，也可以在大学校园等。没有统一的教材，没有学制，全天候开放，没有周末和寒暑假，没有上学和放学的时间。教师是自主学习的指导者和陪伴者[②]。

MOOC（Massive Open Online Courses）是大型开放式网络课程。2012 年美国

---

① J. W. Baker. The "classroom flip"：Using Web course management tools to become the guide on the side [D]．Council of Independent Colleges Information Technology Workshop，2000.

② 朱永新．未来学校：重新定义教育 [M]．北京：中信出版集团，2019.

的顶尖大学陆续设立了网络学习平台，Coursera、Udacity、edX 三大课程平台针对高等教育，提供免费课程。MOOC 课程整合多种社交网络工具和多种形式的数字化资源，形成多元化的学习工具和丰富的课程资源，给更多学生提供了系统学习的可能。我国较为著名的 MOOC 平台有清华大学的学堂在线、爱课程，网易云课堂推出的中国大学 MOOC、交通大学联盟的 ewant、果壳的 MOOC 网等。

SPOC（Small Private Online Course）是一种将 MOOC 资源用于小规模、特定人群的教学解决方案，在传统校园课堂采用 MOOC 的讲座视频或在线评价等功能辅助课堂教学[①]。SPOC 是线上和线下相结合，由校内教师挑选一门 MOOC 的视频、资料、在线作业、测验等教学资源，让学生自行在线学习，在课堂上进行面对面的讨论、答疑、实验等，结合线下期末考试环节。

微课（Microlecture）是指运用信息技术按照认知规律，呈现碎片化学习内容、过程及扩展素材的结构化数字资源。微课的核心组成内容是课堂教学视频，同时包含与该教学主题相关的教学设计、素材课件、教学反思、练习测试及学生反馈、教师点评等辅助性教学资源。

云课堂是一类面向教育和培训行业的互联网服务。使用机构无须购买任何硬件和软件，通过租用网络互动直播技术服务的方式，就可以实现面向全国的高质量的网络同步和异步教学及培训，是一种真正完全突破时空限制的全方位互动性学习模式[②]。

## 第四节　智慧教育实践

2021 年 7 月，教育部等六部门发布《关于推进教育新型基础设施建设构建高质量教育支撑体系的指导意见》，从信息网络、平台体系、数字资源、智慧校园、创新应用和可信安全六方面，六位一体地推进教育新基建；以技术迭代、软硬兼备、数据驱动、协同融合、平台聚力、价值赋能为特征，推动教育数字转型、智能升级、融合创新，支撑教育高质量发展[③]。

智慧教育是人们对教育在信息时代发展的要求，智能化技术更好支持了学习者的个性化、全面化发展，支持教育系统的智能化管理与决策。智慧型教育教学环境的设计，必须充分考虑学习者的认知特点、认知思维与认知风格，探索适应

---

① 陈维维. MOOC、SPOC、微课、翻转课堂：概念辨析与应用反思［J］. 现代教育技术，2015（6）.

② FOX Armando. Viewpoint From MOOCs to SPOCs［J］. Communications of the Acm, 2013（1）：7-14.

③ 柯清超. 大数据与智慧教育［J］. 中国教育信息化，2013（24）.

学习者的智慧学习工具，培养学习者的智慧学习方式。

国家教育信息化规划中提出"三通两平台"建设，即宽带网络校校通、优质资源班班通、网络学习空间人人通，建设教育资源公共服务平台、教育管理公共服务平台。目标是汇聚教育管理、教学支持领域的海量信息，形成有效支持教育教学过程、教育管理的教育大数据。实现教育信息化基础设施建设新突破、优质数字教育资源共建共享新突破、信息技术与教育教学深度融合新突破、教育信息化科学发展机制的新突破。[①]

智慧教育的发展目标谱是，按照义务教育、基础教育、高等教育、职业教育和成人教育五个方面教育，可选用不同的实现方案。义务教育和基础教育阶段，采用微课、翻转课堂、未来学校等方式。高等教育和职业教育阶段，选用视频公共课、MOOC、SPOC 等方式。终身教育使用云课堂、MOOC 等方式。

### 一、北京东城区统筹推进智慧赋能未来教育

北京东城区获取教育部首批 2019 年"智慧教育示范区"。东城区一直把新媒体、新技术作为实现教育生态重构的有效手段，以数据为驱动，探索泛在灵活智能的教育教学服务新模式，构建开放终身的个性化教育生态体系，促进人才培养模式变革，布局未来教育。以新丝路、新技术打造开放协同、精准感知、可选择、可持续的智慧教育环境，全面推动智慧教育示范区建设。

（1）"数据大脑"建设奠定智慧之基。全力打造东城区教育数据大脑，以数据治理推动教育治理创新，全面汇聚学校管理、教师发展、学生成长三类教育数据，深度集成、可信监测、规范管理、安全应用，形成了一套结构清晰、初具规模的综合教育数据资源体系及教育数据的汇聚机制，实现教育数据与市教委、区教委以及下属各个教育单位的贯通共享。

（2）课程创新助力核心素养落地实践。东城区建立青少年教育学院，为区内近 14 万师生提供在线的课程服务，统筹开展各类综合性整合课程、人工智能课程、研究性课程、网络学习课程、跨学科课程，实现学生跨校、跨学段学习，探索学生综合素质发展与实施。

（3）教学模式创新打造现代深度课堂。探索基于新课程网络教与学方式的变革，开展翻转课堂、微课堂探索，推进传统与新颖课堂深度融合的双课堂教学模式。基于常规纸质作业及测试的数据化处理，为教学工作提供精准的数据支持，为学生提供可视化学习水平的监测报告，推动教师精准教学与学生个性化成长。

---

① 徐雅斌，武装．"三通两平台"总体架构研究与设计［M］．北京：人民邮电出版社，2015.

（4）数据智能推动多元评价快速发展。通过构建基于知识图谱的智能学习平台，搭建实时动态的学业数据采集与分析系统，区级教研员、骨干教师对知识元进行抽取、知识元关系挖掘加工并建立试题库，学校对学生的学习进行全面、实时、动态的数据采集，对实时认知状态进行诊断、量化、分析，形成对学生的跟踪监测。

（5）个性化资源渐成区域教育内生品质。依托东城数字资源平台，构建数字教育资源汇聚和共享通道，形成了市、区、校三级协同的资源公共服务体系。借助北京市公共资源平台，将录制好的初三、高三的复习微课，共享到数字教育的共享交换工程专栏，供学生们使用。

（6）人工智能教育提升师生信息素养。广泛开展针对信息技术教师人工智能课程相关培训，成立了东城区青少年信息素养学院，与中科院等机构合作编制了人工智能课程，多所学校开设了创客教育、STEAM 教育等多种形式的创新课程，培养学习者跨学科解决问题的能力和创新能力。

（7）综合治理能力提升渐成首都标准。数据体系建设与资源体系建设显著提升了东城区实现高质量、现代化教育发展的综合治理能力。面对学生、教师和学校提供基础数据档案，面向教育信息化应用提供基础数据，保障全区教育信息化数据运营标准统一，营造未来教育新生态的服务体系①。

### 二、北京海淀区建设智慧教育云中枢

海淀区入选教育部 2020 年全国"智慧教育示范区"。《海淀区智慧教育 2.0 行动计划（2019—2022）》提出，到 2022 年基本建成海淀智慧教育云中枢，初步实现适应性的智慧教学、科学化的智慧管理、协作化的智慧教研和个性化的智慧服务。

根据这个目标，建设一网一云一中心 N 应用。一网即海淀区教育系统感知网，一云即智慧教育云平台，一中心即大数据中心，N 应用即支撑教育教学和校园管理的各项应用。

海淀区已建成北京第一个教育云——海淀智慧教育云，提供硬件资源灵活配置的虚拟机房以及多项云端服务。海淀智慧教育云由金山云承建，是继海淀区光缆光纤、视讯平台、无线网络及英语机考后的又一全区性质的统建项目，极大提升了海淀教育数据存储、运行能力，也为海淀"智慧教育云中枢"建设提供了

---

① 周玉玲. 统筹推进，智慧赋能未来教育［EB/OL］. https：//cit. bnu. edu. cn/ai4edu/zjgd/100533. html.

基础保障①。

海淀智慧教育云为教育系统所有单位提供服务，包括中小学、幼儿园、职业学校、特殊教育学校、事业单位，以及教委机关。为它们提供独享的计算资源、存储资源、物理服务器、各类云服务相关的虚拟化资源，以及容灾备份、安全等级保护等云服务。

海淀区教育今后新建系统将一律部署在教育云上，现有的信息系统也将逐步迁移至教育云。未来，海淀区教育系统将以智慧教育云为基础，在"智慧教育云中枢"的总体框架下，对软件服务平台进行一体化设计，以云应用模式快速、批量解决学校共性、通用型软件需求，以人的全面发展为核心构建支撑教育教学和校园管理的各项系统平台。

推进大数据建设。首先，打通市教委数据池，将海淀区学生、教师基本数据以及体质监测等数据共享到智慧教育软件服务体系支撑平台。其次，打通机关科室、直属事业单位等业务系统平台数据。制定软件系统互操作技术规范和教育基础数据共享管理办法，建立大数据融通机制，让大数据服务各数据源单位工作。再次，初步开展大数据应用。前期通过大数据可视化的方式，呈现基础的数据分析，为教育管理、教学服务提供帮助。最后，推进大数据中心建设。规划搭建大数据中心，面向教育管理、教学服务等不同应用场景建立大数据模型，利用大数据、人工智能技术，开展决策分析、监测预警、数据挖掘、智能处理等大数据应用。

海淀区还将统建学校共性需求软件。以海淀教育网为主站建设网站群，拟将所有非集团校的学校网站挂在海淀教育网二级域名上，从源头加强风险防控，确保教育系统网站安全。同时，在"智慧教育云中枢"总体框架下对软件服务平台进行一体化设计，以"人的全面发展"为核心构建支撑教育教学和校园管理的各项应用，以云应用模式快速、批量解决学校共性、通用型软件需求，缩小因信息化建设不均带来的办学差距，促进智慧校园均衡发展②。

### 三、百度发布教育大脑3.0

2018年，百度教育大脑3.0发布，基于人工智能、大数据和云计算赋能教育产品及教育场景，为用户提供优质内容和智能服务的能力引擎。百度教育大脑3.0在对人的理解和智能交互基础上，通过意图识别和强大的教育用户画像，为用户提供个性化服务。同时，百度教育大脑3.0还将技术能力对第三方进行开

---

① 搜狐网. 海淀区获批教育部智慧教育示范区 [EB/OL]. https://www.sohu.com/a/453389269_120209831.

② 孟竹. 到2022年北京海淀基本建成"智慧教育云中枢"[EB/OL]. 人民网, 2020–1.

放，帮助合作伙伴搭建智能化教育产品。基于百度教育大脑3.0的百度教育SaaS服务平台，即百度教育软件服务平台，服务于教育行业及合作伙伴，推动中国教育服务向云化及智能化时代升级，加快智能教育普及进程。

百度教育SaaS服务平台包括3个部分。一是百度智慧课堂，为教师提供备课授课资源，满足师生在备课、授课、课后、师生互动等多个环节需求，目前已经服务3000多所学校，与7000余家机构及企业达成合作，9.2万名认证教师在百度教育平台上贡献内容。二是百度文库，目前服务用户超过6.5亿。三是百度阅读，目前已聚集5000多万用户，每天的翻阅量达到几十亿次①。

百度大脑采用"技术+内容"的模式，分为3个方面。

第一，内容资源方面，百度教育大脑平台已包含2.7亿篇内容文档、超过20万册正版图书、TOP级书籍覆盖率达100%、超过5万套有声读物以及800多万优质音频、4700万优质教学资源和上千万新课标挂载学科资源。这个数据堪比世界级图书馆的海量资源。通过人工智能、大数据和云计算的合力，百度教育向教师、学生、学校等用户提供个性化的内容资源，在效率和精准度上增强资源的供需对接能力；同时通过AI技术，百度教育在资源输入方面，提高了与合作者们的交易能力以及资源整合能力。

第二，解决方案方面，向行业开放教育AI能力。作为SaaS服务商，百度教育将向合作伙伴们输出AI技术能力；作为资源平台，百度教育将向合作者输出综合的资源服务。无论是提供技术方案，还是综合资源服务方案，AI在其中的价值包括两个维度。一是AI驱动解决方案成型和输出的价值，二是AI本身作为重要技术向外输出的价值。

第三，平台生态方面，百度教育将AI作为驱动整个平台的核心。微观层面，百度教育可以用AI向用户推荐感兴趣的学习内容，即AI个性化服务能力；宏观层面，百度教育用AI调动整个平台的供需关系，充分提升了整个平台的效率。

除百度外，腾讯、阿里巴巴、华为、科大讯飞等科技巨头还推出智慧校园、智慧教育产品体系等②。

### 四、联想打造智慧教育解决方案

在教育信息化2.0时代，强调互联互通，推动教学、教务活动数字化。教学模式从传统的教师驱动学习升级到以数据和技术驱动教学，提升了效率，增强了

---

① 中国老师福音！百度教育大脑3.0发布，再也不用头疼"扒"资料了［EB/OL］. https://baijia-hao.baidu.com/s？id=1618369291442267392&wfr=spider&for=pc.

② 百度教育大脑3.0正式发布，智慧教育解决方案全公开［EB/OL］. https://www.sohu.com/a/278434686_114877.

体验。联想集团打造的"智能技术赋能"智慧教育解决方案，让每一所学校都能畅享技术发展带来的教育红利。

联想智慧教育战略归结为"科技至简，智慧为学"，推动教育公平及高质量教育体系建设，以智能设备为基础，为新型教学教研赋能，推动教育信息化升级。运用"硬件+应用""平台+集成"打造一个能为新型教学教研赋能的联想智慧教育管理平台。联想教育新一代智慧校园整体解决方案，全面推进数字校园建设，能帮助学校提高日常教务、办公、资产、校园文化、家校互联等管理效率，解决走班过程中选、排、管、评等问题，最终建设满足学校管理者、师、生个性化需求，提升工作学习效率的新一代智慧校园。

联想教育的新一代智慧校园建设，包括基础设施、网络安全、信息化应用和保障机制四个方面的基本要求，基础设施和网络安全是智慧校园建设的必要条件，信息化应用和保障机制是智慧校园实现的途径与保障。

基础设施包括网络环境、数字终端、数字化教学空间、创新创造空间与文化生活空间，为校园信息化应用提供硬件和物理场所支持。

网络安全需要从组织管理、网络应用与校园环境三方面加强安全保障措施，以维护数字校园的安全、平稳运行。

学校的教学、管理、评价、生活服务等信息化应用是数字校园价值体现的根本；数字教育资源是开展信息化教学的基础；应用服务是实现教育教学活动信息化的重要保障；应用服务体系采用"云服务"建设模式，支持教育教学业务信息通畅、高速互访和有效整合。

保障机制方面，保障机制是数字校园建设重点内容顺利完成的制度性保证，也为数字校园建设的可持续发展提供了必要支撑，包括组织架构、全员培训、制度建设、资金投入、多方协同等方面。

联想在教育领域具有强大的"应用+平台+终端"解决方案优势，具备从教室到课堂再到校园的全面智慧教育方案实力，助力学校从顶层规划信息化升级路径，并通过出色的工程能力、部署运维能力和服务能力为学校定制和交付适用于各类场景的智慧教育解决方案。在 2020 年第 78 届中国教育装备展示会上，联想展示了全系列明星智慧教育产品和解决方案，包括 5G+VR 仿真未来教室、未来创新课程、智慧云教室、AI 智慧考试、教育大数据在内的联想智慧教育六大场景①。

---

① IT 业界．智慧教育进入"新常态"，联想集团提供全方位智能解决方案［EB/OL］．2020-11-17，http：//www. geekpark. net/news/269562.

## 第五节 北京智慧教育的目标谱系

### 一、教育类别

1. 家庭教育

父母或年长者在家庭中对子女或晚辈的教育，对象是家庭中的幼儿和少年，使晚辈的身心健康发展。儿童入学前，为其接受学校教育打好基础；儿童入学后，配合学校教育，在德、智、体、美、劳等方面正常发展。

2. 学校教育

各级各类学校对学生的教育，对象主要是少年和青年。有组织、有计划、有目的地向学生系统传授社会规范、价值标准、知识和技能，把他们培养成为社会服务的人。

3. 社会教育

学校以外的教育机构对青少年及成年人的教育。使受教育者进一步确立符合社会要求的思想品质和世界观；普及科学文化知识，增加和更新知识和信息，引导人们从事健康的文体活动，使受教育者成为合格的公民。

### 二、终身教育

终身教育由保罗·朗格朗（Paul Lengrand）1965年在联合国教科文组织主持召开的成人教育促进国际会议中正式提出后，在世界各国广泛传播，迄今为止没有统一的权威性定论。许多国家制定本国的教育方针、政策或是构建国民教育体系的框架时，均以终身教育的理念为依据，以终身教育提出的各项基本原则为基点，并以实现这些原则为主要目标。终身教育强调人的一生必须不间断地接受教育和学习，以不断地更新知识，保持应变能力，其理念符合时代、社会及个人的需求。

我国的教育架构包含学前教育、基础教育（九年义务教育，高中教育）、高等教育、职业教育和成人教育。教育部2022年工作要点提出：加快构建服务全民终身学习的教育体系；规范发展高等继续教育，推进国家资历框架和国家学分银行研究与实践；制定自学考试工作实施细则，推进自学考试内容和形式改革；推进国家开放大学创新发展，推动社区教育办学网络建设，推进学习型城市建设；实施教育数字化战略行动。积极发展"互联网+教育"，加快推进教育数字转型和智能升级；建设国家智慧教育公共服务平台，探索大中小学智慧教室和智慧课堂建设，深化网络学习空间应用，构建基于数据的教育治理新模式。

（一）改变学校的封闭结构向社会开放

终身教育实践，改变了学校的封闭结构，形成了开放的弹性的教育结构。开放大学和高等教育成人教育部，提供成人教育，为人们提供了继续教育和回归教育的机会。

（二）开发各种社会教育渠道

终身教育使教育社会一体化，把文化组织、社区组织、职业协会和企事业单位部门纳入终身教育系统，充分利用社会各种具有教育力量和教育价值的资源及设施。

新冠肺炎疫情凸显了教育和学习的重要性。当前，最紧迫的任务就是运用信息通信技术和远程学习的力量，让公民快速掌握保护自己和减缓病毒传播的关键知识。学习型城市致力于在城市层面促进终身学习，以多种方式应对新冠肺炎疫情。许多城市调动了跨部门资源，以确保教育的连续性，并为公民配备应对危机的工具并赋予其权力。除学校外，社区学习中心、图书馆和博物馆等许多非正规学习机构在支持公民应对这一流行病方面发挥了重要作用。学习型城市和社区的工作，将继续有助于制定与全球健康学习相关的终身学习政策和战略。

《北京市学习型城市建设行动计划（2021—2025年）》指出，积极倡导全民学习、终身学习理念，营造终身学习的文化。健全服务全民终身学习的教育体系，以首善标准建设高水平学习型城市。强化城教融合，持续加强学习型城市基础能力建设，不断提高服务全民终身学习水平。以人工智能、大数据、移动互联网等新技术应用为支撑，以首都科技创新中心的核心功能为依托，积极探索"互联网+学习型城市"，形成政府、企业、学校等多元主体的合作机制，打造数据驱动、跨界融合的终身学习平台，丰富市民终身学习资源，促进市民智能学习和云上学习，增进信息互通与广泛连接，助力构建智慧城市①。

智慧北京教育的目标谱系包括城教融合、社区教育、乡村振兴、生态文明教育、教育资源融合、终身学习学分银行、创新培训、市民研习游学、老年教育、健全家庭教育协同育人等。

（三）北京联合大学市民学习网

2019年11月，北京市第十五届全民终身学习活动周开展，活动周主题为"城教融合谋发展，需求导向促改革"，启动了北京联合大学市民学习网。北京联合大学市民学习网是落实服务北京、服务北京市民职责的重要平台，是响应落实《北京市学习型城市建设行动计划》精神，主动服务北京国际一流和谐宜居

---

① 中共北京市委教育工作委员会、北京市教育委员会等十六部门. 关于印发《北京市学习型城市建设行动计划（2021—2025年）》的通知［Z］. 2021.

之都建设的市民终身学习服务平台。北京高度重视学习型社会建设，积极宣传改革开放以来的继续教育、终身教育，学习型城市建设取得成就，进一步促进社区教育、老年教育、继续教育、职工教育、新型职业农民教育、家庭教育与家风建设的发展，促进首都各类学习型组织的发展，构建惠及全民的终身教育体系。促进了极具首都特色的学习型城市建设工作[①]。

北京联合大学市民学习网是学校不断提升服务北京能力的要求，结合学校优势特色学科专业及市民需求建设的网络学习平台，致力于传播专业知识，弘扬正能量，满足市民不同层次多方位的学习需求，通过网络平台实现时时可学、处处可学、人人可学，助力北京市民终身学习。北京联合大学市民学习网，初期提供学校特色课程和部分平台课程，提供10万册电子图书免费阅读，今后还将在学校各部门和各学科专业支持下，积极发挥高校原创高品质课程、专业知识服务的辐射作用，传播专业知识，共享学习资源，不断丰富网站内容，共享共建服务北京市民的"面向每个人、适合每个人、更加开放灵活的网络教育平台"。

---

① 提升服务北京能力，建设面向市民的学习平台——"北京联合大学市民学习网"正式上线［EB/OL］．https：//jxj.buu.edu.cn/art/2019/11/15/art_13497_582106.html.

# 第九章　智慧旅游

## 第一节　智慧旅游概述

旅游业已发展成为全球最大的产业之一，已发展成为国民经济的战略性支柱产业。2017年，旅游业为全球经济贡献了约 2.57 万亿美元和数百万个就业机会。根据世界旅游组织的预测，到 2030 年将有 18 亿人从事旅游业（世界旅游组织，2015）。

信息和通信技术彻底改革了旅游业，影响了旅游组织开展业务和与其利益相关者互动的方式（Buhalis & Law，2008）。信息技术通过各种活动支持游客，包括搜索初始信息、比较信息、决策、旅游规划和分享经验（Neuhofer，Buhalis & Ladkin，2012）。开放的数据和共享的社会知识是旅游体验的基础和创新的新机制，旅游业不仅是一个信息密集型领域，而且信息也是旅游业的基础，旅游管理离不开信息技术。

### 一、智慧旅游的内涵

智慧旅游是一个由数字网络、平台和设备构成的复杂巨系统，将旅游企业、景区和游客等大量相互依赖的松散旅游实体链接，内部各类技术系统与旅游业务单元彼此交叉融合，关系错综复杂。智慧旅游的核心是由智能技术（传感器、移动技术、云计算等）支持的复杂的、自适应技术系统，这些技术以多种方式和层次交互，以提供无缝的旅游体验，并最终实现价值创造和促进创新。尽管智慧旅游已成为一个被业界、政府和研究人员广泛使用的"热词"，但有关智慧旅游的系统设计、开发、实施和集成等关键问题的研究仍显薄弱。鉴于此，深入理解智慧旅游生态系统的关键技术及其应用，以实现信息技术、商业模式和旅游体验的有机融合，变得至关重要。

"智慧旅游"源于 IBM 于 2008 年提出的"智慧地球"及其在中国实践的"智慧城市",智慧化是社会继工业化、电气化、信息化之后的又一次突破。与此同时,Hunter 等(2015)将智慧旅游描述为新技术在旅游体验服务上的应用,如预订住宿、交通和餐厅。近年来,全球众多旅游目的地已尝试建设智慧旅游系统,用以提供差异化的旅游产品和服务,智慧旅游目的地相对于其他旅游目的地具有竞争优势(Cornejo Ortega & Malcolm,2020)。

### 二、智慧旅游的发展历程

自 21 世纪初关于城市发展和 ICT 的文献中出现"智能"一词以来,对智能旅游的研究一直在增长(Johnson & Samakovlis,2019)。该术语被用来表明技术的智能化和连接性,通常基于传感器和先进的 ICT,包括机器学习、无线通信、云计算和自主系统(Baggio et al.,2020;Jovicic,2019)。在旅游业中,智能最常用于目的地环境,利用"智能城市"(Buhalis & Amar-Anggana,2014)的创新,将智能技术与城市基础设施相结合,以优化资源生产和消费(Gretzel et al.,2015),以造福企业、政府和公民。移动应用程序、社交媒体、虚拟现实和增强现实等技术的日益普及为提升旅游体验提供了机会(Ye et al.,2020)。智能旅游承诺通过技术使目的地的利益相关者和游客的复杂网络的利益一致(Jovicic,2019;Shafiee et al.,2019)。然而,Buhalis 和 Amaranggana(2014)指出,在这种模式下,"在目的地,对技术文盲和穷人来说,只有很小的空间"。Boes、Buhalis 和 Inversini(2015)认为,目的地智能的关键维度是领导力、创新和社会资本,将技术置于次要地位,并强调治理的重要性。这一强调得到了 Coca-Stefaniak(2020)的呼应,他强调,通过在其方法中纳入城市可持续发展问题,智能目的地需要变得"明智"。在对智能旅游的分析中,数字包容性问题和隐私问题也被提出,因为游客在旅行中留下了大量的"数字足迹",这可以被商业企业利用(Gretzel et al.,2015)。"永远在线"、数据驱动的旅游体验的本质使研究人员认为,智能技术在目的地最合适的角色是优化旅游,而不是促进技术对旅游体验的侵蚀(Coca-Stefaniak,2019),这可能会导致"电子疏远"(Tribe & Mkono,2017),将游客与真实的体验断开。智能旅游发展要以优化旅游发展的方式进行,在兼顾隐私和旅游体验至上的前提下,旅游目的地的治理必须适应新的智能范式。

旅游业本质上是信息密集型和信息依托型产业,而信息技术的便捷性、实时性、丰富性等优势促使传统旅游业与信息产业融合。随着信息技术在旅游产业应用的一步步深入和升级及旅游信息化建设不断地革新和发展,旅游业由最初的旅游数字化、智能化发展到现在的旅游智慧化,而智慧旅游是旅游信息化发展的高级阶段，是由旅游数字化、旅游智能化演化而来的，经历了旅游数字化、旅游智能化和旅游智慧化三个发展阶段。

（一）旅游数字化阶段

由于计算机和网络的出现，将信息转换为数据成为计算资源，然后由计算机进行计算处理，变为有用的旅游信息。旅游信息可以在网络中互联互通，通过通信传输，将分散的旅游信息转换为集成的信息，从而得到很好的应用。旅游数字化是旅游信息化建设较早的阶段，主要是利用互联网技术简化旅游从业人员的工作流程，提高其工作效率。对旅游行业主管部门来说，旅游数字化包括以下内容。

第一，构建旅游信息数据库。强调有组织地规划和设计旅游信息资源库，统一管理基础数据和专题数据，旅游数字化主要是应用互联网等技术实现信息的集成共享，分布式异构数据集成管理，建立共享和服务机制，实现从单一功能到专题综合应用；将数字化作为一种手段，这种手段的主要功能是整合覆盖各个方面的旅游信息资源，解决旅游服务的效能问题，通过旅游数字化的建设，实现旅游信息资源的共享，极大提高旅游市场和政府监管的运作效能，降低旅游企业和政府的运营成本。

第二，构建城市/区域性旅游信息服务终端。旅游数字化建设不仅需要看不见的软件的集成组合，也需要通过一些数字终端展现。基础设施是数字化建设的基础支撑，尤其是在旅游公共服务建设方面，数字化旅游在构建城市/区域性旅游信息服务终端中发挥着重要作用，如"数字旅游亭"等。

第三，构建旅游网站与旅游呼叫中心的协同发展模式。旅游网站建设并不是全面的，也不可能实现旅游者在旅游过程中的旅游信息咨询要求，因此，旅游者客观上还是比较依赖旅游呼叫中心的服务。传统的旅游呼叫中心主要有 114、12580 等综合性服务热线，然而，由于涉及内容庞杂，服务的精细化程度远远不够，因此，由国家文化和旅游部牵头实施的 12301 呼叫中心系统得到了很好的发展。12301 呼叫中心系统是一个定位于多媒体技术、整合各种旅游资源、支持多种接入方式、全面服务公众的旅游信息公共服务平台。旅游网站与旅游呼叫中心的协同发展能为旅游者带来便捷的服务。

旅游数字化能在一定时期内实现旅游者劳动力的大解放，为智慧旅游的继续向前发展奠定良好的硬件和软件基础。首先，旅游数字化建设推动着先进的技术融入旅游业，数字景区、数字酒店等旅游接待服务设施的数字化建设成果提升了旅游业的整体服务水平，为智慧旅游的建设提供了良好的基础支撑平台。其次，旅游数字化建设带动着旅游服务质量的改善和提升，促进先进的旅游管理理念的普及，为旅游信息化的深入建设提供了良好的思想环境。

（二）旅游智能化阶段

时代在发展，科技无止境。旅游数字化随着科学技术的向前发展不断深入，尤其是面对旅游者需求层次的大幅度提高时，旅游智能化建设应运而生。智能化是一个方向，旅游智能化主要解决旅游资源有效配置的问题，为旅游业的发展提供全面的解决方案，以增强核心竞争力。

旅游智能化是智能系统应用于旅游业产生的作用和效果。随着现代通信技术、计算机网络技术以及现场总线控制技术的飞速发展，数字化、网络化和信息化正日益融入人们的生活。在生活水平、居住条件不断提升与改善的基础上，人们对生活质量提出了更高的要求，而随着人们需求的日益增加，智能化的内容也不断有所更新和扩充。

第一，旅游的智能化是对信息科技革命的智能应用。较之以往的数字化，旅游智能化对科技革命的理解和应用更为深刻及全面。旅游智能化是面向应用、面向旅游产业升级，把新一代IT技术充分应用在旅游产业链的各个环节中的应用，它把"智能"嵌入和装备到各类旅游资源中，是对信息技术的透彻解释。

第二，旅游的智能化由于过分强调信息技术革命在旅游业中的应用，即从技术到技术的发展，从而易忽视旅游者的需求。对于一项技术成果，不是考虑旅游者对其是否有需求，而是一味思考其能够应用在旅游业的什么方面，这导致其产生的市场效益不是很高。

（三）旅游智慧化阶段

从旅游智能化到旅游智慧化，不仅要实现技术上的变革，更重要的是，旅游信息定位的变革，将旅游信息化建设的出发点和落脚点从强调科技的智能转移到强调科技带给用户体验的提升，真正做到以旅游者的满意为重点。

智慧旅游依托智能旅游的技术基础，凭借先进的智能化手段，将物联网、云计算、射频技术等最新科技信息革命的成果注入为旅游者服务中，通过超级计算机和云计算将物联网整合起来，实现人与旅游资源、旅游信息的整合，以更加精细和动态的方式管理旅游景区，从而达到"智慧"状态。智慧旅游强调以人的需求为主题，而不是一味地追求科技的最先进、最尖端、最智能。智慧旅游贯穿于旅游活动的始终，即从旅游需求的产生到旅游过程，再到旅游后心情的分享。

虽然智慧旅游建设不是盲目地追求科技的先进化，而是如何合理配置资源，让游客体验无缝旅游的舒适感，但智慧旅游建设也需要借助旅游智能化的基础平台，采用先进的技术设备和手段来实现的。旅游智能化是智慧旅游建设的基础，具体包括思想基础、技术基础和基础设施基础。

首先，旅游智能化深化了人们利用信息快速发展旅游业的认知，为智慧旅游建设奠定了思想基础。旅游智能化向旅游者、旅游企业和旅游监管部门展示了信息技术为旅游业带来的巨大变革，促使更多的人相信信息化是实现旅游产业转型升级的重要路径之一，也逐渐成为一条必由之路。这为旅游的智慧化建设奠定了很好的认知基础，使得智慧旅游容易被更多人接受和肯定。

其次，旅游智能化提升了旅游信息化水平，为迎接旅游智慧化的到来准备好了技术条件。旅游智能化建设不仅带动了旅游业的迅速发展，而且带动了信息技术的应用成熟，证明了信息技术在旅游业中的强大生命力和效力，为推动信息技术的继续突破式发展夯实技术层面的基础。

最后，旅游智能化提升了城市整体基础设施的智能化水平，为智慧旅游的发展营造了良好的环境。如果说思想认知上的基础是"软"实力，那么基础设施方面的基础就是"硬"实力。

旅游智慧化是智能化的发展目标，代表着旅游信息化领域的最新成果和必然趋势。

首先，从词义本身看，智慧生活、智慧旅游、智慧城市等词语强调技术的进步使人们的生活得到改善而变得更加便利。智慧化和智能化的主要差异在于"智"的结果上，"能"是"智"的基本效用，而"慧"是"智"的升华。

其次，从发展阶段看，旅游的智能化在前，智慧化在后。沿着信息技术的发展趋势，智慧旅游凭借的技术手段要比智能化更加高端和人性化。科技不断向前，旅游信息化在向更先进的方向发展，智慧旅游是旅游智能化不断发展的结果。

最后，从实现价值和目标看，旅游智能化为智慧化奠定了实践的基础，而智能化发展的终极目标是智慧化。智能旅游实现的是旅游媒介的高端化和智能化，忽视了旅游者需求，完成的是从技术到技术的循环；而智慧旅游以融合的通信与信息技术为基础，以旅游者互动体验为中心，以一体化的行业管理为保障，以激励产业创新、促进产业结构升级为特色，其实践的切入点和核心价值是旅游者互相体验。

## 第二节　智慧旅游技术架构与功能

基于目的地旅游区域性特点，智慧旅游方案充分利用互联网、移动互联网、物联网、5G、GIS（地理信息系统）、电子支付、RFID（电子门票系统）、智能终端、虚拟现实、云计算、智能数据挖掘等新兴技术在旅游体验、产业发展、行政管理等方面的应用，使旅游物理资源和信息资源得到高度系统化整合和深度开发，并在吃、住、行、游、购、娱、教、管、研九大领域服务于公众、企业、政府等对象的智慧旅游解决方案。建设集旅游品牌宣传、行业管理、公共服务、商务运营于一体，面向国内外旅游组织和旅游者的多层面、全方位的开放式大型综合信息应用平台。

（一）"一卡"：旅游服务一卡通

通过建设游客统一的用户体系，实现游客当地旅游的全部资源共享，可通过一卡通、年卡、旅游二维码等实体卡或者虚拟卡，在便利游客的同时，实现旅游数据的集中收集与处理，做到一卡在手，畅通无忧。

智慧旅游一卡通有利于吸引游客把更多的旅游资源纳入旅游计划，从而提高游客在相关景点旅游的滞留时间和消费总量。

智慧旅游一卡通服务体系建设可以分为两个层次。

第一层次：建设旅游一卡通标准化系统和管理办法，通过技术合作和平台对接，为智慧旅游服务卡增加小额金融支付等功能，打造旅游一卡通支付结算体系。

第二层次：实现智慧旅游一卡通的虚拟卡形式，通过绑定用户身份证号码和手机号码，借助旅游官方网站和电子商务系统，最终实现游客身份认证后凭身份证号码和手机号码就可以享受智慧旅游一卡通的相关服务。

（二）"一网"：旅游资源整合服务网

充分利用互联网、5G、GIS、电子支付、RFID、智能终端等新兴技术，针对旅游目的地搭建本地服务的资源网络，包括本地视频资源网、无线资源网络、定位设备网、验证设备网、宣传大屏网、触摸屏网、导游导览资源网、环境数据监测网等。涵盖旅游吃住行游购娱各方面，能大大提升游客的体验，并最终实现旅游资源线上线下一体化O2O整合。

（三）"一平台"：旅游服务云平台

旅游服务云平台包括业务支撑的统一云平台及在此基础上的智慧旅游应用体系。

1. 统一云平台

通过统一云平台的搭建，首先实现对物理资源的集中、统一、共享和管理；其次实现对当地旅游资源数据的统一管理；最后实现对基础服务能力的整合、共享，如呼叫能力、信息能力、电子支付能力等。旅游服务云平台的建设对于全面整合旅游资源、提升旅游产业发展能级、进一步增强旅游业的核心竞争力具有十分重要的支撑作用，是全面推进旅游信息化建设、实现跨越式发展的关键项目和基础工程。

2. 智慧旅游应用体系

（1）完善的公共服务体系：智慧旅游公共服务体系以智慧城市公共基础设

施为依托，以各级旅游集散中心为枢纽，以旅游云平台为信息中枢，以智慧旅游技术产品应用为媒介，为旅游者提供导航、导游、导览、导购的全程式旅游服务。整个服务囊括游客旅行前、旅行中、旅行后的全过程，提升了整体体验。

（2）统一的市场营销体系：通过统一旅游营销平台的建设，整合优势旅游资源，将旅游资源尽可能准确地推广给相应的游客。另外，通过电子商务等网站建设，给游客在旅行前、旅行中及旅行后带来最大的方便。

（3）完备的综合监管平台：通过智慧旅游监管平台，建立统一、实时的数据上报系统；建立行业评审系统，引导行业发展方向；建设行业诚信系统，净化市场，提升旅游体验。

（4）完整的旅游人才培养管理体系：建立当地旅游人才培训与认证机制，建立旅游人才与就业信息库，积极吸引各种人才加入旅游行业，为专业人才的自由流动提供平台，提升旅游接待的服务品质。

（5）实体运营电子商务管理平台：通过电子商务管理平台的建设和运营实体的建立，进一步巩固智慧旅游建设成果；通过智能报表系统以及智能决策分析系统，为政府政策制定以及产业方向引导提供数据基础。

## 第三节　智慧旅游应用系统

涉及智慧旅游的应用非常多而且覆盖了很多领域。

### 一、完善的公共服务体系

#### （一）目的地官方门户网站

建设目的地旅游官方统一门户网站，向游客提供旅游信息查询、交流和共享服务。游客在旅游门户上查询旅游景点和企业的相关信息，制订旅游路线，预订相关旅游产品，旅游途中和结束后还可与其他用户分享旅游经验。可针对旅游季节性特点，在淡季时，通过官方门户网站、官方微博、微信等渠道及时向特定游客推广，并发布优惠的产品服务信息。

#### （二）景区无线 Wi-Fi 热点建设

随着手机上网的网民逐渐增多，移动互联已成为未来的发展方向，游客对于网络的需求日益旺盛。城市无线热点的建设已经成为城市继"水、电、气、交通"之后的城市第五大基础设施，也是智慧旅游建设的必要支撑。通过无线热点的建设，与游客智能终端相结合，可以更好地展现景区的风采，推荐特色旅游业务，涵盖本地的食、住、行、游、购、娱等信息，并为游客提供周到、便捷的服务。

（三）智能终端 App

智能终端 App 是为游客量身打造的智能手机客户端，集食、住、行、游、购、娱等旅游信息功能于一体，为旅游信息化提供了全新的技术支撑。旅游者在自助游中，可以依靠手机的便捷性和网络覆盖面，随时随地查询包括景点、住宿、交通等在内的实用信息；通过定位技术与二维码技术，完成景区内的导航、导览、导游；通过与电子商务系统的对接，使用手机支付功能，实现旅游产品的在线查询预订一体化。

（四）景区智能停车场系统

建设基于物联网的智能化停车场系统，可利用传感器节点的感知能力来监控和管理每个停车位，提供特殊的引导服务，实现停车场的车位管理和车位发布等功能，彻底改变智能化停车场的发展方向，同时依托移动 M2M 平台与 5G 网络覆盖的优势，使景区的停车管理上升到一个新的层次。

结合智慧城市智能交通建设，应用汽车数字门禁系统（包括停车场控制板、智能闸道、车辆检测器、读卡器、感应器以及停车场专用管理软件等），在景区周边设置数字显示屏，通过前端传感器探测等技术设备，智能引导车辆抵达景区、度假区，车辆安全停靠和科学调度。

景区周边的数字显示屏还可以与门票系统对接，显示当日门票余量或者景区停止售票时向游客及时发布信息。

（五）旅游集散中心

旅游集散中心是为方便广大游客旅游而设立的服务平台，可设置在大型交通枢纽附近，方便游客抵达后通过旅游集散中心选择旅游行程。

旅游集散中心运作规范、管理严格到位、服务细致入微，拥有一批职业道德良好、素质较高的服务和管理人员，专为外地游客提供当地及周边地区城市的优秀旅游服务，是规模最大的集散客自助旅游、单位团队旅游、旅游信息咨询、多媒体展示旅游资源和产品、旅游集散换乘、景点大型活动、客房预订、票务预订等多种功能于一体的"旅游超市"。

（六）智能旅游公交站牌

在各个公交站台设置智能旅游公交站牌，公交站牌上可以显示景区宣传信息、公交到达信息、去往景区的公交线路信息。自助游客可以使用智能手机扫描智能旅游公交站牌二维码，获取更加详细的旅游交通导航信息，同时可以获取景区、商户的优惠打折信息。

**二、统一的市场营销体系**

通过统一旅游营销平台的建设，整合优势旅游资源，将旅游资源尽可能准确地推广给相应的游客。另外，通过电子商务等网站建设，给游客在旅行前、旅行中及旅行后都带来最大的方便。

通过触摸屏一体机向社会公众提供旅游信息查询，信息包括文字、图片、语音、视频等。游客除可以通过此系统查询旅游景点信息、酒店信息、旅行社信息、餐饮信息、交通线路信息、购物信息等外，还可以方便地获取旅游实时资讯，如交通信息、天气信息、景区排队信息等。此外，游客还可以对查询到的产品进行在线预订。

通过在游客中心、主要景点及重要集散地进行触摸屏查询一体机的部署，可以极大地方便游客。同时，通过多媒体触摸屏广告信息的发布及与周边城市对接，共享旅游信息。

成熟的智慧旅游服务平台大多为综合性服务平台，由政府和企业合作设计、搭建及运营，通过建设完善的生态体系，服务于政府、商家和游客中的多个主体。

## 第四节　智慧旅游目标谱系设计

### 一、智慧旅游系统目标谱系建设目标

（一）打造优势智慧平台

依托城市云计算和大数据平台，地方政府应充分运用信息技术手段，打造本地风格凸显、文化特色鲜明、具有国际竞争力的"一站式"智慧旅游综合服务平台，构建游客、商家和政府共建、共享、共促、共发展的新型智慧旅游体系，打造城市旅游竞争新优势。平台应聚焦三大核心功能：全面服务游客，满足广大游客全场景、全过程旅游服务需求；积极赋能商家，促进本地旅游企业更快速引流增收、规范诚信经营；有效助力政府，实现更高质量、更有效率的统筹规划、运行监管。

按照"全面建设、应用推广、功能升级、系统优化"的思路，做到地区文化旅游公众服务、综合管理、宣传推广的全面智慧化，实现服务"一键通"、监管"无盲区"、宣传"快精准"，让旅游服务更智能、更精准、更便捷，满足民众对旅游行业的新期望、新需求。

（二）创新平台监管模式

进一步探索创新监管模式，减少海外游客在境内使用国外主流社交分享平台、地图导航平台以及进行便捷支付等障碍，打造适合国外用户的生态体系。通

过智慧监管，精细化审查国际平台内容，探索放开国外热门导航及社交媒体应用在智慧旅游综合平台中的生态嵌入。探索金融制度创新，推进跨境小额支付在智慧旅游综合平台的应用。自 2020 年起，海南自贸港已率先启动入境游客移动支付服务便利化试点，入境游客无须开办银行卡、兑换外币、充值后即可享受移动支付。能否复制海南经验，并以此为基础将便捷支付与智慧旅游平台进行融合，可作为智慧旅游监管创新的一大方向。

（三）探索运营模式提升

在产品运营的初期，重点完善公共服务功能模块、打造平台影响力、提升用户量和活跃度，使产品成为游客的游玩入口，并免费为游客、旅游行业的企业和机构提供服务，为政府提供旅游市场数据和管理支持。在商家入驻、平台用户累计完成后，后期运营主体可效仿纽约官方旅游平台，重点探索数据增值服务，利用平台收集的用户大数据，在脱敏处理、保障用户隐私的前提下，为智慧旅游服务平台创造盈利。

在运营模式上，探索政府与企业合作的模式，政府在整个智慧旅游服务平台建设运营项目中主要担任发起、出资、协调、监管四种角色，合资公司在项目中负责平台的设计开发以及运营工作。合资公司需重点考虑沟通、盈利和数据技术三方面的能力，既能够协调地方旅游资源、与地方旅游局进行高效沟通，又具备企业思维、能够保持较为稳定的盈利，此外，能够处理用户出行游玩的行为大数据以及旅游商家的数据。在此模式下，政府和企业双方能够从平台设计阶段到运营阶段全程参与，共同确定智慧平台的功能需求，承担起各自的责任，有效地保障后期的顺利运营。

成熟的智慧旅游服务平台大多为综合性服务平台，由政府和企业合作设计、搭建及运营，通过建设完善的生态体系，服务于政府、商家和游客中的多个主体。

**二、智慧旅游大数据结构特征**

智慧旅游大数据来自国家文化和旅游部现有联网的业务系统数据、旅游行业相关业务系统数据和非联网的纸质文件，联网的业务系统包括旅游统计系统、全国重点景区流量监测系统、旅行社统计管理系统、星级饭店统计管理系统、A 级景区管理系统、导游员网络管理系统等。

（一）餐饮大数据特征及要素

一是数据类型多样化，包括餐饮业运营中所产生的结构化、半结构化、非结构化海量数据资源以及消费者对线上餐饮的浏览、点击、评论、视频等多类型数据。

二是数据碎片化，网络化消费者习性多变，信息碎片化严重，单个消费者价值密度低，需要借助大数据技术进行价值的集聚和放大。

三是数据生成快，传统数据和餐饮企业以及消费者线上传输的数据流能够快速生成，例如消费者的浏览点击记录数据、消费数据等。

四是数据利用率高，餐饮企业利用自有资源组建后台分析系统，利用后台系统端通过大数据驱动作用对经营进行精准分析，提高营销和服务质量，对旅游者进行个性化产品定制和定位。

根据餐饮大数据特征可设计菜式表、时间表、原料表、客户表和菜式营销表及字段要素，如表9.1所示。

表9.1　基于餐饮大数据特征的餐饮表及要素汇总

| 名称 | 字段要素 |
| --- | --- |
| 菜式表 | 菜式编码、菜式名称、菜式类别号、菜式规格和菜式单价等 |
| 时间表 | 日期编码、星期、周、月份、季度、年份、时间指示符、节假日指示符和销售时节等 |
| 原料表 | 原材料编码、原材料名称、原材料规格、原材料单价和原材料数量等 |
| 客户表 | 客户编码、客户名称、客户性别、客户年龄、类别号、联系电话、优惠卡号、节假日指示符、销售时节等 |
| 菜式营销表 | 菜式编码、客户编码、原材料编码、客户年龄、日期编码、菜式销售量、菜式销售利润、菜式销售额和就餐客户类别号等 |

（二）住宿业大数据特征及要素

住宿大数据由酒店住宿点基本信息及扩展信息、客房基本信息组成。模型囊括酒店星级、酒店等级、地理位置、房间等基础要素信息，同时对该酒店周边交通信息、周边娱乐购物信息及景区信息进行关联，综合形成能帮助游客做出旅游决策、制订旅游计划和享受旅游过程的信息集。根据住宿业大数据特征，可设计酒店表、客房表和酒店扩展表及字段要素，如表9.2所示。

表9.2　基于住宿业大数据特征的住宿表及要素汇总

| 名称 | 字段要素 |
| --- | --- |
| 酒店表 | 中文名称、中文别名、英文或拼音名称、关键词和住宿点类型等 |
| 客房表 | 住宿点、客房类型名称、服务设施、常规房价、明确价格等 |
| 酒店扩展表 | 主题、酒店特色等 |

（三）旅行社大数据特征及要素

旅行社大数据由旅行社基本信息及扩展信息、旅行社分社基本信息及服务网点信息组成，包括旅行社名称、旅行社类型、分社及网点地理位置等基础要素信息，同时对该旅行社提供的产品信息进行关联，综合形成能帮助游客做出旅游决策、制订旅游计划和享受旅游过程的信息集。根据旅行社大数据特征，可设计旅行社表、旅行社扩展表和旅行社分社表及字段要素，如表9.3所示。

表9.3　基于旅行社大数据特征的旅行社表及要素汇总

| 名称 | 字段要素 |
|------|---------|
| 旅行社表 | 中文名称、中文别名、英文或拼音名称、关键词、旅行社类型等 |
| 旅行社扩展表 | 英文名称、主题、旅行社特色、营业时间、旅行社简介等 |
| 旅行社分社表 | 中文名称、所属旅行社、关键词、备案部门等 |

（四）景区大数据特征及要素

景点是旅游核心内容，是游客旅游的源动力。景区基础数据由景区和景点信息组成。囊括景区名称、地理位置等基础要素信息，同时对景区相关的餐馆、饭店等旅游要素信息，周边交通，某旅行社提供的产品信息等进行关联，综合形成能帮助游客做出旅游决策、制订旅游计划和享受旅游过程的信息集。根据景区大数据特征，可设计景区表、景点表、景区扩展表和景点扩展表及字段要素，如表9.4所示。

表9.4　基于景区大数据特征的景区表及要素汇总

| 名称 | 字段要素 |
|------|---------|
| 景区表 | 中文名称、所属行政区划、景区类型和景区级别等 |
| 景点表 | 中文名称、景点简介、景点收集格式简介和门票价格等 |
| 景区扩展表 | 英文名称、景区管理机构名称、景区面积和紧急救援电话等 |
| 景点扩展表 | 景点手机格式简介和景点视频等 |

（五）交通旅游大数据特征及要素

交通旅游大数据重点应用包括运游一体化服务、旅游交通市场协同监管、景区集疏运监测预警、旅游交通精准信息服务。其中，在旅游交通精准信息服务中，运用北斗、大数据分析等技术，实现精准服务；在旅游交通市场协同监管中，实现旅行社、导游、景区景点、包车、班线、汽车租赁、航班等信息查询服务；在景区集疏运监测预警中，开展景区周边路网客流监测预警，防止景区游客滞留或客流积压，支撑联合开展应急救援服务等。根据交通旅游大数据特征，可设计车辆卫星定位表、收费表和航班表及字段要素，如表9.5所示。

表9.5　基于交通旅游大数据特征的景区表及要素汇总

| 名称 | 字段要素 |
|------|---------|
| 车辆卫星定位表 | 经度、纬度、时间、方位角和车辆代码等 |
| 收费表 | 收费时间、位置、线路和额度等 |
| 航班表 | 英文名称、景区管理机构名称、景区面积和紧急救援电话等 |
| 景点扩展表 | 承运人、航班性质、航段、航段性质、进出港、机号和起降时间等 |

### 三、智慧旅游目标谱内容

智慧景区系统的建设首先要构建数据中心，沟通服务端和使用端，因此包括三个部分：数据中心、服务端、使用端。三个部分通过互联网/物联网相互联结。服务端是直接或间接为旅游者提供服务的企事业单位或个人，如政府管理部门、相关部门、咨询机构、旅游企业等；使用端为广大的旅游者，拥有能够上网的终端设备，尤其是超便携上网终端（如平板电脑和智能手机）；数据中心由大量存储有各类旅游信息的服务器组成，有专门的机构负责进行数据的维护和更新。

数据中心即是智慧景区的云端，可以称为旅游云，将服务端和使用端联系起来。海量的旅游信息处理、查询等计算问题由数据中心自动完成。服务端将自己的各类信息及时放在数据中心；使用端根据自己的要求，从数据中心提取信息，需要服务时可以与服务端进行交换，使用端可以直接向服务端付费，也可以通过数据中心付费。

通过使用端软件平台，智慧景区中的旅游信息以主动弹幕的方式出现，配以网络地图，能够让旅游者知道这些旅游服务在什么地方可以得到，距离自己多远，甚至知道某个酒店还有多少房间，某个景点需要排队多长时间。这样不会遗失某些旅游信息和服务（如景点、旅游活动、某个人等），也不会由于信息不全而采取了不恰当的行为（如走错路、排错队）。

（一）智慧旅行社

旅行社信息化的出发点和归宿点是通过信息化技术手段的引入及使用，实现最大限度的客户份额增加、销售额度增长、企业内部经营管理效率提升、成本下降和利润增加。旅行社信息化的实践也表明，新的信息技术的推广使用可以帮助旅行社开拓新的产品营销渠道和丰富产品展示形式，有效降低旅行社的各种经营以及推广成本，帮助旅行社突破办公场地、人员规模等限制，扩大经营规模与范围，建立高效的客户管理体系，帮助旅行社更好推出个性化、定制化的产品增值服务，进而提升品牌和扩大市场占有率。

旅行社信息化是旅游中介在实现社会信息化、数字化的过程中，行业发展、变化的一个阶段，其发展孕育的背景是行业成本降低，效益增速，其核心动力依然是经济利益，是企业对于市场利润的寻找和追逐；旅行社信息化的实现基础是科技的进步。旅行社信息化的特点，可以概括为数字化、全渠道以及更为灵活的供应链。旅行社信息化的发展方向，依然跟随着旅游消费者的需求变化，使旅游中介创造的价值匹配消费者的需求。

（二）智慧旅游营销

新的信息技术使得旅游消费者体验得到增强，衍生出新业态，改进了旅行社的运营和物流系统，为旅行社信息化奠定重要基础。基于新的信息技术，旅游消费者才可以感受到旅行社界面的推送更加精准、需求匹配速度越来越快，导购机器人使旅游消费更加有趣。

新技术在旅行社零售终端、物流环节的应用，可以产生有价值数据。将这些海量数据进行收集监测及分析，可以帮助旅行社更具针对性地对店铺运营和消费者进行管理。

选址：根据对商圈的数分析，对开店选址提供支持，并监测竞争数据。

用户画像为核心：通过唯一关键字，合并店铺消费者画像和第三方全网用户数据，生成消费者完整用户画像，基于标签向消费者进行个性化推送和精准营销。

本店销量预测：根据过往销售情况，结合商店自身及周边销售情况，对商品销量和客流进行预测，综合调整采购产品线路和上架产品库存的结构和数量。

全网销量预测：通过对单店及周边、全网产品销售数据分析，预测品牌、品类或单品的销量变化趋势，提前调整采购产品线路和上架产品库存的结构及数量。

（三）智慧旅游景区

智慧旅游景区，又称智能旅游景区，是利用信息技术、物联网、云计算等新技术手段，通过局域网、互联网和移动互联网，借助各种网络形式和计算机设备终端，对包括旅游景区营销方式、旅游设施、旅游服务、旅游活动甚至旅游景区经营者自身在内的各种资源进行信息化、智能化管理，从而实现掌握和管理消费者需求、优化旅游产品、提升景区品牌价值、提高顾客满意度、降低旅游管理成本和加强企业市场风险防范能力的目的。简单地说，就是游客与网络实时互动，让游程安排进入"触摸时代"，让景区进入"智慧时代"。

景区能够通过智能网络对景区地理事物、自然资源、旅游者行为、景区工作人员行迹、景区基础设施和服务设施进行全面、透彻、及时的感知；对游客、景区工作人员实现可视化管理；优化再造景区业务流程和智能化运营管理；同旅游产业上下游企业形成战略联盟，实现有效保护遗产资源的真实性和完整性，提高对旅游者的服务质量；实现景区环境、社会和经济的全面、协调和可持续发展。"智慧景区"的"智慧"体现在"旅游服务的智慧""旅游管理的智慧"和"旅游营销的智慧"三大方面。

（四）智慧酒店

智慧酒店是利用物联网、云计算、移动互联网、信息智能终端等新一代信息技术，通过饭店内各类旅游信息的自动感知、及时传送和数据挖掘分析，实现饭店"食、住、行、游、购、娱"旅游六大要素的电子化、信息化和智能化，最终为旅客提供舒适便捷的体验和服务。

智慧酒店通过整合现代计算机技术、通信技术、控制技术等，致力于提供优质服务体验、降低人力与能耗成本，通过智能化设施，提高信息化体验，营造人本化环境，形成一个投资合理、安全节能、高效舒适的新一代酒店。在一定程度上，智慧酒店是智能化集成系统在智能建筑上的集中体现和应用。智能建筑（Intelligent Building）是以建筑物为平台，兼备信息设施系统、信息化应用系统、建筑设备管理系统、公共安全系统等，集结构、系统、服务、管理及其优化组合于一体，向人们提供安全、高效、便捷、节能、环保、健康的建筑环境。而智能化集成系统（Intelligent Integration System）是将不同功能的建筑智能化系统，通过统一的信息平台实现集成，以形成具有信息汇集、资源共享及优化管理等综合功能的系统。

图9.1　智慧旅游谱系

## 第五节　北京智慧旅游谱系

北京是国际著名的旅游目的地，是我国首批智慧旅游建设城市之一。北京在全国率先启动智慧旅游的建设，成为全国智慧旅游建设的先行军，经过几年的建设，已取得了较为显著的成效。根据姚国章（2016）内容，汇总如下。

### 一、北京智慧旅游的建设目标

北京智慧旅游的建设从智慧城市建设及旅游企业、旅游者的实际需要出发，以完善对旅游者的公共服务功能、提升旅游企业面向国内外市场的服务能力、提高旅游行政管理部门对旅游的行政服务水平为需求，确保智慧旅游建设项目的针对性和实用性，在此基础上提出了北京智慧旅游的发展目标：宽带泛在的基础设施、智能融合的信息技术应用和创新持续的便利旅游服务。为实现这一目标，北京逐步建立北京智慧旅游政务管理体系、智慧旅游公共信息服务体系和旅游业态智慧旅游服务体系三大智慧旅游体系，推动9个智慧旅游系统建设，形成60个智慧旅游建设项目。

北京智慧旅游的第一阶段任务是要建成泛在、集约、智能、可持续发展的智慧旅游支撑体系，实现旅游行政服务职能智能运行、旅游者智慧旅游、旅游企业网络运营等高度融合的旅游公共服务便捷实用的发展态势，形成智慧旅游引领旅游发展的格局。北京智慧旅游公共信息服务体系建设包括三个方面的内容。

（一）建设旅游公共服务信息系统

北京智慧旅游公共服务信息系统包括以下内容：

（1）建设和完善北京旅游网（www. visitbeijing. com. cn）：为旅游者提供全方位国内外智慧旅游发展状况信息的智能服务，配合"市民主页"，提供各类整合的移动服务信息，将北京旅游网打造成北京旅游的名牌。

（2）建设旅游公共信息服务平台：以物联网、现代通信技术为基础，建立旅游公共信息服务云平台；建立旅游公共信息数据库；建立基于地理信息的旅游服务平台；实现旅游行业信息的收集、分类、处理和发布的自动化。

（3）完善旅游公共信息服务管理平台：建立健全相应的规章制度，加强旅游信息收集和发布的管理平台建设。

（二）推进智慧旅游电子商务系统建设

发展电子商务，积极推进北京旅游卡建设，建设和推广刷卡无障碍支付工程。推动旅游营销信息发布及旅游服务在线预订平台建设，推进旅游星级饭店、景区等旅游企业提供在线预订和智能服务。

（三）推进智慧旅游便民服务系统建设

北京智慧旅游便民服务系统建设主要包括以下内容：

（1）建立虚拟景区旅游平台：编制网络虚拟旅游建设规范。以北京旅游信息网为载体，以北京各 A 级景区为蓝本，开发北京景区网络虚拟旅游平台。

（2）推动建立景区自助导游平台：编制景区自助导游系统建设规范。采取多种形式，鼓励各 A 级景区开发和使用自助导游软硬件系统。

（3）推动开发建设城市自助导览平台：编制城市自助导览系统建设规范。开展城市自助导览的研究、探索和开发工作。

（4）推动旅游信息传播渠道多元化：编制旅游信息展示终端建设规范。推动旅游饭店、景区、旅行社、旅游乡村等旅游企业旅游信息传播渠道多元化。

（5）推动无线宽带网覆盖：采取多种方式，促进饭店、旅游乡村、景区等旅游企业建设开通无线宽带网。

## 二、北京旅游业态智慧旅游服务体系建设

（一）推进智慧景区试点示范建设

1. 编制智慧景区建设规范

依据规范和扶持政策，推进智慧景区试点示范建设，优化旅游景区的接待环

境，提升旅游景区的智能服务质量。

2. 智慧景区规范建设的内容

（1）建设景区安全保障智能监控工程。

（2）建设景区电子门票、门禁工程。

（3）建设景区流量实时统计、上报、发布工程。

（4）建设景区应急管理及紧急救援工程。

（5）建设景区内部办公工程。

（6）建设景区门户网站工程。

（7）建设景区电子商务工程。

（8）建设景区旅游故事及游戏软件工程。

（9）建设景区旅游资讯数字化信息发布工程。

（10）建设景区多媒体展示及网络虚拟旅游工程。

（11）建设景区自助导游工程。

（12）建立景区呼叫中心平台和建设景区投诉及游客互动工程等。

（二）推进智慧酒店试点示范建设

1. 编制智慧酒店建设规范

依据规范和扶持政策，推进智慧酒店试点示范建设，推动物联网等技术在旅游酒店的应用，促进旅游酒店智能服务水平的提高。

2. 智慧酒店规范建设的内容

（1）建设酒店网络及通信基础工程。

（2）建设酒店客房自助信息及电子商务终端工程。

（3）建设投诉、满意度调查及游客互动系统工程。

（4）建设监控安防系统工程。

（5）建设酒店智能客房控制系统工程。

（6）建设酒店多媒体自助服务终端工程。

（7）建设酒店中央预订系统工程。

（8）建设酒店管理系统工程。

（9）建设酒店综合视频会议系统工程和酒店智能闭路电视工程。

（10）建立酒店呼叫中心平台等。

（三）推进智慧旅行社试点示范建设

1. 编制智慧旅行社建设规范

依据规范和扶持政策，推进智慧旅行社试点示范建设，推动和逐步完善旅行社智能化建设，深化旅行社行业整体的信息化应用。

2. 智慧旅行社规范建设的内容

（1）建设旅行社团队（游客）管理和旅游电子合同工程。

（2）建立旅行社及导游领队服务管理系统。

（3）建设旅行社 ERP 业务管理工程。

（4）建设 B2B 企业分销工程。

（5）建设 B2C 企业网站工程。

（6）建设旅行社服务质量跟踪及游客互动工程和建立旅行社呼叫中心平台。

（7）建设旅行社供应商管理工程。

（8）建立旅行社客户关系管理（CRM）及会员卡管理系统。

（9）建设旅行社在线 OA 管理工程。

（10）建设旅行社电子行程单管理及 GPS 定位与身份识别工程。

（11）建立旅行社旅游保险管理平台。

（12）建立智慧旅行社物联网平台与移动商务管理平台等。

**（四）推进智慧旅游乡村试点示范建设**

1. 编制智慧旅游乡村建设规范

依据规范和扶持政策，推动和逐步完善旅游乡村信息化、智能化建设，引导旅游乡村旅游环境与公共服务建设，促进旅游乡村电子商务建设和推广。

2. 智慧旅游乡村规范建设的内容

（1）建设旅游乡村基础网络工程，包括无线宽带网（WLAN）建设工程和室内宽带无线覆盖工程。

（2）建设旅游乡村门户网站工程。

（3）建设旅游乡村网络营销订购和旅游服务工程。

（4）建设消费刷卡无障碍服务工程。

（5）建设安全管理信息服务工程。

（6）建设旅游乡村中的民俗户智能终端覆盖工程和建设旅游乡村游自助导游、导航工程。

## 三、北京智慧旅游政务管理体系建设

**（一）建立智慧旅游电子政务系统**

1. 建立并完善电子政务办公系统

（1）深化旅游部门内部管理信息化应用，建立旅游信息化管理及自动办公 OA 系统、移动办公系统和视频会议系统。

（2）使市、区两级旅游部门办公系统互联互通，共享业务信息，实现从业务办公到公文编制、报送、审批等无纸化办公。

2. 提升政务网站服务能力

（1）进一步完善北京旅游信息网建设，政务信息发布应做到及时、适时、准确。

（2）建设并完善电子政务服务系统，完善网上办事流程。

（3）建立旅游企业、从业人员诚信监管发布平台及信誉公示机制。

3. 建设并完善旅游业务电子办公系统

（1）深化政务信息资源整合共享，加强行政管理和信用信息公示，建立并完善旅行社团队（游客）管理平台及电子合同管理平台。

（2）建立景区、饭店、旅游乡村游客信息分析平台。

（3）完善旅行社及分支机构审批备案平台。

（4）建立并完善星级饭店、A级景区、A级旅行社、市级民俗旅游村及乡村旅游特色业态评定管理平台。

（5）建立法规、政策查询检索平台。

（6）建立旅游执法平台。

（7）建立 12301 投诉受理及管理平台。

（8）建立旅游假日与应急统计及管理平台。

（9）建立旅游功能区、旅游公共服务设施地理管理平台。

（10）建立旅游形象宣传、旅游活动资源库；建设远程培训工程等。

4. 资源整合

通过电子政务办公系统和旅游业务电子办公系统，将旅游企业信息、旅游市场信息、各种多媒体监测信息等各方资源进行整合共享，为决策和研究随时提供准确的信息。

（二）建设旅游应急指挥系统

（1）充分运用智能视频监控、移动网络、物联网等技术和手段，建立动态感知游客活动信息和旅游企业状态信息的网络。

（2）建立旅游企业、游客信息监控平台。

（3）建立旅游企业、游客综合信息安全管理平台。

（4）建立旅游安全决策及应急指挥平台。

## 第六节　北京智慧旅游案例

**一、进展**

2009 年 11 月 1 日，国务院出台的《关于加快发展旅游业的意见》提出："积极开展旅游在线服务、网络营销、网络预订和网上支付，充分利用社会资源构建旅游数据中心、呼叫中心，全面提升旅游企业、景区和重点旅游城市的旅游信息化服务水平。"这一意见为我国智慧旅游的发展奠定了基础。2010 年 3 月"两会"期间，"智慧旅游"概念第一次在我国正式提出。

2012 年 5 月 2 日，北京市旅游发展委员会先后印发《北京智慧旅行社建设规范（试行）》《北京智慧旅游乡村建设规范（试行）》《北京智慧饭店建设规范（试行）》和《北京智慧景区建设规范（试行）》，对智慧旅行社、旅游乡村、饭店和景区建设进行规范。2012 年 5 月 10 日，北京市旅游发展委员会正式发布《北京智慧旅游行动计划纲要（2012—2015 年）》（以下简称《纲要》），明确了北京智慧旅游的建设重点、内容和发展目标，有效指导机关单位、企业和社会参与智慧旅游建设。《纲要》指出，"智慧北京便利旅游"的发展目标为宽带泛在的基础设施、智能融合的信息技术应用和创新持续的便利旅游服务，并计划于 2015 年，在全市初步建立北京市智慧旅游公共服务体系、旅游业态智慧旅游服务体系和智慧旅游政务管理体系三大智慧旅游体系，建设旅游公共服务信息系统、智慧旅游电子商务系统、智慧旅游便民服务系统建设、智慧旅游电子政务系统和旅游应急指挥系统九大智慧旅游系统，完成虚拟景区旅游平台、景区自助导游平台、城市自助导览平台等 60 个智慧旅游建设项目，还制定出台了"智慧景区""智慧饭店""智慧旅行社"和"智慧旅游乡村"四个智慧旅游业态建设的评定方法和奖励、补贴、扶持等政策。

2014 年 8 月 9 日，国务院出台了《关于促进旅游业改革发展的若干意见》，提出要制定旅游信息化标准，加快智慧景区、智慧旅游企业建设，完善旅游信息服务体系。2015 年 8 月 4 日，国务院办公厅出台了《关于进一步促进旅游投资和消费的若干意见》，提出积极推动在线旅游平台企业发展壮大，整合上下游及平行企业的资源、要素和技术，形成旅游业新生态圈，推动"互联网+旅游"跨产业融合；并指出到 2020 年，全国 AAAA 级以上景区和智慧乡村旅游试点单位实现免费 Wi-Fi、智能导游、电子讲解、在线预订、信息推送等功能全覆盖，在全国打造 1 万家智慧景区和智慧旅游乡村。2019 年 8 月 12 日，国务院办公厅发布《关于进一步激发文化和旅游消费潜力的意见》，提出推进"互联网+旅游"，强化智慧景区建设，实现实时监测、科学引导、智慧服务。

此外，作为北京市旅游局领导下的群众性学术团体，北京旅游学会积极组织旅游研究机构和专家学者开展了诸多关于智慧北京的旅游理论研究和学术交流活动，形成了丰富的研究成果，为智慧北京的实践奠定了理论基础。

截至 2021 年底，北京已开放的收费型等级景区均实现门票网络预约，223 家 A 级旅游景区、17 家老年人文化旅游接待基地和 91 家红色旅游景区实现虚拟导游。

## 二、特点

### (一) 智能化

以云计算、物联网和虚拟现实等技术为代表的智能技术逐步得到应用，促进了智慧旅游的发展。这些技术在旅游景区的应用，实现了景区各方面的智能化改造和升级，从而提高了景区的综合水平。如 AR 全景技术应用场景的接入，突破了旅游时间和空间的限制，可随时浏览景区，向观众提供沉浸式的导览体验；GPRS 导航技术和 LBS 定位技术为游览提供了精确位置服务，通过位置查找服务可快速到达目的地，还可根据基础设施信息就近获取服务等。

### (二) 人性化

智慧旅游虽然建立在智能技术的基础上，但并不是简单地将技术直接应用到原有的管理和服务上。智慧景区建设的原则是满足景区游客和景区管理的需求，应注意智能技术应用的人性化。如为了优化完善无障碍体验，采用 AI Lab 的图像描述生成技术，增加图像语音即时描述功能，帮助老年人和视障人群享受地图服务。

### (三) 系统性

在智慧景区中，涉及多类系统，比如旅游公共服务信息系统、智慧旅游电子商务系统、智慧旅游便民服务系统建设、智慧旅游电子政务系统和旅游应急指挥系统。这些系统并不是相互孤立、相互割裂的，需要各个系统相互合作、互通互享。通过建立一个"智慧大脑"，在实现对景区全面感知的同时，实现多个系统的融合互通，将原本独立的各子系统进行整合，实现系统的互联和数据的互通。同时，提供对外接口，可实现与风景区之外第三方系统的互联互通。

### (四) 透彻感知

在智慧景区中，通过建立遍布各处的传感前端，实现对景区实况的实时感知。利用智能管理平台强大的商业智能功能，对景区内的实际情况进行实时感知和智能管理，进行游客结构与旅游的统计分析，起到景区流量控制的作用。同时，确保景区内人财物的安全，对旅游资源的深度开发进行决策支持。此外，还可通过对历史数据的智能分析，对预期客流量、车流量和游客偏好进行预测规划。

## 三、案例

### (一) 北京智慧旅游地图，助力老年人畅游无忧

2017 年，北京市文化和旅游局开始布局建设"北京智慧旅游地图"公众号，利用微信平台，实现旅游景区、红色旅游基地和老年人文化旅游接待基地等多种

旅游资源点的分类搜索、虚拟导游和旅游公共服务设施等内容的在线查询。为了不断完善此微信公众号平台，探索老年人服务新模式，陆续推出智慧地图、虚拟导游和无障碍设施及游览线路查看等功能。

一是智慧地图，以电子地图形式，提供旅游等级景区、红色游景点和老年人文化旅游接待基地等旅游资源信息。

二是虚拟导游，开启在线游览的智能化服务。虚拟导游是"北京智慧旅游地图"微信公众号的核心服务栏目，主要通过虚拟现实等技术，帮助老年人近距离、全面领略北京的大美风光，为下一步精准出游提供借鉴。在虚拟导游内容分类设置上，界面采用直观的"区域景区游、分级景区游、红色游景区和老年人文化旅游接待基地"等分类模块，让老年人根据各自需求特点，快速找到自己感兴趣的内容。点击进入后无须复杂的操作，只要滑动屏幕，或点击屏幕上的箭头，就可足不出户欣赏到旅游景区、红色游景点的 VR 全景导览。在虚拟导游其他功能的设置上，页面设置充分考虑老年人使用场景及使用需求，使用简单图示或文字；自动语音播放功能，可以让老年人在了解旅游景点介绍的同时，收听导游介绍，若想关闭声音，也只需点击一下即可；一键拨号功能，免去了老年人退出界面、拨打旅游景区咨询电话的麻烦，在当前页面即可实现快速拨号。

三是无障碍设施及游览线路查看。随着老年出游群体的不断增多，北京市文化和旅游局持续落实全市无障碍环境建设三年行动计划，指导各区推进旅游景区、宾馆酒店、文化馆、图书馆、剧院的无障碍环境提升工作。其间共计完成改造 1230 个无障碍元素，从硬件上满足残障人士及特殊人群的无障碍旅游出行需求。但如何让老年人或有无障碍出行需求的用户了解旅游景区的无障碍环境情况，是老年人智慧旅游亟待解决的问题。"北京智慧旅游地图"不断完善全市等级旅游景区公共服务设施的线上地图标注，2021 年正式推出无障碍导览功能。该项主要面向老年人、残障人士以及特殊人群等有无障碍出行需求的群体。通过对全市旅游景区的无障碍设施、无障碍游览路线等信息数字化改造，让特殊群体在线即可直观、全面地了解旅游景区无障碍设施以及游览信息，方便出行。无障碍导览功能主要依托地图技术，将全市无障碍旅游景区单独标出，对户外旅游景区，直接在地图上提供无障碍旅游线路导览及查看周边服务设施内容；对于室内旅游景区，则提供旅游景区无障碍导览图及无障碍设施内容介绍。与此同时，"北京智慧旅游地图"还实现旅游景区旅游厕所点位添加，对相关厕所位置、面积、厕位数量、家庭卫生间数量、无障碍厕位数量等信息进行了完善，并提供线上查询。

经过 4 年多的持续性建设及维护，"北京智慧旅游地图"不仅在栏目内容建设以及服务功能创新上得到很大提升，也成为北京旅游资源宣传展示的新窗口，连续在 2020 年和 2021 年中国国际服务贸易交易会进行专题展示，并在 2021 年北京市文化和旅游局公众满意度评价中获得 94.9 分，位居"职责履行"打分版块第一名。

截至 2021 年底，"北京智慧旅游地图"已基本实现北京旅游资源点的基础信息查询功能。

一是虚拟导游已实现全市 227 家 A 级旅游景区、17 家老年人文化旅游接待基地和 94 家红色旅游景区的虚拟导游在线查看。

二是对全市 140 家无障碍游览等级旅游景区进行了电子地图标注，以及增加无障碍游览线路的查询内容。

三是完成添加 1143 个智慧厕所点位及相关厕所位置、面积、厕位数量、家庭卫生间数量、无障碍厕位数量等公共服务信息。

四是面向老年人用户群体，通过线上线下相结合的方式进行用户调查，询问操作便捷度、服务功能实用性及是否愿意使用等内容，大部分受访服务用户表示认可和满意。

（二）故宫博物院"智慧开放项目"

2018 年，故宫博物院数字与信息部同专业地图团队合作，对故宫开放区域 600 多个建筑、展厅、服务设施位置信息精确采集，采用 GPRS 导航技术、LBS 定位技术和 360 度全景技术等，集成大众喜爱的紫禁城祥瑞、故宫美图和特色路线，打造集指路、百科与闲聊于一体的 AI 专属导游，推出了"玩转故宫"小程序，满足不同观众的个性化游览需求。2021 年 12 月发布的数字故宫小程序 2.0 中，"玩转故宫"全新升级为"智慧开放"项目，除继续优化地图导航服务，更以开放服务面临的突出问题为导向，从运营管理、服务质量、游客需求、开放安全、古建筑安全保护等多个维度抓取核心问题，扩展在线购票、预约观展、在线购物等实用版块，新增游客参观舒适指数查询、无障碍路线查询等功能，将"零废弃""适老化""无障碍"等理念融入开放服务中，并对 AR 实景导航在故宫场景应用进行了探索。

通过实地调研和游客行为分析，故宫博物院的"智慧开放"项目，将参观体验从吸引—攻略—参观—关注—记忆全方位提升。观众在到达故宫前，可通过查询购买门票，了解故宫建筑和宫廷历史故事，启发旅行灵感，感兴趣的建筑可提前收藏至地图的收藏夹，便于实地游览查找，合理安排路线。观众到达故宫后，可利用位置服务引擎，对最近的古建筑、展览、餐饮、商店、卫生间、出入口等常用设施位置快速查询。全景游、精华游、观花游、宫廷历史游提供个性化的路线选择。5 分钟更新一次的地图的舒适度功能实时展示故宫客流，既能提供路线参考，又能有效疏导人群，避免拥堵造成的安全隐患。对于不能进入游览的大殿和容易忽略的建筑细节，则可以通过 AR 实景导航，查看宫殿内景、瑞兽 3D 模型，屋檐细部等。祥瑞打卡和明信片功能，通过游玩与互动，将旅程向社交化裂变。此外，AI Lab 的"图像描述生成"技术，优化完善了无障碍体验，增加图像语音即时描述功能。解决了地图上建筑无障碍形态下的播报问题，以实现地图元素在无障碍场景下的焦点顺序语音播报以及点击语音播报等。帮助视障人群实现了可通过声音读取地点、道路、推荐路线、景点讲解等内容，使视障人群能够与普通用户一样，无障碍地享受地图服务。另外，故宫结合轮椅外借服务与无障碍通道查询，为不方便步行的人群智能规划路线。

全程陪伴的 AI 专属导游通过 12 万条故宫知识、观众问题的学习养成可进行文字、语音等多种形式交互，不仅为观众提供建筑讲解、导览服务，还有故宫知识百科、语音闲聊等多种功能。"传给故宫""故宫书店"等功能，提供了更流畅的游览和购物体验，通过线上线下的场景结合，为观众减轻参观负担，提供更多消费选择。游客回到家中，数字故宫小程序仍可持续提供花样赏文物、慢直播等服务，带领观众以另一种形式了解故宫、走进故宫。

从"玩转"导航的小助手，到更智能、更友好、更简单的开放服务平台，故宫博物院公共服务水平迈上了新的台阶，也向"智慧博物馆"一站式参观体验的建设历程迈出了新的一步。

（三）延庆打造长城内外全域旅游数字化生活平台

2016 年 5 月，全域旅游数字化生活新服务长城内外平台（以下简称"长城内外"）正式上线运营，成为北京市首家全域旅游电商平台。"长城内外"整合八达岭长城、延庆区及周边旅游资源，充分发挥八达岭长城品牌优势，打造集食、住、行、购、娱于一体的网络服务体系，本着提升景区服务水平、提高景区信息化程度的旅游电子商务理念，为游客和企业提供网上在线交易服务。如今，"长城内外"已建成美丽延庆官方平台、数字化管控平台、票务综合业务管理系统、云 PMS 酒店管理系统、全域旅游年卡系统、导游导览、智能客服、AI 互动旅游攻略、云餐饮新零售系统等多维度应用系统，对外链接了微信公众号、小程序和官网等多个端口，对接中国银行、华为鸿蒙、腾讯、电子支付等平台系统。截至 2021 年底，该平台经过多次技术升级迭代，已实现延庆区各景区、酒店、民宿客栈、租车导游、土特产品和文创纪念品预订"一站式"服务功能，累计服务数千万名游客及近千家旅行社、景区、酒店等旅游企业，实现在线交易额 5 亿余元。

# 第十章　智慧环保

　　我国政府一直高度重视环境保护工作。随着信息化技术的不断发展，更多的科技手段被应用到环境保护工作中。技术进步为环境保护工作的升级转型提供了坚实的技术保障。智慧环保是运用物联网、大数据、人工智能等技术，借助数据采集、处理、传输、存储、运用等过程，将相对分散的数据信息进行规范，实现数据信息的全面转化。"智慧环保"是"数字环保"的跨越式发展，不再仅限于环保数据的采集整理，而是通过与物联网等技术手段结合，达到环境业务系统的高度整合。

## 第一节　智慧环保建设现状

　　随着智慧城市的建设，中国政府对"智慧环保"日益关注。习近平明确指出，要推进全国生态环境监测数据联网共享，开展生态环境大数据分析；李克强强调，要在环保等重点领域引入大数据监管，主动查究违法违规行为。智慧环保将人工智能等技术融合到环境应急管理、环境监测业务中，通过大数据进行风险评估、分析，从而提出环境治理智慧型解决方案。鉴于智慧环保对促进环境改善有明显的促进作用，越来越多国家将智慧环保升级为国家战略的重要组成部分。

### 一、智慧环保建设现状与存在问题

#### （一）国外发展现状

　　智慧环保建设是智慧城市建设的关键内容之一。从智慧城市政策发布时间和层级上看，有三类国家先后开展了智慧城市建设：第一类为以新加坡为代表的先发积极型；第二类为以欧洲国家等为代表的持续投入型；第三类为以美国、澳大利亚和印度等为代表的后期加入型。这些国家都在加大智慧环保领域的投入力度，启动制定并发布了一系列产业和科研相关政策。

从具体的政策内容上看，与智慧环保相关的主要有三个方面：

一是加强基础和应用科学的研发投入。在美国白宫投入 1.6 亿美元启动的新"智慧城市"计划中，通过国土安全部、交通运输部、能源部、商务部等政府相关部门投入 4500 万美元，推动安全、能源、气候应对、交通等领域应用技术研发。伦敦等欧洲城市在"智慧城市和社区灯塔"计划中，计划投入 2500 万欧元用于智能能源供应等领域实验智能技术研发。澳大利亚智慧城市计划提出，重点支持实时数据开放共享、节能等智慧技术的研发。

二是推动先进信息与通信技术的普及应用。各国推进智慧城市普遍以 ICT 为导向，希望通过智慧城市建设巩固 ICT 领先优势。新加坡"智慧国家 2025"计划提出通过 ICT 采集全国数据信息，并基于这些信息实现更好的城市管理、便民服务和经济发展。为达成该目标，新加坡资讯通信发展管理局提出"三步走"远期规划：第一个阶段以"连接"为核心，构建一个安全、高速、经济且具有扩展性的全国通信基础设施；第二阶段聚焦在"收集"，通过遍布全国的传感器网络获取更理想的实时数据；第三阶段推进信息的"理解"，通过建立面向公众的数据共享和分析机制，预测民众需求并提供更好的服务。

三是优化基础环境。发达国家和发展中国家均将城市基础设施建设作为推进智慧城市的首要任务，欧盟智慧城市与社区创新伙伴计划将基础设施建设作为三大重点领域之一，而印度 2015 年 8 月公布 98 个智慧城市试点主要内容也聚焦于增强城市基础设施。在基础设施建设的基础上，欧盟国家突出绿色和低碳主题，希望通过智能交通、智慧能源、智慧水务等建设推动城市生产和生活方式的转变。

（二）国内发展现状

中国政府在推进智慧环保的过程中为其设置了良好的政策环境。2015 年 7 月，国务院在《关于积极推进"互联网+"行动的指导意见》中首次提出"大力发展智慧环保"，此后环保各细分领域数字化、智慧化发展支持政策相继出台。2015 年 8 月，国务院办公厅发布了《生态环境监测网络建设方案》，提出"全面设点，完善生态环境监测网络""全国联网，实现生态环境监测信息集成共享"。2017 年 9 月，中共中央办公厅、国务院办公厅发布《关于深化环境监测改革提高环境监测数据质量的意见》，要求"加强大数据、人工智能、卫星遥感等高新技术在环境监测和质量管理中的应用"。2019 年 1 月，国务院办公厅发布《"无废城市"建设试点工作方案》，提出"实现固体废物收集、转移、处置环节信息化、可视化"。2019 年 4 月，住房和城乡建设部、生态环境部、国家发展和改革委员会联合发布《城镇污水处理提质增效三年行动方案（2019—2021 年）》，提出"依法建立市政排水管网地理信息系统（GIS）"。2020 年 6 月，生态环境部发布《关于在疫情防控常态化前提下积极服务落实"六保"任务　坚决打赢打好污染防治攻坚战的意见》，提出"推动生态环保产业与 5G、人工智能、工业互联网、大数据、云计算、区块链等产业融合，加快形成新业态、新动能，拉动绿色新基建"。

目前，我国智慧环保行业发展势头良好，许多企业项目的落地受益于"数字政府"的建设。从竞争格局看，作为典型的由交叉领域延伸出的行业，智慧环保主要市场竞争者包括三类：智慧化转型的传统环保企业（尤其是环境监测设备与服务提供商）、拓展应用场景的 IT 企业（尤其是物联网、大数据企业）以及专业的智慧环保服务提供商。由于行业发展时间尚短，第三类企业大部分为智慧城市一体化方案提供商，其业务领域覆盖智慧环保。从上市企业的市场表现看，智慧环保行业上市企业营业收入从 2015 年起逐年上升，2019 年达到 197.26 亿元，增速较为稳定但尚未突破两位数；从盈利能力看，由于较高的研发成本和期间费用，近年智慧环保行业上市企业销售净利率保持在较低水平。在重点项目方面，近年来，国内各级政府纷纷开展"数字政府"建设，不断完善"互联网+环保"建设部署，推动形成智能、开放的环境保护信息化体系，构建政府主导、企业主体、社会组织和公众共同参与的环境治理体系，打造多方共治的智慧环保应用体系，成为拉动智慧环保项目落地的关键力量。2019 年，智慧环保领域政府采购项目主要分布在广东、北京、甘肃、山西等地，项目类型以环保大数据平台、环境监测监管平台为主。其中，广东中标金额最高，具有代表性的项目包括 4.45 亿元深圳智慧水务一期工程等；北京金额位居第二，主要受益于延庆区为世园会、冬奥会两大盛会服务所推进的"智慧延庆"建设。在商业模式方面，智慧环保企业的盈利模式分为两部分：一是通过为客户建设智慧环保系统取得项目建设收入；二是对后续转入服务期的项目，通过数据运营服务，持续性取得服务收入。针对政府应用，智慧环保项目的投资运营模式类型包括工程总承包（EPC）、建设—经营—转让（BOT）、政府和社会资本合作（PPP）等，其中 PPP 模式通过促使政府与企业合作参与项目，能够有效减轻地方债务压力和企业融资难度，并提高公共产品供给效率，因此成为实践较多的投资运营模式。

（三）现存问题分析

1. 环境监测设备成熟度低

数据获取是整个环境物联网的基础。只有获取完善、可靠的数据，才能为智慧环保系统运行提供数据支撑，基础数据缺失导致智慧环保系统分析对象缺失，最终严重阻碍智慧环保系统的运行。

2. 信息孤岛现象严重

环境各部门之间缺少统筹规划和组织协调，导致各部门获取的环境信息相对封闭、业务系统相对独立。此外，部门之间尚未建设完备的共享平台，数据采集具有重复性，数据利用率低，这些问题大大降低了工作效率，导致资源浪费严重，信息共享率低，在很大程度上增加了环保工作者的工作量。

3. 信息透明度低

环境保护工作不能只依赖于环保部门工作人员，而应该协调公众，提高公众参与度。由于缺乏统一的标准，环境各部门之间对涉密、非涉密的工作数据规定各不相同，能与公众分享的数据也相当有限。公众只能通过已公布的环境数据了解地方环境质量，很难通过环境数据形成对环境质量的自我判断，长此以往，公众对于环境保护工作的关心和参与度逐渐下降。同时，信息不透明在某种程度上忽视了公众在环保工作中的作用，这不利于公众配合环保工作，无形中增加了环保工作开展的难度。

4. 环境信息庞杂，无法共享

环境保护系统不仅具有丰富的环境监测在线数据、污染源普查数据、节能减排数据等环保相关数据，还有人事部门的员工数据，科技部门的标准数据等，这些数据目前由各部门分开管理使用，存放于不同的数据平台，很难做到数据共享，同时由于缺少统一的数据平台，数据无法被统一整合。科学研究的数据获取一直是研究人员面临的困难，数据共享平台的开通，能够加强各部门研究人员的合作，有利于整个环保研究的发展。

**二、北京智慧环保建设现状**

2012 年 3 月，北京市政府制定和发布了《智慧北京行动纲要》，提出了实施"智慧北京"的八大行动，目标是实现从"数字北京"向"智慧北京"全面跃升。具体到智慧北京的评价指标体系，包括城市智慧节能、环保评价指标体系等。2021 年 3 月，《北京市"十四五"时期智慧城市发展行动纲要》提出，推动生态环保领域协同，要加强感知统筹，建立生态环保"测管治"一体化协同体系，提升生态环保综合执法效率。提高重污染天气、地质灾害、地震灾害、森林火灾等场景一体化应急管理服务能力，加强水环境管理、水旱灾防御、农业农村管理、公园管理等智慧化应用。鼓励社会企业创新生态环保应用，激活企业绿色技术创新动能。

在北京市政府的推动下，北京全面开展大气、水、声、辐射、生态等环境质量监测，对重点污染源开展监督性监测，监测信息对社会公开，要求全市 187 家重点排污企业要分阶段向社会发布企业自行监测信息。2012 年 7 月，北京市开展了环境监测"一张图"系统研究，在一套标准、一个系统、一个视窗下，利用多源数据进行数据抽取、关联、异构、挖掘和表达，实现了北京及周边多种环境指标数据（质量、污染源）等的时空、因果联动服务与发布，有力支撑了北京的环境监测和保护工作。2015 年，北京地区空气质量遥感监测技术与工程化应用项目构建了大气遥感监测平台，实现了区域大气颗粒物、气态污染物、沙尘等污染物和污染过程的动态监测，拓展了环境监测的数据来源和监测范围，实现了大气环境监测天地一体化，在大气遥感监测领域走在了全国前列。通过该技术的成功实践，已将 PM2.5 等大气污染物和沙尘、秸秆焚烧等遥感监测与评价列为常规业务，并定期向管理部门通报，为环境执法监管提供了有力支持。

北京市园林绿化局已经把数据资源作为信息化资产来管理，陆续建成了公园风景区、城市绿地管理、野生动植物保护、林木病虫害防治、生态工程等 12 类核心业务数据，为各级领导、业务部门及社会公众提供实时、高效的数据支持与服务。此外，北京市园林绿化局建设了"北京市园林绿化局虚拟云平台"、利用移动应用技术开发建设了"移动监管小助手系统"，实现了北京市园林绿化资源空间分布、面积等信息在移动终端上的实时查询与调阅；利用首都园林绿化政务网这一公众服务平台，将政务信息资源应用到公众服务领域，先后为公众提供了"北京绿道""首都全民义务植树""林木绿地认建认养""平原造林专题"等 36个特色专题，同时利用微博、微信等新媒体，为网民提供园林绿化环境与成果等方面的便捷查询与信息服务。

2019 年，延庆区智慧环保项目建设完成。天地空一体化监测设备实现了延庆全覆盖，其中监测设备包含综合空气站、景区负氧离子双项站、PM2.5 颗粒物监测站、激光雷达、移动污染源监测站、油烟监测站、VOC 监测站、噪声监测站、地表水质综合监测站、污水在线监测，可提供全天 24 小时延庆范围内的环境质量数据实时监测。在智慧环保指挥中心内建设了在线监控数据与统计分析数据的可视化呈现，其中包括 15 套业务子系统，涵盖延庆区生态环境局所有的业务流程。空气质量预警、预测系统结合污染源排放清单、气象信息里的风场、云层、降雨等综合分析，可以预测未来 3 天延庆范围内的气象与空气质量状况。通过智慧环保建设，延庆具有实时掌握及控制重点活动区域环境质量的能力，涵盖重大污染预警预测系统和突发事件应急指挥平台在内的国际一流智慧环保系统；建立生态环境预警、预报机制与应急处置，为重污染以及突发事件的应急措施制定及实施提供技术支撑，总体提升延庆区环境监察与监管能力。

2020 年 12 月，北京海淀区城市大脑智慧能源平台上线。海淀注重发挥科技创新优势，运用科技手段加强大气环境治理，依托"城市大脑"建设不断强化大数据智能化管理，运用卫星遥感技术手段、移动污染源自动监测系统逐步提升生态环境精细化治理水平。渣土车、柴油车、违法施工、偷排污水等以往难以监管查处的种种污染现象，在大数据技术支撑下，都得到了有效解决。在海淀"城市大脑"展示中心，可以看到在大气、水体、土壤多个领域的监测过程。

2021 年 6 月，北京大兴区生态环境局开始建设大兴区智慧生态建设项目。其主要目标是：完成基础物联设施的升级，尤其是大气环境、水环境监测方式提升；生态环境数据资源分中心升级，提升生态环境管理数据支撑能力；搭建信息化系统框架，优先建设生态环境业务类应用，为领导决策支撑提供可视化技术支持。

2021 年 11 月，北京通州区潞城镇人民政府潞城镇智慧环保平台建设项目开始建设，通过集成整合现有潞城镇 34 个大气监测点数据、涉气污染企业监测数据，结合新增视频监控，形成潞城镇对下辖 33 个平房村、辖区内重点企业等重点环境区域进行有效管理，实现生态环境预警手段的多样性和预警时效性，提升了对潞城镇大气环境质量问题的分析研判能力，提升环境预警、分析、应急处置能力。

## 第二节　智慧环保目标谱系

智慧环保借助物联网等技术，把感应器和装备嵌入各种环境监控对象（物体）中，通过超级计算机和云计算将环保领域物联网整合起来，可以实现人类社会与环境业务系统的整合，以更加精细和动态的方式实现环境管理及决策的智慧。

### 一、智慧环保目标谱系建设的意义

（一）落实"打赢污染防治攻坚战"的要求

污染防治攻坚战是党的十九大提出的我国全面建成小康社会决胜时期的"三大攻坚战"之一。需以改善生态环境质量为核心，以解决人民群众反应强烈的突出生态环境问题为重点，围绕污染物总量减排、生态环境质量提高、生态环境风险管控三类目标，突出大气、水、土壤污染防治三大领域，坚决打好污染防治攻坚战。污染防治攻坚战是系统性工程，需要以科学技术为支撑，以信息化手段为抓手，以提高生态环境治理能力和效率，智慧环保的建设能为污染防治攻坚战提供有力支撑，是打赢污染防治攻坚战的必要条件之一。

（二）加快推进生态环境厅局数字化转型

政府数字化转型是新时代政府加强自身建设的重要内容，生态环境部高度重视数字化转型工作。智慧环保解决方案的开展是深入贯彻落实国家、生态环境部对于结合物联网、"互联网+"、大数据进行生态环境信息化建设、推进政府数字化转型的重要举措。智慧环保解决方案将基于当前生态环境现状，全面推动环境信息互联互通，打破信息孤岛、实现数据共享，促进环境管理信息化应用数字化转型，从而提升生态环境智慧化管理能力，是政府数字化转型重要的有机组成部分。

### 二、智慧环保目标谱系建设目标

智慧环保建设的总目标是实现碧水蓝天净土。根据总目标，可以分别建立政府谱系、社会谱系、企业谱系和个人谱系。如图 10.1 所示。

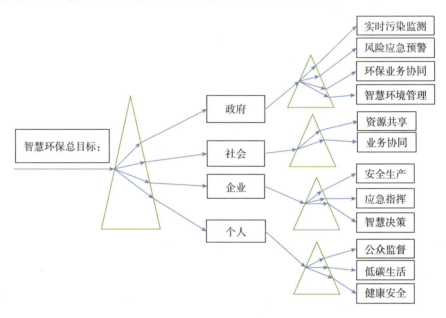

图 10.1　智慧环保建设目标

（一）蓝天

国家环境保护总局为贯彻《中华人民共和国环境保护法》和《中华人民共和国大气污染防治法》，保护和改善生活环境、生态环境，保障人体健康，于2012 年 2 月 29 日发布《环境空气质量标准》（GB 3095—2012），2016 年 1 月 1日实施。本标准规定了环境空气功能区分类、标准分级、污染物项目、平均时间及浓度限值、监测方法、数据统计的有效性规定及实施与监督等内容。各省、自治区、直辖市人民政府对本标准中未作规定的污染物项目，可以制定地方环境空气质量标准。本标准中的污染物浓度均为质量浓度。

《环境空气质量标准》根据国家经济社会发展状况和环境保护要求适时修订，首次发布于 1982 年，1996 年第一次修订，2000 年第二次修订，2012 年为第三次修订。2018 年发布了修改单，规定：3.14 "标准状态 standard state 指温度为273 K，压力为 101.325 kPa 时的状态。本标准中的污染物浓度均为标准状态下的浓度"修改为："参比状态 reference state 指大气温度为 298.15 K，大气压力为1013.25 hPa 时的状态。本标准中的二氧化硫、二氧化氮、一氧化碳、臭氧、氮

氧化物等气态污染物浓度为参比状态下的浓度。可吸入颗粒物（粒径小于等于
10 微米）、细颗粒物（粒径小于等于 2.5 微米）、总悬浮颗粒物及其组分铅、苯
并［a］芘等浓度为监测时大气温度和压力下的浓度"。如表 10.1 所示。

表 10.1  空气质量新标准中污染物基本项目浓度限值

| 序号 | 污染物项目 | 平均时间 | 浓度限值 | 单位 |
|---|---|---|---|---|
| 1 | 二氧化硫（$SO_2$） | 年平均 | 60 | 微克/立方米 |
| | | 24 小时平均 | 150 | |
| | | 1 小时平均 | 500 | |
| 2 | 二氧化氮（$NO_2$） | 年平均 | 40 | |
| | | 24 小时平均 | 80 | |
| | | 1 小时半均 | 200 | |
| 3 | 一氧化碳（CO） | 24 小时平均 | 4.0 | 毫克/立方米 |
| | | 1 小时平均 | 10.0 | |
| 4 | 臭氧（$O_3$） | 日最大 8 小时平均 | 160 | 微克/立方米 |
| | | 1 小时平均 | 200 | |
| 5 | 可吸入颗粒物（PM10） | 年平均 | 70 | |
| | | 24 小时平均 | 150 | |
| 6 | 细颗粒物（PM2.5） | 年平均 | 35 | |
| | | 24 小时平均 | 75 | |

资料来源：北京生态环境局，http：//sthjj. beijing. gov. cn/bjhrb/index/xxgk69/zfxxgk43/fdzdgknr2/
zcjd41/1713239/index. html.

生态环境部提出分期实施：2012 年，京津冀、长三角、珠三角等重点区域
以及直辖市和省会城市；2013 年，113 个环境保护重点城市和国家环保模范城
市；2015 年，所有地级以上城市；2016 年 1 月 1 日，全国实施新标准。按照生
态环境部要求，北京作为第一批实施城市之一，在 2013 年 1 月 1 日起，按新标
准监测和评价空气质量，同时向公众提供空气质量信息服务。

（二）碧水

国家环境保护总局为贯彻《中华人民共和国环境保护法》和《中华人民共
和国水污染防治法》，防治水污染，保护地表水水质，保障人体健康，维护良好
的生态系统，于 2002 年 4 月 26 日制定《地表水环境质量标准》，2002 年 6 月 1
日实施。本标准按照地表水环境功能分类和保护目标，规定了水环境质量应控制
的项目及限值，以及水质评价、水质项目的分析方法和标准的实施与监督。本标

准适用于中华人民共和国领域内江河、湖泊、运河、渠道、水库等具有使用功能的地表水水域。具有特定功能的水域，应执行相应的专业用水水质标准，如表10.2所示。

表 10.2　地表水环境质量标准基本项目标准限值　　　单位：毫克/升

| 序号 | 项目 | I 类 | II 类 | III 类 | IV 类 | V 类 |
|---|---|---|---|---|---|---|
| 1 | 水温（℃） | 人为造成的环境水温变化应限制在：周平均最大温升≤1 周平均最大温降≤2 | | | | |
| 2 | pH 值（无量纲） | 6~9 | | | | |
| 3 | 溶解氧 | 饱和率90%（或7.5） | 6 | 5 | 3 | 2 |
| 4 | 高锰酸盐指数≤ | 2 | 4 | 6 | 10 | 15 |
| 5 | 化学需氧量（COD）≤ | 15 | 15 | 20 | 30 | 40 |
| 6 | 五日生化需氧量（BOD$_5$）≤ | 3 | 3 | 4 | 6 | 10 |
| 7 | 氨氮（NH$_3$-N）≤ | 0.15 | 0.5 | 1.0 | 1.5 | 2.0 |
| 8 | 总磷（以 P 计）≤ | 0.02（湖、库0.01） | 0.1（湖、库0.025） | 0.2（湖、库0.05） | 0.3（湖、库0.1） | 0.4（湖、库0.2） |
| 9 | 总氮（湖、库，以 N 计）≤ | 0.2 | 0.5 | 1.0 | 1.5 | 2.0 |
| 10 | 铜≤ | 0.01 | 1.0 | 1.0 | 1.0 | 1.0 |
| 11 | 锌≤ | 0.05 | 1.0 | 1.0 | 2.0 | 2.0 |
| 12 | 氟化物（以 F⁻计）≤ | 1.0 | 1.0 | 1.0 | 1.5 | 1.5 |
| 13 | 硒≤ | 0.01 | 0.01 | 0.01 | 0.02 | 0.02 |
| 14 | 砷≤ | 0.05 | 0.05 | 0.05 | 0.1 | 0.1 |
| 15 | 汞≤ | 0.00005 | 0.00005 | 0.0001 | 0.001 | 0.001 |
| 16 | 镉≤ | 0.001 | 0.005 | 0.005 | 0.005 | 0.01 |
| 17 | 铬（六价）≤ | 0.01 | 0.05 | 0.05 | 0.05 | 0.1 |
| 18 | 铅≤ | 0.01 | 0.01 | 0.05 | 0.05 | 0.1 |
| 19 | 氰化物≤ | 0.005 | 0.05 | 0.2 | 0.2 | 0.2 |
| 20 | 挥发酚≤ | 0.002 | 0.002 | 0.005 | 0.01 | 0.1 |
| 21 | 石油类≤ | 0.05 | 0.05 | 0.05 | 0.5 | 1.0 |
| 22 | 阴离子表面活性剂≤ | 0.2 | 0.2 | 0.2 | 0.3 | 0.3 |
| 23 | 硫化物≤ | 0.05 | 0.1 | 0.2 | 0.5 | 1.0 |
| 24 | 最大肠菌群（个/L）≤ | 200 | 2000 | 10000 | 20000 | 40000 |

资料来源：中国生态环境部，https://www.mee.gov.cn/gkml/zj/wj/200910/t20091022_172098.htm。

（三）净土

国家环境保护总局为贯彻落实《中华人民共和国环境保护法》，加强建设用地土壤环境监管，管控污染地块对人体健康的风险，保障人居环境安全，于2018

年 6 月 22 日制定《土壤环境质量农用地土壤污染风险管控标准（试行）》（GB 15618—2018）和《土壤环境质量建设用地土壤污染风险管控标准（试行）》（GB 36600—2018）两项标准，并于 2018 年 8 月 1 日实施。本标准规定了保护人体健康的建设用地土壤污染风险筛选值和管制值，以及监测、实施与监督要求。本标准为首次发布，如表 10.3 所示。

表 10.3　建设用地土壤污染风险筛选值（基本项目）单位：毫克/千克

| 序号 | 污染物项目 | CAS 编号 | 筛选值 | | 管制值 | |
|------|-----------|----------|--------|--------|--------|--------|
| | | | 第一类用地 | 第二类用地 | 第一类用地 | 第二类用地 |
| 重金属和无机物 | | | | | | |
| 1 | 砷 | 7440-38-2 | 20 | 60 | 120 | 140 |
| 2 | 镉 | 7440-43-9 | 20 | 65 | 47 | 172 |
| 3 | 铬（六价） | 18540-29.9 | 3.0 | 5.7 | 30 | 78 |
| 4 | 铜 | 7440-50-8 | 2000 | 18000 | 8000 | 36000 |
| 5 | 铅 | 7439-92-1 | 400 | 800 | 800 | 2500 |
| 6 | 汞 | 7439-97-6 | 8 | 38 | 33 | 82 |
| 7 | 镍 | 7440-02-0 | 150 | 900 | 600 | 2000 |
| 挥发性有机物 | | | | | | |
| 8 | 四氯化碳 | 56-23-5 | 0.9 | 2.8 | 9 | 36 |
| 9 | 氯仿 | 67-66-3 | 0.3 | 0.9 | 5 | 10 |
| 10 | 氯甲烷 | 74-87-3 | 12 | 37 | 21 | 120 |
| 11 | 1，1-二氯乙烷 | 75-34-3 | 3 | 9 | 20 | 100 |
| 12 | 1，2-二氯乙烷 | 107-06-2 | 0.52 | 5 | 6 | 21 |
| 13 | 1，1-二氯乙烯 | 75-35-4 | 12 | 66 | 40 | 200 |
| 14 | 顺-1，2-二氯乙烯 | 156-59-2 | 66 | 596 | 200 | 2000 |
| 15 | 反-1，2-二氯乙烯 | 156-60-5 | 10 | 54 | 31 | 163 |
| 16 | 二氯甲烷 | 75-09-2 | 94 | 616 | 300 | 2000 |
| 17 | 1，2-二氯丙烷 | 78-87-5 | 1 | 5 | 5 | 47 |
| 18 | 1，1，1，2-四氯乙烷 | 630-20-6 | 2.6 | 10 | 26 | 100 |
| 19 | 1，1，2，2-四氯乙烷 | 79-34-5 | 1.6 | 6.8 | 14 | 50 |
| 20 | 四氯乙烯 | 127-18-4 | 11 | 53 | 34 | 183 |
| 21 | 1，1，1-三氯乙烷 | 71-55-6 | 701 | 840 | 840 | 840 |
| 22 | 1，1，2-三氯乙烷 | 79-00-5 | 0.6 | 2.8 | 5 | 15 |
| 23 | 三氯乙烯 | 79-01-6 | 0.7 | 2.8 | 7 | 20 |
| 24 | 1，2，3-三氯丙烷 | 96-18-4 | 0.05 | 0.5 | 0.5 | 5 |

表 10.4　农用地土壤污染风险筛选值（基本项目）　单位：毫克/千克

| 序号 | 污染物项目 | | 风险筛选值 | | | |
|---|---|---|---|---|---|---|
| | | | pH≤5.5 | 5.5<pH≤6.5 | 6.5<pH≤7.5 | pH>7.5 |
| 1 | 镉 | 水田 | 0.3 | 0.4 | 0.6 | 0.8 |
| | | 其他 | 0.3 | 0.3 | 0.3 | 0.6 |
| 2 | 汞 | 水田 | 0.5 | 0.5 | 0.6 | 1.0 |
| | | 其他 | 1.3 | 1.8 | 2.4 | 3.4 |
| 3 | 砷 | 水田 | 30 | 30 | 25 | 20 |
| | | 其他 | 40 | 40 | 30 | 15 |
| 4 | 铅 | 水田 | 80 | 100 | 140 | 240 |
| | | 其他 | 70 | 90 | 120 | 170 |
| 5 | 铬 | 水田 | 250 | 250 | 300 | 350 |
| | | 其他 | 150 | 150 | 200 | 250 |
| 6 | 铜 | 果园 | 150 | 150 | 200 | 200 |
| | | 其他 | 50 | 50 | 100 | 100 |
| 7 | 镍 | | 60 | 70 | 100 | 190 |
| 8 | 锌 | | 200 | 200 | 250 | 300 |

重金属和类金属砷均按元素总量计。
对于水旱轮作地，采用其中较严格的风险筛选值。

资料来源：中国生态环境部，https://www.mee.gov.cn/ywgz/fgbz/bz/bzwb/trhj/201807/t20180703_446027.shtml.

（四）智慧环保目标谱系

智慧环保是将云计算、大数据、物联网、移动应用、空间信息和智能控制等新型 IT 技术与环境管理业务应用、环境信息服务和环境产业发展有机结合，以生态环境信息全面感知、广泛互联、深度融合、集中管理和智能应用为特征的环境信息化体系，其目标是实现生态环境综合决策科学化、环境监管精准化和公共服务便民化。

智慧环保目标谱系分为感知层、传输层、处理层和应用层四层。具体如图10.2 所示。

1. 感知层

感知层是整个智慧环保架构的基础，发挥着信息收集的作用。感知层通过环境传感器、摄像头等感知大气、水、生态系统、土壤等的变化。感知层通过智能网关系统与现场的环境监测设备及传感器、监控摄像等检测系统获取所需要的环

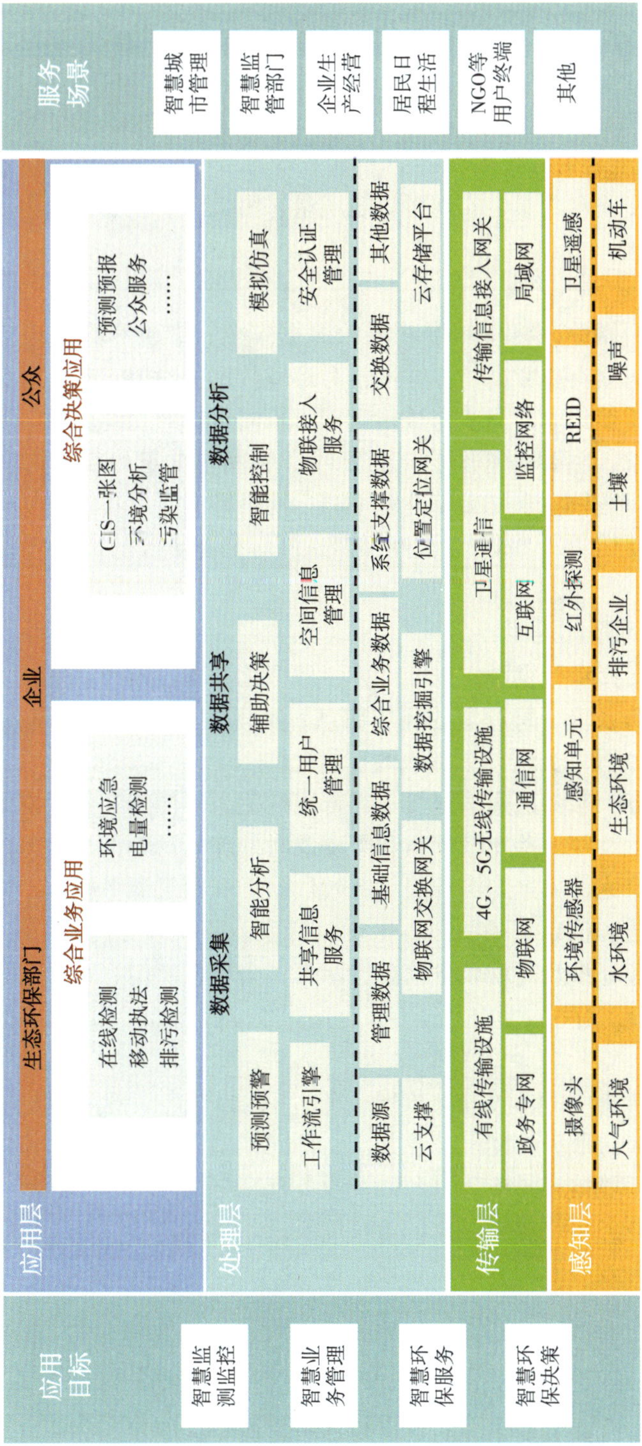

**应用目标**
- 智慧监测监控
- 智慧业务管理
- 智慧环保服务
- 智慧环保决策

**应用层**

生态环保部门｜企业｜公众

综合业务应用：在线检测、移动执法、排污检测……；环境应急、电量检测……

综合决策应用：GIS一张图、环境分析、污染监管……；预测预报、公众服务……

公众应用

**处理层**

数据采集：预测预警、智能分析、共享信息服务、基础信息管理网关、数据源、云支撑、管理数据、物联网交换网关

数据共享：辅助决策、统一用户管理、综合业务数据、数据挖掘引擎、空间信息管理

数据分析：智能控制、物联网接入服务、系统支撑数据、位置定位网关、交换数据、模拟仿真、安全认证管理、其他数据、云存储平台

**传输层**

有线传输设施、物联网、4G、5G无线传输设施、卫星通信、传输信息接入网关

政务专网、监控网络、通信网、互联网、局域网

**感知层**

摄像头、环境传感器、感知单元、红外探测、RFID、卫星遥感

大气环境、水环境、生态环境、排污企业、土壤、噪声、机动车

**服务场景**
- 智慧城市管理
- 智慧监管部门
- 企业生产经营
- 居民日常生活
- NGO等用户终端
- 其他

图10.2　智慧环保目标谱系

保数据、相应设备的数据，现场环境状况及可能存在的环境报警信息，为传输层提供所需的数据，实现对环境监测的一体化感知和认识。利用任何可以随时随地感知、测量、捕获和传递信息的设备、系统或流程，通过环保专网、运营商网络，结合4G、卫星通信等技术，将个人电子设备、组织和环保信息系统中存储的环境信息进行交互和共享，实现对环境质量、污染源、生态、辐射等环境因素的感知和互联互通。

2. 传输层

通过各种传输网络，将感知层获取的数据安全、准确和高效地传输到处理层。环保领域数据具有非常高的多样性，对环境数据传输要求较高。针对不同的传输业务需求，所能选取的无线广域网也有所不同。针对功耗较低、覆盖较广的业务传输工作需求，主要选用低功耗的无线广域网，常见的窄带物联网有NB-IoT网络、LoRa网络和基于LTE优化的eMTC网络等。针对长距离实时传输及大数据传输，需要使用4G、5G、以太网和Wi-Fi等带宽更大的传输网络。

3. 处理层

处理层又包括两个层面。

第一层是云支撑和数据源：以云计算、虚拟化和高性能计算等技术手段，整合和分析海量的跨系统、跨行业的环境信息，实现数据的实时处理、海量存储、深度挖掘和模型分析，实现"更深入的智能化"。

第二层是服务：服务层通过智慧环保智能网关为环保行业提供有效数据，在对外提供服务时，针对一些比较严重和需要及时处理的污染信息，云服务层能及时反馈应用平台，为污染追踪溯源提供有效依据。利用云服务模式，建立面向对象的业务应用系统和信息服务门户，主要包括智慧环保政务门户、办公自动化、信息发布公众服务、沙盘环境政务信息展示等，为环保部门、企业及公众提供统一的智慧环保入口。

4. 应用层

以云支撑层所提供的各种基础数据服务、GIS云服务、业务数据服务、目录服务等为基础，通过业务协同、信息共享、访问控制等为智慧环保应用层中环境监测监控平台、环境监察与应急平台以及业务管理与服务平台中所涉及的各类各科室应用系统与业务系统提供支撑，为环境质量、污染防治、生态保护、辐射管理等业务提供综合业务管理和决策管理。

终端用户包括生态环保部门、企业和公众。对数据的获取需要依赖物联网技术，通过智慧环保智能网关，用户能更方便快捷地获取自己所需的环保数据。

（五）智慧环保系统的数据源

环境信息资源分散在各个部门，如环保局总量办掌握着污染源总量信息，监察大队掌握着执法信息，辐射处掌握着放射源信息，监测站掌握着实验室监测数据等。通过建立相应的管理系统可以获得智慧环保系统所需数据，如图 10.3 所示。

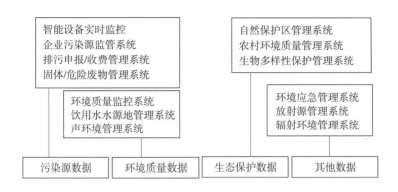

图 10.3 智慧环保系统数据源

1. 污染源数据

环境质量好坏直接决定了人类健康和生态环境安全，保证环境质量良好，减少和控制环境污染是人类在自然界生存及与自然和谐相处的保障。保证环境质量的前提是随时随地掌握环境质量情况，而污染源监控工作是了解环境质量状况的根本性手段。通过常规环境监测与信息通信技术的结合，将高密度的传感器和监控网络布置到环境空间中，能随时获取海量的环境数据，完成实时数据获取和环境监测。污染源数据还可以通过企业污染源监管系统、排污申报/收费管理系统、固体/危险废物管理系统等获得污染源数据。

2. 环境质量数据

环境质量管理可以通过环境质量监控系统、饮用水水源地管理系统、声环境管理系统等系统获得环境质量数据。

3. 生态环境数据

生态环境管理是利用物理、化学、生态学手段，对生态环境中的特定地域范围生态系统或生态系统中各要素的类型、数量、结构和功能进行定期、系统性监测管理。生态环境数据可以通过自然保护区管理系统、农村环境质量管理系统、生物多样性保护管理系统等获得。

4. 其他数据

其他数据包括环境应急和辐射安全等。可以通过环境应急管理系统、放射源管理系统和辐射环境管理系统等获得。智慧环保系统下环境应急信息管理系统能在第一时间给出相应的应急预案，做出最为合理的人员调配和物资分配方案。环境应急信息管理系统需要搭建一套应对突发环境事故的管理系统和平台，对重点河流、工厂园区等地进行实时监控，最终目标是提高政府部门应对环境突发事件的应对能力，增强部门间联动，以最快速度对突发事件做出响应。

## 第三节　智慧环保建设

当前及"十四五"期间，中国进入新时代中国特色社会主义建设时期，社会经济发展面临新形势、新挑战，生态环境保护既面临难得的历史机遇，也面临更加突出的挑战。生态环境质量实现总体改善，对美丽中国建设提出了更高要求。党的十九大报告提出，要着力解决突出环境问题，构建以政府为主导、企业为主体、社会组织和公众共同参与的环境治理体系。在大数据、人工智能等数字经济高速发展的背景下，"十四五"期间，环保产业将以改善生态环境质量为核心，从政府、社会、企业、个人层面，通过创新技术驱动引领、资本助推、数字化高质量发展构建现代环境治理体系。

### 一、政府层面

智慧环保系统建设，借助不断成熟的 5G、AI、NB、LORA 等技术，实现科技赋能智慧环保建设，助力生态环境综合治理工作，帮助相关部门实现智慧监管升级。智慧环保系统可以服务政府日常管理工作，如在线监测、移动执法、环境应急等。并重点加强大气环境、水环境、排污企业的精准监管和分析评价，为污染防治和环境决策提供支撑。政府层面的智慧环保目标谱系建设内容主要包含以下几种。

（一）实时污染监测

建立生态环境部门统一组织实施、统一制度规范、统一网络规划、统一数据管理、统一信息发布，规划自然资源、水务、农业农村、园林绿化等部门依法监测的机制。按照"谁考核、谁监测"原则，优化监测网络，实现对环境质量、生态状况监测的全覆盖，重点提升对挥发性有机物、温室气体、地下水、水生态、辐射、噪声、生物多样性等的监测能力。

建设涵盖大气环境、水环境、排污企业、机动车、土壤、噪声、生态的全方位、立体式的生态环境监测网络，为环境监管决策提供全面数据来源。

（二）风险应急预警

随时了解实时的环境质量状况，对区域的环境质量进行预测预报，对可能发生的污染问题及时预警。基于环境各类评价、管理、预测的仿真算法，智能化分析环境污染的过程、原因，建立应急处置预案库，并通过模型技术与 GIS 结合，实现对污染事故的动态模拟与直观展示，快速传递给决策管理人员，为应急预警提供依据。同时，针对环境质量较差的区域落实限批、停产、关停等环境经济手段，以准确核算区域环境资源容载能力，为产业结构调整提供科学依据。

（三）环保业务协同

建设"互联网+监管"系统，应用热点网格、在线监控系统、移动执法系统，提高执法效能；建立机动车和非道路移动机械排放污染防治数据信息传输系统、动态共享数据库，建设移动源在线监控平台。推进物联网、云计算、5G 等技术在生态环境质量监测评估、污染物及温室气体排放控制等领域的综合集成、示范应用。

将环境执法、行政处罚、环境信访、环境监测、环境应急、环境决策等业务进行协同，打通业务之间的关联，形成协同管理机制，为企业、公众提供更好的服务。

（四）智慧环境管理

对跨行业及跨平台的环境质量、环境安全和环境风险信息资源实现共享和科学评价，能够通过模型和评价体系解决重点城市、区域和流域重大环境管理问题。

建立多源信访管理系统（也可以利用现有的自建信访系统），通过档案数字化、生态环境数据适配等工具，自动整合各类来源的信访案件，实现各类案件的自动采集、录入、派单，最后将处置结果自动报送到案件来源所在系统，实现案件的自动化、闭环管理。

（五）环保政务公开

生态环境公共服务平台为企业提供一站式的政务服务，为公众提供基于环境行政管理网上政务服务，以"最多跑一次"作为服务标准为公众提供更便捷的服务。同时，为公众提供信息公开，便于公众获取环境信息，通过各类平台、渠道开展信访投诉、信息公开、宣传教育、业务办理等服务，主动、定向、个性化推送环境信息。

（六）环保舆情监控

利用大数据平台的舆情监测工具进行舆情的自动监控，定位社会环境热点问题，跟踪热点事件的传播途径，对负面信息进行分类、分级预警，并制定应急预案，及时消除谣言和虚假信息负面影响，创建从生态环境到网络全面绿色空间。

## 二、社会层面

社团和民办非企业类环保社会组织比较活跃，众多环保社会组织开展了丰富的、具有创新性的环保生态体系，社会层面的智慧环保目标谱系建设内容主要有以下几种。

（一）环保资源共享

环保协会等社会应积极构建政府引导、应用带动、产学研用紧密联合的发展机制，着力打造汇聚各方大数据资源的共享平台，挖掘更多数据，引入更多人才，营造更多场景，不断完善大数据产业链、创新链、价值链以及生态链，助力打好污染防治攻坚战。

（二）环保业务协同

"十四五"期间，环保产业将以改善生态环境质量为核心，通过创新技术驱动引领、资本助推、数字化高质量发展构建现代环境治理体系。在互联互通、大数据、AI、5G、互联网等新型基础设施助力下，协会等社会组织连接从事环保的企业或相关研究机构、服务单位，整合企事业单位相关数据进行智能分析、监测和风险预警，有效提升服务效率，提升精准解决环境问题的能力。

（三）公众服务

环保社会组织借助智慧手段，为政府与企业间搭建桥梁。通过国际与国内环境保护事业的文化交流、学术交流、技术合作，运用技术手段进行调查研究，为政府建言献策、举荐优秀人才；为企业提供技术咨询、推广科技成果；为公众普及环境知识，为公众和社会提供环境法律权益的维护。

三、企业层面

智慧环保系统可以根据用户组织机构和实际需求，建立综合业务应用和综合决策应用。企业利用智慧环保系统可以提高企业管理水平，而且可以与政府联动，实现在线审批等业务办理。企业层面的智慧环保目标谱系建设内容主要包含以下几种。

（一）安全生产

为了及时掌握辖区内的各种污染源的实际情况，加大污染物减排工作的力度，企业亟须建立环境监控中心进行污染检测。通过对环境监控中心建设，实现对在线监测数据、视频图像的采集、传输、存储、分析、发布、应用管理。

（二）应急指挥

建设应急信息管理、应急指挥中心、应急指挥终端等功能模块，实现对应急事件的快速了解、快速调度、快速处理，并通过多模式的指挥终端实现应急现场的数据实时传输、上报与评估，提高对突发事件的应对处理能力，履行环境保护责任，树立健康社会形象。

（三）智慧决策

基于环境各类评价、管理、预测的仿真算法，智能化分析环境污染的过程、原因，建立应急处置预案库，并通过模型技术与 GIS 结合，实现对污染事故的动态模拟与直观展示，并快速传递给决策管理人员，为智慧决策提供依据。

**四、个人层面**

互联网时代，公众环保意识大大提升，都希望及时了解自身周边的生态环境情况，积极参与到环境治理中来，个人层面的智慧环保目标谱系建设内容主要包含以下几种。

（一）公众监督

公众可以通过环境污染举报与投诉处理平台，向环保部门提出投诉与举报，从而帮助环保部门更加有效地管理违规排污企业，保持环境良好。通过政府智慧环保平台了解实时的空气质量变化，掌握可吸入颗粒物（PM10）、细颗粒物（PM2.5）、二氧化硫（$SO_2$）等关键信息，并可以随时查询到预警信息，及时安排自己的出行。除此之外，公众还可以查询到水源地水质监测信息、污染源、噪声、扬尘、指定地点（如风景区）的生态环境信息等。同时，在一些监测点无法触及的地方，公众可以随时上传相关环境变化数据，方便环保部门及时了解信息并做出应急处理。

（二）低碳生活

智慧城市，应致力于提高城市运行效率，包括城市治理效率、交通效率、居民生活更加便捷等，通过数字化手段助力城市各种生活场景中实现节能减排的效果。AI+交通信号优化、智能全可变车道、诱控一体交通协同控制系统等，提高公众出行效率。通过算法决策，可变车道自动由直行切换为左转，车辆平均提速超 15%，实现出行时间缩短 10%，最终实现低碳出行。居民餐饮服务业呈现出智能化发展趋势，从运营、推广到供应链、生产等各个环节，变得更加科学，更加高效：餐厅采购前一天在手机上预订好需要的食材，第二天配送方就能按时按质送来餐馆；公众不再排队，使用 App 即可预约等位，如果遇到拥堵，可以直接通过外卖网站送餐上门；厚重的菜单也一去不复返，点菜、买单，扫一扫就能完成，最终实现低碳消费。智能垃圾分类使得居民垃圾分类得以全链条贯彻执行。

（三）健康安全

智慧环保系统可以很好地满足公众对于环境状况的知情权，进而选择更加健康安全的生活方式。公众可通过手机、电脑登录环境信息门户网站，或通过环保部门显示屏、广播等方式，获取了解当前环境的各种监测指标。通过部署城市噪声集成环境电磁辐射、气象参数、空气质量和扬尘等环境质量监控，实现多种环境信息的实时采集、自动接收、主动解析及统一存储；同时，结合污染源监控、环境空气自动站等信息，以 LED 等为载体，公众环境信息可以自动分发、接收、更新及发布。

## 第四节　智慧环保联动应用

智慧环保是以大数据精准治污、PDCA 闭环提升为抓手，实现生态监测准全化、智能监督高效化、闭环监管严实化、综合分析快透化、应急指挥精准化、公众服务透明化，助力环境监管部门提升现代化环境治理能力。为实现智慧环保目标，应联动各目标谱系，实现多级互联互通、共享共用、联防联动。

### 一、目标谱系内不同系统之间的联动应用

（一）政府谱系内不同系统之间的联动应用

政府层面，应统筹规划建设生态环境数据资源池，实现生态环境物联感知数据、业务应用数据、政务执法数据等相关数据资源的规划、建设、管理和服务，支撑环境保护智慧应用开展。

政府主体内部，需融合生态环境部、省级单位生态环境数据、局内业务应用系统数据、市委办局数据，对这些数据进行清洗、处理、去噪、融合等，最终形成水环境、大气环境、空气质量、固废与化学品等数据基础库，建设污染源档案、机动车档案、污染监控档案等主题库，提升基础数据服务能力和水平，推进数据共享，提升数据流通价值。进一步，通过融合信息化系统基础业务中间件，形成生态环境业务中台，包括档案中心、过程流转中心、用户中心等（阿里云，2020）。

环境信息化经过多年建设，已积累了大量的数据，智慧环保的建设也会存储和集中大量环境信息，需对这些海量数据进行组织、提取、深入挖掘加工，将大数据技术等先进的信息化技术与环境保护工作紧密结合起来，利用模型、评价体系和综合分析等工具促进环境信息在规划计划、政策法规、环境影响评价、污染防治、生态保护和环境综合执法等方面的有效应用，为政府进行及时高效的决策提供科学依据。

（二）社会谱系内不同系统之间的联动应用

社会谱系内不同系统之间的联动体现为跨地区环保产业协会之间的协同环境治理。以川渝两地环保产业协会联动应用为例：

第一，要推动制定统一的川渝地区环境保护产业相关规范和标准以及跨区域的环保产业发展规划，协同开展两地环保产业统计调查，共同研究两地环保产业发展存在的突出问题；

第二，两地协会联动征集环保新装备、新技术和环保最佳实用技术，共建共享环境技术信息数据库；

第三，通过利用大数据、人工智能等技术，解决两地环保产业发展的突出

问题；

第四，两地环保产业协会相互认可两地的污染治理、设施运行等服务能力评价结果和企业信用评价结果，实现两地环保市场融合，环保企业服务能力、信用互认，最终助力成渝两地环保产业集聚发展，为成渝地区双城经济圈建设提出对策建议，为决策服务。

（三）企业谱系内不同系统之间的联动应用

企业谱系内不同系统之间的联动应用主要表现为某个地区的工业区域或工业园区内企业之间的联动。以工业园区为例，园区安全环保应急指挥中心建设智慧应用平台，以安全监管、环境保护和应急管理功能为核心，利用云计算、物联网、大数据等信息化与通信新技术，搭建智慧园区大数据中心，为园区内企业提供多类型及综合决策支撑。一般来讲，园区的智慧监管平台会聚集园区内企业各个模块的应用系统，包括污水处理、废气处理、附体废弃物处理等监管平台、决策平台等。

## 二、不同目标谱系之间的联动应用

智慧环保建设是一个复杂的环境信息化系统，涵盖的数据多、功能多，除上面列举的四大业务系统外，还有很多子系统，每个业务系统又有很多细分。因此，建设智慧环保不仅需要专业的技术能力，还需要丰富的环境行业经验积累。本节不能一一列举各谱系之间的联动，现将几个典型谱系之间的联动梳理如下。

（一）政府谱系与企业谱系之间的联动应用

建设生态环境综合业务应用系统，实现管理考评与监察执法功能。以污染源全生命周期的监督管理为主线，对政府责任部门、排污单位、治污企业等监管对象，进行精准化监督管理与考核评价，建立起"横向到边、纵向到底"的网格化环境监管体系（何东等，2018）。如环境监察移动执法系统、环境网格化管理系统、IC 卡排污总量控制系统、污染源"一企一档"系统等。

（二）政府谱系与社会谱系之间的联动应用

在智慧环保方面，各地环保协会与当地政府形成联动态势。具体讲，各个环保协会分会充分利用省协会平台，加强与政府部门的对接互动，进而达到密切政企合作的目标。各地环保协会要建成抚育智慧环保产业发展、壮大的重要平台，聚合专业力量，提升专业能力，厚植组织基础，引导行业自律规范，构建良好行业秩序，为行业立标杆，以规范促发展。运用数字科技服务生态文明建设，各地环保协会无疑要切实担负起责任，奋力推动省际智慧环保产业加快发展。

（三）政府谱系与个人谱系之间的联动应用

政府与个人的联动体现在利用环保大数据平台，实现政府与个人的精准互动，共同推动地区的环境保护工作。具体讲，政府通过建设智慧环保民生服务系统，实现公众服务功能（刘恒飞，2019）。通过智慧环保平台的开放应用，进行环境质量发布、环境问题投诉、行政许可申办、行政处罚公示等，形成政府与公众良性互动、共建共享的生态格局。该部分突出案例是环境信访举报系统，平台在前端开放社会门户系统，社会公众可以在线进行环境污染举报与投诉，同时平台可以借助数据分析整理信访数据，辅助环境问题解决。

（四）社会谱系与企业谱系之间的联动应用

环保组织是连接环保企业和污染企业的桥梁。在环境保护领域，一方面，环保组织要与环保企业进行连接，及时掌握智慧环保领域的先进理念和技术设备等，助力环保企业与污染企业、园区的信息互动和交流；另一方面，环保组织应与污染企业进行有效连接，有效监管企业污染状况，为政府提供决策建议，推动地区企业绿色高质量发展。具体以两个案例进行说明：

一是环保组织与环保企业的联动。很多环保企业会成为环保组织的会员单位，因此，环保组织会及时掌握先进的环境治理技术，以及智慧环保的先进理念，拥有先进的设备。比如，环保企业通过数字化综合解决方案助力一些工业园区企业构建覆盖全面、高效协同、闭环管理"智慧化"体系（于小飞，2016），通过专业化驻场服务团队为园区生态环境总体改善提供高效精准的决策支撑。环保企业通过智慧环保解决方案为城市、园区和企业提供集智慧生态环境一站式平台、天—地—空一体化监测能力建设、全方位数据分析及治理技术应用的"测—管—治"一体化的综合解决方案和建设运营一体化服务，以高标准、高质量、专业化的服务来保障区域生态环境质量不断改善，做"美丽中国的重要建设者和守护者"。

二是环保组织与污染企业的联动。环保组织与污染企业的联动主要表现为实时精准监控污染企业的污染物排放等情况。比如，"智慧环保"的监管平台充分利用"物联网、大数据、云计算"信息化技术（王英俊，2020），对污染企业的重点污染源和环境敏感区域实行全天候在线监测和视频监控，实现环境监管的全程可视、可测、可控和可追溯，形成了一个完整的环境监管执法链条。

## 第五节　北京智慧环保目标场景

北京打造智慧平台，科技融入生态环保，立足大数据建设，汇聚生态环保工作的海量信息，建立生态环境的分区管控，为环境决策科学化、监管精准化、服务高效化提供了有力支撑。2020年底，北京市委生态文明建设委员会办公室印发了《关于北京市生态环境分区管控（"三线一单"）的实施意见》，确定了全市生态环境总体目标、构建了生态环境分区管控体系、明确了工作任务并提出保障措施，是"三线一单"落地实施的总纲领。各区利用"物联网""云计算""大数据"等技术和环境专业模型，不断创新使用新技术，探索新模式，整合环境信息资源，建设智慧环保体系，将智慧环保应用于各区的不同场景。

## 一、北京智慧环保的总体目标和体系

根据《关于北京市生态环境分区管控（"三线一单"）的实施意见》，北京智慧环保体系建立了"三线一单"的生态环境分区管控工作，即生态保护红线、环境质量底线、资源利用上线和生态环境准入清单。

（一）北京智慧环保的总体目标和要求

北京智慧环保的指导思想是以习近平新时代中国特色社会主义思想为指导，全面贯彻党的十九大和十九届二中、三中、四中、五中全会精神，坚决落实习近平生态文明思想和习近平总书记对北京重要讲话精神，深入实施绿色北京战略，以改善生态环境质量为目标，以深入打好污染防治攻坚战为重点，建立覆盖全市的"三线一单"生态环境分区管控体系，推动形成节约资源和保护环境的空间格局、能源结构、产业结构、生产方式、生活方式，为加快建设国际一流和谐宜居之都，提供坚实的生态环境保障。

北京智慧环保的基本原则是保护优先、分类施策、动态调整和落地应用。严格执行《北京城市总体规划（2016 年—2035 年）》，实行最严格的生态环境保护制度，努力让人民群众享受到蓝天常在、青山常在、绿水常在的生态环境。落实生态保护红线、环境质量底线、资源利用上线的硬约束，推动绿色发展和生活方式普遍推广。根据生态环境功能、自然资源禀赋和首都发展实际，科学划分生态环境管控分区，实施差异化的生态环境准入，严控非首都功能"增量"。紧紧围绕北京"十四五"时期经济社会发展规划，以及后续相关规划、政策调整确定的目标指标，对"三线一单"相关内容进行更新、完善。坚持市区上下联动、部门横向对接，为实施生态环境管控提供依据，对产业发展和生态环境保护起到引导作用。

北京智慧环保的总体目标是，到 2025 年，基本消除重污染天气，碳排放率先达峰后稳中有降，基本消除劣 V 类水体，环境质量进一步改善，绿色北京建设取得重大进展。到 2035 年，全市生态环境根本好转，绿色生产生活方式成为社会广泛自觉，碳排放持续下降，天蓝、水清、森林环绕的生态城市基本建成。

（二）北京智慧环保的分区管控体系

北京智慧环保采取分区管控体系，将生态环境管控进行分类，对生态环境管控单元进行划分，制定生态环境准入清单。

生态环境管控分为优先保护单元、重点管控单元和一般管控单元三类区域。优先保护单元包括永久基本农田，具有重要生态价值的山地、森林、河流湖泊等现状生态用地，饮用水水源保护区及准保护区，自然保护区，风景名胜区，森林公园，地质公园，湿地公园等法定保护空间，以及对生态安全格局具有重要作用的部分大型公园和结构性绿地。对优先保护单元，坚持保护优先，执行相关法律、法规要求，强化生态保育和生态建设，严控开发建设，严禁不符合主体功能的各类开发活动，确保生态环境功能不降低。重点管控单元指涉及水、大气、土壤、水资源、土地资源、能源等资源环境要素重点管控的区域，主要包括具有工业排放性质的国家级、市级产业园区，以及污染物排放量较大的街道（乡镇）。对重点管控单元，以环境污染治理和风险防范为主，要优化空间布局，促进产业转型升级，加强污染排放控制和环境风险防控，不断提升资源利用效率。一般管控单元指优先保护单元和重点管控单元之外的其他区域，主要是执行区域生态环境保护的基本要求。

生态环境管控单元划分以衔接行政区、街道（乡镇）边界，以及产业园区、自然保护区等管理边界，建立生态环境管控单元，并实施分类管理。全市共划定生态环境管控单元 756 个，其中优先保护单元 394 个、重点管控单元 279 个、一般管控单元 83 个，优先保护单元占全市总面积的 74.9%，重点管控单元占 20.1%，一般管控单元占 5.0%。

北京立足首都城市战略定位，严格落实生态环境保护法律法规标准，以及国家、本市生态环境管理政策，对接《北京市新增产业的禁止和限制目录（2018版）》等要求，建立完善并落实"1＋5＋756"的生态环境准入清单体系，即"1"个全市总体的生态环境准入清单，"5"个功能区即首都功能核心区、中心城区（首都功能核心区除外）、城市副中心、平原新城、生态涵养区的生态环境准入清单，以及"756"个生态环境管控单元生态环境准入清单。2021 年 6 月 22日，北京市生态环境局发布了《北京市生态环境准入清单（2021 年版）》，全面实施生态环境分区管控。

**二、北京各区的智慧环保目标场景**

根据北京生态环境的分区管控体系，北京各区根据自身的实际情况探索智慧环保的运营模式，开展智慧环保目标场景的实践。

（一）通州区的智慧环保目标场景

通州区积极推进"智慧环保"信息化工程建设。利用"互联网＋环保"模式，依托物联网技术和大数据，实现办公 OA 系统及部门数据共享，协同办公系统基本完成，现有环保信息化平台与住建委、国土等部门实现信息共享、信息联动。陆续完成"智慧环保"信息化系统建设，基本具备了对大气环境质量、河流水质、过境机动车尾气排放、重点污染源、大中型餐饮企业的实时监控能力，进一步提升了科学决策水平，提高了环境监管能力及效率。

通州区建成大气质量自动监控系统，共投资近 1500 万元，布设区、镇、村三级共 469 个空气质量监测站，已在监测分析、环境监测方面逐步发挥作用。完善重点污染源远程监控系统，为 50 家重点餐饮企业安装油烟在线检测系统终端，并计划建立污染源视频监控系统 80 套以上，覆盖重点行业和企业。建立河流断面水质在线监测系统，计划投资 2800 万元在 12 条河流设立 32 个监测站点，为落实生态补偿政策提供科学数据。建设环境应急系统，投资 220 万元搭建环境应急数据中心、地理信息系统等平台，包括环境应急指挥调度、处置、评估等 7 个模块，同时配备单兵应急通信等专业设备，全面提高环境应急处置能力。建成固定式机动车尾气遥测监测系统，对进京机动车排放施行 24 小时实时监测。

同时，通州区建设"雪亮工程+智慧环保"创新环境监管新模式。实现全区域覆盖。接入"雪亮工程"所有视频监控点位，与通州区 665 个大气环境监测点位相结合，发现环境违法问题实时取证，进一步加强大气环境精细化管理，聚焦污染源头防控。通过筛选，将两类监测点位进行编组划分，如微观站监测点位异常时，可先通过调取站点所在分组的监控进行视频查看，提升视频排查的效率。

首先，进行多角度监控。与道路环境监测数据进行对接，依托"雪亮工程"建设的 72 个道路环境监测点位，实现对道路环境污染特征数据分析与多元数据分析。针对发现的道路遗撒，道路扬尘，道路脏乱等问题，实时发现，实时取证，第一时间进行解决。

其次，进行全过程可控。对重型柴油车、渣土车等高排放车辆以及进京口、路检、夜查等污染车辆进行轨迹查询，结合车辆卡口信息，对重点区域空气环境质量进行综合分析，制订有针对性的治理方案。

最后，实现全流程管理。建立开发环境事件管理平台，根据污染事件上报类型，并经人工甄别审核后，将派单工作流程分为新建污染事件、环境类报警、设备类报警。雪亮视频截图可直接回到事件管理平台，改变传统被动式、单兵化治污格局，建立数据共享动态更新机制。

（二）海淀区的智慧环保目标场景

海淀区探索"生态环境+电力"新模式，采取"三化三管"助力提升环境治理水平。

海淀区与国网北京海淀供电公司合作，依托城市大脑探索"生态环境+电力"新模式，推动"碳达峰、碳中和"应用场景建设，协同推进减污降碳。具体如下：一是坚持创新引领，在城市大脑智能运营智慧中心上线"电力+双碳"子板块，推进生态环境领域的新场景应用。二是优化监管框架，"电力+双碳"

应用场景涵盖全行业监测、高能碳耗、大气防治、减碳排污、绿色能源五个方面，辖区所有重点排污企业、重点碳排放单位等将逐步纳入监测系统。三是强化科技支撑，"全行业监测""高能碳耗"场景监测和核算碳排放量、碳排放强度等指标，对未来社会、经济、产业消费等关键参数进行碳预测；"大气防治""减碳排污"场景针对重点排放源进行监测，建立分析模型，主动发现偷排、超排线索；"绿色能源"通过电力数据分析绿色能源结构演化趋势。

同时，海淀区依托网络化实现高效监管，依托科技化实现智慧管理，依托信息化实现精准管控，即"三化三管"，助力提升环境治理水平。"三化三管"包括：一是网络化高效监管，推进大气环境质量监测网络、水流域考核断面、重点土壤地块监测体系建设，不断扩大"千里眼"覆盖面。二是科技化智慧管理，依托海淀"城市大脑"平台，通过组织实施大气颗粒物雷达立体走航扫描观测、卫星遥感建筑裸地监测等新技术项目试点，为科学管理提供支撑。三是信息化精准管控，加强重点排污企业污染源在线监管平台远程、实时监控，逐步实现对重点污染源"全覆盖、全时段、全方位"监管，切实提高环境精细化管理水平。

（三）其他区的智慧环保目标场景

大兴区大力推进"智慧环保"建设。建立水污染监测系统，完成凤河营闸断面自动水质监测站建设，12 家水污染物排放单位安装自动在线监控设备。建立机动车污染排放监管系统，完成 6 个重要交通路段固定式遥测设备安装，督促 40 家加油站完成油气回收在线监控系统升级改造。建立重点区域环境综合监测预警系统，建成噪声自动监测站 4 个、大气粗颗粒物污染监测点位 68 个，升级施工工地扬尘监控系统，提升环境保护精细化管理水平。

门头沟区通过"绘图、织网、搭线"加强入河排口清理整治和规范化建设。绘制溯源关系图，对 53 条河流（段）开展入河排口分类分级管控，着力构建"水环境—排污口—污染源"全过程监管体系，初步排查出入河排口 875 个，其中规模排口 2 个。实现织密监管一张网，在重点入河口处安装 6 套在线监测设施，形成水环境智慧监管平台。平台涵盖一体化监控功能、报警溯源功能和现场巡查监管功能，可针对重点污染源建立污染源字典。搭建联治一条线，与水务部门互通共享排口信息，将巡查排口纳入河长制日常巡检工作范畴，共同做好排口新增、关闭等台账动态更新工作。对于存在水质超标等问题的排口，及时开展溯源和清理整治。

北京的"智慧环保"让信息技术为城市环境管理服务创新提供有效支撑。北京采取总体规划和因区施策相结合的手段，从整体设计北京的智慧环保系统，采取分区管控体系，各个区根据自身不同的情况，因地制宜落实智慧环保目标场景，取得了较好的效果。

# 第十一章　智慧商务

## 第一节　智慧商务概述

### 一、智慧商务的概念

广义的商务（Business）是指一切与买卖商品服务相关的商业事务。商务活动指企业为实现生产经营目的而从事各类有关资源、知识、信息交易等活动的总称。狭义的商务概念即指商业或贸易。

智慧商务（Smart Business）是指利用现代信息技术收集、管理和分析结构化和非结构化的商务数据，采取有效的商务行动，完善各种商务流程，提升商务业绩，支持商务决策，创造、积累商务知识，增强企业综合竞争力的智慧与能力。其实质是以 BI 技术为支撑，创新商业模式及管理手段，提高商务管理效能。

智慧商务应用目标谱系研究主要从政府、行业、企业、消费者层面，围绕商业价值创造和智能商务场景构建，设计目标谱系，以创新商业模式、协同商务流程、辅助商务决策。

### 二、智慧商务的发展

#### （一）技术进步为智慧商务带来发展空间

在商务领域，移动支付、购物应用（App）、近距离通信技术（NFC）等已为人们所熟知并广泛应用。互联网与无线射频识别（RFID）、电子数据交换（EDI）、全球定位系统（GPS）、地球信息系统（GIS）、定位服务（LBS）、移动定位服务（MPS）、大数据、云计算等技术，既推动了商贸企业的创新发展，也不断催生新的商业形态，商务行为日益变得信息化、智能化、透明化、可视化、高效化。

（二）大数据是智慧商务的"神经元"

全球知名咨询公司麦肯锡认为，数据已经渗透到当今每一个行业和业务职能领域，成为重要的生产要素。大数据是下一轮创新、竞争和生产力的前沿，海量电子数据的挖掘与运用将成为未来竞争和增长的基础；大数据帮助美国零售业净利润增长 60%。移动互联时代，大数据与移动终端、云计算的结合，使商家可以随时随地了解消费需求与习惯，孕育更多的商机和产品。

（三）智慧物流是智慧商务的"血脉"

现代物流系统采用最新的互联网、物联网技术和设施，实现光、机、电、信息等技术的集成应用，形成了智慧物流。如亚马逊公司测试用无人机送货、用机器人管理仓储，未来可能通过用户数据的分析来预测购买行为，在顾客尚未下单之前提前发出包裹，最大限度地缩短物流时间。阿里巴巴与海尔日日顺物流合作，斥资 3000 亿元打造物流智能骨干网，通过分析消费习惯与货物流向情况，改变了传统物流的运行模式和管理方式。

（四）移动支付是智慧商务的主要支付方式

移动支付，是指允许用户使用其移动终端（如手机），对所消费的商品或服务进行账务支付的一种服务方式。移动支付将终端设备、互联网、应用提供商以及金融机构相融合，为用户提供金融服务。中国人民银行发布的《中国普惠金融指标分析报告（2019 年）》显示，银行业金融机构和非银行支付机构累计移动支付交易金额为 596.99 万亿元。2020 年，银行业金融机构共处理移动支付业务 1232.20 亿笔，金额 432.16 万亿元，同比分别增长 21.48% 和 24.50%，今后几年，移动支付业务还将持续增长。

（五）O2O 将成为智慧商务的主要形态

O2O 成为信息化条件下商业发展繁荣的新模式和大趋势。O2O 诞生之初即成为各行业关注的焦点，具体包括百货 O2O、家电 O2O、汽车 O2O、酒类 O2O、房地产 O2O、社区商业 O2O、家装 O2O、餐饮 O2O、家 O2O、媒体 O2O 等。定制化商业模式（C2B）也是 O2O 的一种形式。美国梅西百货、英国电商企业 Argos 及连锁超市 TESCO、海尔集团等是线上线下渠道融合发展的典范。

**三、北京智慧商务的发展**

（一）智慧北京营商环境

营商环境是区域软实力和竞争力的重要体现，是城市经济建设的重要支撑。良好的营商环境不仅是塑造地区发展新优势的关键之举，也是高质量发展的内驱力。近年来，北京持续优化营商环境，通过全方位营造稳定、公平透明及可预期的营商环境，吸引了更多国际国内各行业领军龙头企业安家落户，为推动城市经济发展提供了有力的保障，为北京的高质量发展夯实了经济基础。

为优化营商环境，北京从 2017 年起陆续出台了优化营商环境改革的 1.0、2.0、3.0 和 4.0 版，并加以实施。改革政策从 1.0 版的 35 项、2.0 版的 156 项、3.0 版的 204 项增加到 4.0 版的 277 项，从"聚焦企业全生命周期"到"全方位推进营商环境各领域改革"，从紧跟国家优化营商环境条例率先出台《北京市优化营商环境条例》，再到提高政务服务的智慧化、智能化、精准化，不断增加政策数量，加大改革力度，拓展改革深度。这些改革以优化服务流程，提升办事效率为出发点，努力创造审批最少、流程最优、效率最高、服务最好的营商环境。

随着营商环境优化改革措施的陆续实施和深入推进，北京在整合办事窗口资源、提高服务质量、创新办理模式等方面实现了新突破，北京各区也不断探索出新的营商环境优化措施。比如西城区全面实施的"一号一窗一网一次"和"全科制"服务改革，推行新小企业全程电子化登记，做到了"即时申请即时审核"；海淀区政务服务中心集中入驻的 28 个部门，服务事项多达 580 项，事项总数位列城六区之首，而"部门集中入驻"可以"少让百姓跑腿"；平谷区为企业开办了"一站式"专厅等。经过改革，北京审批事项已精简 51%，办理时限压减 71%，清理规范中介服务事项 300 项，市级行政许可事项平均跑动次数从 1.5 次压减至 0.1 次以下，1800 余个事项实现全程网办，公积金、社保等 1000 余个事项实现掌上可办，取得了显著的成果。

世界银行发布的《全球营商环境报告 2020》显示，中国营商环境在 190 个经济体中排名第 31 位，较 2019 年一次性跃升 15 位，连续两年被世行评选为营商环境改善幅度最大的全球 10 个经济体之一。作为样本城市的北京，在得分上更是大幅提升，达到了 78.2 分，超过部分欧盟国家和经合组织（OECD）成员国水平，其中开办企业、获得电力、执行合同 3 个指标，更是进入全球前 20 名。

根据《2020 年中国 31 省份营商环境研究报告》，北京营商环境指数全国排名第一（A+级），是中国省级行政区中优化营商环境的标杆，如表 11.1 所示。其中，北京营商环境的子环境均衡度在 31 省份中排名首位。四个子环境排名由高到低依次为：市场环境（第 1），政务环境（第 3），法律政策环境（第 3），人文环境（第 3）。从横向看，华北五省营商环境均值为 55.13，高于全国总体均值（53.86），其中，北京营商环境指数（78.23）远高于区域总体均值，排名第一；子环境均衡度也位居首位。东部十省营商环境均值为 62.23，高于全国总体均值（53.86）；其中，北京营商环境指数（78.23）高于区域均值，营商环境排名和均衡度排名均位列第一。京津冀三省市营商环境指数均值为 61.31，高于全国总体均值（53.86）；其中，北京营商环境和均衡度在区内均位列第一，是其余两地区的学习标杆。

表 11.1　中国各省营商环境评价等级分类

| 等级 | 值域 | 排名 | 水平 | 省级行政区 |
|---|---|---|---|---|
| A+ | >75 | 1~2 | 标杆 | 北京、上海 |
| A | 65~75 | 3~4 | 领先 | 广东、四川 |
| A- | 60~65 | 5~7 | 前列 | 江苏、重庆、浙江 |
| B+ | 55~60 | 8~12 | 中上 | 安徽、山东、贵州、河南、海南 |
| B | 50~55 | 13~20 | 中等 | 江西、福建、云南、河北、湖北、天津、宁夏、吉林 |
| B- | 40~50 | 21~29 | 落后 | 黑龙江、辽宁、山西、陕西、内蒙古、湖南、新疆、青海、甘肃 |
| C | 30~40 | 30~31 | 托底 | 广西、西藏 |

　　2021 年 9 月，北京发布了《北京市"十四五"时期优化营商环境规划》（以下简称《规划》）。这是北京首次编制五年营商环境专项规划，在各省、自治区和直辖市中也是首例，充分展现了北京全力以赴打造一流营商环境的决心和行动。《规划》提出了"十四五"时期北京优化营商环境"1+4+5"的目标体系和 356 项改革任务。其中，"1"是全面建成与首都功能发展需求相一致的国际一流营商环境高地；"4"是打造"北京效率""北京服务""北京标准""北京诚信"四大品牌；"5"是实施市场、法治、投资贸易、政务服务、人文五大环境领跑战略。整体而言，《规划》对标国际一流和前沿标准，坚持以改革促发展、以创新增效能，坚定不移率先改革，提出 21 项首创性改革措施，努力为市场主体投资兴业提供坚实制度保障。

　　2021 年 10 月，国务院发布《关于开展营商环境创新试点工作的意见》，选择北京、上海、重庆、杭州、广州、深圳等 6 个城市作为首批试点城市。同年 12 月，北京市印发《北京市培育和激发市场主体活力持续优化营商环境实施方案》，这是北京连续第 5 次集中出台的一批优化营商环境改革举措，被称为"1+1"5.0 版改革，也就是"创新+活力＝5.0 版改革"，总共包括保护市场主体、维护公平竞争、知识产权保护、行政审批、投资建设、政务服务、监管执法、外资外贸等 12 个方面 362 项任务。"1+1"5.0 版改革以告知承诺制为基础，在更大范围推动简化涉企审批，着力推进照后减证并证，进一步降低企业制度性交易成本。

　　北京还将全面强化科技赋能，构建一流数字营商环境。"1+1"5.0 版改革紧密结合智慧城市和数字政府建设，以打造智慧政务、智慧监管、智慧口岸、智慧税务、智慧法院为重点，推动实现更高水平"全程网办""全城通办""一次办成"。大力推行"一照通办""一证通办"，企业百姓持电子营业执照、身份证等即可办理经营许可、纳税、社保、医疗、民政、养老等高频政务服务事项。进一步优化企业开办"e 窗通"平台功能，个体工商户可通过平台实现"一站式"服务。打破办事区域限制和信息孤岛，在商事登记、办税缴费、不动产登记等领域推进"全城通办"，逐步实现全部事项在全市任一政务服务站点均可办理；在各级政务服务中心均设立"跨省通办"窗口，增加异地就医登记备案和结算、社保卡申领、户口迁移等 74 个"跨省通办"政务服务事项。

为了加快落实北京营商环境创新试点和优化营商环境 5.0 版，北京又出台了《培育和激发市场主体活力持续优化营商环境工作方案》，在深化审批制度改革、加强监管执法体系建设、维护公平竞争秩序、营造优质高效的质量技术基础环境、提升政务服务水平等重点领域持续发力，助力北京全面建成国际一流营商环境高地。2022 年 1 月，北京市出台《北京市营商环境创新试点工作实施方案》，与 2021 年 12 月印发的《北京市培育和激发市场主体活力持续优化营商环境实施方案》，共同形成了北京"创新+活力"的新一轮改革强势。北京将营商环境创新试点作为全市优化营商环境改革的重要抓手，发挥创新试点示范引领作用，在市场准入、招标投标、工程建设项目审批、不动产登记、数字经济、知识产权、投资贸易、监管执法、数字政务、市场主体退出十大领域形成新突破，推出一批引领性强、含金量高、突破性大、惠及面广的改革举措，力争形成一批可复制、可推广的改革经验，打造以创新试点带动全市营商环境改革的新引擎，继续保持北京在全国营商环境改革中的排头兵地位。而数字经济和数字政务领域的突破也将进一步促进智慧北京的建设。

（二）北京智慧商务发展现状

在信息技术飞速发展的今天，5G、云计算、大数据、人工智能、区块链等数字化创新技术不断涌现，在实现各种资源的快速优化配置的同时，催生出众多新业态、新产品和新服务，驱动着生产方式、生活方式和治理方式的巨大变革，为经济高质量快速发展输送着源头活力。2021 年 8 月，北京提出建设全球数字经济标杆城市并发布实施方案，借此契机，智慧商务的发展得到进一步提速。虽然在过去的两年多，突如其来的疫情让传统商业遭遇困境，但危机中也迎来了新的机遇，无人支付、自动驾驶、智慧商圈等数字商业创新得到快速发展，生鲜电商、直播电商、无接触配送等新消费模式逐步融入人们的日常生活中，北京正在努力打造国内智慧商务的"策源地"和"竞技场"。

1. 政策引导助力北京智慧商务发展

北京智慧商务的发展得到了相关政策的大力支持。2018 年，北京市政府首次对生活性服务业提出"规范化、连锁化、便利化、品牌化、特色化、智能化"发展要求，并提出生活性服务业实体经营创新思路，包括支持发展无人便利店等零售新模式；引导和支持品牌连锁企业在社区打造一批便民商业服务综合体和社区商业"E 中心"。此后，北京不断创新"互联网+生活性服务业"新模式。2020 年，北京市商务局围绕线上消费等不同维度，明确了丰富商品服务供给，引导模式业态创新的工作措施。2021 年，北京市商务局联合美团发布国内首个北京生活服务业网点动态地图。该动态地图从消费、供给、便利性等维度，以数据形式刻画全市最近一天的居民生活实况，为北京建设高品质便民生活圈提供大数据监测分析支持，也为相关部门提高数字化治理水平提供了可视化途径。在诸多政策引导和支持下，北京智慧商务呈现出线上终端和线下终端的深度融合，越来越多的企业不断向智能化、特色化发展。2021 年，北京明确提出积极打造数字贸易示范区，助力全球数字经济标杆城市建设。为此开始打造数字贸易公共服务平台，畅通与海外市场对接渠道；建设数据流通专项服务平台及数字贸易会展交易平台。这些举措无疑将进一步促进北京智慧商务的发展。

2. 多重机遇推进北京智慧商务发展

2021 年，北京高质量发展取得新进展新成效，实现"十四五"良好开局。北京 GDP 突破了 4 万亿元，达到 40269.6 亿元，按不变价格计算，经济增速达到了 8.5%。北京智慧商务大踏步向前，实体零售行业积极摸索数字化转型路径，新业态、新模式如雨后春笋般涌现，持续发力智慧商务。2021 年，全市市场总消费额比上年增长 11.0%，其中，服务性消费额增长 13.4%；实现社会消费品零售总额 14867.7 亿元，增长 8.4%。从需求层面看，北京对智慧商务有较大刚性需求。北京正在培育建设国际消费中心城市，着力提升了消费供给多元化、品质化水平，高质量打造消费新增长点。在优化全域消费空间版图方面，深入实施消费新地标打造行动，建设优势互补、特色凸显的消费地标；在打造优质消费品牌集聚中心方面，深入实施消费品牌矩阵培育行动，构建"集聚、传承、孵化"全链条培育体系，进一步激发实体商业活力。例如，北京对传统商圈进行改造提升，王府井步行街 2020 年获评国家级示范步行街；西单商圈全面升级数字化商业销售模式；朝阳亮马河开通水上航线，打造水岸夜经济；环球主题公园一期开园带动周边住宿和餐饮业大幅增长。在这些重点商圈，正在逐步推进建设智慧商店、智慧街区、智慧商圈，加大 AR 虚拟试穿、VR 虚拟购物等体验式消费场景应用，促进传统商圈向智慧化转变。刚性需求、多重机遇不断推进北京智慧商务的发展。

3. 北京智慧商务模式不断创新

利用科技赋能，北京智慧商务的模式不断得到创新。例如，在智慧社区商业中，电商自营的"前置仓"即配模式实现社区多点布局。前置仓集仓储、分拣、配送于一体，承载日常生鲜品类多，配送时间与日常家庭做饭需求相契合，用户可以足不出户解决买菜问题。每日优鲜主打"前置仓"即配模式的社区零售创新平台，可辐射周边 1~3 千米区域，确保在用户下单 1 小时内送货上门。2020 年，每日优鲜在北京地区布局的前置仓已超 300 个。永辉超级物种采用"零售+

餐饮+App”的体验式消费特色模式。饿了么和美团外卖在末端配送上提供了到店自取、平台专送（含无接触配送）等服务方式。特别是在防控疫情的大前提下，物流与配送过程中的无人技术，如自动存取系统、自动拣货货架、自动化输送设备得到广泛应用，京东、阿里等电商巨头的无人机、无人车、机器人送货也纷纷测试运营。

与此同时，北京积极打造智慧商务区，不断创新模式。例如智慧运河商务区，聚焦金融科技、绿色金融，开展数字金融科技产业培育孵化。同时在城市副中心围绕服务金融产业，打造一体化金融服务平台；加快推进数字人民币试点，探索设立数字人民币运营实体；支撑绿色金融发展，形成碳交易经济体系，探索碳币、碳码场景应用。还有张家湾设计小镇，聚焦数字设计、智慧城市生活实验室，以“创新、低碳”为优势，打造设计行业的数字设计创新示范样板。利用人工智能设计平台与设计资源平台推动设计产业发展，将张家湾“智慧城市生活实验室”场景拓展为建筑级、园区级和街区级实验室，打造“近零碳排放智慧能源示范区”。新经济引领新发展，北京智慧商务正在不断积极创新，构建繁荣生态，更好满足人民对美好生活的需要。

## 第二节　智慧商务目标谱系

### 一、智慧商务目标谱系

目标谱系是指全域大数据体系下的商务领域数据应用。智慧商务是一个大的产业范畴，包括面向政府的商务治理、面向行业的智慧经济、面向企业的商务创新、面向消费者的智慧营销四个层次，涵盖经济统计信息发布、产品质量溯源、智能商务服务、精准营销等多个应用领域。政府层面主要包括商务数据统计指标、关联分析、动态监测等；商务流通行业主要包括电商、新零售、社区商业等；企业层面包括价值创造、商业模式创新、企业价值共创、智能化商业场景等；消费者层面主要包括用户画像、数据思维、智能营销等。

智慧商务应用场景依靠多种技术的综合运用，通过数据的感知（搜集获取）、整合（集成加工）、建模（模型算法）和应用（分析挖掘），最后反馈到实际应用场景中。如电子商务、智慧社区商业、智慧商圈、智慧支付、智能合约、末端商业网点和城市共同配送平台信息链、线下体验和线上下单等。其中，广泛应用的技术有：物联网、云计算、区块链、生物识别、GIS、人工智能等，这些技术共同构成创新、协同、智能、便捷的智慧商务技术基础。

智慧商务应用目标谱系如图 11.1 所示：

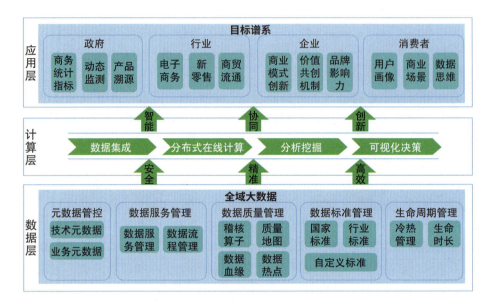

图 11.1　智慧商务应用目标谱系

## 二、智慧商务关键问题

从数据驱动商业的角度，智慧商务有几个核心关键点需要把握，分别是数据、产品、算法和工具。

一是数据。数据有很多，但得到数据后如何形成有价值的、高质量的数据集是关键。数据的收集、处理、加工是高成本的，但又是高价值的。

二是产品。如果数据产品不能形成数据链路，有效打通商业链条，那么数据产品就是孤立的分析或统计工具，没有意义。数据产品应随着商业模式的变化而变化，不断用数据触达商业两端。

三是算法。算法体现的是数据的商业创新，基于商业数据的创新不断迭代算法，不断用算法来优化商业模式，形成"无数据不智慧、无数据不商业"。

四是工具。智慧商业云利用互联网技术、云计算及大数据，提供拓客、管理、营销、服务和财务工具，让企业根据实际情况和优势，建立经营闭环和自媒体，从本质上塑造企业的智慧商务基因。

基于此，智慧商务应用目标谱系须解决以下核心问题：

首先，从数据视角如何构建智慧商务的全域数据体系，感知、互联、融合、创新，解决海量数据怎么存、怎么管、怎么用的关键问题，包括商务大数据存储与计算、数据管理与数据治理、数据产品及应用。

其次，从系统视角如何构建统一的系统架构平台，围绕应用系统的"规划、建设、管理、应用"搭建平台核心能力，为"智慧商务"提供信息系统支撑和应用服务。

最后，从用户视角如何构建智慧商务的典型应用场景，从消费者、企业、行业、政府等视角完成数据与系统双驱动的应用场景搭建，最终实现智慧商务治理体系和智能化场景应用。

### 三、智慧商务关键技术

智慧商务的技术实现路径为：数据获取、建模、平台化展示。系统层次架构包括数据层、技术层、分析层、展示层、决策层五个层次。

（1）数据层：从企业的企业资源计划（ERP）系统、客户关系管理（CRM）系统、供应链管理（SCM）系统以及互联网等渠道收集到真实、有效的数据。

（2）技术层：通过 ETL（Extract-Transform-Load）实现数据抽取、转换、加载的数据仓库技术，将数据层的原始数据集成到数据仓库中，针对不同部门的异构数据进行整合，以待进一步的分析处理。

（3）分析层：建立良好的模型库、知识库、方法库，从数据仓库中分析和挖掘出有价值的信息，转化为用户能理解的知识，充分展现企业级数据的智能分析功能。

（4）展示层：通过查询报表，制定关键绩效指标，进行绩效管理等工作。

（5）决策层：运用系统提供分析结果，将战略决策用于指导具体的行动，体现智慧商务的价值，其中涉及的关键核心技术如下：

数据仓库（DW）：定义为一个面向主题的（Subject Oriented）、集成的（Integrated）、相对稳定的（Non-Volatile）、反映历史变化（Time Variant）的数据集合，用于支持管理决策和信息的全局共享。数据仓库的星形模式、雪花模式描述了数据仓库主题的逻辑实现。

ETL：用来描述将数据从来源端经过抽取（Extract）、转换（Transform）、加载（Load）至目的端的过程。ETL 的目的是将分散、零乱、标准不统一的数据整合到一起，为决策提供分析依据。

数据可视化：借力图形化手段，以清晰、有效地传达信息。数据可视化为了达到以上目的，须从数据满足分析决策需要和展现形式上同时予以考虑，通过直观地传达关键数据与特征，实现对相当稀疏而又复杂的数据集的深入洞察。

数据挖掘：是一种新的商业信息处理技术，其主要特点是对商业数据库中的大量业务数据进行抽取、转换、分析和其他模型化处理，从中提取能够辅助商业决策的关键性数据。

## 第三节　智慧商务应用系统

### 一、智慧商务数据采集系统

大数据时代，全域数据既有来自行业和企业内部的自营数据，也有来自外部的他营数据；既有结构化数据，又有半结构化、非结构化数据；既有数据、文本等传统的媒介形式，又有音频、视频、位置信息等富媒体形式。目前，商务数据的采集存在着数据海量、数据标准不统一、数据来源广泛、数据结构差异大等方面的难题。如何将不同来源、格式、特点性质的数据在逻辑上或物理上有机地集中，通过应用间的数据有效流通和流通的管理从而达到数据的有效汇聚，需要解决数据的分布性、异构性、有效性和及时性问题。

全域商务数据有多种来源，首先，来自企业内部或外部信息系统产生的数据，如 ERP 系统、CRM 系统、在线交易平台等。企业内部 IT 系统时刻产生着大量的内部数据，如综合办公、系统日志、企业供销存等，同时企业也与外围客户、合作伙伴通过本文信息、社交网络、移动应用 App 等形式进行互动而产生大量的数据。其次，来自互联网或移动互联网的由不同数据主体产生的数据，因互联网开放、共享，用户可以通过浏览网页或 App 访问，如电子商务网站中用户的浏览商品记录、购物清单信息、支付信息，搜索引擎中用户搜索的词目信息，新闻门户网站上发布的新闻动态、社交网站上发布的博文信息、用户间的互动信息等。最后，来自物联网的传感器设备可以收集消费者或商业数据，随着物联网技术的迅猛发展，各种智能设备上的传感器能定时采集各种丰富的数据资源，这些数据可以来自安全系统、智能电器、智能电视和可穿戴健康装置、交通监控设备和天气跟踪系统等。

目前，应用广泛的数据采集平台包括 Apache Flume，Fluentd，Logstash 和 Splunk 等。Flume 是 Apache 旗下的一款开源、高可靠、高扩展、容易管理、支持客户扩展的数据采集系统。Flume 使用 JRuby 来构建，所以依赖 Java 运行环境。Fluentd 是另一个开源的数据收集框架。Fluentd 使用 C/Ruby 开发，使用 JSON 文件来统一日志数据，它的可插拔架构，支持各种不同种类和格式的数据源和数据输出，同时提供了高可靠和很好的扩展性。Logstash 是著名的开源数据栈 ELK（ElasticSearch，Logstash，Kibana）之一。Logstash 用 JRuby 开发，所有运行都依赖 JVM。

### 二、智慧商务数据治理系统

商务数据治理系统是将一个机构（企业或政府部门）的数据作为战略资产

来管理，以期提高数据质量，实现广泛的数据共享，最终实现数据价值最大化。从本质上看，数据治理是对一个机构（企业或政府部门）的数据从收集融合到分析管理和利用进行评估、指导和监督（EDM）的过程，通过提供不断创新的数据服务，为企业创造价值。其目标是提高数据的质量（准确性和完整性），保证数据的安全性（保密性、完整性及可用性），实现数据资源在各组织机构部门的共享，推进信息资源的整合、对接和共享，从而提升企业或政府部门信息化水平。

商务数据治理系统主要包括数据标准管理、元数据管理、数据质量管理、数据资产管理、数据安全管理，各模块协同运营，确保大数据平台的数据一致、安全、有效。整个系统分为数据源层、数据接入层、数据存储层、数据计算层和可视化应用层，其中：

数据源层：主要基于系统数据和互联网数据两种来源的基础数据。

数据接入层：适配多种结构化或非结构化的业务数据，通过建模、抽取、转化将这些数据导入存储层。

数据存储层：对各种数据的存储，包括标准数据、索引数据、时空轨迹融合数据等，并对上层提供统一入口。

数据计算层：配置各种计算引擎，以实时计算平台和批处理计算平台为基础，完成数据加载、实时计算、批处理任务、预测计算等核心功能。

可视化应用层：提供可调用 API 为用户提供交互，方便用户调用和使用。

### 三、智慧商务数据检索系统

商务数据检索系统拥有强大的搜索引擎和语义分析能力，能充分理解人类的语言及意图，出色完成各类型检索任务，并且按照业务场景进行检索结果定制。通过智能商务数据检索系统，能够打破数据壁垒、汇聚各类数据，全面构建以 PB 级海量数据的广义索引，可以实现超大数据量的动态索引、字段关联、ID 融合、多维检索、时空比对及可实现化展示的大数据检索。其具体功能包括：

精确检索：全面展现一个 ID 的所有常规数据、行为数据、感知类（人脸、社会化采集数据）及画像（标签）类数据。基于数据挖掘对多元异构数据做融合，多维汇聚数据。关联同一实体的各种 ID 信息，全息展现一个人的数据全貌，赋能分析。

模糊检索：基于数据挖掘和用户意图探查，实现检索结果的自动优先排序、智能化二次检索，进一步提高搜索能力、满足客户预期。首先，根据搜索意图进行结果优先排序，将用户最期望的信息优先展示；其次，基于检索结果，系统智能化筛选识别出相关联的其他实体信息，比如身份证号与姓名、手机号、银行卡号等之间的关联，可直接快速链接进行二次检索，精确定位结果内容。

组合查询：组合查询是以基础属性（姓名、性别、年龄）+动态轨迹（地址、时间）的多条件查询。可根据业务侧重需求定制组合查询语句，如："姓名+性别+年龄""年龄+地点（南京—北京）""酒店+民族+时间"。

意图识别与自动化推荐：基于语义分析和自动推理的核心技术，根据用户实际使用习惯进行特定训练，检索系统能够准确理解客户意图，并对搜索内容进行自动提示和补充。

智能范围搜索：系统提供范围搜索功能，可根据输入条件和检索内容，智能匹配搜索范围和搜索字段。智能范围搜索可以大幅度提高检索效率，并且对检索结果的范围筛选提供了很大的灵活性。用户可自行设置搜索范围，可多选；搜索范围按类型分类，每个类型下可选择不同的表；搜索范围显示的一级类型和二级表可后台自行设置。

检索结果智能化多维展示：检索结果以及基于检索结果的探查分析、智能推荐，可以进一步提高搜索能力、满足用户预期的关键功能。首先，会根据搜索信息的相关度排序，将用户最期望的信息优先展示；其次，基于检索结果视图，在一个高度集中页面充分展示实体人的档案基本信息、属性标签、轨迹时间轴展示、关系分析、重点关系人推荐、关联案件分析等信息；最后，对于已有检索结果集可以进行轨迹比对、轨迹时空分析、上图析、二次检索等应用，用户可以便捷高效地获取到需要的信息及应用需求。

### 四、典型智慧商务应用系统

基于以上智慧商务通用系统平台，可根据不同应用场景搭建不同的应用系统，举例如下：

（一）产品质量追溯系统

利用物联网、射频识别等信息技术，建立产品质量追溯体系。产品质量追溯系统通过对供应商物料信息、制造过程 5M1E 信息、质量信息及客户发货信息的系统采集，实现从客户订单号到产品生产批次号及装配物料批号的全面贯通，进而实现产品追溯信息的动态查询。通过对产品质量追溯信息的系统采集，实现追溯查询功能。

当发现产品质量异常或物料质量异常时，可快速展开正向、反向追溯查询。通过产品质量追溯系统的导入，可以全面提升客户对企业产品追溯保障能力信心；实现产品追溯信息电子化，提供条码等技术实现准确率提升；节省产品档案保存、归档时间；构建企业产品质量档案，实现追溯效率大幅度提升；为质量异常改进提供准确追溯平台支撑。

（二）智能商务服务平台

智能商务服务平台能够应用人工智能，从海量数据中生成数据洞察，实时且正确地制定决策、打造卓越的客户体验并取得突破性业务成果，可以帮助创新创业者实现其商业模式，或为其提供资源。

例如，通过微商城让初创企业轻松拥有在线商城，多种促销工具支持，深耕会员精准营销。一站式建立微站，提供丰富的模板、组件库满足您的个性化需求，完美兼容小程序和公众号。能够快速实现线上销售，打造企业品牌，助力企业快速进入移动社交电商新时代。

### （三）宏观经济数据监测系统

宏观经济监测是政府在宏观经济管理过程中，对宏观经济运行状况及其结果所进行的监督、测量、分析、预测和评估。通过宏观经济监测系统，获取宏观经济运行的相关信息，可以为正确估计当前宏观经济运行形势，预测未来时期宏观经济运行的可能发展趋势，为迅速反映宏观经济调控效果提供科学依据，以便进一步做出科学有效的宏观调控决策，支撑财政、金融、税收、统计、消费、投资、进出口、产业运行、劳动就业、质量安全、节能减排等领域的动态监测和预测预警。

宏观经济数据监测系统主要包括以下几个方面的应用：

监测宏观经济运行的总体态势，主要是观察当前宏观经济运行态势和近期变化趋势。包括：①对经济总量基本运行轨迹的监测，如经济增长速度、主要产品产量、固定资产投资总额、消费总额、货币供给量、物价总水平、进出口总额以及商品、劳务、资金等重要生产要素的流动状况，国民经济总体效益水平等的监测；②对经济结构状况的监测，如三次产业结构，工农业结构，工业内部结构，农业内部结构，农、轻、重的比例，能源、交通、原材料在国民经济中的比例，投资和消费的比例，生产和建设以及经济建设和文化建设的比例，人口增长和物质资料生产发展和科技、社会事业发展的比例，地区之间的比例等的监测；③对社会总需求和社会总供给及其平衡状况的监测，如生产资料和消费资料的供求状况、财政收支、信贷收支、外汇收支、进出口等平衡的监测。

监测宏观经济景气的变动态势，描述经济处于高涨阶段的活跃程度。景气波动一般分为扩张期和收缩期两个阶段。景气波动是对国民经济增长趋势外在的、综合的反映。监测和分析经济景气的变化趋势，尤其是把握景气转折的峰、谷，并研究相应的政策应变办法，对改善宏观经济调控具有重要的价值。

监测宏观经济政策及调控的实施效果。宏观经济政策及调控是影响宏观经济运行的重要因素，而这种影响效果反过来也是评估宏观经济政策及调控的基本依据。为了保证宏观经济政策及调控措施的可靠性，要在它们出台前对其实施过程和可能发生的广泛影响进行模拟，选择效果好、副作用小的方案；在某些宏观经济政策及调控措施出台后，要紧密跟踪这些政策及措施的实施过程和效果，及时反馈信息，研究补充和配套办法，克服阻力，消除隐患；在某些宏观经济政策及调控措施实施一定时间后，还要定期地、全面地监测、总结和评估这些宏观经济政策调控的实际效果。

监测国际经济环境的变化。一国经济的运行与发展，同国际经济环境密切相关。越是开放的经济系统，越是较多地受到国际环境变化的影响。加强对国际经济环境的监测，尤其要加强对那些进出口贸易量大，资本流、人流出多的国家和地区以及周边地区的经济监测，才能在不断变化的国际经济环境中抓住机遇，迎接挑战，更好地参与国际经济合作与竞争。

（四）经济统计信息发布系统

经济统计信息发布系统是利用现代网络媒体技术，实现对统计公告、统计数据与统计分析报告的实时公布。建立健全与高精尖经济结构相适应的经济调控数据体系，定期发布有关统计指标和数据。经济统计信息智能发布能够避免信息的滞后性，可满足公众对经济数据的需求。

经济统计信息发布系统的目标是充分、有效地开发和利用统计数据资源，为政府部门、行业、企业及社会公众服务。统计信息发布系统可以开辟全新的统计信息资源利用体系，克服时间与空间的限制，确保统计信息资源开发和利用的准确性与时效性，实现统计资源共享，增强统计信息的及时性和有效性。

## 第四节　智慧商务应用场景

### 一、智慧新零售

#### （一）智慧新零售的产生与内涵

智慧新零售是企业以互联网为依托，通过运用大数据、人工智能等先进技术手段，对商品的生产、流通与销售过程进行升级改造，进而重塑业态结构与生态圈，并对线上服务、线下体验以及现代物流进行深度融合的零售新模式。智慧新零售不仅是一个新概念、新技术、新名词，更是一种新的观念，涉及新的消费者群体。

移动互联网时代，消费者的行为发生了巨大的改变，更加追求个性化和品质，迫使零售商业模式进行升级，提供消费者随时随地的消费，因此零售经历了实体零售、虚拟零售两次革命以后，进入"智慧零售"时代，即零售的第三次革命。智慧零售之所以成为引领全球零售业的第三次变革，原因在于：①智慧零售打破了线上线下的单边发展局面；②智慧零售实现了新技术与实体行业的完美融合；③智慧零售是全球企业共同探索和发展的必然趋势；④智慧零售是一种开放的、共享的生态模式。

智慧新零售依托互联网、物联网、大数据和人工智能等技术，实现商品、用户、支付等零售要素的数字化，采购、销售、服务等零售运营的智能化，感知消费习惯，预测消费趋势，引导生产制造，以更高的效率、更好的体验为顾客提供商品和服务。智慧新零售主要包含两方面的内容，一是商品、用户及支付等零售要素的数字化，二是采购、销售、配送、服务等零售业务运作的智能化。其最核心的灵魂是将一切信息数字化，实现"6个数字化"——商品数字化、门店数字化、会员数字化、营销数字化、员工数字化及经营数字化，只有实现各个方面的数字化，零售才能真正迈入智能化的阶段。

智慧新零售之所以于当前产生并快速发展，主要有两方面原因，一方面，相比之前的主力消费群体，当前的主力消费群体中产阶级与新世代消费群体的消费意愿更强，更加关注商品及服务的品质，讲究生活质量与效率，也更加愿意接触不同的消费方式，消费升级成为智慧新零售发展的重要推动力；另一方面，技术的进步为智慧新零售发展提供了重要保障。人工智能、大数据、云计算、物联网以及移动支付等新技术不仅解放了人力，提高了物流配送效率，同时有利于企业更精准地收集顾客信息，掌握顾客需求，从而提供个性化服务，增强顾客体验。

（二）智慧新零售的特点

第一，技术高端。智慧新零售基于大数据、云计算、虚拟现实、物联网等高新技术，能够更加准确地了解消费者在消费方面的具体需求，进而使其更具人性化。

第二，全渠道。智慧新零售具备全渠道的特点，企业通过对线上及线下渠道进行整合，完成对自身所提供的商品及服务的销售，给顾客提供无差别的消费体验。

第三，运营支撑强。智慧新零售很好地运用了大数据等技术，让物流体系具备更高的分析决策能力，且能够以智能化的形式完成任务，进而使物流系统整体的智能化及自动化水平得到有效提升。

（三）智慧新零售的典型应用场景

智慧新零售运用新技术及大数据创造新的消费场景，给予消费者全新的购物体验。新的应用场景的产生主要基于五个板块（见图11.2）：企业数字化转型、用户识别技术和商品识别与商品结算技术、虚拟现实实用技术、人工智能技术和大数据。

1. 无人零售

无人店出现的目的是降低人工成本，在人工成本不断增长的情况下，用技术解决一些问题，但在成本降低的同时，无人店具有可复制性强的特点，千篇一律的消费场景使消费者体验下降，同质化的无人店随处可见，消费者失去了选择的权利和产生消费偏好的过程。而且，当前无人店主要使用 RHD 标签、人脸识别

**图 11.2　智慧新零售应用目标谱系**

等商品及用户识别的技术，但这些技术的发展还不太成熟，如刷脸识别技术有时会出现因为发型或化妆不能识别出本人，商品识别也不能做到百分百准确。这些问题会给用户的消费过程带来不良体验，让选择无人店购物的用户数量大打折扣。

1999 年产生了自助贩卖机，过去往往是在一栋楼下解决人们紧急的需求（如饮料、矿泉水等瓶装罐装的东西），但现在可以卖即食的东西，如面条、盒饭、水果等。自助售货的技术、商品类别发生了一些变化。自助售货更像是一种有针对性的消费模式，洞察用户的需求，因地制宜设置商品类别，更加便捷地满足消费者最基本的需求。如放在办公楼，针对办公人员这个大的消费群体，解决吃午饭等问题，这个市场空间很大，有 1 亿左右的用户。

2. 自助支付

智慧新零售的发展离不开支付手段的变革，支付宝从 2014 年开始推"双12"，微信支付从 2015 年开始推"8·8 无现金日"，均倡导无现金支付。目前，移动支付已被微信、支付宝两大平台瓜分，调查研究发现，年龄大的人更喜欢用微信，年轻人更喜欢用支付宝。微信和支付宝作为两大第三方支付平台，微信因其社交属性的强大，吸引了很多老年朋友的参与。老年人通过微信可以随时了解子女的情况，这无疑是他们学习使用微信的动力。在习惯了微信的社交功能之后，老年人会有兴趣去学习微信的其他功能，也开始尝试使用微信支付。支付宝的定位本身就不是社交工具，和微信相比其社交功能相对薄弱，纯粹的支付功能以及繁杂的应用程序并不能吸引老年人的参与。所以，相对微信支付而言，支付宝付款虽然推出时间更久一些，但老年人接受起来比较困难。目前，百货、零售、超市等业态下，自助支付已基本实现全覆盖，自助支付解决了排队等候等问题。

3. 企业数字化转型

随着数字化技术应用的拓展和深入，互联网行业的竞争焦点从消费互联网转向产业互联网，数字技术从服务 C 端（消费端）向服务 B 端（企业端）转移，本质上是数字技术对传统产业的改造与重构，在传统零售领域，最直接的外在表现就是商业模式创新，而内在则是基于技术创新与新技术融合应用的新竞争优势的构建。例如，在新一代信息技术驱动下，永辉超市通过业态创新、渠道创新、关系网络创新等商业模式创新探索向智慧新零售转型。

近几年，在零售业务方面，永辉超市主要业态创新为"超级物种"店和"永辉 MINI"店。2017 年，"超级物种"店通过引入孵化工坊加入餐饮元素，并利用移动支付手段，实现多重餐厅结合的模式。永辉超市"超级物种"业态是通过新技术打造新应用场景，"超级物种"线下门店通过人工智能、云计算等新技术实现无人结算，通过小程序扫码商品、微信支付即可自主购买结账，简单快捷方便；在供应链上对商品进、销、存、出的全流程进行数字化改造，匹配出更符合用户需求的商品，将销售数据及时提供给供应商，实现信息互通共享，使其及时调整产品生产计划，减少供应商库存和原材料的资金占用，合理配置资源，降低运营成本，增强客户黏性，挖掘出适宜新业态，提升了企业盈利能力。

4. VR/AR 虚拟体验

在技术化、数字化的不断发展下，5G 技术的出现意味着更高的带宽，能够带来更多的细节，更同步的信息，以及更真实的虚拟体验。对智慧新零售而言，5G 技术支持 AR/VR 应用。VR/AR 技术的使用，线上线下都有出现，但在目前的零售行业并不普遍，其更偏向于专卖店，是一种专业的软件，如 VR 技术在线上的使用有天猫虚拟试衣系统、线下在一些服装专卖店（如妖精的口袋）的使用，AR 技术在看房、装修等方面有使用，Mac 实体店内放置有智能化妆镜等。对于男士，VR 试衣是比较方便的，因网上购衣总会出现尺码不符等问题，这个系统解决良好。但对于女士，这个系统的接受程度并不高，连衣裙等在 VR 下并不能看出真实的效果；对衣服材质表现也不准确；而且，能够进行虚拟试衣的品牌和衣服的种类现在还是很少的。

5. 智能机器人

智慧新零售的目的是"以更高的效率、更好的体验为用户提供商品和服务"。机器人导购/智能购物车，在重庆华润二十四城万象里的全国首家永辉 BRAVO 智能体验超市，出现机器人跟随消费者，通过语音的方式和消费者交流，引导消费者购物，根据消费者状态向消费者推荐一些商品，为消费者的购物过程带来新的体验。

智慧新零售一定要回归零售本质，利用互联网技术深入后台，改造价值链上的每一个环节，使整套零售系统更快响应，以大数据为牵引，从 B2C 转向 C2B 反向定制，推动有效供给，进而为消费者提供最需要的产品和服务。首先，智慧新零售的发展依赖于技术的运用，旨在实现数字化，为零售行业做出一定贡献。但有的技术的应用并没有改善用户体验，有的技术也没有带来数据的转化，在发展的过程中存在很多问题需要解决。其次，提高用户体验是智慧新零售的核心目的，但在实际发展中，用户体验并未达到预期目标，优化用户体验仍是零售企业关注的核心内容。最后，技术带来零售业变化，需要关注的是不同客群的消费特点及消费习惯，在关注企业内部技术变革的同时更需要关注消费的变化。

## 二、智慧营销

智慧营销（Smart Marketing）旨在应用人工智能、大数据挖掘、客户关系管理，AI 数据处理和信息识别等技术，从多源异构的海量数据信息开始，以企业高效营销为目标导向，将智能化数据信息的采集、处理、分析、应用纳入企业生产营销环节中，实现企业全面的数字化、智能化、技术化的新营销模式。

智慧营销可以针对产品、营销、销售、售后四个环节的种种不同场景提供全域服务，这四个环节组成了企业生产业务的完整链条。整个链条涵盖从分析产品的竞争优势和品牌定位，到如何选择最有价值的广告投放方式，到销量预测，再到售后的客户价值分析、流失预测等。这些信息都是企业调整自身产品营销方式和线下店铺布局的重要依据。智慧营销主要通过大数据等技术，实现营销流程的智能化。例如，可根据搜索关键字，快速识别用户查询意图，为买方用户提供所需产品及相应供应商；在商品的查询、检索过程中，人工智能技术可根据其历史订单和企业能力，匹配所需产品，提高信息查询及检索的响应准确率；可根据买方的历史订单，在点对点推荐的基础上，智能化为买方用户推荐其可能需求的产品，丰富其使用体验。智慧营销应用目标谱系如图 11.3 所示。

智慧营销能够实现以下商业场景：

（1）虚拟仿真。虚拟现实技术是虚拟实情，操作者进入虚拟环境后有身临其境的感觉，并可通过遥控改变环境。仿真包括物理仿真、数学仿真和实物仿真。这些都是智慧营销技术的重要组成部分。可利用虚拟仿真技术和生物智能技术研制出"营销大脑"，解决营销中的具体问题。

（2）智能全媒体。智能全媒体主要包括两个方面的技术，单一数据库和一致窗口接口。其软件系统包括正文编辑、图形编辑、数据库管理和三维阅览工具。在屏幕上的窗口是与数据库中的目标即信息节点相联系的，且这些目标之间相互链接。智能全媒体是智慧营销人机接口的有力工具。

图 11-3　智慧营销应用目标谱系

（3）智慧营销专家系统。专家系统是利用营销专家专业知识以及计算机技术手段实现人工智能的结果，可以为客户提供营销问题解决办法。智慧营销专家系统一般由三部分组成：知识库、推理机和用户接口。知识库包含领域知识与知识规则，推理机用于知识推理以及决策，用户接口是人机交互的通道。

（4）智慧营销机器人。智慧营销机器人是具有某些生物器官功能、用以完成特定操作或任务的应用程序控制的机械电子装置。它具有人类器官的各种功能，能自动识别周围环境并自动做出行动规划。智慧营销机器人未来将在营销客服等领域广泛应用。

智慧营销主要能实现以下目标：

1. 实现有效的价值链管理

企业在创造价值过程中，把该过程逐步分解为一系列互不相同但又相互关联的经济活动，每一项经营业务都是这一价值链条上的一个环节，其总和最终构成企业"价值链"。对于销售产品和提供服务为主营业务的企业，需要及时梳理销售业务产生逻辑链条，可以从链条尾端出发，递推至链条起始，从而发现链条中哪一环节有问题。

通过梳理业务逻辑，如"客户挖掘—形成线索—转化商机—提供报价合同审核—合同签订—合同履行（产品发货或项目实施）—验收开票—确认收入—追踪回款—售后服务"，对于每一项流程环节设定相应考核指标，特别是"确认收入—追踪回款"两个环节。例如，年度收入的多少与前序环节的履行密切相关，当发现本年收入无法完成目标，在剖析原因过程中，可从如下方面进行查看：第一，查看合同履行是否正常，即产品是否按时交货，是否存在缺货或是产品质量存在问题，服务是否按照正常进度履行；第二，追踪未签订合同，通过与本年的目标以及过去年度进行比较查看，是否由于本年签订订单过少，无足够订单余量推进订单的履行，如该环节有问题，则需要再向前序环节查找问题，如此周而往复，可以逐步查找到问题之所在，从而能够及时发现问题，对业务开展进行必要的支持和补充。

2. 进行有效的销售预测

销售预测是企业经营预测的起点和基础，为企业的计划和整体资源控制提供依据。通过销售预测可以有效管理库存，安排生产，合理进行资源配置，从而提高合同履行效率，提升客户满意度。

利用专业的预测模型，基于历史数据，测算出未来销售的趋势。在实际经营过程中，提升预测的准确率，是智慧营销需要重点考虑的问题。预测会有误差存在，所以预测的准确程度成为考察预测成功与否的重要因素。根据商机情况进行销量的预测，根据签单的可能性和预测签约时间来判断签约情况。由于销售预测周期对于预测准确率有着显著影响，因此，周期越长，信息把控时效性和准确性越低，预测准确率也会越低。故为提升准确率，采用每周更新预测情况，利用周滚动预测来缩短周期，及时和客户沟通，提升信息时效性，并通过每期预测趋势变动和实际签单情况对比分析，来考核预测准确性，通过某一客户历史签约情况对比，查看客户签单流程效率，可以及早发现流失客户。

3. 实现有效的资源合理配置

企业掌握的资源多种多样，包括有形资源、无形资源和人力资源。一个公司要实现收入最大化和利润最大化的目标，离不开资源的合理配置。不同类型的公司在资源分配上有本质的差异。例如，生产制造型企业把大部分的资源投入生产设备；服务型公司的主要资源投入是人力。无论投入何种资源，都需要依据公司业务类型和规模发展做出合理规划。例如，在生产企业中，原材料、存货等是企业的重要资源，有些企业的业务为以销定产，即销售合同签订完成后进行产品生产，不会产生大量的存货闲置资源，此时需要销售部门和生产部门进行有效配合；而有些企业以产定销，这时需要及时掌控市场的需求情况，需要生产、市场、销售三方共同配合。因此，企业内部的各种问题是相互关联、一环扣一环的。

为了达成公司运营的目标，公司内部的运作需要整合、沟通和协作。为了有效实现资源的合理配置，基于公司数据化管理的基础，能有效实现各个环节的配合和协作。市场部门通过举办市场活动、百度推广等多方面有效营销手段，获取相应的线索和整体市场环境信息，及时告知销售部门，并由其跟进；依据系统中线索商机的持续跟进情况，按照预计签单时间做人力资源预估，并协调人资部门进行人员的招聘和调动；依据系统中预计签单的产品订单，及时进行销售预测，盘点存货，并编制采购计划；依据系统中合同履行情况，合理预估开票和回款时间，从而可以预估资金回笼情况，并及时和财务沟通，有利于公司对于资金的计划和业务发展以及市场宣传的安排。如此形成了相关部门的协作配合，人—财—物的合理配置。

### 三、智慧社区商业

随着互联网、物联网、大数据、云计算等信息技术在城市建设中的应用普及，以及信息公共服务平台的陆续开通、"三网"融合推动下，智慧北京建设也向"最后一公里"的社区延伸，社区成为最后的一个聚焦点。目前，北京智慧社区的建设步伐不断加快，智慧社区商业是智慧社区的有机组成部分，是智慧城市建设的重要支撑。社区商业不仅解决了社区居民的基本生活需求，同时作为基础性商圈丰富了城市商业模式。在经济社会发展和信息技术的推动下，社区商业日益智慧化，通过数字化、智能化、互动化、协同化，社区居民的"吃、住、行、游、购、娱、健"等生活要素被有机地连接起来。

智慧社区商业是在社区范围内为居民提供服务的商业载体形式，服务半径一般在2千米以内，是现代城市商业最小单元。智慧社区商业一方面带给居民便利，在满足社区居民生活需求的基础上，提升了社区居民生活品质、推动了传统社区生活方式的改变；另一方面加强了商圈内部商户和居民的联系，实现双方"共赢"，提高了社会治理的质量。特别是在如今快速发展的时代，人们的消费需求不断升级，智慧社区商业从人的需求和生活情境出发，通过环境、建筑与科技智能的融合，不断升级人们家门口的消费体验。特别值得一提的是，在2020年抗击新冠肺炎疫情防控战中，精准的社区管理发挥了重要作用，同时智慧社区商业在这次重大公共危机事件中也发挥了积极的应急保障功能。

智慧社区商业在提供各项服务、开展各项活动时，离不开以下四大运营要素：客流、物流、资金流和信息流。其中，源源不断的客户是智慧社区商业得以持续发展的首要条件。物流配送直接关系到社区居民的消费体验，是评价智慧社区商业服务水平的重要因素之一。商户可以采用信息化手段加强对社区居民的服务，例如掌握社区消费者相关信息，如个人特征、消费水平、需求偏好等，方便向消费者提供个性化服务。

（一）北京智慧社区商业发展状况

随着互联网和人工智能等信息技术的广泛应用，北京社区商业服务的智慧化程度有了较为迅速的提升。北京目前已出台了诸多相关政策引导和支持智慧社区商业的发展。如2015年北京市人民政府印发《北京市提高生活服务业品质行动计划》，2018年北京市政府办公厅印发《关于进一步提升生活性服务业品质的工作方案》，提出："准确把握生活性服务业的商业性和公益性双重属性，着力推进社区生活性服务业'规范化、连锁化、便利化、品牌化、特色化、智能化'发展。"

2019 年 6 月，以"智慧社区商业"为主题的第十四届京商论坛在京召开。论坛指出：北京将用 3 年左右时间补齐社区便民商业网点缺口，其中每百万人将拥有 300 个左右的便利店。2016 年，北京每百万人口拥有 160 个便利店，2019 年每百万人口拥有 220 个便利店。此外，北京将重点打造多个商圈，其中社区商圈将着力满足市民对早餐和深夜食堂的需求。

目前，北京智慧社区的建设步伐不断加快，作为全国政治中心、文化中心、国际交往中心、科技创新中心，北京社区商业所占比重在 30%～40%。根据国际经验，发达国家社区商业在城市整个商业中比重有的达到 50%，更有甚者达到 60%，因此北京智慧社区商业还有很大提升空间。北京在"十四五"规划中强调要打造具有国际竞争力的数字产业集群，建设全球数字经济标杆城市，智慧社区商业消费潜能巨大。

（二）智慧社区商业应用场景

智慧社区商业通过利用新一代信息技术，及时感知、传送、发布、整合社区居民"吃、住、行、游、购、娱、健"等信息，为居民提供安全、便利、舒适、愉悦的生活环境。现代社会，越来越多的人喜欢家门口的商业服务。近在咫尺的消费场所，网上智慧服务平台，一站式生活消费，智慧社区商业已经在人们的生活中扮演了非常重要的角色。特别是目前，智慧社区商业不断实现社区公共服务与商业服务无缝结合，同时融合了商品零售、终端配送与多功能服务，促进线上线下发展，提供了日益快速、安全、便捷的服务。总体而言，智慧社区商业具有社区 O2O 模式的普及化、服务品质精细化、业态综合化、服务需求特殊化、流通系统便捷化、数据监测实时化、连锁经营推广化等特征。目前智慧社区商业大体分为以下几大类：

一是社区商业中心（综合体），一般人流高度密集，通常以超市、便利店、药店、餐饮、酒吧、休闲娱乐中心等形式为主，主要针对周边社区及区域，服务层次高。

二是社区商业街，一般人流相对集中，通常以购物、餐饮、服务业等为主，主要针对单个社区。

三是社区底商，主要位于社区的人口等，以零售商业和服务业为主，为居民提供必要的生活服务功能等。

在网络融合的助推下，智慧社区商业服务暴露在公众的监督之下，促使经营者针对消费者不同消费需求，调整经营手段和服务模式，衍生出适应不同消费需求的服务类型，服务品质呈现精细化发展。从业态配置来看，智慧社区商业已经在社区餐饮、社区菜场、社区教育、社区养老、社区零售、社区休闲娱乐、社区公共配套设施等层面上进行了功能配置。也就是说，围绕小区居民的日常吃喝玩乐、教育、养老、养生等功能已经全部融为一体，实现了线上+线下商业服务，这构成了新型社区的全部场景。智慧社区商业应用目标谱系如图 11.4 所示。

图 11.4　智慧社区商业应用目标谱系

（三）智慧社区典型应用案例

1. 智慧社区商业——京工 1961

北京时尚控股旗下的京工集团开设的"京工 1961"社区店，以"服务+零售+互联网"为特色，进行线上线下结合。在构建全新社区服务模式过程中，充分利用了社区便民服务量（Volume）大、地域季节销售时效性（Velocity）高、社区便民服务质量可疑性（Veracity）低、市场效益蕴含价值（Value）高、社区便民服务过程多样性（Variety）强等大数据内容、结构、使用特征，动态化完善了"京工 1961"社区店、社区生活馆便民服务商业网点布局，优化了社区便民商业服务功能搭载。"京工 1961"线上商城已经正式上线运营，消费者不仅可以通过线上商城，网上预订修衣改衣服务，还可以进行成衣定制、西服高级定制、羽绒服定制。与此同时，线上商城还销售京工集团旗下各品牌的多门类服装服饰，以及部分日化和生活用品。京工集团借助互联网的优势，利用"大数据"为消费者提供更加全面的服务。目前"京工 1961"社区店共在北京区域开设 16 家，每个店铺都设有一个至少 10 平方米的裁缝铺，配备平缝机、包缝机、熨衣台等专业缝纫设备，提供包括修衣改衣、服装定制、羽绒服翻新定做、窗帘加工等服务项目。此外，在店内还配备了自助针线盒、血压计、体脂秤、雨伞、充电器、急救箱等便民用品，尽可能提供更多的便民增值服务。

2. 智慧社区商业——社区生鲜超市

北京各种各样的生鲜超市散落在城区各个角落，从盒马鲜生、7FRESH、超级物种到京捷生鲜、果蔬好生活超市、华联生活超市、"永辉 MINI"等，许多社区生鲜超市在城市大街小巷冒出头来。还有不少线上生鲜超市，如京东到家、每日优鲜、美团买菜等，人们在线上、线下可以选择的生鲜电商品牌越来越多。纵观当下社区生鲜超市的格局，主要以传统商超转型和电商品牌的探索居多。消费者买鲜肉蔬果的"菜篮子"需求成为企业在社区商业中争相探索的焦点。不仅如此，更多类型的企业还在纷纷入局。外资便利店也看上了社区生鲜这片"黄金地"。2019 年，北京首农食品集团有限公司旗下北京首农股份有限公司与罗森（中国）投资有限公司在北京签署战略合作协议，宣布将携手进军社区生鲜便利零售事业。双方围绕社区居民一日三餐需求，拟开出"惠民社区生鲜店"，提供包括肉禽蛋奶果菜等基础食材以及半成品、制成品、鲜食，辅以日常必需的便利商品，还将围绕社区生鲜便利业态，进行物流中心、鲜食加工中心、中央厨房、城市物流等基础设施的规划和建设。

3. 智慧社区商业——深夜食堂

民以食为天，在智慧社区商业中，离不开最基本的餐饮服务。与购物中心、酒店的餐饮不同，植根于社区的餐饮，其最本质的特点是便捷和亲民性。疫情给中小微企业带来巨大冲击，为更好地服务各类人群，部分城市出现以 24 小时经营为特色的社区 mall，北京也开始将餐饮品牌经营时间延长至 0 点，打造"深夜食堂"，引领"夜经济"的消费新趋势。2020 年，北京市商务局正式发布北京第一批"深夜食堂"特色餐饮街区，北京 10 条特色餐饮街区悉数上榜。东城区簋街、朝阳合生汇·21 街区、朝阳区中骏世界城商业街、望京合生麒麟新天地商业街、朝阳区霄云美食街、海淀区华熙 LIVE·五棵松商业街、石景山区台湾街、通州区东郎电影创意产业园商业街、昌平区龙域中心西区商业街、顺义区中粮·祥云小镇商业街 10 条街区成为北京市第一批"深夜食堂"特色餐饮街区。

4. 智慧社区商业——家门口的儿童教育

从 2015 年开放二孩政策后，儿童数量有所增加。因此，不少智慧社区商业服务重点关注儿童群体。目前，缺乏生育配套支持成为很多育龄夫妻面临的障碍。不少社区开始关注社区儿童中心项目，试图通过整合政府、社区、社会等多方面资源，在"最后一公里"为准父母和婴幼儿家庭提供科学育儿支持。例如，对于北京广外街道手帕口南街社区的很多家长来说，带着家里的萌宝来社区儿童中心上课、看绘本、认识其他小朋友，已经是每周的固定日程了。社区家长们可以通过 App 及同名微信公众号进行选课，体验社区儿童中心提供的"最后一公里"育儿支持。

儿童业态作为社区购物中心必不可少的一部分，是吸引家庭客群的有力武器。目前很多大型社区购物中心都意识到了亲子业态的重要性。在提高儿童教育业态比例的同时，进一步强化公共空间营造，打造屋顶儿童乐园、跑道、农场等，服务设施日趋完善和个性化，极大地带动了社区商业的发展，如北京朝阳区蓝色港湾、朝阳大悦城等。

5. 元宇宙助力智慧社区商业

元宇宙是当下互联网热门话题。作为虚拟与现实的连接，元宇宙重新定位人与空间的关系，并通过虚实结合的方式优化内容呈现，进一步激活潜在流量。元宇宙带来的技术赋能，让空间的意义不再局限于物理空间，而是物理空间和虚拟空间的结合，为智慧商业场景创新带来了无限的延展性，为商业破局存量时代提供了全新的思路和机遇。

Z世代消费人群重视体验、追求个性、乐于探索，商业体更需要具有故事感、代入感、互动感、差异感、沉浸感，从而满足新消费人群需求。作为元宇宙的重要组成部分，虚拟形象已成为品牌争夺年轻人的利器。已有不少企业开始探索打造自己的虚拟品牌。如商业综合体深圳后海汇发布Z世代的平面虚拟模特"想想Hilda"，并借助虚拟偶像的形式，塑造全新的Z世代定位购物中心的形象。通过5G、AR、面部捕捉、动作控制、实时渲染等技术，实现与消费者实时互动，吸引线上线下流量。广州悦汇城通过大型AR实景应用AR Show，把虚拟的冰雪奇境与现实场景交融，为到场顾客带来一场极致的"元宇宙"购物体验。深圳龙岗万达广场应用BIM及3D点云扫描技术建立数字孪生体，形成与实体广场对应的"平行世界"，营造"商业空间元宇宙"，可以让人在虚拟与现实中相互穿梭互动。合肥万象城依托中国电信"天翼云图"平台，实现AR实景导航、AR景观打卡、VR沉浸式游戏互动、元宇宙版"云上万象"VR逛店＆二次元互动等全场景应用落地，同时在预约停车、智慧支付等智慧化停车服务方面进一步升级，为消费者带来一场科技化、数字化的信息消费盛宴。

（四）智慧社区商业的未来

智慧社区商业的根本目的是便民、利民、惠民，其未来发展也将紧紧围绕这一根本目的。"工业4.0"时代的到来，将加快数据生产力的开发与利用，带来社区商业模式的变革。智慧社区商业需要聚焦高质量发展、技术赋能和模式创新，进一步依托智能处理平台和服务终端，实现数据再造过程，充分发挥数据支撑与服务导向功能，进一步衍生出新的商业业态与服务类型，细分市场环节和类型，实现功能升级、品质升级、安全性升级、便利性升级，让社区居民充分享受"家门口美好生活"。

# 第十二章　北京智慧建造目标谱系

智慧建造不断推进新型智慧城市建设，而智慧城市发展离不开智慧建造。智慧建造是智慧城市的延伸。即"智慧"延伸到工程项目的建造过程中，就产生了智慧建造的概念，是智慧城市理念在建筑建造全过程的体现，是建立在高度的信息化基础上的一种支持对人和物全面感知、建造技术全面智能、工作互通互联、信息协同共享、决策科学分析、风险智慧预控的新型信息化建造模式。

## 第一节　智慧建造内涵

在党的十八届五中全会上，习近平提出了"创新、协调、绿色、开放、共享"的发展理念。坚持绿色发展，必须坚持节约资源和保护环境的基本国策，坚持可持续发展，坚定走生产发展、生活富裕、生态良好的文明发展道路，加快建设资源节约型、环境友好型社会，形成人与自然和谐发展现代化建设新格局，推进美丽中国建设，为全球生态安全作出新贡献。

但长期以来，我国建筑业存在着生产方式粗放、生产技术落后、生产效率低下、能耗高等问题，这与落后的传统建造模式有很大关系。在传统建造模式中，一方面，由于信息化水平低，设计、施工、运营等过程脱节导致信息孤岛，其后果是不仅项目参建各方之间缺乏有效的沟通与协作，而且造成了很大的资源浪费；另一方面，项目在建造过程中容易受很多不确定性因素影响，如项目安排、施工环境、管理水平等，极易在此过程中发生冲突，进而影响项目进度、质量、投资等一系列目标。

当前学者已经对"智慧建造"进行了一定程度的探索研究，传统的建筑模式已经不适应我国新建造时代，需要积极探索新型绿色化、现代化的建造模式。信息网络技术取得跨越式发展，带来了建设过程领域项目管理水平的大幅提高，如越来越多的建设项目逐渐采用 BIM 技术、绿色建造模拟技术，进行施工模拟、进度统筹以及现场管控等，同时运用物联网技术，帮助相关参建单位进行施工场地的监管，包括安全文明施工、质量成本的控制等。智慧建造成为工程建设领域新型建造模式。

智能建造是新一代通信技术与先进设计施工技术深度融合，并贯彻于勘察、设计、施工、运维等工程活动各个环节，具有自感知、自学习、自决策、自适应等功能的新型绿色建造方式。智慧建造深入建筑行业企业，将节约20%以上的资源消耗和碳排放，工程现场一线的精细化建造将带来5%～10%的节约潜力空间，现场一线由于管理造成的粗放浪费、返工、进度延迟现象将大幅减少；质量提升及工程生命周期延长，将大幅减少资源损耗和降低碳排放；智慧建造大幅提升大型建筑企业的管理水平，改变当前规模不经济的现状，推动市场集中度的提高，实现集约化经营，快速淘汰落后产能。建筑业建造模式将从智慧工地向装配式、绿色、智慧建造方向发展。

城市智慧建造系统聚焦于城市建造全过程，紧紧围绕人、机、料、法、环等关键要素，综合运用 BIM、物联网、云计算、大数据、移动和智能设备等软硬件信息化技术，与一线建造过程相融合，对生产、商务、技术等管理过程加以改造，提高城市建造效率、管理效率与决策能力，实现数字化、在线化、智能化管理。

## 第二节　智慧建造应用系统

智慧建造应用系统主要包括数据采集层、业务管理层、智慧监管层、智慧决策层、行业监管层，如图 12.1 所示。

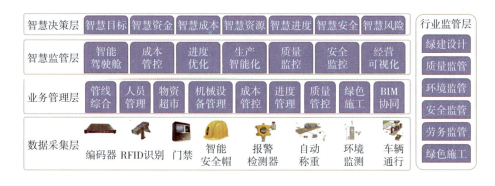

图 12.1　智慧建造应用系统框架

智慧建造系统应用通过小而精的专业化系统，充分利用 BIM 技术、物联网等先进信息化技术手段，适应现场环境的要求，面向施工现场数据采集难、监管不到位等问题，提高数据获取的准确性、及时性、真实性和响应速度，实现施工过程的全面感知、互通互联、智能处理和协同工作；集成管理通过数据标准和接口的规范，将现场应用的子系统集成到监管平台，创建协同工作环境，搭建立体式管控体系，提高监管效率。同时，基于实时采集并集成的一线生产数据建立决策分析系统，通过大数据分析技术对监管数据进行科学分析、决策和预测，实现智慧型的辅助决策功能，提升企业和项目的科学决策与分析能力；智慧建造可延伸至行业监管，通过系统和数据的对接，支持智慧建造的行业监管。

## 一、数据采集层及业务管理层

智慧建造的现场应用层聚焦施工生产一线具体工作，通过一系列小而精且实用的专业应用系统来解决施工现场不同业务问题，以降低施工现场一线人员工作强度，提高工作效率。这些系统聚焦于现场人、机、料、法、环五大要素的管理，业务范围涵盖施工策划、现场人员管理、机械设备管理、物料管理、成本管理、进度管理、质量安全管理、绿色施工管理和项目协同九大管理单元，同时充分利用先进的 BIM 技术的可模拟、可计算、可分析等特性，提高施工可行性和管理精细化程度。呈现如下特点：

（1）应用软件不再通过一个大而全的系统或平台来解决所有问题。每个管理单元中都拥有一个或多个智慧建造的信息化系统，分别满足业务单元中不同的管理问题。人员管理有智能安全帽系统、劳务实名制系统、一卡通、电子支付等，共同推动了相应的业务单元的管理水平和能力的提高。

（2）追求数据的准确性、实时性、真实性和有效性。数据是管理的基础，单纯靠人员现场手工记录，一是效率低下，二是容易出错，三是有延迟性。因此，智慧建造采用 RFID、定位跟踪、传感器、图像采集等物联网技术和智能化技术应用于施工现场关键环节，实现施工过程的智能感知、实时监控和数据采集。通过物联网网关协议与各管理系统集成，实现现场数据的及时获取和共享，解决了以前通过人工录入带来的信息滞后和不准确的问题，提高了现场交互的明确性、高效性、灵活性和响应速度。针对材料控制方面的物联网应用，可以对现场物料的使用、存放的信息进行有效的监控和管理。针对物料跟踪应用，对施工过程中的物料运输、进场、出入库、盘点、领料都可以采用 RFID 电子标签，通过物联网进行跟踪和监控。

（3）追求现场人员实时沟通与协同工作。施工项目的临时性、工地的分散性、人员的走动性等特点给信息化的应用造成了很多障碍。工地管理人员多是在现场作业，尤其是工地现场的环境非常复杂，容易出现反馈问题的重复、多管或者漏管，安全问题的延误和重复处理，工作前后交接出现脱节等现象。解决这些问题的核心就是相关人员能更准确地创建信息、及时传递信息、更快地反馈信息。智慧建造通过 PAD 或手机等移动终端设备上的专业 App 软件，集成云平台和物联网终端，实现随时随地的信息共享和沟通协同。在现场通过手机端 App 随时查阅图纸、工法、标准、规范等；巡检过程中随时拍照与上传，并自动通知相关责任主体；工序完成时，班组交接等工作通过手机 App 协同完成等。

（4）充分应用 BIM 技术。一方面，使用 BIM 专业软件不断提高设计质量、优化施工组织和方案，实现过程精细化管控，策划阶段通过 BIM 模型集成成本、进度，形成 5D 模型，并基于 5D 模型进行施工过程模拟，优化进度和其他资源计划；另一方面，BIM 技术与现场管理业务集成应用，发挥综合效应，基于 BIM 的材料管理，通过模型关联的多维信息实现材料的精细化管控。BIM 技术与云计算、物联网、移动终端、智能设备等信息化技术集成应用，解决工地现场需要及时获取设计信息，并校核和指导施工业务的需求。特别是在装配式建筑的施工现场，通过手持终端识别植入预制构件的 RFID 芯片，结合 BIM 模型定位构件的位置，提高现场装配的准确性和效率。

### 二、智慧监管层

智慧建造更强调在各子系统应用基础上，通过建立集成监管平台，实现各子系统的数据集成，为项目管理层和企业管理层，甚至业主方提供有效、及时和准确的项目信息，使得管理更科学高效，提升了整体项目的监管水平和能力。智慧监管层包括平台数据标准层和集成监管平台两部分内容。

集成监管平台需要与各项目业务子系统进行数据对接。为保证数据的无缝集成，各系统之间的管理协调，需要建立统一的标准，包括管理标准和技术标准等。管理标准包括流程标准化、制度建设标准化等。流程标准化是对支持智慧建造应用顺利进行，与现有管理模式融合的管理规范和工作流程梳理的标准化，还包括项目部自身管理制度的标准化，明确管理流程、岗位职责等。技术标准主要解决平台与子系统数据交换的问题。监管平台数据来源于现场各应用系统，系统的供应商不同、产品不同、数据格式也不同，造成数据的格式、形态和集成方式都不一致。要建立数据标准化体系，包括数据格式标准、数据交换标准、数据接口标准等。从满足监管需求的角度出发，对需要项目提交的数据进行标准化，确定数据范围、内容和信息要求，在此基础上，开发针对不同数据类型软件接口，并集成在平台中。

集成监管平台其集成有多种方式和表现形式，可以通过标准数据接口将项目数据进行整理和统计分析，实现施工现场的成本、进度、生产、质量、安全、经营等业务全过程的实时监管；也可以通过现场物联网设备网管连接智能化设备，集成至统一的页面查看，例如视频监控、塔吊黑匣子等；还可以把 BIM 模型作为数据、集成和展现的载体，实现对模型、设计、进度、成本等信息或资料的监管。监管平台可实现手机端应用，真正实现随时随地监控，并可及时发出指令给相关责任人，提高管理效率。通过智能驾驶舱，将不同平台的模型、业务数据、视频等集成展示在同一界面，并根据对业务数据的分析，采用图形、表格、动态模型、视频等方式进行展现，辅助科学决策。

### 三、智慧决策层

建造项目体量庞大，参与方众多，流程繁杂，这些带来了现场管理的复杂性和项目管控难度，进一步增加了项目的安全、质量、人员等方面的风险，科学的数据分析与预测可以预控项目风险。在智慧建造众多的系统应用过程中将产生大量的工程信息数据，这些数据对总结工程建设经验，为今后改进施工方法和提高经济效益等具有重要的参考价值。决策分析层通过集成监管层对这些项目现场信息的采集，应用数据仓库、联机分析处理工具和数据挖掘等技术，提取出有用的数据并进行清理，以保证数据的正确性，然后经过 ETL，提供多种分析模型并进行数据模拟，挖掘并发现不同业务之间的关联关系，将分析或预测的结果通过各种可视化的图形和报表展示出来，辅助企业管理者进行经营决策。决策是在大量项目数据的前提下做出的，使得企业的各级决策者能获得知识或洞察力，促使综合考虑各项分析指标，做出对项目更科学合理的决策，降低项目风险。决策分析层一般需建立领导决策分析系统，并通过信息系统的消息预警和提醒设置，将风险预警点设计到各系统中，实现风险信息的同步预警和即时掌控，实现风险的事前控制。

### 四、行业监管层

智慧建造的应用越来越广泛的同时，对行业监管的智慧化应用提出了挑战。在国家政策层面，《国务院关于促进建筑业持续健康发展的意见》中明确提出，要加强工程项目质量监管，加快建筑施工安全监管信息系统建设，通过信息化手段加强安全生产管理。与智慧建造相适应的行业智慧监管应用逐步发展起来，目前的应用主要包括质量监管、安全监管、劳务实名制监管、环境监管和绿色施工监管。智慧行业监管的应用：第一，与智慧建造现场应用系统的方式类似，采用物联网、移动互联网等新技术对工程现场质量安全进行监督管理；第二，通过规范数据标准，开发数据接口，实现与现场的系统连接，自动抓取数据，实现智慧监管；第三，有项目监管数据与建筑业市场监管平台对接，实现项目企业和人员的诚信联动。

## 第三节　智慧建造目标谱系

城市智慧建造体系是在一定的时间和空间内由相关建筑类企业、客户以及建造环境基于智慧建造全生命周期所构成的一个整体系统。智慧建造系统采用工业化建造方式，进行设计标准化、构件生产工厂化、现场施工装配化的生产方式。城市智慧建造目标谱系如图12.2所示。

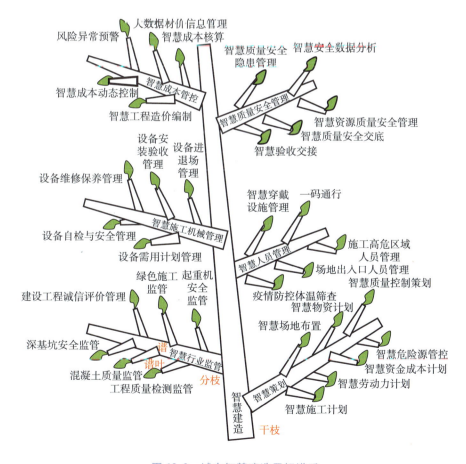

图 12.2　城市智慧建造目标谱系

## 一、参与方

在智慧建造系统中存在生产者、消费者、分解者三个角色：

生产者主要包括原材料供应商、设计单位、劳务公司。原材料供应商从自然环境中获得原材料并提供给施工单位或者开发商；概念设计单位通过经验、创意对建设项目进行设计并提供给开发商和初步设计单位；劳务公司从社会环境中获得劳动力提供给施工单位；生产者的生存和发展主要是依靠从环境中获得能量或者进行自我生产，不需要通过消费其他企业的产品和服务来获得能量。

消费者主要包括材料加工商、构件生产商、监理单位、施工单位、开发商、业主。材料加工商为施工单位和预制构件厂商提供相应的材料；预制构件厂商为施工单位以及开发商提供相应的预制构件；施工单位进行现场施工需要依托设计单位的设计图纸、原材料供应商提供的材料、劳务公司提供的劳动力等才能完成项目的建设；监理单位需要依托施工单位的建设才能完成监理任务；开发商需要依托设计单位的图纸、施工单位的建设服务、监理单位的管理服务、材料供应商的材料来获得最终的建筑产品；业主需要依托开发商的住宅产品才能满足自身生存的需要。消费者的生存和发展需要依托生产者或者上一级消费者提供的产品或者服务。

分解者主要指拆除回收单位。在建筑产品达到了一定的使用年限，或者由于其他特殊原因无法继续使用，需要拆除回收单位对其进行处理，部分可回收利用的物质重新进入生产循环。

## 二、时空构成

数字孪生是智慧建造系统的主要时空特征，是基础设施数字化的必然趋势。数字孪生不仅是技术手段的升级，还改变了基础设施项目从设计、施工到后期运营维护的协作方式；解决了以往无法反馈数据变化的问题，基于一个数据整合的平台，能实时得到最新的数据更新。通过对过去、现在项目状态的分析，基于数据做出更好的决策，同时解决了数字化移交和后续系统集成的问题。业主与设计、工程、施工和运营单位可以在不同的项目、任何一个节点选择启动数字孪生项目，迈向数字化。

## 三、主要技术与设备

### （一）BIM 技术

BIM 技术以建筑物的三维图形为载体进一步集成各种建筑信息参数，形成了数字化、参数化的建筑信息模型，然后围绕数字模型实现建筑正向设计、施工模拟、碰撞检查、5D 虚拟施工等应用。借助 BIM 技术，能实现设计、施工和运维数字化的虚拟建造过程，优化施工方案，极大提高设计质量，降低施工变更，提升工程施工效率。

（二）物联网技术

1. 自动识别技术

条形码技术主要应用于建筑材料和机械设备的管理，通过移动终端设备扫描，实时获取管理数据，完成从材料计划、采购、运输、库存的全过程跟踪，实现材料精细化管理，减少材料浪费。RFID 技术在智慧建造过程中，用于现场人员、机械、材料的跟踪和完成安全管理工作，识别构件吊装位置，掌握现场人员状况，跟踪危险物品或现场废弃物。人脸识别技术主要应用于自动门禁系统、身份证鉴别，提高现场人员管理效率。

2. 图像采集技术

视频监控与 3D 扫描技术是当前主要应用，视频监控当前要结合图像识别跟踪技术实现现场施工人员多个活动过程所识别跟踪，判定准确位置，并进行危险行为自动预警，及时发现违规行为；3D 激光扫描技术可与 BIM 技术相结合，实现高精度钢结构质量检测及变形监控，记录古建筑数字化存档信息，便于开展修缮工作。

3. 传感器与传感网络技术

部署在监测区域内的微型传感器节点组成了无线传感网络，协同完成温湿度、噪声、粉尘、速度、照度等工业过程监控、机械健康监测、交通控制、环境监控工作，在建造过程中主要应用于高支模变形监测、塔吊运行参数监测、混凝土浇筑过程监控等。

（三）智能化技术

智能化技术主要是将计算机技术、精密传感技术、自动控制技术、GPS 定位技术、无线网络传输技术等综合应用于工艺工法或机械设备、仪器仪表等施工技术与生产工具中，提高建造的自动化和智能化水平。

1. 移动互联网技术

建造过程中，施工人员日常工作主要发生在施工现场，而不是固定办公室，因此移动互联网应用空间很大。通过移动 App 应用，在现场实时沟通协同、现场质量安全检查、危险源应急管理、资料查询、二维码扫描跟踪、模型现场检查等方面可以提高工作效率，产生极大价值。

2. 大数据技术

城市建造与运维过程中存在海量数据，包括项目可行性研究数据、工程设计模型数据、工程进度数据、合同数据、付款数据、施工现场环境数据、材料设备供应数据、劳务数据、质量数据、监控数据等，具有多源、多格式、海量特征，利用大数据技术，可以有效预测项目风险，提高决策能力，有效进行成本、进度、质量控制，保证建造目标实现。

**四、应用系统**

智慧建造应用系统主要围绕决策、设计、交易、施工、运维的智慧建造全过程，首先利用编码器、RFID、检测器等物联网技术和设备，对整个过程数据进行全方位采集，进而进行管线综合设计、施工工地管理、绿色运维等业务，并在业务工作开展过程中，不断进行成本管控、进度管控、质量管控、安全监控等，最终帮助企业管理者进行智慧决策。在企业应用层面基础上，行业监管者可以收集相关系统数据，实现绿色建筑设计监管、质量安全监管、环境与绿色施工监管等。

**五、应用场景**

将上述应用系统进行组合，可以进一步衍生出智慧建造相关应用场景，在设计阶段，主要应用场景是进行建筑、结构、通风、给排水、电器等协同深化设计；在施工阶段，主要应用场景是厂场一体化柔性生产、建筑构配件智慧运输、现场人员智慧管理、施工机械设备智慧管理、成本质量安全进度可视化管控、行业监管者智慧监管等；在运维阶段，主要应用场景是生态建筑绿色运维、突发事件应急响应与处置、危险源排查与隐患管理等。

## 第四节　智慧建造典型应用场景

基于智慧建造应用系统框架，进一步对典型应用场景进行梳理，总结归纳了智慧建造策划应用场景、智慧人员管理应用场景、智慧施工机械设备管理应用场景、智慧成本管控应用场景、智慧质量安全管理应用场景、智慧建造行业监管应用场景等。

**一、智慧建造策划应用场景**

建造策划是在项目建造前对将要进行的一系列施工活动和管理活动进行策划的过程。策划的具体内容包括各施工阶段施工场地的布置、总体施工进度计划、分包单位招标计划、劳动力计划、物资采购（订货、进场）计划、资金成本计划、主要施工方案、质量控制策划、危险源管控计划等。

随着移动互联、云计算、大数据，尤其是 BIM 技术等一大批信息技术的快速发展，使智慧建造策划成为可能。智慧建造策划主要特征是，应用信息系统，自动采集项目相关数据信息，结合项目施工环境、节点工期、施工组织、施工工艺等因素，对项目施工场地布置、施工机械选型、施工计划、资源计划、施工方案等内容做出智能决策或提供辅助决策的数据。智慧建造策划与传统模式相比，主要有如下优点。

（一）数据自动采集

智慧建造策划系统可以自动采集数据，大量减少或替代人工计算、记录和录入的工作，不但可以提高数据采集的效率，也可保证数据的精度。数据来源主要包括：

第一，项目 BIM 模型，系统可以直接从 BIM 模型中得到项目工程量、几何尺寸、空间结构关系构件重量等数据，为项目施工策划提供数据依据。

第二，传感器等设备，施工现场布置自然环境信息（风速、气温、空气湿度、PM2.5 等）、应力、应变、用电量、用水量等传感器来自动采集记录施工现场的各类实时数据。

第三，项目信息管理系统。通过项目信息管理系统，可以快速获得项目施工进度、现场劳动力数量、材料库存、成本信息等数据。

（二）数据分析

智慧建造策划系统根据采集的项目各类数据信息，自动统计分析出项目各类资源消耗、施工机械运行、每日施工量等相关数据，且该数据可保留、可关联、可查询，以便项目管理人员随时掌握项目运行情况，预估后续施工进展。

（三）辅助决策

智慧工地以智能化决策支持为目的，打通数据之间的内在联系，建立数据归集、整理、分析、展示的机制，使现场管理中产生的大量数据能够及时为各个管控层级提供决策辅助支持，对管理过程进行预警和响应。同时，通过大数据的积累、分析和判断，利用系统建立的内在工作机制，使管理体系自动产生预警和管理响应。

**二、智慧人员管理应用场景**

作为劳动力密集的行业，建筑行业的人员管理具有非常重要的意义。对施工人员进行合理有效的管理，既能保证施工质量，又能促进工程顺利进行，缩短施工周期和减少成本投入，从而提升企业竞争实力。人员管理也称人力资源管理，是指运用现代化的科学方法，对与物力相结合的人力进行合理的培训、组织和调配，使人力、物力经常保持最佳比例，同时对人的思想、心理和行为进行恰当的诱导、控制和协调，充分发挥人的主观能动性，使人尽其才、事得其人、人事相宜，以保证组织工作的正常进行，进而实现组织的既定目标。

智慧人员管理是运用信息和通信技术手段感测、分析人员的各项关键信息，围绕人员管理，建立互联协同、智能生产、科学管理的施工人员信息化生态圈，并将数据在虚拟环境下与互联网采集到的人员信息进行数据挖掘分析，形成员工信息库，从而对人员的技能、素质、安全、行为、生活等做出响应。提高施工现场人员信息化管理水平，从而逐步实现绿色建造和生态建造。施工现场智慧人员管理是将更多的人工智能、传感技术、生物识别、虚拟现实等高科技植入人员穿戴设施、场地出入口、施工场地高危区域等关键位置，实现工程相关人员与施工现场的整合。智慧人员管理的核心是以一种"更智慧"的方法进行人员管理，以提高信息交互的明确性、效率、灵活性和响应速度。

### 三、智慧施工机械设备管理应用场景

机械设备管理是指工程项目实施过程中，为了杜绝机械设备发生安全事故，保证设备安全性能，充分发挥设备效能，通过合理组织、协调等方式提高设备使用效率，促进项目安全生产效率的过程。机械设备管理主要包括设备管理策划、设备需用计划编制、设备基础验收、设备进退场、设备安装验收、设备附着验收、设备自检、设备维修与保养、安全管理、临电管理、人员管理等现场管理内容，还包括资源组织招投标、分供方沟通考核等内容。

智慧机械设备管理指围绕施工过程中机械设备的使用管理，通过对工程项目进行精确设计和施工模拟，采用智慧感知技术采集设备运行数据信息，采用互联网进行机械设备可视化管理，采用大数据原理进行设备管理的智能化分析并能智慧化预警和做出相应处理，采用移动物联网技术对设备随时随地管控，利用信息化系统将设备管理全过程固化为一整套智慧化系统的过程。智慧机械设备管理是全生命周期的管控，表现为建立一套互联协同、智能决策、知识共享的设备管理智慧化、信息化体系，实现从传统管理到智慧管控的转变。

利用 BIM、云应用、大数据、移动互联、智能设备为代表的"互联网+"正在形成智慧工地的核心，改变目前建筑行业的管理模式。指纹识别系统、防碰撞安全管理监控系统、移动终端等单项技术在实际使用过程中，对设备检查、运行和人员安全管理发挥了一定的作用，保障了设备的正常运行，是机械设备管理向数字化和智能化发展的基础。智慧机械设备管理将智慧融入人员、机械等各类物体中，并被普遍互联，形成物联网，然后通过互联网整合在一起，实现了施工机械管理与现场施工管理的整合，以一种更智慧的方式改进人员组织与协调的方式，以便提高设备管理的安全性、及时性和高效性。智慧机械设备管理从根本上

讲也是对工程施工的一种监督管理，监督与考核有助于实现工程机械设备的智慧化管理。

机械设备管理之所以能够实现智慧化，除采用以上新技术外，还依靠信息化管理系统。目前，主要采用的有招标采购 ERP 系统与设备现场管理综合信息系统，同时有单项系统应用，如塔吊远程监控系统、钢筋翻样一体化管理系统等。

### 四、智慧成本管控应用场景

智慧成本管控是指立足于项目工程造价、企业定额等专业管理技术，充分利用 BIM 技术、云计算、大数据等信息化手段，运用基于互联网的各类成本管理系统，实现工程投资估算、设计概算、施工预算、工程结算各阶段的全过程成本管理信息化，以提高工程造价的编制水平和效率、合理确定工程造价、准确预控建造成本，并对工程全过程成本进行动态管理、监督和控制，降低工程成本、提升工程价值。智慧成本管理通过与互联网技术应用的结合，围绕工程项目管理中多参与方、多维度的采购、施工、物料等管理建立项目全员成本管控体系，实现建筑工地成本管理全闭环链路、全方位追踪、全智能成本信息共享系统；通过及时、准确地收集工程成本管理信息，支持对工程拟完成本计划和已完成本的分析，从而可以预测工程现金流向；针对工程施工期间的采购、物料和工程进度款项中异常成本现象，可以自动发出预警，并显示异常成本事项，为成本管理人员动态成本管理决策提供准确的技术支持，从而提高工程建设资金的管理安全，降低项目成本管控风险，支持项目成本的精细化管理。

智慧成本管控系统具有很高的应用价值，可以使工程造价的估算、概算、预算、结算等费用的编制更加准确、高效；可以确保招投标阶段建立的工程目标成本最大限度地趋于合理水平；可以动态监控和调整工程造价的现金流量，提高资金的使用效率，保证工程资金投放的理性和有效性，有效地将工程造价控制在目标成本之内；可以提高项目层面和组织层面的各种功能，例如风险管理、采购管理和资产管理等，实现项目信息全覆盖和优化采购。

工程智慧成本管理应用于项目建设的全过程，从工程项目成本管理的各个环节、多个维度形成闭环成本控制。其应用包括：项目建设交易阶段，基于 BIM 的工程造价编制，合理确定工程造价；工程建设过程中，基于 BIM5D 的成本管理控制实现项目全过程成本动态管理，实时监控项目现金流量；项目后期基于企业定额的项目成本分析与控制辅助项目成本核算，应用基于大数据的材价信息服务支持项目成本精细化管理等内容。

### 五、智慧质量安全管理应用场景

以 BIM 和物联网技术为特征的智慧工地将彻底改变工程建设管理模式。利用信息技术将施工过程中涉及的人、机、料、法、环等全部要素相关信息采集并整合在一个工作平台上，形成一个虚拟的、智能化的生产流水线，使生产（施工作业）的全过程都处于受控制状态，从而大幅提升施工全过程管控的有效性，提高施工质量和安全管理水平。

智慧质量安全管理能有效解决工程施工质量和安全管控难点问题。BIM 把建筑数字化、模型化，是建筑实体的虚拟再现，可用于详细记录工程从设计到施工以及"运维"过程中的主要信息，直观查看建筑的三维模型，模拟各工序的操作，规范各工序的验收交接和技术交底，有效避免疏漏和偏差，及时发现质量安全隐患并予以警示；物联网技术是用 RFID、二维码标识各工序所涉及的建筑材料、建筑构配件、机械设备及作业人员等要素，并利用传感、测控等技术自动采集各要素的质量安全动态信息。材料的质量检测数据、起重机械的运行安全数据、工序验收的实测实量数据等，利用移动互联和大数据、云计算等技术实时上传、汇总，并利用数据挖掘和分析技术对质量安全数据进行智能分析处理，构成实时、完整、准确反映工程施工全过程质量安全动态的虚拟施工生产流水线，及时发现工程质量安全隐患，并予以警示，跟踪处理过程并形成管理闭环，从而确保生产（施工作业）的全过程质量安全的有效管控。

### 六、智慧建造行业监管应用场景

智慧工地建设将给建筑行业监管带来巨大变化。利用物联网技术可以及时采集施工过程所涉及建筑材料、建筑构配件、机械设备、工地环境及作业人员等要素的动态信息，并利用移动互联网和大数据、云计算等技术实时上传、汇总并挖掘和分析海量数据，从而构成实时、动态、完整、准确反映施工现场质量安全状况和各参建方行为的行业监管信息平台，变事后监管为事中监管和事前预防，变运动式的例行检查为常态化的差异监管，可提高监管效能，提升行业监管水平。当前主要监管内容包括：

#### （一）基于物联网的建设工程质量检测监管

基于物联网的建设工程质量检测监管信息系统覆盖检测市场管理（如机构资质、人员资格、设备备案等）和检测业务及行为监管（如检测合同、检测数据、异常记录等），实现了工程质量检测数据和报告的在线监管、自动采集、实时上传、电子标记、分类归档等功能。

在工程材料检测报告监管上，用户通过应用"建设工程质量检测监管系统"实现检测报告监管。系统根据用户权限信息，通过"数据监管"模块提供相关检测报告的统计分析功能，如"上传数据统计"监管功能实现按检测单位统计检测报告份数、报告数据修改份数、报告数据自动采集份数和报告上传不及时份数，用户根据统计数据信息，针对报告修改份数较多、报告数据自动采集份数较少的单位实施重点监督，防止其造假行为。

（二）基于物联网的混凝土质量监管

传统的管理手段难以有效地监管混凝土质量，因而利用信息化手段、引入物联网技术实现对混凝土质量的动态有效监管已成为必然选择。利用物联网技术实现混凝土全生命周期过程的追踪管理，确保混凝土质量的关键节点信息准确，可实现混凝土质量的有效监管。

系统将工业领域流水线管理思想引入建筑生产质量管理领域，及时采集并汇总从建筑材料供应到现场施工、质量检测等各质量控制关键环节的相关信息，将异常质量及行为信息及时予以警示，从而实现对工程质量的闭环控制。系统将传统的混凝土质量管理分解成产品成型、质量检验、问题处理三道工序，通过信息平台，将混凝土生产（混凝土企业）、使用（施工单位）、监测（监理公司和检测机构）等孤立的质量控制环节串联成一个虚拟的工业生产流程，通过这个流程带动相关责任单位的质量行为和现场管理信息，实现对商品混凝土从生产到使用全过程的质量追踪管理。

（三）基于物联网的深基坑工程安全监督管理

目前，深基坑工程传统监测模式不能满足现有深基坑工程项目发展要求，基于物联网的深基坑工程安全监测通过使用新型监测设备，应用新型监测技术、无线传输技术，以及研发先进的标准计算模块实现深基坑工程安全监测数据的实时采集、实时传输、实时计算，达到科学预警、智能报警、协同管理的目标。深基坑监测系统可以实现地下工程和深基坑工程安全自动化监测。

深基坑安全监测以工程为主线，通过传感设备进行监测数据自动采集上传，分析处理工程所处的安全状态。当工程处于异常状态时，系统进行报警，发送报警通知给相关负责人，安监机构会同相关单位进行各报警工程处理工作，系统将对处理结果进行实时跟踪。

（四）基于物联网的起重机械安全监督管理

随着近年来我国经济建设的高速发展和城镇化进程的逐步深入，工程建设规模不断扩大，各类建筑起重机械（塔吊、施工电梯、物料提升机等）的使用与日俱增，并成为工程施工现场的重要危险因素，应预防和避免安全事故的发生。

应用建筑起重机械安全监控系统可实现塔吊设备的监督管理，主要通过接收安装在塔吊上的远程数据终端实时采集的有关载体质量、力矩、高度、幅度、角度、风速和倾角等塔吊运行工况参数，实现在互联网上对塔吊进行远程实时在线监测、各种状态限制报警和远程控制等功能。

（五）绿色施工监管

绿色施工管理可实现绿色施工管理层面各项业务工作，涵盖从绿色施工规划与方案设计、绿色施工日常工作管理、绿色施工示范工程项目的申报与审批、绿色施工企业自查与验收评审管理等业务。绿色施工在线监测实现对施工项目能耗指标、水耗指标、施工噪声和施工扬尘指标的实时在线监测监控，并为绿色施工评价量化考核指标提供实时数据支撑。监管单位通过绿色施工评价系统对施工现场绿色施工状况进行检查、评价考核，并进行各项业务操作，实现与企业绿色施工管理的数据共享、同步和实时反馈，提高监管效率。

扬尘噪声监测由数据采集器、传感器、无线传输系统、后台数据处理系统及信息监控管理模块组成。监测端集成了大气 PM2.5、PM10 监测，环境温湿度及风速风向监测，噪声监测等多种功能。通过对用电、用水设备的分项计量统计各种设备和各区域的耗电、耗水量。根据现场情况，利用计算机技术、通信技术、自控技术，通过现场的计量设备和数据采集器对能耗实体的实时数据进行统计和收集，并以标准的数据格式封装传送到监测软件模块，从而为外部环境信息进行快速分类、统计、分析，为能耗分析决策层的决策提供必要的依据。

（六）建设工程诚信评价管理

建设工程诚信评价管理应用工具是利用信息技术，依托建设工程管理诚信评价指标体系，通过自动采集责任主体在建设工程全生命周期中的质量安全行为（如人员到位情况、主体结构检测过程等）管理结果（如材料或结构实体检测结果）等评价因素的信息数据，并对这些信息数据自动进行综合评价计算，最终输出责任主体的诚信评价数据。

基于国内当前诚信评价的案例，建筑行业企业诚信综合评价体系包括四方面的评价内容：第一是市场行为评价，主体是市场方，也就是投标企业自身的市场行为表现，主要评价内容有过往两年累计中标份额、近两年的地区工程获奖情况、纳税情况以及是否存在违反法律法规和规章的不良行为等；第二是质量安全评价，主体是工程质量和安全监督部门，主要评价内容有现场管理人员配置，日常安全管理行为，从业人员开展安全教育培训，施工组织计划，安全措施落实情况，施工技术、验收、建筑材料等是否符合法规、标准、规范等；第三是履约评价，主体是建设单位，由各建设单位根据履约评价要求制定评价标准，主要评价内容是施工单位履行合同的行为；第四是其他评价，主体是相应管理部门，主要评价内容是行业管理的其他事项，例如诚信信息的真实性、资质申报、是否拖欠工资、是否履行统计信息申报义务等。

# 第三篇

## 预测决策篇

# 第十三章　产业发展智慧管理

智慧城市的建设，经济是基础，而产业是构成城市经济的基本单元。在智慧城市建设背景下，如何通过对产业的智慧化管理使政府部门能够实时掌握产业发展、企业活力以及劳动力流动等宏观、中观和微观经济运行状况，为经济发展决策提供客观依据，实现精准服务，提高科学化决策水平，是智慧城市建设的重要目标。这需要在构建产业发展智慧管理系统的基础上，细化产业发展智慧管理系统建设的具体内容，并通过在产业、企业及人才等层面的具体应用而实现产业发展智慧化管理的目标。

## 第一节　产业发展智慧管理概述

《北京市"十四五"时期智慧城市发展行动纲要》提出提高城市科学化决策水平。提升市级大数据平台分析、预测等能力，全面支撑领导驾驶舱迭代升级，构建以城市人口精准管理、经济活动监测、城市运行感知、城管综合执法等为核心的城市运行决策管理体系，实现全局统揽、精准服务、高效决策。

### 一、产业发展智慧管理的意义

经济是智慧城市建设和发展的基础，而城市经济是由各个产业构成的有机体。智慧城市中的产业代表了各个行业的领先技术与服务水平，包括政务、交通、社区、养老、商务、旅游、文化、农业、健康、环境等领域。从产业属性看，第一产业农业、第二产业制造业、第三产业服务业都是智慧城市的重要组成部分。智慧城市推动下的经济是一个相互依存度较高的产业链，从培育、生产、销售、应用、服务等各环节都能实现实时监控与有效互动。

智慧城市是信息时代的一种全新城市形态，是全面网络化、高度智能化、应用普及化和产业高端化的城市，是城市信息化的高级阶段。智慧城市的建设，产

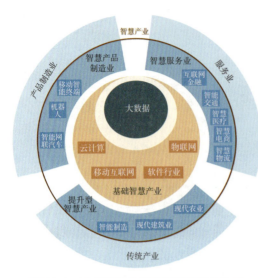

图 13.1　以大数据为基础的智慧产业体系

业是基础，包括产业的智慧化和对产业的智慧管理。通过产业的智慧化，形成以大数据为基础的智慧产业体系（见图 13.1），包括基础智慧产业（云计算、物联网、移动互联网、软件行业）、提升型智慧产业（传统产业：智能制造、现代建筑业、现代农业）、智慧产品制造业（产品制造业：移动智能终端、机器人、智能网联汽车）、智慧服务业（服务业：互联网金融、智能交通、智慧医疗、智慧电商、智慧物流）。对产业的智慧管理，是通过建立城市产业监测、预警、服务、决策体系，整合城市产业、企业、人才等数据，直观展现城市产业运行、产业发展格局、产业空间布局、产业创新环境营造、产业生态构建以及各重点产业的企业数字化转型、人才供求等情况，进一步通过相关模型对标重点产业发展质量评价、产业聚集度分析、产业上下游分析、企业迁徙分析、人才流动等，为城市产业集群、企业活力以及人才相关分析画像，使政府部门能够更加直观地了解和掌握城市产业的活跃现状与未来变化趋势，变产业发展、宏观经济的事后监测为事前的规划和预测、事中监测及风险预警，为正确制定和有效实施产业发展调控措施提供科学依据。

## 二、北京产业发展智慧管理现状

"疏解整治促提升"专项行动，是疏解非首都功能，优化首都发展布局，降低中心城区人口密度，推动京津冀协同发展的必然要求；是有效治理"大城市病"，提高城市治理能力和水平，创造良好人居环境的迫切需求；是优化提升首都核心功能，全面提升城市发展质量的重大举措。其中，产业疏解虽然见效慢，但效果好，属于长期政策。因此，北京制定了一系列疏解任务相关的政策，如《北京市城乡结合部建设三年行动计划（2015—2017 年）》《关于组织开展"疏解整治促提升"专项行动（2017—2020 年）的实施意见》《北京市"疏解整治促提升"专项行动工作计划》《北京市新增产业的禁止和限制目录》《外商投资产业指导目录》《战略性新兴产业重点产品和服务指导目录》等。2017 年 12 月 26 日，北京市政府新闻办举行发布会向社会公布了北京《加快科技创新发展新一代信息技术等十个高精尖产业的指导意见》。根据指导意见，未来北京将立足世界科技前沿，重点发展新一代信息技术、集成电路、医药健康、智能装备产业、节能环保、新能源智能汽车、新材料、人工智能、软件和信息服务以及科技服务业等十大高精尖产业。这些产业相关政策措施的制定和实施确保 2020 年顺利实现全市常住人口小于 2300 万人的目标。

"十四五"时期，北京"疏解整治促提升"专项行动继续实施，其中产业疏解仍然是重要方式之一，提出"推动一般性产业从整区域、大范围集中疏解向精准疏解、高效升级转变，加快'腾笼换鸟'，适应社会需求升级，提升产业竞争力，促进产业更高质量发展"。其中，一般性产业包括一般性制造业、区域批发市场、区域性物流中心和传统商业服务业。这些产业相关政策的有效实施，将进一步推动非首都功能疏解，实现首都经济的减量发展和高质量发展。

智慧城市建设可以促进产业智慧化，同时不断实现对包括产业在内的智慧化城市治理。因此，智慧城市建设是北京经济社会发展的重点之一。2020 年 12 月发布的《中共北京市委关于制定北京市国民经济和社会发展第十四个五年规划和二〇三五年远景目标的建议》中提出：①提高城市管理精细化水平。建设数字孪生城市，高标准构建城市大脑和网格化管理体系。运用大数据、云计算、区块链、人工智能等前沿技术，推动城市管理理念、手段等创新。②大力发展数字经济。顺应数字产业化、产业数字化发展趋势，实施促进数字经济创新发展行动纲要，打造具有国际竞争力的数字产业集群，建设全球数字经济标杆城市。深入实施北京大数据行动计划，加紧布局 5G、大数据平台、车联网等新型基础设施，推动传统基础设施数字化赋能改造。

服务业特别是现代服务业以及十大高精尖产业是北京未来产业发展的重点。2021 年 8 月 11 日，北京市人民政府印发的《北京市"十四五"时期高精尖产业发展规划》中提出：在构建现代产业体系方面，促进产业上下游贯通，构建研发、制造、服务等各环节联动迭代的新链条；强化数字化赋能，打造创新驱动产业发展的新范式。积极培育形成新一代信息技术、医药健康两个国际引领支柱产业，集成电路、智能网联汽车、智能制造与装备、绿色能源与节能环保四个特色优势的"北京智造"产业，区块链与先进计算、科技服务业、智慧城市、信息内容消费四个创新连接的"北京服务"产业以及一批未来前沿产业，构建"2441"高精尖产业体系，构建"一区两带多组团、京津冀产业协同发展"新格局。其中，智慧城市作为创新连接产业，将在北京全域打造智慧城市应用场景，鼓励全域场景创新，吸引各行业、各领域新技术在京孵化、开展应用，加速形成创新生态，带动相关产业在京落地发展，力争到 2025 年，智慧城市产业实现营业收入 3500 亿元，带动上下游产业接近万亿元，打造 30 个以上可复制、可推广的标杆工程，培育多家千亿元市值企业。通过底层通用技术开发建设、城市感知体系建设、城市数据融合服务以及城市运营开放平台建设，提升产业智慧化和城市管理智慧化水平。

## 第二节　产业发展智慧管理系统建设目标

在智慧城市建设过程中，产业发展的掌握、分析和预测是实现产业智慧管理的重要内容，只有科学、准确地分析预测才能制定科学的产业政策、编制产业发展规划、调整产业结构，确保经济运行总体平稳。因此我们构建了产业发展智慧管理系统的目标谱系（见图 13.2），包括数据层、平台层、应用层和用户层。

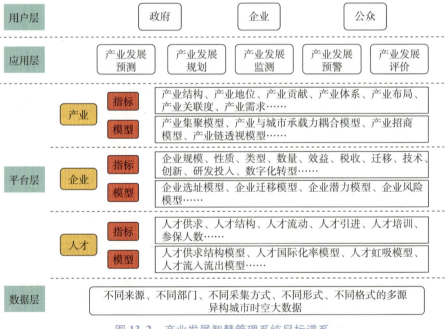

图 13.2　产业发展智慧管理系统目标谱系

### 一、数据层

数据层通过统一数据平台将不同来源、不同部门、不同采集方式、不同形式、不同格式的多源异构城市时空大数据进行融合。如可以通过市经济信息化委、市发展改革委、市金融局、市商务委、市文化局、市旅游委、市科委、北京经济技术开发区管委会、各区县政府获取企业相关数据；可以运用移动互联网，基于位置的服务、视频识别等智能技术开展人群流动情况的动态感知试点，在公交、地铁、商场、车站、大型活动场所等公共场所建立人群流动动态感知信息网络，获取人口相关实时信息，然后，通过统一数据平台将复杂异构的城市时空大数据进行融合；通过可视化技术将城市不同尺度的实体在信息空间中进行数字孪生重建；通过空间智能技术对城市运营进行实时监测、分析、模拟、决策、设计和控制；通过开放式开发框架提供面向城市各项业务的二次开发环境，避免不同业务间共性化操作的重复性开发，并保证数据的统一维护。

## 二、平台层

平台层构建了产业、企业和人才三个模块，因为企业是构成产业最基本的单元，人才是企业发展最重要的生产要素。其中，产业模块的指标包括产业结构、产业地位、产业贡献、产业体系、产业布局、产业关联度、产业需求等；相关模型包括产业集聚模型、产业与城市承载力耦合模型、产业招商模型、产业链透视模型等。企业模块的指标包括企业规模、性质、类型、数量、效益、税收、迁移、技术、创新、研发投入、数字化转型等；相关模型包括企业选址模型、企业迁移模型、企业潜力模型、企业风险模型等。人才模块的指标包括人才供求、人才结构、人才流动、人才引进、人才培训、参保人数等；相关模型包括人才供求结构模型、人才国际化率模型、人才虹吸模型、人才流入流出模型等。通过三个模块的相关指标和模型对城市产业发展进行深入分析，实现基于大数据和人工智能的综合管理模式。

## 三、应用层

应用层主要通过面向产业发展不同环节的应用系统，分析城市经济发展状况、重点产业发展新动向，实现对城市产业发展（包括事前的产业发展预测和规划，事中的产业发展监测和预警以及事后的产业发展评价）实现高效的、自动化的调控和指导，以提高城市产业管理的效率。如可以通过对城市重点产业发展现状和前景进行分析，并与国内外相关产业发展总体情况进行比对，发现优势和不足，有效指导产业规划和精准招商；有针对性地实施政策，扶持重点企业，发掘高潜力企业，有效地监控和预警企业风险；协助有潜力和创新能力的中小企业融资。也可以借助基于大数据和人工智能的产业分析应用系统，分析城市经济发展现状、产业布局、企业分布、人才供求等因素，并考虑经济发展条件、产业变迁历史、企业状况，综合判断城市产业的发展现状及未来趋势，辅助城市相关产业发展的各项政策落地。

## 四、用户层

产业发展智慧管理的目标用户包括政府、企业和公众，希望可以为政府精准施政、招商引资等提供决策支撑，明确城市产业发展与优化方向；为企业选址、用人、制定发展战略；为公众选择就业城市、行业、企业以及参与相关专业培训提供决策依据。

从政府角度看，在北京智慧城市建设规划和过程中，通过新型设备和技术的采用，提供基于云计算、大数据、人工智能等技术的、全方位的数据采集、计算、传输、储存、分析等服务，尤其是通过北京大数据交易所的建设和运营，建立起数字化的"服务土壤"，实现对北京高精尖产业的全方位数字化服务。按照云计算、大数据等新一代信息通信技术的要求，对政府目前的数字治理模式进行变革，在组织机构、服务流程、数据处理等方面做出调整，实现对北京高精尖产业管理中的实时动态掌握、产业相关分析、情况预警、大数据决策支持、产业生态协同等服务。

从企业角度看，一方面，建立在企业大数据和分析模型基础上的应用系统，不仅可以为产业分析奠定基础，也可以为企业战略决策提供决策依据；另一方面，企业可以充分利用北京智慧城市建设所形成的丰富的"智能"基础设施提供的服务，如基础、常规的营商环境服务等，尤其是数字化、数据、产业生态等方面的"新基础设施"服务，快速进行数字化转型，生成数字化业务体系、创新体系和数字化运营与管理体系。

从公众个人角度看，建立在人才数据和分析模型基础上的应用系统不仅可以为产业分析提供依据，也可以为公众的城市、行业、职业、城市居住区域、医疗机构、交通出行方式、接受教育培训等方面的决策提供较为客观的判断依据。

## 第三节　产业发展智慧管理系统建设内容

产业发展智慧管理应用系统主要从产业、企业、人才三个层面，智慧监测监控、智慧业务管理、智慧服务和智慧决策四个方面构建。基于该系统可以实现将城市产业数据进行全面聚合，基于产业大数据分析及时发现城市产业发展面临的主要瓶颈，提前研判供应链安全及"卡脖子"环节；合理分配产业资源，提供精准服务，同时对接外部合作，完善产业生态。

### 一、产业层面

从产业层面来看（见图13.3），智慧监测监控主要包括产业运行状态、产业发展质量评价以及产业就业带动等方面；智慧业务管理主要包括产业发展预警、产业智慧化支持以及产业园区招商引资等方面；智慧服务主要包括产业支持政策

（如金融、技术、信息化等）、产业创新环境、产业生态构建等方面；智慧决策主要包括产业规划制定、产业结构调整、产业布局优化等方面。

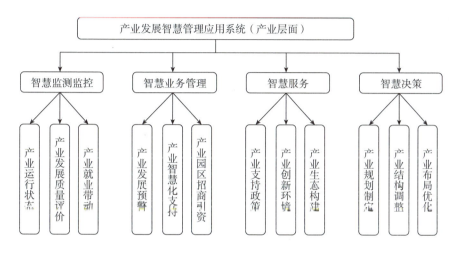

**图 13.3　产业发展智慧管理应用系统（产业层面）**

例如，产业发展质量评价是对产业发展进行监测监控的重要内容。对产业发展质量的评价需要多视角展开、全面评价。从评价视角看，第一，要从"整体看"，跳出单一产业，从城市整体发展的视角，看产业结构的优化和升级、看产业体系的健全和协调程度、看城市发展阶段的关键需求和成功要素；第二，要"向后看"，从历史的视角，基于产业自身的发展基础和历史条件，从历史的角度、动态的角度把握产业发展的情况，避免片面地、静态地评价当前产业现状，有助于历史性地看问题、看成绩、找策略；第三，要"向前看"，从发展的视角，基于产业的阶段性任务和发展目标评价当前产业发展的质量和问题；第四，要"向外看"，从竞争的视角，标杆城市的经验借鉴视角，评价当前产业发展的质量和问题。从评价尺度看，不仅要考察产业自身的经济指标和经济价值，还要考察社会价值、环境价值、体系（系统）价值、潜在价值。

**二、企业层面**

从企业层面看（见图 13.4），智慧监测监控包括企业运行状态、与产业链互动状态、环境与竞争状态和企业运行状态评价等方面；智慧业务管理包括产品和服务交付、客户体验和客户关系、商业模式完善等方面；智慧服务包括政策传播和事务办理、产业链协同、资源/要素的搜索获取等方面；智慧决策包括市场机会感知与捕捉、技术和产品创新、商业模式创新等方面。

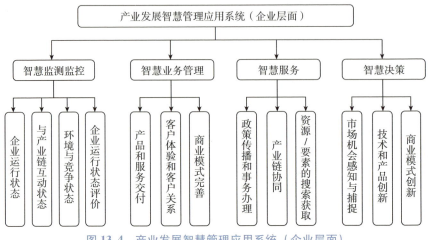

图 13.4　产业发展智慧管理应用系统（企业层面）

### 三、人才层面

产业发展智慧管理应用系统中，人才子系统（见图 13.5）的功能旨在对产业内人才供求、人才流动等能够实现静态的统计分析和动态的实时追踪；能够对产业人才布局实现全景式预览，为产业人才智库会聚优秀人才，为产业和企业战略布局提供人才战略支撑；为产业人才引进、教育培训和社会保障等服务性工作提供及时、动态信息，为产业布局优化、人才优惠政策制定和创业就业政策制定

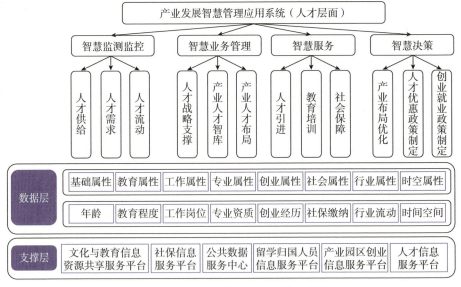

图 13.5　产业发展智慧管理应用系统（人才层面）

提供决策支持。产业发展智慧管理应用系统大数据主要来源于文化与教育信息资源共享服务平台、社保信息服务平台、公共数据服务中心、留学归国人员信息服务平台、产业园区创业信息服务平台和人才信息服务平台等。

## 第四节　产业发展智慧管理应用场景

产业发展智慧管理主要应用于产业、企业、人才等层面的智慧监控监测、智慧业务管理、智慧服务以及智慧决策等方面。

### 一、产业层面

#### （一）应用场景一：建立北京经济运行大数据平台

建立北京经济运行分析平台，构建"以基础数据为依托、以重点行业和企业为支撑、以服务领导决策和促进产业发展为使命"的经济运行监测分析体系，融合业界通用的经济算法模型，结合首都经济高质量发展的指标需求，重视和突出对重点行业、重点企业和重点产品的分析，深度挖掘数据背后的内在逻辑和变化原因，及时发现苗头性、倾向性问题，加强趋势预测和指标预警分析，对经济运行趋势进行分析和预判，为及时制定行之有效的经济措施提供决策依据。

北京朝阳城市智慧大脑已形成"一个中心、三大平台、五大基础库、三大体系、三大专项、N个智慧应用"的总体架构，朝阳"城市智慧大脑"综合指挥调度中心和综合展示体验中心搭建完成，具备了城市管理领域、经济领域、安全领域指挥调度的功能。在疫情常态化精准防控、贯彻落实"两个条例"、抓住两件"关键小事"等方面发挥了重要作用。

#### （二）应用场景二：监测首都城市承载力与高精尖产业发展的平衡性

智慧城市通过各项数据的运算处理，可以评估出城市的承载能力与产业的需求空间，使得产业发展与城市承载实现科学的均衡。根据北京的产业发展重点，首先，通过构建包括承压类、压力类以及协调类指标构成的城市承载力指标体系对北京的城市承载力进行评估；其次，从产业发展的规模与效率、结构与体系、功能与创新、基础与环境等方面对北京高精尖产业发展进行评价；最后，在大数据运算评估首都城市综合承载力和高精尖产业发展水平的基础上，运用耦合评价模型和耦合协调度模型分析二者之间的平衡性。

#### （三）应用场景三：北京市中小企业公共服务平台推出北京通企服版App

北京通企服版App重点聚焦中小企业在政策申报和服务申请方面的需求，目前已上线"政策服务"和"专业服务"两个板块，涵盖7000余条涉企政策和近百款服务产品，为企业提供专业化、全链条、一站式的集成服务，进一步优化北

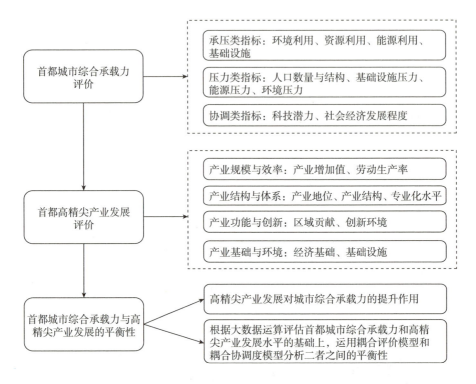

图 13.6　监测首都城市承载力与高精尖产业发展的平衡性

京市营商环境。其中，"政策服务"板块既包括覆盖全面的政策知识库、政策今日申报等，又可为企业提供个性化的政策匹配等服务。"专业服务"板块推出知识产权、工商财税、人力资源等多款产品，同时通过发放政府服务券、企业折扣券，带给企业"真金白银"的实惠。未来将进一步优化北京通企服版 App 政策匹配模块。通过做强政策无感精准匹配和增加申办类政策回归分析，将近一年"给钱""给牌子"政策的核心申报条件与企业数据进行智能匹配，出具可申报政策、可获得支持额度的政策匹配报告（企业可进一步完善相关数据提高匹配精准度），帮助企业科学有效地申报项目。

**二、企业层面**

（一）应用场景一：基于全域大数据的企业运行状态感知、计算和监测，实时反映企业运行"健康状态"

首都"智慧城市"的建设，收集、积累和储存了全方位、无死角的企业所处外部环境数据、企业与环境交互的数据，以及企业自身运行状态的数据。这些数据构成的数据集合，蕴含了企业系统运行的状态信息。对这些数据的计算、挖掘和分析，可以实时反映出企业"健康"状态，为企业科学、合理决策，改善运营，进而为稳定首都产业的微观构成夯实基础。

（二）应用场景二：智慧城市做底座，AI 安防智能化

首都北京的"四个中心"定位，注定了北京是一个人流、物流、信息流和商流高密度聚集、高速度汇集的重要网络节点。因此，安全防范对北京而言具有重要的意义，由此创生了北京对于安防的巨大需求。另外，随着高铁技术、新一代信息通信技术的创新和扩散，以及外卖、网约出行等新业态的出现，北京的安防形势出现了新的变化，安防行业面临与以往截然不同的环境。

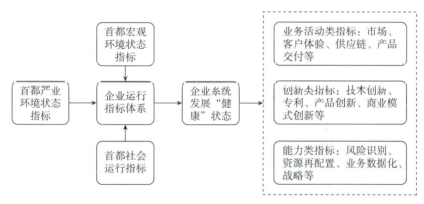

图 13.7　企业运行状态感知、计算和监测

面对新情况，北京汉王智远科技公司发挥技术优势，在智慧北京提供的基础设施和服务上，打造了"人形识别+口罩检测+无感测温+大数据联动"综合防疫系统，在新冠肺炎疫情防控期间，将 AI 部署到防疫中。在硬件形态上，公司发布了青玉版、翡翠版等多款可见光新品，可应用于门禁、闸机等各种通行，安全性和可靠性高；在识别算法上，优化和提升了摘戴口罩的精准识别率，大大提高了通行的安全性和通行效率，有效防止人员聚集；集合体温检测，能在距离人脸30~50 厘米的情况下检测人员体温，对体温过高人员进行实时报警，并限制其通行，能准确发现潜在疫情人员，阻断传播源；搭载 e 脸通综合管理平台，通过整合视频监控、人员管控、车辆管控、门禁管理、居民信息管理、报警管理、物业管理等模块，有效提升多应用场景的安全性、易用性和便捷性，平台主动进行检测、识别，对未佩戴口罩及超温人员自动报警，提醒防疫管理人员主动防疫。

北京汉王智远科技公司不仅通过提供相关设备满足安防需求，还通过云、大数据和算法提供数据服务，形成解决方案（见图 13.8）。这些方案借助智慧北京的基础平台，形成了改进北京安防水平的具体举措，既创造了经济效益，又创造了社会效益。

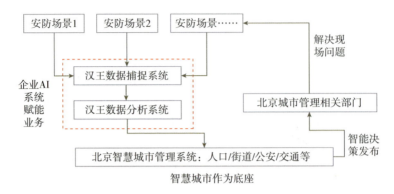

图 13.8　北京智慧城市中安防企业 AI 赋能业务场景

### 三、人才层面

#### （一）应用场景一：利用大数据进行人口实时监测

利用大数据进行人口实时监测是对人口流动发展趋向预判预警的需要，是城市管理精细化的需要，是整合各部门数据实现共建共享的需要，通过实时监测人口变动情况，能更好地服务政府对人口发展趋势的预测，指导人口服务管理政策的科学调整，为人口合理分布、有序流动提供重要参考。

做好人口实时监测的方法如下：

一是采用"网格化管理"划定基础区域，将所辖区域划分成一个个网格单元，运用大数据技术构建人口实时监测平台，按区域底册信息提供的网格区域划分界线，组成市区、街（乡镇）、社区（村）、小区（组）等多级网格管理体系，形成区域网格划分明确、数据汇总剔除重合的区域划定精准格局。

二是利用手机信号大数据监测手段，实时监测区域居住人口、工作人口数量，密切关注人口结构的变化趋势，实现对区域人口流动及重点区域人口流向的实时监测，为人口规模调控工作提供科学数据支撑。

三是将公安、人社、民政、综治等部门人口监测收集记录平台调整整合，实时上报汇总人口动态监测数据，通过数据关联计算出实时人口相关数据。再实时反馈到各部门，实现人口监测数据"实时监测、动态更新、共用共享"。

四是将人口监测细化为居住、常住、流动、工作、重点区域、流入流出人口等具体指标，并结合实时监测数据分门别类分析出重点区域人口流量变化、瞬时人口流量变化、工作日和休息日人口流量变化，使人口大数据既可以研究个体层面的人口流动迁移的历史，也可以研究家庭以及社区层面的社会关系，还可以从更大尺度和空间研究人口迁移流动格局。

五是利用人口监测大数据平台对人口总体情况进行实时比对、实时分析、实时共享。即时数据上传汇总，研判分析人口实时监测趋势流向结果，并根据授权实现人口实时监测数据共享。

六是深度挖掘功能，实现预测预警，结合人口实时监测数据，纵向与上一级人口数据进行对比，横向与兄弟区域人口数据进行对比，注重对人口实时监测数据多方位研究分析，从多角度数据相互印证，挖掘各类相关数据间的规律与关系，准确判断人口流向变化趋势，提高人口监测指标数据预测的前瞻性和预警性，及时提出具有建设性价值的建议，更好地服务政府科学决策。

（二）应用场景二：构建人才链与产业链高度匹配下的双链驱动产业发展

人才是区域发展的核心竞争力，产业发展更离不开人才的支撑和服务。目前，涉及人才信息和数据的部门包括用人单位、个人、人事部门、社保部门、教育部门、经信委、产业园区、教育部、留学事务管理部等，数据和信息壁垒分明，影响了产业内人才合理流动和配置。通过产业人才数据平台建设，可以实现人才信息透明、安全、准确，助推产业创新发展和智慧城市发展管理。

典型的应用场景方面，比如根据本土产业发展需求，优化引才结构，提高海外人才引进的精度和广度，准确引进人才，摒弃过去单一的人才引进政策，吸引与本土产业需求精准匹配的各种类型和各种层次的专业人才，进而有效支撑产业和社会发展需要，如图 13.9 所示。

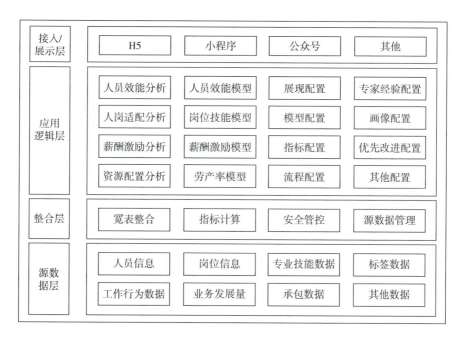

图 13.9　智慧人力运营系统构架

1. 人才智慧管理

构建产业人才数据平台，通过经信委、商委、国家发展和改革委员会等机构汇总企业人才需求数据信息，利用大数据建立海外留学人才数据库，通过智慧管理平台实现数据实时更新；政务、企业和海外人才信息共享；人才信息之间智能"人岗匹配"及产业项目、招聘岗位画像推送等，进而达到对海外留学人才供给、本土人才需求、人才流动数据的实时管理。

2. 人才智慧服务

通过对海外留学人才的数据画像，提取人才急需的支持、面临的困难，从居住环境、医疗服务、配偶安置、子女上学等方面，构建人才服务集成机制，形成智慧服务窗口，在公共教育、劳动就业、社会保险、卫生计生、社会服务、住房保障、文化体育等基本公共服务领域建立便捷高效的工作平台、网络和机制，为海归群体在国内就业创业提供政策支持和服务，帮助协调解决具体问题，提升海归群体的工作生活便利性和适应性，引导支持其事业发展，服务国家和地方建设。

3. 人才智慧决策

搭建人才数据应用平台，连接智慧政务、智慧社保、智慧人才库等，将人才属性数据导入，使得政府相关部门可以根据人才的基础属性、工作属性、专业属性等数据画像分析人才供给的缺口和引进方向，同时对接企业需求的人才属性数据及人才流动数据，从创业资金支持、创新团队建立、创业平台建设等方面进行精准支持、对接和全方位服务，提高人才智慧管理的综合水平、决策效率和实时匹配。

4. 人才智慧运营（直接引用）

运用大数据、移动互联网等技术，充分挖掘隐藏于海量员工数据中的信息，发挥数据的潜在价值，推动人力资源管理的持续改进。让员工清晰地知晓个人特征、努力水平、技能水平、工作业绩；让管理者能够从多维度了解员工的基本信息、个性特质、工作业绩、专长、发展方向等，并制定合理的人力决策。帮助管理者实现人力资源配置优化，提高人力资源预测能力，实现人力资源管理的前置。

5. 人才智慧社交网络分析

运用社交网络分析方法，对公司内部不同粒度的员工群体和个人进行社交分析，包括群体目标、行为、融洽度以及个人态度、合作度的挖掘，以达到企业内部人力资源的多粒度整合和调控监管，如部门融洽度分析、小群体识别等。

（三）应用场景三：微观层面：企业实现智慧人才管理——京东的 HR 人才管理系统

1. 基于自身痛点构建 COSMOS 智慧人才管理系统

随着电商行业在中国的迅猛发展，京东业务不断增长，员工规模日益扩大，人力资源管理问题也逐渐增多。首先，员工的个人信息非常复杂，在京东，员工的年龄、经验阅历、受教育背景等差异很大；其次，员工规模很大，岗位又多样化，使用传统的手动线下表格式人才分析方法使得京东的人才管理无法有效甄别员工的差异性、了解员工的动态，同时人力资源管理工作也占用了管理者大量的时间和精力。

为了更加精准、高效、敏捷又智能地进行人力资源管理，京东人力资源部根据当时的人力资源管理痛点，提出了三个目标：一是更加高效、敏捷地运营人才管理活动；二是深度挖掘人才数据，根据数据的支持和预测而进行科学的人才决策；三是建立可视智能化的人才管理平台，及时、全面了解团队成员能力及人才布局。

由此，京东借助自身的平台技术优势，基于管理者和人力资源的实际需求，人力资源部开始搭建以"大数据、智慧、联结"为核心的 COSMOS 智慧人才管理系统（见图 13.10），高效联结管理者、员工和人力资源三方，通过实时的大数据监测分析，为管理者提供科学的人才决策，为员工定制个性化的职业成长路径，为人力资源部提供人才管理解决方案，实现智慧人才管理。

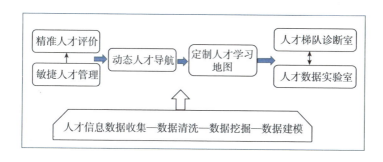

图 13.10　京东 COSMOS 智慧人才管理系统

2. 通过数据联动打造智慧人才管理模块

从横向看，该系统由不同的模块组成。①精准人才评价模块主要负责对人力资源进行 360 度评估，定制合适的测评工具和内容，根据每位员工的人才测评报告、人才信息数据和评价信息精准描绘人才能力成长地图和图谱。②敏捷人才管理模块主要是对整个集团进行人才盘点，根据人才测评信息制定晋升路径，做好继任管理，同时根据员工岗位需要和个人的发展意向，经过所在业务部门与员工发展需求沟通达成一致后，改进提高员工的工作绩效和工作能力，这些都可以经过发展期内不同阶段的数据跟踪、数据分析、数据共享等帮助部门和个人清楚地看到个人的成长变化，也就是 IDP（Individual Development Plan）系统。③动态人才导航模块，主要是对内部人才和外部人才进行追踪分析，内部人才通过梯队分析，形成满足不同业务需求的复合人才池，外部人才主要关注行业急需的关键人才、领军人才，形成关键人才池，做好企业用人储备。④定制人才学习地图模块，主要是根据员工的业务能力和经验不断进行轮岗和学习资源提供，使员工可持续学习，同时又与岗位要求精准匹配，以发挥人才的最大效用。⑤人才梯队诊断室模块，主要提供人才梯队的健康诊断，以保证企业员工队伍的可持续性，同时，进行团队人才图像解析，及时发现人才梯队搭建中的问题。⑥人才数据实验室模块，主要是基于人才大数据的实时动态，收集并提供所有人才信息数据，进行数据清洗、数据挖掘、数据建模，并根据数据分析结果进行晋升、候选、优秀人才推荐等方面的预判工作。在不同模块之间的数据会自动产生关联，连接并实现不同部门、系统之间的共享，为不同部门的人才决策服务，真正打通人才数据在集团内部的部门壁垒，实现横向联动。

从纵向看，不同模块基于底层的人才数据分析结果形成的模块分析数据将到达不同的部门、层级，为管理者进行人才数据分析、人才梯队搭建等提供人才决策依据和支撑；为人力资源部的人才信息管理、人才数据分析、个性化人才学习定制、人才成长路径定制等提供人才管理依据；为员工个人成长提供路径地图。

# 第十四章 风险防控

城市风险在各个领域、各个环节都广泛存在。就风险类型而言，有自然风险、社会风险、政治风险、经济风险和技术风险等。从发展变化上可以分为传统风险和非传统的新型风险，如网络系统风险、智能化系统风险等。从应对或处置的方法和手段来说，可以分为被规避的风险、自留应对的风险和可以转移的风险。建设安全城市需要关注的是自然风险、社会风险和技术风险等，以及必须考虑人们行为产生的风险，包括管理行为风险和管理相对人的行为风险。

## 第一节 城市风险应急体系

城市风险应急体系内容包括应急领导和指挥体制、应急管理日常办事机构、突发公共事件应急指挥中心、编制应急预案、应急管理专家咨询组织、预警信息系统、应急管理信息网络、应急管理保障系统、应急管理资金、应急机制建设发展规划、应急管理政策法规体系、应急管理宣传教育和培训演练、应急管理的科学研究和人才培养。目前，中国建设城市应急机制时，应充分注意两方面的问题。

（一）城市综合减灾系统存在的问题

城市具有人口集中、产业集中、财富集中、建（构）筑物集中的特点，从而也带来了各种灾害集中的特点。灾害的核心特性，就是一种灾情的形成多是由几种灾因复杂叠加而形成，表现为主灾发生后往往伴随着多种次生灾害发生，从而造成严重恶果。这种城市灾害的连发性、共生共存的复杂性、社会影响的广泛性和破坏的残酷性，使人们认识到，把握城市灾害发生的特点和规律，必须形成一套城市综合减灾系统，提高综合减灾的自觉性和主动性，最大限度地降低灾害造成的损失。

（二）城市公共安全应急联动系统存在的问题

城市危急事件一旦产生，影响是多方面的，要求的专业处理能力也是多方面的。例如，火灾危急事件的处理，不仅要求消防部门出动，还要求卫生急救、交通、起重、供水、供电等部门的联动，如果后者跟不上，很可能会引起次级灾害。这就需要一个完善的整合处理流程，其主要内容包括事件信息接收、评估、决策、发布和反馈等环节。支撑这一事件处理流程的平台是城市应急联动指挥系统，它涉及自然条件、管理模式和认识等问题。因此，城市应急联动系统是一个巨大的系统工程。从我国应急联动建设实践情况看，遇到的首要问题不是技术问题，而是体制问题。解决管理问题依托于一系列的制度性建设，也正是应急机制的建设内容。

1. 基本法律建设

国家已经颁布了一系列与处理突发事件有关的法律，例如《防震减灾法》《防洪法》《传染病防治法》《安全生产法》《戒严法》等，但都是针对不同类型突发事件的立法，这种类型的立法往往存在着不同法律规范之间的矛盾，使发生综合性危害时无法可依。为此，建设我国城市综合应急机制的法律，是城市公共安全管理的重要任务。国际经验表明，做好城市运行安全应急管理和风险防控，必须要有法律保障。我国于2007年已经颁布实施了《突发事件应对法》，在应对2008年南方雨雪冰冻灾害、"5·12"汶川特大地震灾害等过程中积累了相当多的经验。应急管理部的成立，也从组织架构上彻底理顺了应急管理和风险防控法治体系构建的思路。这些都为做好城市运行重大风险防控立法工作提供了重要的基础条件。

2. 信息制度建设

信息管理系统对突发事件的处理起着极其重要的作用：一为决策者提供及时和准确的信息；二为民众传递信息，避免民众情绪失控。目前，发生各类突发事件时，政府管理都是以部门为单位逐级汇报，快捷、有效沟通渠道还不完善；信息分散和部门垄断，无法在危难时刻统一调集、迅速汇总；一些城市虽然建设了应急指挥系统，提高了协同程度和应急反应速度，但由于信息获取、协调指挥效率与指挥中心不匹配可能形成所谓的"指挥孤岛"，而由于应急管理人员不可能"全知全能"而可能引发指挥风险，也可能由于系统可靠性问题产生"清零违纪"等。为此，尽快形成城市应急管理的综合信息系统和运转机制，是城市公共安全机制的重要建设内容。

3. 公共服务保障体系的建设

目前，我国应对社会变动和市场经济变动起抗衡和缓冲作用的综合社会保障体系还很不完善，公共卫生服务的覆盖面还很低，一旦发生突发事件，往往不能够尽快地消除危害，这需要加快社会保障综合体系的建设。此外，中国城市对公众的危机教育不足，防灾应急教育还没有纳入城市教学体系中，市民警觉性较差，缺乏自救、救护的防灾意识和能力。这些方面与发达国家还存在着明显的差距。

搭建中国特色城市运行应急管理和风险防控体系架构，应对传统的单灾害管理和民防系统进行增量改革，遵循应急预案先行，体制、机制跟上，应急法制再补位的顺序，遵循应急管理发展的规律，运用创新理念推动应急管理法制、体制、机制以及文化理念等方面创新。

基本原则：始终坚持预防为主、始终坚持法治思维、始终坚持科学方法、始终坚持以人为本的观念、始终坚持信息公开透明等。

总体思路：深刻领会国家领导人关于应急管理的国家大安全观，通过深入分析城市风险主要领域和风险点，提出面向防灾、减灾和救灾的"主动防范、系统应对、标本兼治、守住底线"等总体思路。

实施阶段：在分析总结国内外和上海正反两方面风险管控及应急管理案例、经验、启示、借鉴等基础上，从全灾种、全过程、全方位、全社会和全球化等视角统筹城市应急管理和风险防控制机制，实现全生命周期风险管控。

根据以上城市风险特征可构建目标谱系如图 14.1 所示。

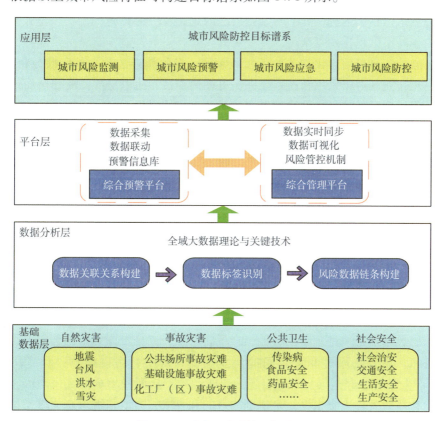

图 14.1　城市风险防控目标谱系

285

## 第二节　城市风险识别与分析

作为城市风险预警工作的重要组成部分，风险识别是开展城市风险预警的前期基础性环节。风险识别指通过对大量来源可靠的信息资料进行系统了解和分析，认清项目存在的各种风险因素，进而确定项目所面临的风险及其性质，并把握其发展趋势的行为。风险识别是一个系统、持续的过程，应尽可能详尽地分析项目信息，通过逻辑梳理有效识别可能影响工作目标的潜在风险。系统性地应用风险管理技术，准确识别、评估城市风险并采取恰当的风险防范措施，是城市安全管理的关键成功因素。风险识别的方法很多，如专家调查法、故障树分析法、WBS-RBS分析法、核对表法以及几种方法的组合。

### 一、专家调查法

以城市信息化为例，介绍专家调查法的定义及应用案例。

由于城市信息化的复杂性，要想对其风险有一个完整、准确而又富有效率的识别，必须依靠与信息化相关的各领域专家。专家调查法是一种定性分析方法，普遍适用，尤其对于采用新技术无先例可循的项目，简单易行，能较全面地分析风险因素，但结果的科学性受到专家数量及人数的限制。

专家调查法是一种利用各领域专家深厚的专业理论知识和丰富的实践经验，找出在城市信息化过程中的各种潜在风险并分析其成因、预测其后果的风险识别方法。

该方法的优点是在缺乏足够统计数据和原始资料的情况下，可以做出较为准确的估计，对城市信息化来说比较适用。因为城市信息化对一个城市来说往往是唯一的，但无论哪个城市的信息化建设，都是由一些基本要素构成的，如社会的、经济的、政治的、技术的等要素，只要充分利用好这些领域专家的智慧，就能够很好地对信息化的风险进行识别。目前专家调查法有几十种之多，下面两种是能够较好地在城市信息化风险识别中发挥作用的方法。

#### （一）头脑风暴法

头脑风暴法是一种刺激创造性、产生新思想、充分发挥集体智慧的一种风险识别技术。该方法通过专家之间的信息交流，产生智力碰撞，引起"思维共振"，产生新的智力火花，形成宏观的智能结构，从而找出全局性风险因素。城市信息化风险管理人员根据风险识别的目的和要求，邀请和组织有关城市信息化方面的专家，如项目管理专家、信息化问题专家、风险管理专家、政府有关部门人员等，就信息化风险的识别召开专题会议，一般以 5~10 人为宜，采用面对面的形式对城市信息化中的风险展开讨论分析，如存在哪些风险、风险程度多大等问题，最后由项目风险管理人员总结专家意见并做出判断，得出风险识别结果。

头脑风暴法的优点是专家们能够集思广益，思维发散，易于将隐藏较深的、不易察觉的风险及风险事件识别出来；缺点是集体意见易受权威人士左右，形成"羊群效应"。该方法适用于目标明确、对象具体的风险识别。如果某一过程涉及的面太广、包含的可变因素太多，则应先对其进行分解，简化后再进行识别。例如将整个城市信息化风险分解为规划阶段风险和开发阶段风险进行识别。

头脑风暴法的做法具体如下：

（1）确定议题：一个好的头脑风暴法从对问题的准确阐明开始。

（2）会前准备：为了使头脑风暴畅谈会的效率较高，效果较好，可在会前做一点准备工作。

（3）确定人选：一般以 8~12 人为宜，也可略有增减（5~15 人）。

（4）明确分工：要推定 1 名主持人，1~2 名记录员（秘书），主持人的作用是在头脑风暴畅谈会开始时重申讨论的议题和纪律，在会议进程中启发引导，掌握进程。

（5）规定纪律：根据头脑风暴法的原则，可规定几条纪律，要求参会者遵守。

（6）掌握时间：会议时间由主持人掌握，不宜在会前限定。

（二）德尔菲法

德尔菲法起源于 20 世纪 40 年代末期，最初由美国兰德公司首次提出并使用，很快就在世界上盛行起来。如今这种方法的应用已遍布经济、社会、工程技术等各个领域。德尔菲法具有广泛的代表性，较为可靠，并且具有匿名性、统计性和收敛性的特点。在应用此法时，风险管理人员应首先将城市信息化的风险调查方案、风险调查内容、风险调查项目等做成风险调查表，然后采用匿名或"背靠背"方式将调查表函寄，最好是电邮（因为电邮既方便快捷又便于统计分析）给有关专家，一般为 20~50 人，将他们的意见予以综合、整理、归纳，形成新的风险调查表，然后将新的风险调查表再次反馈给有关专家。经过多次反复，最后得到一个比较一致且可靠度较高的集体意见。

德尔菲法具有匿名性和反馈性。匿名性是指各参与专家之间相互匿名，不发生横向联系，各专家并不清楚参与此次风险调查的专家人数，是哪些专家。这样专家们在回答风险调查表时不必考虑其他人的意见，不受权威的诱导，能够比较真实地表达自己的看法，从而能将自己的专业优势真正发挥出来，达到风险调查的目的。德尔菲法的反馈性是指风险调查的组织者将新一轮的风险调查表送交有关专家时，其实已经将其他专家的看法、观点、思考的角度等内容反馈给他。这样该专家就可以充分利用他人的智慧来弥补自己的不足，激发自己的创造性，在一个更高水平的平台上进行新一轮的风险分析。通过多次调查专家对问卷所提问题的看法，经过反复征询、归纳、修改，最后汇总成专家基本一致的看法，作为预测的结果。

使用德尔菲法时应注意，由于城市信息化涉及相当多的专业领域，既有社会、政治、经济领域，也有工程、管理、质量领域，一个专家不可能在所有的领域都具有良好的风险识别和判断能力。不同专业领域的专家，对同一种风险的认识水平并不相同，风险调查组织者在对各专家的观点进行综合、统计时应给予不同领域的专家以不同的权重系数，解决专业领域差异所带来的问题。

用德尔菲法进行项目风险预测与识别的过程是由项目风险小组选定与该项目有关领域的专家，并与这些适当数量的专家建立直接的函询联系，通过函询收集专家意见，然后加以综合整理，再匿名反馈给各位专家，再次询问意见。这样反复经过4~5轮讨论，逐步使专家的意见趋于一致，作为最后预测和识别的依据。

（三）应用案例

某地下铁路项目基坑最大挖深为8米，基坑围护结构可采用排桩和水泥土搅拌桩墙（Soil Mixing Wall，SMW）工法桩组合方式。该项目风险管理者组织了相关专家分析工程风险情况。

通过函询收集专家意见然后加以综合整理，反复函询，直到专家们的意见相对收敛、一致。最终，专家得出深基坑工程的风险结论如下：

主要风险因素包括施工风险、监理风险、监测风险、环境影响风险和人员安全风险。

一是施工风险：包括组合SMW工法桩施工风险、钻孔桩施工风险，如基坑渗漏、支撑系统失稳、坑底隆起、围护结构折断或大变形、内倾破坏、设备非正常工作风险。

二是监理风险：缺乏相应的监理资质、监理设备，未履行好监理职责。

三是监测风险：未安排监测或者监测内容不合格、监测工作形同虚设。

四是环境影响风险：固护结构变形过大引起的路面开裂、噪声污染、水污染、空气污染、固体废弃物污染、生态环境污染。

五是人员安全风险：包括操作失误、突发事故、高空坠落、人为穿越铁路、人员触电、非施工人员进入等。

## 二、故障树分析法

以城市信息化为例介绍故障树分析法及应用。

（一）方法介绍

故障树分析法（Fault Tree Analysis，FTA）是系统安全分析方法中应用最广泛的一种。该方法首先由美国贝尔电话研究所的 H. A. Watson 博士于 1961 年为研究民兵式导弹发射控制系统时提出来的，用于系统风险分析。1974 年，美国原子能委员会运用 FTA 对核电站事故进行了风险评价，并发表了著名的《拉姆逊报告》，该报告有效地应用了故障树分析法，受到了广泛的重视，迅速在许多国家和企业得到应用和推广。故障树是由一些节点及它们之间的连线所组成的，每个节点表示某一具体故障，而连线表示故障之间的关系。编制故障树通常采用分层分析法，把不希望发生的且需要研究的事件作为顶上事件放在第一层，找出造成顶上事件发生的所有直接原因列为第二层，再找出第二层各事件发生的所有直接原因列为第三层，如此层层向下，直至最基本的原因事件为止。

故障树又是一种交流工具，可向不直接接触项目的人员提供一种直观的图解。迄今为止，人工建树仍优先于自动建树，故障树定性分析也优先于定量分析，故障树在项目风险分析上主要是找出风险模式而不是概率，即发现风险环节及时改进它，而不仅仅是算出它。但是，要对引发顶事件的全部原因考虑周全几乎是不可能的，也是不必要的。画出全部重要顶事件的故障树是一项非常复杂的工作，无法保证分析中无遗漏，只求通过分析识别主要风险，并在事前帮助提供对策。这需要一定数量专家和管理人员的共同努力，要有充分的数据对项目本身和环境的深刻认识，特别是要有丰富的经验。

在城市信息化风险识别中运用故障树分析法时一般需要遵循下述步骤：

（1）熟悉城市信息化系统。即风险识别人员必须确实了解整个城市信息化建设情况，包括组织情况、工作程序、各种重要参数、信息化进度等。必要时画出信息流程图和布置图，故障树的生成在很大程度上依据工艺流程图或作业图完成。

（2）调查事故。风险管理人员需要在过去事故实例或其他信息化建设有关事故统计基础上，尽量广泛地调查所能预想到的事故，即包括已发生的事故和可能发生的事故。

（3）确定顶事件（TOP）。所谓顶事件，即城市信息化最担心的风险事件，该事件对城市信息化建设来说具有巨大的影响或可能带来巨大的损失。对城市信息化发生风险事故的损失和频率大小进行分析研究，从中找出后果严重，且较容易发生的事故，作为分析的顶事件。

（4）确定目标。根据以往的事故记录和同类城市信息化的事故资料，进行统计分析，求出事故发生的概率（或频率），然后根据这一事故的严重程度，确定要控制的事故发生概率的目标值。

（5）调查原因事件。调查造成信息化事故的所有原因事件和各种因素，包括规划的失败、政策的变迁、设备故障、机械故障、操作者的失误、管理和指挥错误、协调的失败、环境因素的改变等，尽量详细查清原因和影响。

（6）画出故障树。根据上述资料，从顶事件起进行演绎分析，逐级找出所有直接原因事件，直到不能或不可以，再将原因继续分割，然后按照其逻辑关系画出故障树。

（7）定性分析。根据故障树结构进行化简，求出最小割集，确定各基本事件的结构重要度排序。所谓割集是指导致顶事件发生的底事件组合，而最小割集是顶事件发生的最少底事件组合。

（8）计算顶事件发生概率。首先根据所调查的情况和资料，确定所有原因事件的发生概率，并标在故障树上。根据这些基本数据，求出顶事件（最大风险事故）发生概率。要根据可维修系统和不可维修系统分别考虑。对可维修系统，把求出的概率与通过统计分析得出的概率进行比较；如果二者不符，则必须重新研究，看原因事件是否齐全，故障树逻辑关系是否清楚，基本原因事件的数值是否设定得过高或过低等；对不可维修系统，只需求出顶事件发生概率即可。

（9）定量分析。定量分析包括三方面的内容：①当事故发生概率超过预定的目标值时，要研究降低事故发生概率的所有可能途径，可从最小割集着手，从中选出最佳方案。②利用最小割集，找出根除事故的可能性，从中选出最佳方案。③找出各基本原因事件的临界重要度系数，对需要治理的原因事件按临界重要度系数大小进行排序，或编制安全检查表，加强控制。

（二）应用案例

以市政公路工程施工中可能存在的高处坠落为该故障树的顶事件，通过事故调查，得出该类事故的故障树图。对于该事故系统而言，故障树中"或门"较多，整个系统的危险因素多，故障树的最小割集较多，通过简化进行计算，从最小割集和最小径集两方面分析该事故系统。

1. 最小割集的求解

割集是导致顶事件发生的基本事件的集合，割集中引起顶事件发生的充分必要条件的基本事件集合为最小割集。它表明这些基本事件发生（不论其他事件发生或不发生），都会引起顶事件发生，反映系统的危险性。从这个意义上讲，最小割集越多，说明系统的危险性越大。为了降低系统的危险性，对包含基本事件少的最小割集应优先考虑采取安全措施。一个最小割集对应着事故发生的一种模式。

2. 最小径集的求解

最小径集是顶事件不发生所必需的最低限度的基本事件集合。它表示这些基本事件不发生，顶事件就不会发生，反映了系统的安全可靠性。有几个径集就会有几种消除事故的途径，从而为选择消除事故的措施提供了依据。

求故障树最小径集的方法是利用它与最小割集的对偶性，将故障树中的"与门"（执行"与"运算的基本逻辑门）换成"或门"（执行"或"运算的基本逻辑门）、"或门"换成"与门"便将故障树换成了成功树，然后求出成功树的最小割集，就是原故障树的最小径集。

3. 结构重要度的求解

结构重要度分析，是从故障树结构上分析各基本事件的重要程度。基本事件结构度越大，对顶事件的影响程度越大，反之亦然。

### 三、WBS–RBS 分析法

WBS–RBS 分析法被应用到项目风险辨识领域，为项目风险识别提供了新的分析工具。运用 WBS–RBS 辨识项目风险需要解决两个基本问题：一是判断风险是否存在；二是判断风险因素向风险事件和风险事故转化的条件。为了解决这两个问题，WBS–RBS 风险辨识应从项目作业和项目风险两个角度分别进行分解，然后构建作业分解树和风险分解树。在此基础上，把两者交叉构建 WBS–RBS 矩阵，按照矩阵元素逐一判断风险是否存在及其大小程度，从而系统、全面地辨识风险。WBS–RBS 风险辨识方法是一种既能把握项目风险全局，又能兼顾风险细节的项目风险辨识方法。

WBS–RBS 分析法属于定性分析方法，采用工作分解结构（Work Breakdown Structure，WBS）与风险分解结构（Risk Breakdown Structure，RBS），引用 WBS 的思想，将待评估的工程项目按照工程分部进行分解，分解到足以具体分析所产生风险的程度。利用同样的思想，针对业主关心的风险内容，将评估范围内的工程风险进行风险结构分解，然后结合 WBS 和 RBS 进行对号入座，将 RBS 中的具体风险与 WBS 中的工程部位一一对应，识别出具体风险发生的工程部位和范围，并对可能发生的风险进行因果分析和描述，从而达到识别风险因素的目的。这种方法普遍适用于所有工程项目，简单易行。

其中，WBS 以信息论、控制论、系统工程、工业工程为理论基础，是在长期的大型项目组织实施中逐步积累、总结、升华的结果。它是项目管理最重要的工具与内容之一，也是项目管理的核心工具。它组织并定义了整个项目范围，未列入工作分解结构的工作将排除在项目范围之外。WBS 处于计划编制的中心，也是制订进度计划、资源计划、成本预算、人员需求、质量计划、风险分析等的基础。因此，在风险识别中利用这个已有的现成工具并不会给项目班子增加额外的工作量。

作为项目管理的核心工具，项目 WBS 的建立必须体现项目本身的特点和项目组织管理方式的特点，必须遵从整体性、系统性、层次性和可追溯性的原则。项目完整的 WBS 并不是一开始就能建立完成的，而是随着项目的推进，逐步扩展完善而形成的。

在应用 WBS-RBS 分析法进行风险辨识时，大致要经历 5 个步骤：

（1）确定风险识别的对象。在进行风险识别之前，应根据项目风险管理的要求，明确风险辨识的对象和范围。

（2）进行工作分解，形成工作分解结构（WBS）。按照各层次作业包在施工工艺和工程结构上的关系，将作业逐级分解，一直分解到出现最佳的风险辨识单元为止。最佳的风险辨识单元是最底层的作业包规模与风险辨识相适应，能够借鉴其他类似项目的子作业包的风险分析资料和经验，对目标项目进行风险识别。

（3）进行风险分解，形成风险分解结构（RBS）。根据项目的风险状况，预测可能存在的风险，将风险逐步分解，细化到与各类风险的属性类似为止。

（4）构建风险识别矩阵。把作业分解结构的最底层作业包和风险分解树的最下层风险分别作为矩阵的行和列，构建风险识别矩阵。

（5）判断风险的存在性和风险转化的条件。按照风险辨识矩阵元素，逐一判断第 1 个作业包的第 J 种风险是否存在，若存在则为"1"，若不存在或风险较小，可以忽略则为"0"。

### 四、核对表法

核对表（Check List）法是一种定性分析方法，核对表是基于以前类比项目信息及其他相关信息编制的风险识别核对图表，适用于有类似或相关经验的项目。核对表一般按照风险来源排列，很容易操作。利用核对表进行风险识别的主要优点是快而简单，缺点是受到项目可比性的限制。

核对表法，是管理中用于记录和整理数据的常用工具。用于风险识别时，是将以往类似项目中经常出现的风险事件列于一张汇总表上，供识别人员检查和核对，判别某项目是否存在以往历史项目风险事件清单中所列或类似的风险。目前此类方法在工程项目的风险识别中已被大量采用。

一般根据项目环境、产品或技术资料、团队成员的技能或缺陷等风险要素，把经历过的风险事件及来源列成一张核对表。核对表的内容可包括：以前项目成功或失败的原因；项目范围、成本、质量、进度、采购与合同、人力资源与沟通等情况；项目产品或服务说明书；项目管理成员技能；项目可用资源等。项目经理对照核对表，对本项目的潜在风险进行联想，相对来说简单易行。这种方法揭示风险的绝对量也许比其他方法少一些，但其可以识别其他方法不能发现的某些风险。

核对表法对项目风险管理人员识别风险起到了开阔思路、启发联想、抛砖引玉的作用。缺点是该方法主要依赖于专家的知识和经验，存在潜在的严重缺陷；核对表不能揭示风险源之间重要的相互依赖关系；对识别相对重要的风险的指导力不够；对隐含的二级、三级风险识别不力；若表格和问卷设计不周全，则可能遗漏关键的风险，对单个风险源的描述不够充分。因此，在项目不太复杂的情况下，才可选用此方法。

## 第三节　以高铁为例的风险分析

城市高铁泛指高速铁路和城际客运专线，是国家重要基础设施和大众化交通工具，是综合交通运输体系中十分重要的民生工程和资源节约型、环境友好型运输方式。高铁具有全天候、大运量、不间断运输的特点，高铁列车运用轮轨关系沿着铁轨运行，虽然有着极高的安全可靠性，但与既有普速铁路及其他轨道交通方式一样，按照风险事件可能导致的后果及影响程度，主要有列车冲突、列车脱轨、火灾爆炸、人员伤亡、设备损坏、延误运行及其他方面的风险。

### 一、设施设备风险

高铁主要由铁路线路、供电、信号、通信、动车组和客运服务设施设备等组成，主要设施设备风险包括线路设备风险，供电设备风险，信号、通信设备风险，动车组设备风险，客运设施设备风险等。

（一）线路设备风险

高铁线路设备主要由轨道、路基、桥梁、隧道、防护设施、声风屏障等组成，高铁线路设备风险主要包括钢轨和道岔伤损、无 Wi-Fi 线路轨道板伤损、路基变形及翻浆冒泥、桥墩偏移、隧道渗水及衬砌掉块，以及系杆拱桥、钢梁桥、简支箱形梁桥、连续箱形梁桥等结构状态、支座劣化、部件损伤等。

（二）供电设备风险

高速铁路供电系统负责向动车组、通信信号及车站各类旅客服务设施设备等提供不间断用电，覆盖面广、品质要求高，特别是动车组牵引供电的接触网设备运行条件复杂、恶劣，其材质、零部件等要禁得住严峻环境条件考验。高铁供电设备风险主要有外部供电中断、车站行车指挥及客运服务设施停电、牵引供电接触网倒杆、塌网及部件脱落等。

（三）信号、通信设备风险

高速铁路信号、通信设备是指挥动车组列车运行的"大脑"，主要由信号、联锁、闭塞、通信设备、调度集中系统（CTC）、列车调度指挥系统（TDCS）、列车运行控制系统（CTCS）、信号集中监测系统、列车无线闭塞中心（RSC）等组成。高铁信号、通信设备风险主要是列车运行控制设备数据设置错误、临时限速报文错误或丢失，以及软件修改、信号联锁试验不彻底，导致道岔错误解锁或转动、行车信号许可升级等。

（四）动车组设备风险

动车组运行受到外界因素干扰，存在裙板、底板、车钩等部件裂损、常用制动丢失，以及车轮路伤、崩裂等风险，甚至发生火灾、爆炸、脱轨等严重铁路交通事故，如旅客吸烟、动车组受外物撞击、人为开启车门，以及在极端恶劣天气条件下，动车组高速运行时，存在一定的安全风险。

（五）客运设施设备风险

高铁客运设备主要存在站房玻璃幕墙、雨篷檐口板、车站顶棚部件脱落砸伤旅客、电梯及自动扶梯故障伤及旅客、旅客吸烟和车站电气设备及商铺用电火灾，以及春运、暑运和"五一"、国庆黄金周等客流高峰期，旅客购票、进站、站台乘降等发生对流、拥堵造成人员踩踏风险。

## 二、自然灾害风险

对高速铁路而言，主要风险体现在极端恶劣气候、地震及地质灾害等带来的影响。

（一）气象灾害风险

（1）台风、强风及龙卷风可能破坏高铁基础设施，刮倒电杆、接触网立柱及铁路沿线树木，吹断电线和接触网导线，以及将邻近临时工棚、彩钢瓦屋顶、建筑工地防尘网、农作物大棚塑料薄膜及市区的店招、广告牌（布）等吹刮上高铁线路和接触网导线上，造成牵引供电中断、动车组和线路设备损坏，以及发生高铁列车相撞、脱轨的风险。同时，台风将海水中的盐分带到陆上，可导致高铁钢轨、接触网、主站房等金属部件锈蚀加剧，以及电缆设备漏电和电气设备元器件损坏。

（2）暴雨导致江河湖泊水位上涨及山洪，造成冲刷路基边坡、路堑坍塌及水淹桥梁、线路，山体落石、泥石流等灾害，严重威胁列车运行安全。暴雪对高铁运营的危害主要发生在我国的东北、华北地区，积雪可造成掩盖高铁线路、道岔不能扳动，影响高铁列车运行及旅客站台乘降安全。

（3）雷电能量巨大，可能造成高铁建筑物和电力、动车组、列车控制系统特别是电子设备损坏，引发铁路交通事故，及造成旅客和其他人员伤亡。

（4）浓雾和雾霾不仅导致能见度降低，影响高铁列车司机运行瞭望，而且空气中水汽饱和及含有悬浮颗粒物，还可造成高铁接触网供电设备、动车组受电弓等高压设备（27.5 千伏）闪络、放电，损坏行车设施设备，造成列车停运、晚点。

（5）当发生持续高温及城市"热岛"效应，热量不能及时扩散，对高铁线路、道岔、桥梁、接触网等行车设备和建筑物带来严峻考验，易引发胀轨、无砟线路轨道板离缝、上拱及电气设备火灾等问题。

同样，低温天气特别是雨雪冰冻，也对高铁设备和运营带来危害，高铁线路上跨公路桥及隧道口上方冰凌掉落击打动车组、接触网动车组高速运行时卷起的积雪、车底脱落冰块击打损坏道岔、列控系统地面应答器等行车设备，以及冻裂损坏车站动车组上水、卸污设备等，影响高铁运营秩序和安全。

（二）地质灾害风险

（1）地震。地震破坏力巨大，造成地面塌陷、山体滑坡、建筑物倒塌，对高铁线路、桥梁、车站站房等建（构）筑物及高速列车运行威胁极大，甚至导致列车脱轨、颠覆等恶性事故。如 2011 年 3 月 11 日，日本福岛地震造成多趟动车组列车脱轨。

（2）其他地质灾害。一些沿海大中城市地处冲积平原，同网密集，地下水位高，软土地表含水量大、压缩性强，易发生流沙问题，严重影响高铁路基的稳定，甚至导致桥墩偏移。

### 三、外部环境风险

高铁设施设备复杂、列车运行速度快，任何轻微的外部环境因素和干扰，都会呈几何级数放大，可能造成灾难性后果。为此，我国专门制定颁布了《铁路法》和《铁路安全管理条例》（国务院第 639 号令），依法设立铁路线路安全保护区，并规定了 16 种禁止行为和保护措施，全面加强铁路安全，特别是高速铁路运营安全保障。影响高铁运营安全的外部环境风险主要有以下几种。

（一）非法施工

在铁路线路安全保护区内建造建筑物、构筑物等设施取土、挖沙、挖沟、采空作业或者堆放、悬挂物品，可能影响高铁路基、桥梁、站房等设施设备稳定，以及影响列车司机瞭望，威胁列车运行安全。

（二）异物侵限

为保障铁路机车车辆和动车组运行安全，世界各国铁路均划定一个与铁路线路中心线垂直的极限横断面轮廓范围，简称铁路建筑限界，任何非铁路行车设施设备进入无疑将危及列车运行安全。例如，一些人员及旅客无视高铁列车速度快、制动距离长的情况，非法翻越栅栏进入线路及跳下站台，不仅危及自身安全，且一旦发生相撞及列车紧急制动，会严重威胁列车和旅客安全。

（三）非法生产经营

在铁路安全保护区内和邻近铁路线路非法从事生产经营活动，不仅影响高铁运营管理，且一旦发生生产安全事故，将直接威胁高铁列车安全。

（四）飘落类物质

在高铁沿线放风筝、气球、孔明灯、无人机等，以及附近的临时工棚、彩钢瓦房、农作物的大棚塑料薄膜、遮阳网及杂物等，被大风吹到高铁线路及接触网上，轻则造成高铁接触网、动车组受电弓设备损坏，使列车供电中断而停车、空调停机，重则造成列车相撞，发生脱轨、颠覆事故。

### 四、运营管理风险

高铁运营管理风险同样反映在管理制度、设备质量、员工素质、监督管理、应急保障和安全文化建设等方面。

在正常情况下，高铁行车基本按照调度集中方式，调度集中系统（CTC）计算机实时监控列车运行状态，并依据列车运行图自动下达行车指令，行车指挥人员不参与行车，风险因素主要在于列车运行图基础数据的准确性、完整性，以及行车命令传递、接受和执行的及时性、准确性。一旦遇有行车设备故障、列车运行晚点、临时增开列车、恶劣天气影响等，需要人工操作调度集中系统，指挥行车及设备故障抢修等应急处置，这对相关岗位作业人员、行车指挥人员和把关监控人员的安全意识、业务素质、组织能力等带来考验，因此，强化关键环节风险管控至关重要。

### 五、治安防范风险

高铁作为重要基础设施和大众化交通工具，高铁车站人员高度聚集，高铁线路穿山越岭、连贯城乡，铁路沿线和站车治安防范风险不可忽视，是城市安全重点防范领域。

（一）扰乱运输秩序

如进站、乘车不服从铁路运输服务协议和铁路工作人员劝告、管理，在车站内、列车上寻衅滋事，扰乱车站、列车正常秩序，危害旅客人身、财产安全的；在铁路线路上行走、坐卧，占车、扒车、跳车，擅自开启列车车门、紧急安全设施等；强行登乘、霸占座位或者以拒绝下车等方式强占列车；冲击、堵塞、占用进出主站通道或者候车区域、站台；擅自进入铁路封闭区域；在列车上抛扔杂物；非法拦截列车、阻断铁路交通；使用无线电台（站）以及其他仪器、装置干扰铁路运营指挥调度无线电频率正常使用；等等，都会严重干扰高铁运输秩序，甚至危及列车运行安全。

（二）站车防火防爆

高铁车站、列车人员密集，动车组列车运行速度高，一旦发生火灾，火势蔓延快、施救困难，危害极大。因此，旅客应当接受并配合铁路部门在车站、列车实施的安全检查，不得违法携带、夹带、托运烟花爆竹等危险品或者其他违禁品；不得在动车组列车上及在车站候车室（厅）等禁止吸烟区域吸烟。

（三）破坏铁路设施

高铁列车在轨道上运行，各类设施设备具有唯一性，任何拆盗、割盗等破坏铁路设施行为以及在铁路线上摆放障碍物、击打列车等，严重危及动车组列车运行安全行为，都可能导致列车脱轨、颠覆。

# 第十五章　数字化社会治理

当前，随着以 5G、大数据、云计算、物联网、人工智能为代表的新一代数字技术集群的融合发展，数字化正以不可逆转的趋势改变着人们的生产、工作、生活，数字技术应用已成为推动经济社会发展的核心驱动力。以数字化转型为支撑，综合运用数字化技术和思维模式，全面推动数字技术与基层社会治理的深度融合，实现社会治理数字化转型，已经成为新时代推进国家治理体系和治理能力现代化的重要命题。

## 第一节　数字化社会治理内涵及其重要意义

### 一、治理与社会治理

汉语中的"治理"最早用在治水、修治、整治等语境中，主要有如下几层含义：其一，统治者对国家和社会事务的统治和管理过程；其二，指整个社会的和平、安定和有序状态；其三，公共部门对具体政治社会事务的管理过程。时至今日，治理一词已被广泛应用在经济管理、环境保护、社会治安等方面，更多地被作为动词来使用表达公共部门的管理过程或管理行为。西方的"治理"（Governance）概念原为控制、引导和操纵之意。治理真正获得现代意义上的内涵是20 世纪后，特别是企业经济学和政治决策分析两个领域的发展，为治理注入了新的生命。随着福利国家的危机、全球问题的盛行以及公司治理的推广，治理成为克服统治失灵、市场失灵的代名词，在此意义上，治理通过理论与实践的双层建构逐渐形成了多重意蕴。20 世纪末，西方学者赋予"治理"以新的含义，主张政府放权和向社会授权，实现多主体、多中心治理等政治和治理多元化，强调弱化政治权力，甚至去除政治权威，企望实现政府与社会多元共治、社会的多元自我治理。

从运行意义上讲，"社会治理"实际是指"治理社会"。换言之，所谓"社会治理"，就是特定的治理主体对于社会实施的管理。社会治理理论是西方治理理论的重要组成部分。由于西方国家治理理论奉行社会中心主义和公民个人本位，因此，理性经济人的社会自我治理，在理论逻辑上构成了西方国家治理理论的核心内容。在特定意义上可以认为，西方国家的治理理论，本质上即是以理性经济人为基础的社会自我治理理论。

在中国，社会治理概念具有典型的本土实践特征。在中国语境下，社会治理通常指相对于政府管理的社会治理、相对于国家治理的社会治理、相对于公司治理和市场治理的社会治理，因而传统社会治理的理论研究集中于协同治理、协商民主与公共参与、治理现代化三方面。协同治理要求政府发挥主导作用，社会参与自主治理，构建政社协同的制度化机制。在协商民主与公共参与视角下，社会治理更多强调发挥多主体的作用，构建网络化的主体间合作关系，鼓励社会主体通过自主表达、协商对话来达成共识。在治理现代化视角下，社会治理面对的是"三类主体"的"两大关系"，即政府、市场、社会组织构成的"政府与市场""国家与社会"关系。

在党和国家的相关文件中，社会治理最早出现于党的十八届三中全会上，并取代了过去"社会管理创新"的提法，从社会管理到社会治理，反映了在治理主体、治理方式、治理范围、治理重点等方面的明显不同，意味着社会治理由过去政府一元化管理体制转变为政府与各类社会主体多元化协同治理体制，凸显了公众参与在社会治理中的基础性地位。同时，党的十八届三中全会在全面深化改革的意义上进一步指出，我国的社会治理主要关键点在于"四个坚持"，即"坚持系统治理，加强党委领导，发挥政府主导作用，鼓励和支持社会各方面参与，实现政府治理和社会自我调节、居民自治良性互动。坚持依法治理，加强法治保障，运用法治思维和法治方式化解社会矛盾。坚持综合治理，强化道德约束，规范社会行为，调节利益关系，协调社会关系，解决社会问题。坚持源头治理，标本兼治、重在治本，以网格化管理、社会化服务为方向，健全基层综合服务管理平台，及时反映和协调人民群众各方面各层次利益诉求"。这集中体现了社会治理中党和政府的公共权力与社会组织和公民权利之间的协调结合与和谐平衡。

**二、数字化社会治理内涵与重要意义**

伴随着数字化技术的不断发展与日益成熟，数字化技术日益融入人们的日常生活中。基于数字化技术创新，社会治理体系不仅是顺应时代发展的必然趋势，也是进一步推动国家治理能力与治理体系现代化的生动体现。

当前，数字化社会治理的定义并未统一。代表性的定义如下：杜伟泉

（2021）认为，数字化社会治理是数字治理理论在社会治理领域的应用，是数字技术与社会治理理论相结合的产物，是基于大数据、物联网、人工智能、区块链等数字技术的智能化社会治理方式。数字化社会治理机制下，数字技术被深度嵌入社会治理决策、治理数据挖掘、民众诉求表达、社会风险监测等各个环节，治理手段的"数字化""网络化"成为主要表现形式。马春辉（2020）认为，数字化社会治理即运用数字化思维、理念、战略、资源、工具和规则等新模式来治理信息社会空间，实现数据泛在融通共享、平台服务资源集聚开放、新技术应用场景持续创新。数字化社会治理模式与传统的治理模式比较，最大的优势是信息传播便捷、精准、互动，信息数据在政府、社会、市场及公众间能够畅通、有序。

以此为基础，本章提出数字化社会治理是指，以已有社会治理机制为根基，并以大数据、云计算、人工智能、物联网、区块链等新一代信息技术为支撑，使得数据这一社会生产要素在社会治理中的作用得以充分发挥的新型社会治理模式。一般而言，数字化社会治理既包括社会治理的数字化转型的过程，也包括以数字技术为支撑、以数据为重要因素的新型社会治理模式。数字化社会治理，不仅强调社会治理场景下新型数字技术的应用，也关注在已有社会治理体系下加入"数据"这一新型要素后所产生的新型社会治理模式。

基于数字驱动的社会治理创新，已经成为国内外城市发展的共识。通过引入"物理空间数字化、数字空间智能化"的治理技术，有利于进一步优化治理结构、提升治理能力，推动政府管理、服务以及运行的效率不断提高。具体而言，数字化社会治理对于城市发展的重要意义可以概括如下：

其一，充分利用数据溯源，防范和化解社会风险。当前，为切实扭转传统社会治理"头痛医头、脚痛医脚"的被动局面，防范和化解社会风险，应把工作重心从治标转向治本、从事后处置转向源头治理，成为从中央到地方达成的关于社会治理的共识。数字化技术的应用，特别是充分利用数据溯源，能够从风险源头着力强化防控，增强城市社会治理的可预见性。此外，数字化技术中的区块链技术具有去中心化、不可篡改、可追溯的特性，能够将各个领域中的基础信息进行有效集成，通过深度挖掘和交互分析，从中提取有关联的信息，从而提前对社会领域中的风险与问题进行预判和识别，进而实施及时的干预和管理。

其二，发挥数字资源效能，满足差异化服务需求。数字化技术在城市社会中的广泛运用，使得公众对政务服务、民生保障的需求呈现出个性化、多样化的新特点。一方面，充分挖掘数字资源的潜能，能够极大地丰富公共服务的内容。数字技术有力地推动了服务数据化发展，能够为各类主体参与公共服务供给提供更为便捷的条件，提升公共服务的供给效率和供给质量，从而弥补公共服务种类及数量的不足。另一方面，充分挖掘数字资源的潜能，可以针对城市不同人群的需求提供差异化服务。例如，通过大数据的精准分析，收集和捕捉公众的公共服务需求，进行公共服务的"市场细分"，以公众的需求为导向，提供主动服务，推动数字技术与民生服务等的高度相融，最大限度地满足不同人群最迫切的服务需求。

其三，提供数字化支撑，优化社会治理决策。在传统社会治理中，受技术和信息来源的限制，决策者主要依靠主观经验及有限信息做出判断和决策，决策结构呈现出相对单一与封闭的特征，过程性监督和反馈性效果严重不足。当前，数字化技术对城市社会的全面渗透，使得人们的生产、生活与交流逐步走向了高度网络化和数据化，社会治理决策呈现出多向开放、高度互动的结构特征。在社会治理过程中对海量数据进行汇聚和分析，有助于破解决策中的"信息不对称"及"单向度指令"，提高决策者在城市复杂系统中掌控全局并做出科学决策的能力。

其四，推动智慧治理应用，实施精准化社会治理。城市社会公共问题多发，社会治理即针对社会公共问题，借助有效治理对策，最终促进社会问题解决，保持社会的和谐有序，其中，如何推动落实社会治理活动的"精准化"尤为关键。数字化技术的蓬勃发展，一是有助于廓清社会公共问题，使"真问题"浮出水面，实现社会治理对"真问题"的聚焦，从而对"真问题"进行有效治理。二是有助于促进技术与社会治理的高度融合，依托大数据、物联网等，搭建起多元化的社会治理和公共服务平台，便于实施精准化社会治理。三是有助于加速社会治理的技术嵌入，推动数字化技术助力社会治理，形成社会治理的强大合力。

其五，依靠数字化手段，构建社会信用体系。城市社会作为一个"高密度"的"巨系统"，对比乡村地区有着非同一般的"风险性"和"脆弱性"。如何在衣、食、住、行、生、老、病、死等方面获得便捷、高效的公共服务和公共产品，如何拥有一个稳定和谐有序的城市社会环境，对城市社会治理能力提出了严峻的考验。面对城市社会治理难题，治理者们普遍运用法律、道德作为规范性的力量，但局限性日渐明显。良好的社会信用有助于经济发展、社会进步和人际和谐，而数字化技术的广泛运用，能促进社会信用体系的构建，使社会信用成为法律、纪律和道德之外另一种规范性力量，进而扩充社会治理工具的选择范围，更好地解决当前城市社会中激增的矛盾和问题。例如，区块链技术具有公开透明、不可篡改、集体维护和隐私保护等特点，能够解决交易的信任和安全问题，以及社会交往中的信任构建问题。在大数据等数字化技术运用的基础上，发挥区块链技术在社会治理中的作用，能够有效地解决民生、公益、监管等领域的痛点难点问题，进而打造新型社会信用体系，挖掘社会治理的内在潜能。

## 第二节　国内外数字化治理进展

数字技术降低了信息获取成本、创新各利益主体的参与渠道、构建了虚拟公共空间，在为公民"赋权"的同时，也为治理主体"赋能"。本节将对国内外数字化治理转型的相关探索进行梳理。

### 一、国外数字化治理进展

为化解行政效能不足、部门业务分割、服务水平有待提升的问题，以美英为首的国家或地区的数字化社会治理聚焦数字政务，开展了系列探索。

（一）美国：以数据开放为引领，提高政府治理效能

美国政府极为重视数据开放，是全球最早发起政府数据开放的国家，希望通过开放政府数据加快社会治理创新应用，并建立更加开放、透明、协同的政府，提高国家治理能力。2019年1月，特朗普签署《开放政府数据法案》，该法案要求除特殊情况以外，美国所有的政府机构应自动公开其拥有的公共数据。该法案的通过，意味着美国已将政府数据开放上升为法律规定，这对于公众、企业等利用政府数据进行社会治理领域的创新具有积极的意义。2019年2月，美国政府发布了第四个"美国开放政府行动计划"。在加快推动政府数据开放的同时，美国政府也在同步构建强大的数据治理能力，以寻求数据开放和数据安全之间的平衡。2019年12月，美国政府发布《联邦数据战略与2020年行动计划》，明确了将数据作为战略资源予以开发和使用的宗旨，并制定了在2020年，相关机构和协会需要推进的开发联邦数据资源库、成立联邦首席数据官委员会、设计数据伦理框架等20项关键实施行动。

（二）欧盟：打造统一数字市场，以引领数字时代治理规则

数据已成为推进社会治理数字化转型的战略资源，欧盟致力于推动数据资源在成员国间的自由流动，通过《数字化单一市场战略》着力将各成员国打造成统一的数字市场，为赢得世界数字主导权奠定基础，并同步积极引领数字时代的治理规则制定。2018年5月25日，欧盟在数字单一市场框架下制定的《通用数据保护条例》正式生效，该条例不仅适用于所有欧盟成员国，而且针对在欧盟运营的第三国企业拥有域外法权，为建立欧盟单一数据市场打下了坚实的法律基础，并且欧盟通过该条例向全球宣示了其维护数字主权的决心，力图在全球范围抢先制定数字化治理规则。2020年2月19日，欧盟发布《欧洲数据战略》，强调继续推行单一的数字市场，使所有数字产品和服务遵守欧盟的规则、标准和价

值观。欧盟计划在数据空间和云基础设施方面启动 40 亿~60 亿欧元的投资，打造欧洲自主的数据基础设施，减少对美国等其他国家的数据依赖，为保持欧盟"数字独立"、占据数字主权和抢先制定治理规则创造有利环境。

（三）英国：基于"政府即平台"理念，构建新型政府行政体系

英国的数字政府建设长期处于世界领先水平，在联合国近年的各国电子政务能力调查中，英国一直名列前茅。在推出《政府数字化战略》《政府数字包容战略》《数字政府即平台计划》等一系列举措之后，2017 年 3 月英国发布了《英国数字化战略（2017）》，其中的核心内容是数字政府战略，提出打造平台型政府，为公民和企业提供更好的政府在线服务。同年，英国政府推出了《政府转型战略（2017—2020）》，提出以加快建设跨越各政府部门的线上服务为着力点推动政府数字化转型。在英国的系列战略中，"数字政府即平台"是其核心理念，即由政府建设统一、通用的共享公共服务平台设施，基于平台的统一数据，各部门或者企业和民众开发附加应用服务，继而推动以平台为基础、以服务为核心的政府数字化转型。为了将基于"平台"开发的数字化政府服务予以标准化和规范化，2019 年发布新版《数字政务标准》，对数字化政府服务进一步提出了详细的要求。

（四）丹麦：深耕数字化医疗服务，增进社会民生福祉

根据欧盟委员会 2017 年与 2018 年的《数字经济和社会指数报告》，丹麦数字化水平位居欧盟首位，其突出优势在于拥有高度数字化的公共部门服务，尤其是在医疗健康与社会福利数字化转型方面，已成为全球佼佼者。2018 年 1 月，丹麦政府发布最新的《数字增长战略》，将改善国家环境、医疗服务和人民生活作为数字化发展的主要目标，从人才培养、产业生态营造、数字平台建设、加快应用创新等方面提出了系列具体措施，并且政府拨款 1.34 亿欧元用于 2025 年前的措施实施。丹麦的数字化医疗健康系统全球领先，具有进一步数字化的坚实基础，医疗成为丹麦促进数字增长的重点领域，2018 年 12 月，丹麦卫生部、财政部、地区和地方政府联合推出了《国家数字健康战略（2018—2022）》，提出加强使用健康医疗数据进行治疗和研究，以患者为中心，完善统一的医疗健康服务信息系统，促进跨医疗机构之间的合作，以推动丹麦医疗系统的可持续发展。

（五）韩国：推进数字政府革新，提升行政业务质量

韩国政府长期积极开展政府数字化改造和革新，建立高效的政府是其关注的焦点。为此，韩国政府建立了面向民众、企业和政府机构的跨政府综合服务平台，借助于平台的实施，优化了行政业务流程并实现了跨部门的协同服务，极大地缩短了行政业务流程时间。在高水平的政务平台支撑之下，韩国政府的行政程序效率现已达到全球较高水平。为追求更高的政府服务效率，为民众提供更便捷的服务，2019 年 10 月，韩国政府发布《数字政府革新推进计划》，提出截至

2022 年，韩国政府将投入超过 7.2 千亿韩元（折合人民币 43.7 亿元）用于革新数字政府，该计划包括了引进电子身份证、扩大各类电子证明的发放、提供定制化行政服务等重点便民措施。其中，电子身份证和电子证件的实施将更有效地促进行政效率，计划最快于 2022 年实现电子证件办理各种业务。

（六）新加坡：加快建设智慧国家，优化公共服务供给

新加坡是第一个提出"智慧国家"蓝图的国家，打造智慧的城市公共服务体系成为该愿景的首要任务。2017 年 3 月，新加坡总理公署宣布将成立智慧国及数码政府工作团，该机构隶属于总理公署，致力于统筹开展该国"智慧国家"建设具体事宜，包括运用新一代信息技术改善公众生活，推动公共服务数字化转型等。新加坡在全球率先实现了主动化和个性化的公共服务，其成功经验在于始终将公众作为"智慧国家"的工作焦点，依据收集的民众数据，在公共交通、医疗卫生、社区服务、政务服务等领域广泛利用大数据等技术，准确预测公民个性化需求，提供定制化公共服务。为对公共服务进行持续的改进提升，政府成立专门的小组，负责跟踪收集民众对服务的反馈信息，并予以分析。2018 年 6 月，新加坡公布了《数字政府蓝图》，对各政府部门提出了数字化服务的绩效考核指标。2018 年 10 月，新加坡政府推出《数字服务标准》，对数字化政府服务的设计和使用制定了应遵循的统一标准。

（七）爱沙尼亚：积极拥抱前沿技术，创新政府服务方式

爱沙尼亚政府致力于应用新一代信息技术开展数字国家建设，促进了本地信息技术企业的高速发展，并且构建了全球领先的数字政府和数字公共服务体系，已成为应用前沿技术建设数字国家的典范。2016 年，爱沙尼亚政府就已将区块链技术应用到医疗系统，并相继应用于电子商业注册以及电子税收等税务服务中，甚至在广泛连接全国各类信息服务系统的数据交换中间件"X-Road"中也结合了区块链技术，以实现关键数据在整个国家公共基础设施内部的互联互通。2018 年，爱沙尼亚政府已在司法等 13 个政府部门部署开展了人工智能应用示范项目，并建议计划到 2020 年再增加 35 个人工智能政府应用示范项目。为加快前沿技术应用创新，2019 年 4 月，爱沙尼亚政府公布了《国家数字政府开放计划》，确定将面向公众开放除网络安全以外的所有数字政府系统的程序源代码。依托这一政府与企业开放式合作创新模式，企业可以更加深入地参与数字政府相关系统的应用开发，从而进一步加快爱沙尼亚的数字政府建设。

**二、国内数字化治理进展**

中国的社会治理具有典型的本土特征，基于中国社会管理实践而变化。不过，中国的数字化社会治理进展却是基本与国际同步，从 2012 年智慧城市试点以来，

有上百个城市、地区在智慧城市建设和数字化社会治理中取得了特色进展。本小节将对国内代表性城市在数字化社会治理方面的探索进行梳理与介绍。

（一）北京：超大型城市数字化社会治理探索全面展开

在大数据时代，现代信息技术与网络技术等为社会治理，特别是超大城市治理中的有效、有序且大规模公众参与和政府回应提供了可行的路径。数字社会时代，北京社会治理数字化转型的探索全面展开，相关探索实践可以划分为两个维度。

其一，各行政区范围的相关探索情况。北京各行政区结合自身区域特征以及面临的社会治理难点问题，利用数字化技术创新社会治理的相关实践主要包括：东城区在全国率先探索出"网格化"管理模式，并同步形成了一套将信息技术应用于城市部件、事件管理的系统性解决方案，实现了"现代城市管理领域的一次突破性整合与创新"。海淀区按照"1+2+N"构架模式，即一张感知网、一个智能云平台、两个中心、N个创新应用，打造"城市大脑"。昌平区针对回龙观和天通苑两处超大规模的居民社区存在的社会治理难题，于2017年9月启动了"回天有数"计划暨回龙观、天通苑社区社会治理大数据监测平台项目。该平台以"互联网+"思维为基础、以科学的城市治理理论为指导、以大数据分析为途径、以可视化大数据平台为展现结果，整合昌平区跨部门政务数据、跨领域社会数据、民意诉求数据、多维度社区数据，通过对三年行动计划治理成效定期量化体检形成"精治"，帮助政府构建地区的精准认知、总结优势和短板、优化政府惠民项目执行路径，同时通过多渠道收集民意形成"共治"，将问题和民意诉求转化为落地项目，协助政府形成民呼我应的动态治理机制。

其二，北京市政府以及相关职能部门的相关探索情况。北京从2019年1月1日起，将100多条属地专号热线和部门专号热线，统一整合为12345政务热线，并将街道（乡镇）权属清晰的群众诉求，直接派给街乡镇，由区政府负责督办。此外在城市管理方面，北京深入推动基于感知、分析、服务、指挥、监察"五位一体"的首都智慧城管建设应用工作。在交通方面，北京市推出"北京交通App"，为市民提供整合多种交通方式的一体化、全流程智慧出行服务。在环境监测方面，北京自主构建了全国生态环境监测领域唯一一套双路监测物联专网系统。在市场监管方面，北京建立了集申请、受理、审批、电子证照于一体的"质量监督网上政务服务平台"，并涵盖工业产品、标准化、计量、特种设备、认证五大类公共服务事项。

（二）上海："一网通办"改革与城市大脑

在历次现代化进程中，上海由于其先进的观念意识和迅速的行动反应，在创新改革的浪潮中往往先行先试，并通过一系列制度措施予以保障部署。上海于2018年4月12日成立大数据中心，随后各市辖区在政府服务中心（或网格化管理中心）加挂大数据中心的牌子，合力推进大数据在相关业务领域的应用。在大数据创新社会治理的实践中，上海以"一网通办"改革和城市大脑项目，将政府数据予以融合、开放和共享，并在此基础上推动社会治理运用大数据展开前沿探索。上海浦东的城市大脑项目已成为社会治理精细化、智能化管理的典型。浦东"城市大脑"（城市运行综合管理中心）以城运中心为载体，综合运用大数据、云计算、人工智能等技术，通过智能化分析生活垃圾处理、工地不文明施工、空气污染、噪声扰民等50多个场景产生的综合数据，可迅速识别问题症结，并"对症下药"。"城市大脑"渗透到了浦东36个街镇的日常管理，并通过对城市、社区动态数据的实时把握和综合研判，以协调相关职能部门回应和督办。如城市大脑和各大共享单车企业达成合作，可通过GPS系统定位到共享单车的停放位置，并根据各街镇区域的人口密度和道路状况，对响应区域超过上限的单车，协调相应企业重新调配分布位置。

（三）广州：以数字化技术推动社会治理创新

广州充分利用数字化技术，开展社会治理创新，相关探索性实践如下。打造数字政府方面，2019年，《广州市"数字政府"改革建设工作推进方案》正式发布，广州进一步运用互联网、大数据、人工智能技术等新一代信息科技，推动"数字政府"改革，在合理合法的前提下深度剖析私人信息，发掘政务数据价值，实现公共服务由"千人一面"向"定向推广"转变，向公众提供随时、随需的个性化政府信息在线服务，优化政府服务公众的效果。建设平安广州方面，近年来，广州全面推进安全服务数字化建设，运用数字化技术，加快推进平安广州建设，为把广州建设成为最安全稳定、最公平公正、法治环境最好的城市提供了有力保障。在建设智慧交通方面，广州从2001年开始建设智能交通系统，经过近20年的持续发展，已构建较为稳定的智慧交通体系。物联网、云计算、人工智能、自动控制等信息技术的集成式应用，使得广州的交通系统具备了感知、互联、分析、预测和控制的能力。维护社会秩序方面，广州作为中国超大城市之一，管辖范围大，居住人口数量多，外来流动人口所占比重高，社会的复杂性和分化程度引起各方高度关注。近年来，广州运用数字化技术，坚持智慧理念打造安定有序的社会治理新环境，为探索构建全领域的数字城市走出了一条新路。例如，广州在技术创新和信息化建设上寻求突破，强化在外国人服务和管理等领域的科技应用，运用大数据精准查控在穗"三非"（非法入境、非法居留、非法就业）人员。

（四）杭州："最多跑一次改革"促进技术平台架构与司法治理智能化

浙江于2016年12月产生"最多跑一次"理念，经由2017年、2018年利用互联网和大数据等技术手段的持续推动和实践支撑，于2019年1月1日正式通过《浙江省保障"最多跑一次"改革规定》，将这一创新性改革落实到制度层面。浙江推出的"浙里办"移动政务服平台，群众凭身份证即可通办300多项民生事项；浙江政务推行"一朵云"项目，将省级800多个信息系统聚合在一起，加快打通了政务信息孤岛，为群众节约了6600万小时的办事时间；浙江在履行市场监管和生态环保等行政职能时，利用统一的行政执法监管平台和实时在线监测体系，加快推进政府业务在线，极大提高了行政决策效率和行政执法效果；浙江省政府与企业协同开发了在线政务协同平台"浙政钉"，覆盖用户达122万，在各类办公、决策辅助应用等方面，起到了"一键触达、快速响应"的促进作用。其中杭州的改革处于领先地位。

## 第三节　数字化社会治理潜在的风险与问题

### 一、数字化社会治理潜在的主要风险

当前，数字化社会治理在提升社会治理效率、降低社会治理成本的同时也存在着一些风险。数字化社会治理潜在风险主要包括以下几个方面。

（一）全流程维度的数字偏差风险

数字偏差是指在政府主导的数字化治理过程中，在元数据开发、数字指标设计、数据采集和数据使用等环节出现了偏差，导致结果偏离甚至脱离精准治理的初衷，出现一系列治理问题，从而带来诸多不确定治理风险的情况。

一是元数据的开发容易出现偏差。元数据，是关于数据的数据，是数据标准建立、数据采集、数据使用的基础。在"十四五"时期"双循环"背景下，我国的国际国内形势正在发生重大而深远的变化，创新的浪潮也不断向前推进，面对特大城市的海量数据，由于受技术、认知、经验、阅历、价值观念的影响，要开发出符合"善治"初衷，适应时代变化，惠及千万人口的一套科学合理的元数据并非易事。

二是数据指标的设计容易出现偏差。由于传统的城市治理主要采用自上而下压力型管治模式，要维持这套模式有效和稳定，政府、社会和企业及其各层级之间存在一套长期的博弈与合作机制，在城市数字化指标设计过程中，这套博弈机制必然启动，滋生出形式主义界标尺度，进而导致量化指标偏离精细化、精准化的基本要求。

三是在数据采集和使用过程中容易出现偏差。由于存在治理系统中各层级之间的博弈，加之数量巨大、情况复杂，虚假数据、争议数据、错误数据等不可避

免地被采集，进而导致数据使用过程中不确定性的增加，带来系统性治理问题。

在治理过程中，由于上述三种偏差的存在，一个千万人口级别的城市，任何一个小小的问题，都有可能酿成巨大的城市治理风险。

（二）重协同维度的数字悬浮风险

治理是指公共部门、私人部门和个人管理其共同事务的方法总和，是体制、机制、决策、实施和监督的综合性、系统性问题。数字化治理也是政府、企业、社会共同管理公共事务的系统科学问题。数字具有简捷、高效、可计算、可演绎等诸多特性。在城市治理转型过程中，数字化作为一种简捷、高效的治理工具，必然是政府推进治理现代化，解决治理中便捷、效率、公平等问题的首选。但数字化的同时也意味着打破政府、企业和社会之间及其内部各种权力关系、组织架构、运行机制、功能结构的平衡。目前，我国社会数字化治理还处于转型阶段，各方共同参与治理的理念还未形成，政府与企业、社会处于一种治理与被治理的关系尚未改变，"面对复杂的社会系统和市场生态，往往以单中心思维指令式治理替代风险和利益的共享机制""技术运用强权化压缩了公民、社会组织参与社会治理的活动空间"。在推进城市数字化治理的过程中，会出现"政热经冷""上热下冷""内热外冷"的情况，即政府积极推动，社会、企业并不热心；上级积极推动，下级不为所动；内部热火朝天，外部冷清如常。在这样的情况下，政府、企业、社会的数据往往会处于互不融通的"悬浮"状态。加之在数字化转型阶段，长期遗留的各种权力、资源错配等问题并未消除，社会治理水平整体滞后，数字孤岛、数字梗阻、数字茧房等数字"悬浮"问题很难得到彻底解决。在数字时代，数字是最重要的资源，"数字悬浮"意味着新的资源垄断的形成，极易导致数字霸权、数字欺凌、数字黑幕等问题的出现，影响城市治理的安全。

（三）新发展维度的数字内卷风险

"内卷"一词来自社会学，指在评价标准单一化、优质资源有限化等情况下，随着投入的增加，社会文化发展趋于停滞的一种状态。本部分所指数字内卷是对该定义在管理学中的引申，指：由于考核评价过于单一，政府在数字化治理上投入的人力物力不断加大，治理的公共资源被不断吸收到治理过程中而使治理本身变得精细化、复杂化，但对治理绩效带来实质性增量却十分有限。当前，我国城市治理中数字内卷问题，是数字化转型过程中注重单一工具理性不得不面对的风险，主要是由于技术改革易而制度改革难，条块推进易而整体落实难造成的。近年来，简政放权是各级政府积极推进数字化改革的主要方式，各职能部门将权力下放的同时也将复杂的工作下放到街道、社区。条块分割的管理体制往往形成较大的管理缝隙，容易带来需求信息的重复收集或遗漏现象。在"条块分割""碎片化治理"的现实管理格局中，各部门之间没有实现信息互通、数据共享，导致政府治理压力沿着数据流层层叠加至数据采集终端——社区。社区干部面对各职能部门种类繁多的 App、信息采集平台时只能忙于应付，从而导致数字形式主义和数字官僚主义。在数字化工作的同时，由于"数据保密""数据安全"等原因，很多社区干部反映，他们使用的信息平台仅仅是上报数据而已，就连使用自己报送在系统中的数据权力都没有，如果需要使用还得层层审批，这使得他们为了开展工作不得不重新建立一套自己的数据系统。由此形成的诸多数据孤岛、数据平台、数据池，既耗费了大量的人力、物力、财力，又挤占了有限的公共资源，产出比较低。

（四）强应用维度的数字幻象风险

幻象即虚幻不真实的景象，如海市蜃楼等。以计算机、互联网为依托的各种数字化应用的出现帮助人类不断将客观世界映射到精神世界中。数字在帮助人类归纳共性、描绘个性的同时也在摒弃、遗失一些重要的信息。在城市数字化治理的过程中，由于治理的复杂性，很容易由"数字幻象"引发系列风险。信息技术与官僚制的共同要求是精英化、理性化、标准化、非人格化，电子政务的作用是在这些要求的指导下，利用技术对社会的复杂性加以简化，以避免科层体系陷入信息爆炸中无法自拔。而这种简化带来了清晰化与模糊性的矛盾、普遍化与情境性的矛盾、静态化与动态性的矛盾、非人格化与人的自主性的矛盾、去政治化与政治博弈的矛盾等多重困境。因为在城市治理中，任何一个社区、个人都有其特殊性，很难通过简单的量化指标还原或描述清楚，尽管数字化可以将信息集中监测和记录下来，甚至可以创造出"数字孪生城市""数字镜像城市"，但这仅仅是技术之眼观看到的部分"城市海市蜃楼"，实际上，还原得越精致，偏离基层的实际情况越远。过度强调应用和执行，忽视治理过程的灵活与机动，特大城市在数字化治理中，很容易出现唯数字论的情况，当这种将"数字幻象"与实际情况完全对等的治理行为出现时，形式主义、官僚主义等情况就会接踵而来，酿成巨大的治理风险。在新冠肺炎疫情防控期间，一些地方出现唯健康码论，甚至出现为了工作方便在后台随意修改健康码的情况，就是"数字幻象"风险问题的具体表现。

（五）实基础维度的数字沙丘风险

从 1994 年正式接入世界互联网以来，在不到 30 年的时间里，中国政府数字化实现了从数字政府 1.0 到数字政府 2.0 的跨越。第 47 次《中国互联网络发展状况统计报告》显示：截至 2020 年 12 月，我国互联网政务服务用户规模达 8.43亿，占网民整体的 85.3%。我国电子政务发展指数为 0.7948，排名从 2018 年的第 65 位提升至第 45 位，取得历史新高，达到全球电子政务发展非常高的水平，其中在线服务指数由全球第 34 位跃升至第 9 位，迈入全球领先行列。各级政府机构积极推进政务服务线上化，服务种类及人次均有显著提升；各地区各级政府"一网通办""异地可办""跨区通办"渐成趋势，"掌上办""指尖办"逐步成为政务服务标配，营商环境不断优化。实际上，近30年来我国数字化治理的探索和实践都建立在"数字沙丘"上，在数字化的进程中，从操作系统到核心部件的信息技术大都是以美国为首的欧美国家提供的。欧美掌控着互联网主动脉、握有互联网核心技术，并一直以此控制全球互联网。比如，欧美通过对发展中国家所用计算机芯片和关键技术的垄断，控制了这些国家政治、经济、军事等重要部门的神经中枢。美国还可以通过掌控着根服务器的特殊地位，对他国境内互联网主机信息进行监控。

### 二、数字化社会治理存在问题

（一）社会治理领域的大数据的研究、使用和治理水平有待提高

大数据推动社会治理的核心之处是围绕数量庞大的有关数据资料开展深度收集和研究，同时归纳总结其隐藏的相关规律。大数据发展的速度不断加快，然而要想能够运用到社会治理过程中还需要解决诸多问题，集中体现在：

其一，围绕大数据的研究与使用水平有待提高。大数据对技术要求相当高，其涵盖了统计学、IT和社会科学等多种学科。要想做好大数据的探索与使用，就需要完成好数据梳理、数据探索和数据说明这三个专业流程。显然，目前政府部门在数据治理方面还没有建成实力强大的人才队伍，没有能力围绕数量庞大的数据开展迅速深入的研究，这阻碍了大数据在社会治理过程中的实际使用。

其二，治理大数据的水平仍不够高。当前的大量法律法规已经无法迎合大数据技术的发展要求，尤其是牵涉国家安全与个人隐私领域，当前的治理水平与治理机制都不能保证数据的高效治理，一些地方与企业依旧对大数据存疑。

（二）社会治理数据"一地鸡毛"

数据共享是提升社会治理智能化的基础，但目前"数据烟囱"和"信息孤岛"等现象是制约智能化提升的关键因素。社会治理智能化涉及多领域、多部门，但目前各部门的信息系统大都是垂直系统，呈现"各自为政""各为其主"的情况。而相关法律法规、技术标准的不健全，部门或研发公司为了维护各自利益、资源管控等原因，无形中形成了信息壁垒，数据只能在部门内部互通应用，未能与其他部门从横向上形成数据互通、信息整合的通道，彼此间的数据不相往来。"互联网+"的快速发展，使数据呈爆发式增长且"鱼龙混杂"，在缺少收集、管理的情况下，社会治理所需的大量有效信息分散在互联网的各个角落，信息"碎片化"越来越严重。

（三）社会治理存在信息安全隐患和新的治理盲区

大数据时代，对大数据进行研究和分析，可以充分挖掘数据的潜在价值。社会

治理领域的大数据中多包含公众的个人信息，而有关部门掌握了个人数据信息，技术从业者能够通过分析软件获得群众的隐藏数据，如 2021 年 12 月，杭州市税务局通过大数据分析技术发现并查处了网络主播"薇娅"的偷税漏税事件，维护了社会公平。但如果数据的安全得不到保障，管理信息的保护力度不够。部分关系到国家安全和个人隐私的数据被人盗用，则易造成严重后果。如，2013 年美国爆发的棱镜门事件，引发了世界各国人民对自身信息安全保障的担忧。除此之外，数字化社会治理也存在相关法律法规建设落后、公共数据安全有序开放进展缓慢、数字鸿沟导致老年人等弱势群体的现实需求被淹没等数字化社会治理盲区。

## 第四节　数字化社会治理关键技术与提升路径

### 一、数字化社会治理关键技术

（一）数字化社会治理全域目标谱系研究

以"全场景智慧赋能、全主体协同治理、全要素基础支撑"为目标，创新"民生服务、城市治理、数字经济、生态宜居"四大类应用场景，构建数字化社会治理全域目标谱系。

通过梳理智慧城市发展面临的痛难点和挑战，分析城市数字化社会治理建设的需求和愿景，按照"物理空间、社会空间、信息空间"的三维度建立"对象—路径—愿景"的北京数字化社会治理战略系统；通过物与环境的产业生态战略、人与社会的民生服务战略、数据与信息的城市治理战略三大路径，依托"智能交互—智能连接—智能计算—智慧应用"技术架构，以需求为导向，以数据为驱动，以智能为核心，在数字化社会治理运行管理的全生命周期过程中，对接政府各职能部门和产业发展需求，设计应用单元，构建多维应用谱系全景。进一步围绕民生服务、城市治理、数字经济、生态宜居等典型应用场景展开研究，设计城市数字化社会治理的全域场景。

（二）大数据全域集理论及应用模型体系的创建

与传统的社会治理方式不同，在现代数据科学技术支持下，数字化转型社会治理系统的决策更具有科学性，社会系统由多种异质主体构成，要素和运行机制形成系统联动，并始终处于动态运行过程中，因此势必产生混乱无序且复杂多变的海量数据。

人脑是迄今为止最高形式的智能体，通过识别外部特征可以近乎形成对外部世界动态变化的一一映射（最高级形式的 AI 技术），数据模型是数据特征的抽象，因此，继承该思想，数字化社会治理的技术关键在于治理对象与全域大数据间准确映射关系的建立。

将治理单元对应于业务子系统内的样本，在一定界壳（物理或非物理空间）内，与各类主体、环境和功能联动，是整体系统的有机组成部分，支撑整体系统结构、功能的完整性和全域联动的有效性。

治理单元 x 的全域集可用一个五元组表示：

$$S_{(x)} = (A, B, F, J, D) \tag{15-1}$$

其中，A 表示治理单元 X 面向特定业务系统的字段集合。

B 为治理单元样本集合 X 的全域数据字段，包含多类别异质主体的信息，这些主体不是被动的被治理对象，而是通过信息的上下贯通实现与治理主体的共治共享。

F 表示（由宏观到微观）：①数字化建设过程中的数据整合、协调、共享开放方式，数据流动路径；②治理单元面向多个治理主体之间的关联关系；③由 A 映射到 B 所处问题场景的逻辑变换方法；④自适应 AI 技术组合。

J 表示治理单元的需求与业务范围界壳，开放的治理单元能够实现整个社会的全域资源配置，相对封闭的治理单元能够在一定界壳内实现资源优化配置。

D 表示各类数据决策的关系表结构集合。

（三）社会治理大数据管理与技术共享机制研究

社会治理是跨行业、跨领域的复杂系统问题，特别是因类别、行业、部门、地域等原因被孤立和隔离的数据资源的共享问题，仍是亟待解决的挑战。研究基于区块链技术的数据共享机制，有助于以实现社会治理大数据的可靠安全共享。

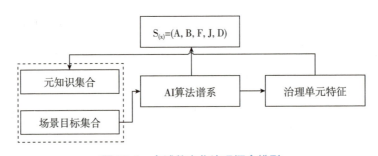

图 15.1　全域数字化治理概念模型

针对社会治理全域数据的跨领域、跨组织特性，研究混合区块链模型，使区块链可跨组织内、外运行，实现全域数据的跨领域、跨组织共享。针对目前主流的数据共享交换系统存在数据权属、安全、监管等边界不清的问题，研究基于区块链的数据管控方案，从数据特征、发布、共享访问控制等多个维度开展研究，通过跨领域、跨组织数据的管控机制，将数据资产化，以实现数据的确权和监管，形成不可篡改的数据资产流转使用记录，为数据资产的确权溯源服务提供有效支撑，从而构建城市数据共享的新模式。

（四）AI 自适应算法的理论、分类与全域应用研究

海量社会治理数据具有模态不一、多源异构的特性，如何有效融合多模态数据以充分挖掘整合多源信息是数字化社会治理的重要研究内容。通过 AI 算法的模式和数学理论创新，使其能够在无先验假设的情况下自动识别目标场景对象边界条件内的全域数据结构特征，进而依据结构特征进行双向训练，找到界壳，对数据进行深度分析与挖掘，从而针对场景目标的变化做出预决策。通过构建诱发式深度学习、来自灵感启发识别的深度学习（Heuristic Deep Learning，HDL），或者通过人类智慧向机器传递知识的深度学习（Brain Transmission Deep Learning，BTDL）等自适应 AI 算法谱系（见图 15.2），将极大地提高社会治理的智慧化程度。

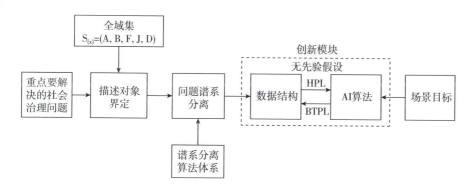

图 15.2　自适应 AI 算法谱系构建

## 二、数字化社会治理的提升路径

（一）提高社会治理数据集成度，走向协同治理

进入数字化时代，城市社会治理各个领域工作的开展，都需要大量的基础数据与信息，并对各种数据和信息（涉及经济、文化、社会和生态等方面）之间进行有效的集成，透过海量的数据发现真问题，及时了解社会的各种需求，以走向协同式社会治理。实现协同治理，要进一步完善社会治理基础信息平台，将人口基础信息、违法犯罪信息、网络舆情信息、公共卫生信息、劳资关系信息等多种信息源和社会统计资源集成起来，提高数字化时代社会治理的信息协同水平。在新技术的发展阶段，要把区块链技术与具体应用场景结合起来，推动区块链技术在社会治理领域内不断取得集成式的应用性成果。在数据信息的收集和建设过

程中，政府各职能部门容易持有"各自为战"的思维，形成了一座座"信息孤岛"。基于社会治理数字化时代的要求，要力求打破部门间的行政壁垒、数字封锁和信息封闭，将分散于政府各个部门的数字资源整合起来，形成统筹协同、系统集成和协同高效的数字化社会治理模式。

（二）理顺治理主体之间的关系，增强社会治理效果

对于城市各级干部而言，要清醒地认识到，数字化社会治理体系的构建与应用，既关乎于技术手段的应用，也离不开各治理主体作用的发挥。具体而言，可以从以下几个方面着手：

其一，充分发挥各级政府部门的"元治理"主体功能和作用。着力营造具有"分工协作、边界清晰、平衡互动"特征的多元社会治理主体关系，推动多元主体参与到治理中。在面对重大公共危机事件处置时，政府要起到主导数据信息共享平台建设、协调多元主体参与数字化治理的作用，依托自身的强制力、公信力保障各协同参与主体发布真实、可靠和完整的数据信息。

其二，依托专业性机构进行科学社会治理。作为专业性很强的机构，如医疗卫生机构等，要通过数据信息平台发布关键性专业信息，确保为重大公共事件处置提供精准的信息，引导社会公众科学应对、有效解决自身遇到的"微问题"。

其三，推动各类型参与主体参与数字化社会治理。其他类型的参与主体，如电商和物流企业，应依托其强大的信息收集与处理能力，恰当发挥自身独特优势，配合政府合理调配重大公共事件处置所涉物资，为数字化治理之下营造平稳的社会环境提供强大的支持。

其四，协调处理好政府内部关系。从政府内部看，数字化时代的社会治理情境下，应处理好政府部门与部门、条与块、块与块之间的三重关系，有针对性地解决"条块不协同""部门各自为政""横向系统数据分割"和"纵向统筹协调不力"等与数字化社会治理需求相悖的问题。

（三）促进政府数据进一步开放，推动社会治理转型

从传统社会治理转向数字化社会治理模式，要高度重视政府数据的基础性作用。通过适时、适度开放政府数据，进而深度挖掘数据价值，有助于依据数据变化调整治理方式，在满足社会公众的权利需求的同时，推动传统社会治理模式的数字化转型。要"在提升政府整体数据分析能力的基础上，进一步推动城市数据开放共享"，为了显著提高数字化社会治理的水平，未来要在以下几个方面进一步促进政府数据的开放。

其一，统一政府数据标准，提高数据的可用性。政府和公共部门作为最大的信息数据生产、收集、使用、发布单位，掌握着大量的数据资源，但不同部门与领域的数据之间并没有实现完全的统一，差异度很大，这在很大程度上限制了政

府数据的应用能力。有必要制定统一的标准（涉及政府数据采集、质量保障和安全管理等），不断完善政府数据结构，使政府数据的采集、整理、交换和维护等各个环节都有统一的标准可供参考。

其二，推动政府部门间协同合作，使数据开放真正"落地"。伴随数字化时代来临，政府实现数据开放是必然的趋势。激活政府数据资产，打破数据孤岛，实现各部门、各级信息系统的互联互通，有利于提高政府数据交互效率，为数据开放的"落地"创造前提条件。

其三，注重政府数据需求方调查，保障数据开放的质量。要十分注重对公众（企业及其他组织等）关于政府数据的需求调查，把握需求方对政府数据的重点关注内容，有针对性地提高数据开放的质量。

（四）完善数据立法，为社会治理提供安全保障

数字化给社会行为和关系各方面带来许多新的内容：社会公众的行为方式呈现出跨越时空、虚实交织、人机协同的全新状态。在考察新的社会关系和治理规则的同时，需要对数字化时代社会治理制度进行优化完善。具体而言，未来需要从以下几个方面开展：

第一，对数字赋能、数字采集、数据开发利用等领域进行立法规范。数字化时代的到来，重新定义了人们对许多已经确信的社会事务的认识，也给城市治理者带来新的挑战，包括数据资产区别于传统物品，可以无限复制和共享；全球范围内的信息呈现去中心化流动的状况，导致舆论传播的形态发生根本变革等。对数字化时代面临的新问题进行相应的立法规范，及时跟进完善，是立法部门和城市治理者必须正视及重视的课题。

第二，加强和完善民生服务及社会治理领域的数字化立法。当前，在城市民生服务和社会治理领域，"数字化"的地位和作用日渐凸显。注重民生服务和社会治理领域的数字化立法，一方面，有利于融合运用数据智能技术，大力提升社会治理现代化水平；另一方面，有利于优化民生服务，凸显社会治理效果。

第三，对数字虚拟空间中的立法进行前瞻性探索。适应数字化技术的发展，必须进一步针对数字虚拟空间中出现的数据鸿沟、网络纠纷、网络犯罪等新问题，探索数字化时代社会治理规则和法治秩序，为提升城市社会治理数字化水平提供安全保障。

（五）培养数字化技术相关人才，驱动社会治理创新

当前，数字化技术人才的短缺，直接制约了社会治理创新的深度与广度。伴随数字化技术的蓬勃发展与广泛应用，中国数字化人才供给不足的短板十分突出，公众的数字化素养不高，没有完全跟上数字技术发展的趋势。为了破除"数字鸿沟"对数字化技术应用的负面影响，为社会治理体系构建提供充分的人才支

撑，各地需要从两类群体（数字产业人才和数字公民）入手加大培养力度。

一方面，就数字产业人才而言，各地应依托数字平台企业、数字科研机构、高校院所等数字初创人才基地、数字应用类企业和组织等，重点培养六种类型的人才——数字战略管理、深度分析、产品研发、先进制造、数字化运营和数字营销。

另一方面，就数字公民而言，要努力提升人口现代化水平，加紧普及数字化教育，将数字化知识作为公众终身学习的重要内容之一，达到全年龄段培育数字公民群体的目标。因此，须正视数字化人才需求的长期性和多样性，通过各类组织和行业尽早谋划，打造"数字化人才"高地，为社会治理和公共服务提质增效提供有力的智力支持。

## 第五节　智慧北京数字化社会治理目标谱系

近 10 多年来，随着网络技术、信息技术的发展，特别是云计算、大数据理论、AI 与 5G 技术的发展和应用，社会治理数字化成为社会发展的必然趋势。数字化社会治理涉及公共管理、社会秩序、民生服务、经济运行、风险防控等方面，是一项超大系统工程，必须强化党建政治引领、政府顶层设计、社会公共参与、技术创新驱动、有序分布建设等体系规划。在建设智慧北京的背景下，进一步梳理与构建数字化社会治理目标谱系对于全面推进北京社会治理创新和数字化社会治理水平具有重要意义。

### 一、北京市数字化社会治理的参考构架

数字技术的广泛与深入应用是数字化社会治理区别于传统社会治理模式的显著区别。此外，数字化社会治理也越发注重网络上下协同、政府与社会协同、公众参与协商的交互治理之道。北京作为全国政治、文化以及国际交往中心，人口规模庞大，社会治理所要涵盖的内容极为广泛，应充分调动社区、街道、区级等基层力量，并实现相关社会治理数据的有效流通成为推进北京数字化社会治理的一个重要抓手。基于以上考虑，本节提出北京数字化社会治理的参考构架，如图 15.3 所示，北京数字化社会治理参考构架由下到上可以划分为三个层次。

其一，公共服务平台层。此层主要包括直接面向市民日常生活的公共服务平台以及移动 App，如 12345 市民热线、政务服务大厅、网上办事大厅以及市民服务 App 等。公共服务平台是数字化社会治理的直观体现，通过相关平台，市民不仅可以享受政府及相关职能部门提供的各种政府服务，了解相关政务公开信息，

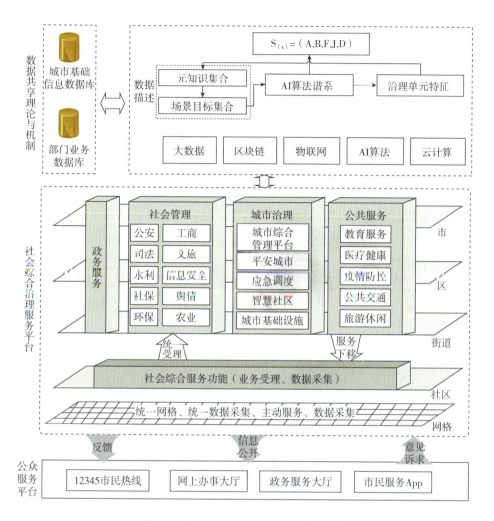

$$S_{(x)} = (A,B,F,J,D)$$

图 15.3　北京数字化社会治理参考框架

同时也为市民反映民生问题、评价政务服务提供了良好的渠道。另外，需要指出的是，公共服务平台除现有常用的人机交互式服务平台外，还包括智能终端主动感知平台，如环境监测系统等。

　　其二，社会综合治理服务平台层。此层又可以划分为网络层和主体层。网络层主要实现数据统一采集与传输，主体层包括社区、街道、区、市四级的相关政府职能部门。其中，社区主要承担社会综合服务功能，并作为街道、区、市级相关政府职能部门服务下移的承接主体。而街道、区、市等相关政府职能部门作为政府服务的主要提供者，为市民提供社会管理、城市治理、公共服务等相关的政务服务。

其三，数据共享理论与机制层。该层为数字化社会治理提供技术与理论支撑，该层主要描述大数据、区块链、物联网、AI算法以及云计算等新型信息技术在社会治理场景下的应用范式，以及借助大数据全域集理论如何利用相关信息技术实现数字化社会治理中城市基础信息数据库以及部门业务数据库数据共享，进而为社会综合治理服务平台以及公共服务平台提供后端技术与理论支撑。

**二、北京数字化社会治理目标谱系**

党的十九大报告在加强和创新社会治理领域，提出要建立共建共治共享的社会治理格局，并且提出了社会治理的制度建设、提高四化水平和加强四个体系建设。《北京市2021年政府工作报告》中将"首都治理体系和治理能力现代化水平明显提升"纳入北京"十四五"时期的任务框架中，并从城市治理基础性制度体系、基层治理水平、社会治理总体效能、市民素质、城市文明、平安北京、风险应对等方面提出了具体要求。围绕以上党和国家以及北京在推进社会治理体制建设的目标与要求，未来北京推进数字化社会治理体系创新可以从公共安全保障、促进社会公正等维度展开，其目标谱系如图15.4所示。

图15.4　北京数字化社会治理目标谱系

# 第十六章　网络空间安全的概述

网络空间已成为物理、社会、思维空间之后的人类第四个基本生存空间，塑造绿色清朗的网络生存空间已成为国家、社会与个人的基本需求；同时网络空间已成为陆、海、空、天之后的第五疆域，国际网络主权竞争日趋激烈，建立安全可控的网络主权空间，一方面是关系到国家未来和社会稳定的重大需求，另一方面是有效应对重人突发事件和支撑政治、经贸、外交等重大活动的先决条件。网络空间安全范畴已经不是单纯技术意义上的网络安全、信息安全等传统概念，而是解决网络生存空间整体安全和网络国家主权防务安全的整体治理体系。

本章从网络空间安全的风险谱系、管理谱系、法规谱系、技术谱系、产业谱系五个方面进行目标谱系研究。

## 第一节　网络空间安全的风险谱系

### 一、网络空间安全的方法论

2016 年 4 月 19 日习近平总书记在网络安全和信息化工作座谈会上提出，维护网络安全"要树立正确的网络安全观"。所谓网络安全观，是人们对网络安全这一重大问题的基本观点和看法。总的看来，要树立正确的网络安全观，应把握好六个方面的关系。

（1）网络安全与国家主权：承认和尊重各国网络主权是维护网络安全的前提；

（2）网络安全与国家安全：没有网络安全就没有国家安全；

（3）网络安全与信息化发展：网络安全和信息化是一体之两翼、驱动之双轮；

（4）网络安全与法治：让互联网在法治轨道上健康运行；

（5）网络安全与人民：网络安全为人民，网络安全靠人民；

（6）网络安全与国际社会：维护网络安全是国际社会的共同责任。

倡导"总体国家安全观"，网络安全是整体的而不是割裂的，网络安全对国家安全牵一发而动全身，同许多其他方面的安全都有着密切关系。在信息时代，国家安全体系中的政治安全、国土安全、军事安全、经济安全、文化安全、社会安全、科技安全、信息安全、生态安全、资源安全、核安全等都与网络安全密切相关，这是因为，当今国家各个重要领域的基础设施都已经网络化、信息化、数据化，各项基础设施的核心部件都离不开网络信息系统。可见，如果网络安全没有保障，这些关系国家安全的重要领域都暴露在风险中，面临被攻击的可能，国家安全就无从谈起。因此，网络空间安全的风险谱系涉及以上 11 种安全的风险谱系。

## 二、网络空间安全的风险谱系

网络安全风险谱系具备三大支撑、八个维度。

三大支撑是安全风险保障的方法论。安全支撑之一是技术，即信息基础环境；之二是应用，即业务应用场景；之三是专业，即网络安全保障。这三大支撑紧密融合，缺一不可，信息基础环境与网络安全保障结合形成信息风险安全保障，业务应用场景与网络安全保障结合形成业务风险安全保障，信息基础环境与业务应用场景结合数字风险安全保障。

网络空间安全八个维度，每个维度按照独立不交叉的指导思路独立细分，并一直深入实际的风险场景，从而形成对网络空间风险的准确识别分类和精细划分应对。八个维度对应的安全风险分别是计算对象、计算环境、访问控制、通用技术、管理平台、安全服务、行业环境、业务场景等。

网络空间安全的八个维度的风险谱系，如图 16.1 所示：

（一）通用技术

通用技术的维度是网络安全的技术手段基础，基于此实现网络安全防御的能力。通用技术包含密码安全、审计安全、备份安全、分析安全等。

密码是指基于加解密技术的工具、产品及服务，包含同态加密、机密计算解决方案等。此外，VPN、数字证书、Key 等工具也归属密码领域。

审计是对访问、登录、操作等行为进行记录，以发现威胁或攻击，以及提供追溯的能力。

备份是面向数据本身的持续数据保护（信息技术），面向灾难或破坏的灾备（安全攻防）。

分析主要指分析工具，是依靠人来分析而应对威胁捕捉、攻击溯源等。

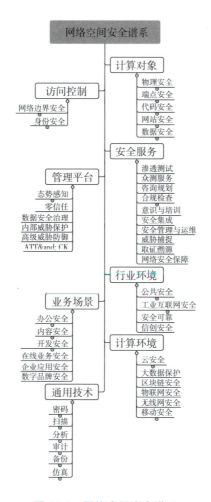

图 16.1　网络空间安全谱系

（二）访问控制

访问控制是传统网络安全能力的核心，是当前网络空间安全的关键维度，包括网络边界安全和关注访问行为的身份安全。

网络边界安全是网关位置的安全，安全风险主要是隔离、检测与阻断。

身份安全指保证合法的人或设备对网络或系统正常访问的能力。

（三）计算对象

计算对象安全的维度主要指从物理设备到主机、代码、数据，以及网站、数据库等信息计算实体或信息基础设施。

1. 物理安全

物理安全是指围绕电子设备运行时产生、接收及处理的电磁信号安全。物理安全的能力提供者主要集中在电子制造领域，而且"边信道"的子分类多属于国防、保密领域，本节暂不展开。

2. 端点安全

端点安全是指围绕主机、服务器、PC 等计算设备展开的安全防护。

3. 代码安全

代码安全是指通过对软件或程序的源代码进行混淆、加密、检测、分析、审计，以增加代码的反逆向能力，并在软件全生命周期的早期阶段发现漏洞或风险点。

4. 数据安全

数据安全涵盖的范围非常广，从数据结构的角度，可分为结构、半结构、非结构数据。从保护手段的角度，可分为访问、加密、脱敏、审计等。从数据生命周期看，包含了从收集、产生到存储、加工、分析、应用等各个环节。数据时代已经来临，数据资产的保护内涵正在从静态保护向动态转变，开始从静态的数据资产保护延伸到动态的业务资产保护。

5. 网站安全

网站安全指以网站系统及其相关服务和应用为保护对象的安全能力，包括网站访问、网站页面、网站仿冒、DNS、Web 应用的防护等。

（四）计算环境

计算环境的维度主要指新兴的计算网络形态，如移动网络、云计算、物联网等，这些新兴的计算环境不断驱动着网络安全技术的演化。

1. 移动安全

移动安全指围绕移动设备、应用、系统和业务开展的安全防护。

2. 物联网安全

物联网安全理论上包括了一切联网设备、应用、系统的安全。目前，物联网还处于初期发展阶段，安全防护更多地集中在智能联网设备本身及应用的防护上。

3. 云安全

云安全的概念内涵主要有三种：一是保护云基础设施的安全；二是保护云上各种业务系统的安全，如云堡垒、云身份管理等；三是用云计算技术来做安全，如云原生、安全云。

（五）管理平台

安全解决方案和平台体系，是由多种安全能力综合而成，将其划分到任何单一领域中都无法准确体现它的特性，因此管理平台是综合的解决方案和平台体系。

1. 态势感知

资产管理、大数据分析与安全运营，是态势感知体系的三个关键支撑，缺失任一种能力，都不能称为态势感知体系，只能算是态势感知的部分能力。

2. 数据安全治理

数据安全治理是一个包括人员、机制、工具、技术、咨询、服务等在内的综合体系。数据安全治理以数据安全为中心，通过检测、审计、分析、合规等各种工具监控和保护数据。

3. 内部威胁保护

内部威胁始终是机构组织的最大风险来源，内部威胁保护是一个综合了各种安全能力的技术、产品与服务体系，如安全意识、用户行为分析、数据防泄露、访问控制、身份安全等。

4. 高级威胁防御

APT 是高级威胁防御，一般指攻击手法高级、基于未知威胁，或对目标展开极具针对性、隐蔽性的攻击，均可以算是高级威胁。因此，具备对未知威胁的检测和发现能力，是高级威胁防御的核心。

5. 零信任

"零信任"只是一种安全防御理念，涉及身份认证、行为分析、区域隔离、应用与数据访问的安全产品、架构、体系，都可以基于零信任理念打造。

（六）安全服务

安全服务的维度与其他七个维度最大的区别是，更多地关注于"人"在网络安全保障中的作用，包括渗透测试、众测服务、咨询规划、合规检查、意识与培训、安全集成、安全管理与运维、威胁捕提、取证溯源、网络安全保障等。

合规检查又可以细分为等保测评、等保工具箱、风险评估、保密检查、安全基线与配置核查等。

（七）行业环境

行业环境安全包含公共安全、工业互联网安全、信创安全等。

公共安全指基于网络及数据而打击犯罪、维护治安的安全能力。

工业互联网安全的相关领域很多，比如工业网络安全、工业信息安全、工控系统安全。此外，工业互联网安全具备物联网的属性，底层是工控系统安全，向上是工控安全态势感知，最上层是工业互联网平台的安全。

信创安全是近年来自主可控/可靠/可信/创新等国产化概念的转化，是指在信息技术应用创新中，提供信息安全业务的能力。信创的使用领域主要集中在政府机构。

（八）业务场景

与行业环境强调行业属性相比，业务场景关注的是较为典型的办公或业务场景，网络安全只有与业务场景紧密结合才有安全防护的价值和意义，切实保障网络空间安全，才能助力数字经济的发展。

业务场景安全主要包含内容安全、办公安全、开发安全、在线业务安全、企业应用安全、数字品牌安全。

其中，内容安全包含不良信息检测与过滤、舆情监控、数字版权等。

办公安全包含打印安全、虚拟桌面/云桌面安全等。

内容安全包含反垃圾/反钓鱼、恶意附件检测及溯源、邮件安全网关、邮件加密、邮件系统安全。

开发安全包含源代码加密、代码检测与审计、安全开发生命周期 SDL、DevSecOps 等。

## 第二节　网络空间安全的管理谱系

根据《中华人民共和国网络安全法》的职责分工，按照中央和市委的要求部署，逐步形成了北京网络安全管理整体规划。在中共北京市委网络安全和信息化委员会（以下简称"市委网信委"）和中共北京市突发事件应急委员会（以下简称"市应急委"）的领导下，北京市重大网络与信息安全事件应急指挥部（以下简称"市网络安全应急指挥部"）负责北京网络安全事件预防应对工作。

参与网络安全事件应对处置的市网络安全应急指挥部成员单位及其职责如下：

（1）市委网信办：贯彻落实中央和北京关于网络安全的重大战略、决策、规划、部署和工作要求，统筹协调本市的网络安全工作，组织制定发展规划、政策，推进法治建设；协调研究解决涉及本市政治、经济、文化、社会等各个领域的网络安全重大问题；负责统筹组织开展全市网络安全事件的预防、监测、报告和应急处置、善后处理工作；协调开展网络安全预警工作；组织开展全市网络安全风险评估控制、隐患排查整改工作；负责组织全市网络安全事件预案的拟订、修订工作；负责提出成立网络安全事件处置现场指挥部的建议并牵头成立。

（2）市委宣传部：负责组织协调全市较大以上网络安全事件的信息发布和舆论调控工作，组织市属媒体积极开展信息安全知识宣传。

（3）市委政法委：负责协调有关单位配合市网络安全应急指挥部办公室开展网络安全事件应对处置工作。

（4）市委国安办：负责协调有关力量配合市网络安全应急指挥部办公室开展涉及国家安全领域的网络安全事件应对处置工作。

（5）市公安局：负责监督指导网络安全等级保护工作，依据相关职责开展关键信息基础设施保护工作，负责监督、指导和检查社会领域各网络与系统运营单位开展网络安全事件的预防和应对工作，负责统筹协调和指导社会领域各单位开展网络安全事件的预防、监测、报告和应急处置工作，依法打击网络安全事件中的违法犯罪行为。

（6）市经济信息化局：负责北京电子政务领域和工业领域工业控制系统的网络安全事件的预防、监测、报告、应急处置和安全培训等工作；负责监督、检查、指导电子政务领域和工业领域工业控制系统网络运营单位开展网络安全事件的预防和应对工作。

（7）市通信管理局：负责指挥监督检查基础电信运营企业做好公用通信网和互联网安全事件的预防、监测、报告和应急处置与专项保卫工作，防止网络基础设施和重点服务发生大规模停机或中断事故，为重点单位、重要领域相关业务系统提供必要的技术和资源支持，配合有关部门处置网络安全突发事件。

（8）市委军民融合办：负责协调有关单位配合市网络安全应急指挥部办公室开展网络安全事件应对处置工作。

（9）市安全局：负责网络安全事件中涉及国家安全事项的处置工作，加强境内外涉网络安全情报、事件的监测分析，组织开展对网络、通信设备的检查、检验和窃密、泄密事件的查证、查处和防范工作，联合相关单位做好监测预警、事件通报、调查处置及重大活动网络安全保障工作，依法对破坏基础信息网络和利用网络传播有害信息、危害公众利益和国家安全等各种违法犯罪活动进行查处。

（10）市广电局：负责广播电视网络安全事件的预防、监测、报告和应急处置工作；负责监督、检查、指导广播电视传输网络运营企业开展网络安全事件的预防和应对工作；配合无线电管理部门监测发现无线电干扰广播电视信号事件，并组织开展处置恢复工作；负责组织协调广播电视传输网络运营企业查找广播电视传输网络的安全事件攻击源。

（11）市科委：积极推进本市网络安全科研开发工作，引导相关单位开展有关网络安全方面的重大科技项目攻关，促进科研成果转化。

（12）市政府外办：负责协调有关单位配合市网络安全应急指挥部办公室开展涉外网络安全事件应对处置工作。

（13）市财政局：负责审核、安排相关部门年度预算，保障网络安全及事件应急工作经费。

（14）国家计算机网络与信息安全管理中心北京分中心：按照职能任务，开展网络安全事件的预防、监测、报告和应急处置工作。

其他市委、市政府组成部门、直属机构和各区政府以及中关村管委会、天安门地区管委会、经济技术开发区管委会、北京西站地区管委会等单位，建立本部门（系统）、本辖区、本单位网络安全应急工作体系，负责本部门（系统）、本辖区、本单位使用的网络与信息系统网络安全事件的预防、监测、报告工作，配合有关部门做好相关的其他网络安全事件应急处置工作；组织指挥本部门（系统）、本辖区、本单位较大、一般网络安全事件应急处置工作。

## 第三节　网络空间安全的法规谱系

网络空间安全产业政策如表 16.1 所示。

表 16.1　网络空间安全产业政策

| 发布单位 | 文件/法律名称 | 发布时间 | 政策要点 |
| --- | --- | --- | --- |
| 第十三届全国人民代表大会第四次会议 | 《中华人民共和国国民经济和社会发展第十四个五年规划和二〇三五年远景目标纲要》 | 2021 年 3 月 | 提出加快数字化发展，培育壮大网络安全等新兴数字产业；提高数字政府建设水平，建立健全数据要素市场规则，加强网络安全保护，推动构建网络空间命运共同体；统筹发展和安全，加强国家安全体系和能力建设。加强涉及国家利益、商业秘密、个人隐私的数据保护，加快推进数据安全、个人信息保护等领域基础性立法，强化数据资源全生命周期安全保护 |
| 第十三届全国人大常委会第二十次会议 | 《数据安全法（草案）》 | 2020 年 7 月（注：已于 2021 年 6 月 10 日正式发布） | 确立数据分级分类管理以及风险评估、监测预警和应急处置等安全管理基本制度；明确开展数据活动的组织、个人承担数据安全保护义务，落实数据安全保护责任；坚持安全与发展并重，规定支持促进数据安全与发展的措施；建立保障政务数据安全和推动政务数据开放的制度措施 |
| 第十三届全国人民代表大会常务委员会第十四次会议通过 | 《中华人民共和国密码法》 | 2019 年 10 月 | 将规范密码应用和管理，促进密码事业发展，保障网络与信息安全，提出了国家对密码实行分类管理 |

| 发布单位 | 文件/法律名称 | 发布时间 | 政策要点 |
|---|---|---|---|
| 第十三届全国人民代表大会第二次会议 | 党的十九大报告 | 2017 年 10 月 | 坚持总体国家安全观。加强国家安全能力建设。<br>提出推动大数据与实体经济深度融合，为大数据产业的未来发展指明方向。<br>实施健康中国战略。要为人民群众提供全方位全周期健康服务。<br>加大生态系统保护力度。<br>提高社会治理社会化、法治化、智能化、专业化水平 |
| 国家互联网信息办公室 | 《国家网络空间安全战略》 | 2016 年 12 月 | 建设与我国国际地位相称、与网络强国相适应的网络空间防护力量。重点强调加强党政军领域的信息安全防护投入。<br>强调"没有网络安全就没有国家安全"，网络安全的重要性和意义不断得到提升 |
| 全国人民代表大会常务委员 | 《中华人民共和国网络安全法》 | 2016 年 11 月 7 日 | 是国家第一部在网络安全空间里面综合性的法律法规，从保障网络产品和服务安全，保障网络运行安全，保障网络数据安全，保障网络信息安全等方面进行了具体的制度设计。<br>强调了金融、能源、交通、电子政务等行业在网络安全等级保护制度上的建设。<br>关键信息基础设施的运营者应"制定网络安全事件应急预案，并定期进行演练" |
| 工业和信息化部 | 《工业互联网创新发展行动计划（2021—2023 年）》 | 2021 年 1 月 | 要求依法落实企业网络安全主体责任，加强网络安全供给创新突破，促进网络安全产业发展壮大，强化网络安全技术保障能力。具体包括实施工业互联网企业网络安全分类分级管理制度，明确企业安全责任要求和标准规范，强化指导监督，深入开展宣标贯标、达标示范，遴选安全优秀示范企业。强化逐级负责的监督管理制度，指导省级主管部门加快建立属地重点联网工业企业清单和重要数据保护目录，督促企业完善网络安全管理体系，加强供应链安全管理，落实企业主体责任 |
| 工业和信息化部办公厅 | 《关于开展 2020 年网络安全技术应用试点示范工作的通知》 | 2020 年 7 月 | 重点方向为 5G 网络安全、工业互联网安全、车联网安全、大数据安全、商用密码应用等模块 |
| 中共中央、国务院 | 《关于新时代加快完善社会主义市场经济体制的意见》 | 2020 年 5 月 | 进一步提出加快培育数据要素市场。标志着数据要素市场化配置上升为国家战略，将进一步完善我国现代化治理体系，有望对未来经济社会发展产生深远影响 |

续表

| 发布单位 | 文件/法律名称 | 发布时间 | 政策要点 |
|---|---|---|---|
| 工业和信息化部 | 《关于工业大数据发展的指导意见》 | 2020 年 5 月 | 推动工业数据全面采集，加快工业设备互联互通，推动工业数据高质量汇聚，统筹建设国家工业大数据平台，推动工业数据开放共享，激发工业数据市场活力，深化数据应用，完善数据治理 |
| 国家互联网信息化办公室等多部门联合发布 | 《网络安全审查办法》 | 2020 年 4 月 | 通常情况下，关键信息基础设施运营者应当在产品和服务提供方正式签署合同前申报网络安全审查 |
| 中共中央、国务院 | 《关于构建更加完善的要素市场化配置体制机制的意见》 | 2020 年 4 月 | 将"数据"与土地、劳动力、资本、技术并称为五种要素，提出要"加快培育数据要素市场" |
| 中央网信办 | 《关于实施涉密领域国产化替代工作的通知》 | 2020 年 | 由中央网信办牵头在电信、广电、金融、能源、铁路、民航、卫生健康、社会保障、国防科工等 18 个重点行业信创替代 |
| 两办 | 《关于加强新时代党和国家核心秘密载体传递工作的意见》 | 2020 年 | 提出要"健全新时代核心秘密载体传递工作体制机制，确保传递安全、准确、及时"，"优化核心秘密载体传递业务流程和标准体系，逐步实现核心载体传递各渠道分工明确、程序规范、标准统一，加强对各渠道全流程的指导监督"，"严格落实核心秘密载体'按密级，分渠道'的传递模式，进一步提升核心秘密载体传递工作质量和效率" |
| 国务院办公厅 | 《国家政务信息化项目建设管理办法》 | 2019 年 12 月 | 明确要求，在政务信息化项目规划、建设、验收、运行维护和监督管理各个环节，都要严格落实《密码法》要求，实施密码应用方案和密码应用安全性评估，推动密码技术在政务信息化项目中落地应用 |
| 工业和信息化部 | 《关于促进网络安全产业发展的指导意见》 | 2019 年 9 月 | 到 2025 年，培养形成一批年营收超过 20 亿元的网络安全企业，形成若干具有国际竞争力的网络安全骨干企业，网络安全产业规模超过 2000 亿元。<br>提出突破网络安全关键技术，积极创新网络安全服务模式，打造网络安全产业生态、全技术应用。<br>加强 5G、下一代互联网、工业互联网、物联网、车联网等新兴领域网络安全威胁和风险分析，大力推动相关场景下的网络安全技术产品研发 |

续表

| 发布单位 | 文件/法律名称 | 发布时间 | 政策要点 |
|---|---|---|---|
| 工业和信息化部 | 《关于加强工业互联网安全工作的指导意见（征求意见稿）》 | 2019 年 7 月 | 对充分认识工业互联网安全的重要性和特殊性、落实工业互联网的安全主体责任、推动工业互联网安全技术能力建设和产业发展、加强工业互联网安全人才的培养提出了具体的要求 |
| 国家网信办 | 《数据安全管理办法》 | 2019 年 5 月 | 对网络运营者通过网络进行个人信息收集，数据信息分类、备份、加密使用，数据安全监督管理等方面提出要求 |
| 国家市场监督管理总局、国家标准化管理委员会 | 《信息安全技术网络安全等级保护基本要求》等国家标准正式发布 | 2019 年 5 月 | 标志着等保 2.0 的时代正式到来。新的标准对网络安全等级保护的适用范围，各监管部门的职责、网络运营者的安全保护义务以及网络安全等级保护建设等提出了更为具体的要求，为开展等级保护工作提供了重要的法律支撑。<br>要求从三级系统开始对涉及用户身份鉴别、数据抗抵赖、数据防篡改、数据安全存储、数据安全传输等场景，使用国产密码算法进行认证、签名、抗篡改、加密等保护 |
| 工业和信息化部、国资委 | 《关于开展深入推进宽带网络提速降费支持经济高质量发展 2019 专项行动的通知》 | 2019 年 4 月 | 明确将开展"双 G 双提"，推动固定宽带和移动宽带双双迈入千兆（G 比特）时代，100M 及以上宽带用户比例提升至 80%，4G 用户渗透率力争提升至 80%。<br>开展"同网同速"，推动我国行政村 4G 和光纤覆盖率双双超过 98%，实现农村宽带网络接入能力和速率基本达到城市同等水平。<br>重点任务之一是继续推动 5G 技术研发和产业化。该通知提到，在 5G 网络建设方面，指导各地做好 5G 基站站址规划等工作，进一步优化 5G 发展环境。继续推动 5G 技术研发和产业化，促进系统、芯片、终端等产业链进一步成熟 |
| 第十三届全国人民代表大会第二次会议 | 政府工作报告 | 2019 年 3 月 | 第六次提到"大数据"，有多项任务与大数据密切相关 |
| 国务院国有资产监督管理委员会 | 《中央企业负责人经营业绩考核办法》 | 2019 年 3 月 | 将网络安全纳入考核范围 |
| 国家发展和改革委员会 | 《战略新兴产业重点产品和服务指导目录（2016 版）》 | 2018 年 9 月 | 目录涉及战略性新兴产业 5 大领域 8 个产业（相关服务业单独列出）、40 个重点方向下的 174 个子方向，近 4000 项细分产品和服务。包括新兴技术与数据安全等，明确包含数据备份及灾难恢复服务 |

| 发布单位 | 文件/法律名称 | 发布时间 | 政策要点 |
|---|---|---|---|
| 工业和信息化部 | 《推动企业上云实施指南（2018—2020年）》 | 2018年4月 | 信息系统需要运用大数据、人工智能等云上服务实现业务拓展 |
| 国务院 | 《科学数据管理办法》 | 2018年4月 | 规范法人单位及科学数据生产者的数据采集、汇交与保存、共享与利用、保密与安全相关行为 |
| 中共中央办公厅、国务院办公厅 | 《金融和重要领域密码应用与创新发展工作计划（2018—2022年）》 | 2018年7月 | 明确提出要在金融、基础信息网络、交通运输、能源基础设施、资源信息化、城市基础设施、现代农业、先进制造业、现代服务业、电子政务、社会治理、民生保障等领域推进国产密码的创新应用 |
| 工业和信息化部 | 《工业控制系统信息安全行动计划（2018—2020）》和解读 | 2017年12月 | 旨在深入贯彻落实国家安全战略，突出落实企业主体责任，从提升工业企业工控安全防护能力，促进工业信息安全产业发展，加快工控安全保障体系建设出发，进一步明确了部门、地方和企业做什么和怎么做，部署了五大能力提升行动，为下一步开展工控安全工作提供了依据和指导 |
| 国家发展改革委 | 《"十三五"国家政务信息化工程建设规划》 | 2017年7月 | 部署公共安全信息化工程，通过对自然灾害、事故灾难、公共卫生、社会安全等重点安全领域的源头性、基础性信息资源的优化整合和业务关联共治，提高常态下安全管理创新、风险隐患预防化解和非常态下的快速应急处置能力 |
| 国家互联网信息办公室 | 《网络产品和服务安全审查办法（征求意见稿）》 | 2017年2月 | 提出党政部门及金融、电信、能源等重点行业优先采购通过审查的网络产品和服务，不得采购审查未通过的网络产品和服务 |
| 国务院 | 《国家突发事件应急体系建设"十三五"规划》 | 2017年1月 | 要求建成与有效应对公共安全风险挑战相匹配、与全面建成小康社会要求相适应、覆盖应急管理全过程、全社会共同参与的突发事件应急体系 |
| 国务院办公厅 | 《"十三五"规划纲要》 | 2016年3月 | 正式提出"实施国际大数据战略"，国内大数据产业开始全面快速发展 |
| 国务院 | 《促进大数据发展行动纲要》 | 2015年8月 | 对大数据整体发展进行了顶层设计和统筹布局，产业发展开始起步 |

## 第四节　网络空间安全的技术谱系

网络空间安全技术谱系如图16.2所示。

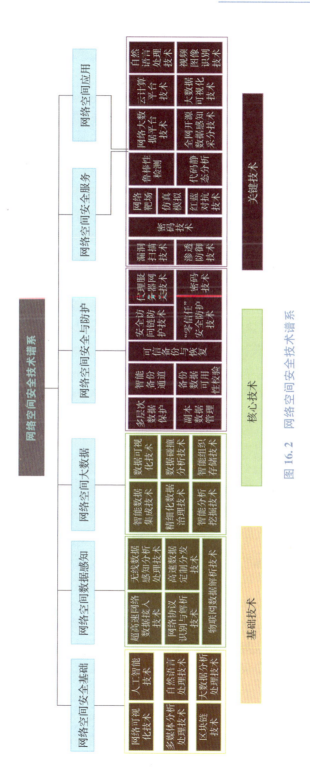

图 16.2　网络空间安全技术谱系

## 一、网络空间安全基础

（一）存量部分

构建以大数据、人工智能、5G+新型通信技术、区块链和网络可视化为基础的网络空间安全先进技术基础，通过将前沿技术与业务需求的全面结合，加强前瞻性颠覆性技术预判和预研。研究人工智能基础理论，发展海量、多模态数据的智能处理、识别、解析、合成技术；研究智能大数据算法体系与算法引擎，研究量子计算、边缘计算技术，跟踪前沿技术发展；研究认知知识库技术，提升数据分析预测能力，实现基于自然交互的实体关系双向可视化自助推演分析和深度挖掘；研究基于机器学习的业务知识生成、演化与复用技术，通过智能算法体系与算法引擎，支撑建立公安、政法等业务模型体系；研究基于5G+增强移动宽带的新型通信技术，加强移动数据的感知能力，研究5G+应用安全监测和防护技术体系；研究区块链安全监测和监管技术；研究新一代超高速网络信息获取和内容分析技术；实现以大数据智能为核心的公安大数据、数据安全、电子政务安全和等级保护服务新模式。

（二）增量部分

重点攻关大数据技术、人工智能技术、5G+新型通信技术、区块链技术和网络可视化技术5项技术。

## 二、网络空间数据感知

（一）存量部分

网络空间感知领域简单地说即网络中的摄像头，对有线传输网络和无线传输网络中的数据及流量来源进行监管、分析与挖掘。利用人类视觉感知系统，将网络数据以图形化方式展示出来，快速直观地解释及概览网络结构数据，一方面可以辅助用户认识网络的内部结构，另一方面有助于挖掘隐藏在网络内部的有价值信息。

具体指以网络流量的采集与深度检测为基本手段，综合各种网络处理与信息处理技术，对网络的物理链路、逻辑拓扑、运行质量、协议标准、流量内容、用户信息、承载业务等进行监测、识别、统计、展现、管控，利用大数据分析与挖掘，实现网络管理、信息安全与商业智能的一类应用系统。

主要技术包括流量采集和分流、深度包检测（DPI）、深度流检测（DFI）、深度包提取（DPE）、协议与应用识别、协议还原、流控等，在较大规模的系统中，还包括分布式计算与存储、软件定义网络、大数据、流式计算等。目前，DPI是国内最常用的商用技术，其一般通过硬件或软件以旁挂形式进入网络，对数据包进行检查，实现在原有分析四层以下 IP 包内容的基础上对应用层流量的检测和控制技术。

（二）增量部分

重点攻关下一代精细化采集核心引擎技术、人脸识别技术、物联网/车联网感知技术、泛在数据感知及智能关联技术、5G 移动终端精准定位技术、5G 移动终端侦码技术、人工智能数据解析技术、加密协议逆向分析技术等。

### 三、网络空间大数据

（一）存量部分

以网络空间大数据为发展重点，以通用先进技术为支撑，以网络空间感知、网络空间大数据、智能应用、网络空间安全与防护、网络空间技术培训与测评为核心，研究大数据采集、计算、存储、管理和挖掘的技术架构，集群资源调度，弹性分布式计算、存储技术，数据挖掘、预测分析、非结构化分析与可视化分析技术；研究多源异构数据融合处理、清洗、关联等技术，提高数据价值密度；研究作用于数据全生命周期的数据治理技术，实现数据资源透明、可管、可控；研究以深度学习为代表的人工智能技术，提升网络大数据分类、聚类、预测、关联、标识和复杂数据挖掘能力；研究文本分析、观点识别、知识推理等自然语言处理技术；研究高性能清洗、脱敏技术；研究大数据应用引擎，知识图谱，知识推理，行业规则模型和知识生成技术；研究搜索引擎，对话系统，智能语音控制等智能交互技术；研究云计算、大数据的安全技术架构，可信计算技术，关键信息基础设施的安全防护，研究新一代固网和移动网络的安全问题，加密技术和专用硬件、终端安全保护，物联网、SDN 和网络虚拟化技术、工控网络的安全问题；研究大数据安全共享和隐私保护，大数据纵深防御体系，备份容灾与应急保护，人工智能结合大数据的威胁监测预警和态势感知技术。

（二）增量部分

重点攻关海量数据治理中涉及的人工智能技术、预测分析技术、知识推理等自然语言处理技术、知识图谱与图计算技术、可信计算技术等。

### 四、网络空间安全与防护

（一）存量部分

网络空间安全与防护的核心技术体系包括 CDP 持续数据保护技术、智能备份通道技术、数据实时挂载使用技术、融合灾备引擎技术、先进的数据重删算法、密码技术、网关技术等。取得突破进展的技术领域包括数据保护技术、应急容灾技术、数据与应用迁移技术、国产化环境适配技术。已经具备为各行各业用户提供全方位数据保护与容灾备份解决方案的技术实力。

（二）增量部分

数据安全领域，提升技术创新能力，重点攻关技术领域包括数据库复制技术、灾备业务编排技术、灾备业务运营平台技术、数据分级分类技术、数据脱敏技术、副本数据管理技术、业务连续性预案管理与演练技术、安全存储技术，灾备云 Baas 和 DRaas 技术、弹性架构技术、可信灾备技术等。

网络靶场领域，重点攻关分布式资源统一调度技术、超高逼真度仿真、虚实结合技术、全维度数据采集、大规模快速构建等技术。

### 五、网络空间安全服务

（一）存量部分

等保服务：重点攻关漏洞扫描技术、渗透防御技术，提升等保测评服务能力和水平。

（二）增量部分

网络攻防对抗服务领域，重点攻关海量的训练知识体系、防作弊技术、攻击知识图谱、蜜网主动防御技术、基于 CVE 和 CNNVD 真实漏洞还原技术、基于国产密码算法的模拟认证和测评技术、大规模异构网络空间对可信管理验证模型模拟技术等网络攻防技术能力。

密码服务领域，重点攻关密码技术，提升密码技术的应用服务能力。

### 六、网络空间应用

（一）存量部分

信创业务领域，国产化环境适配技术。

（二）增量部分

重点行业智慧医疗、智慧环保等业务领域，重点攻关云平台、大数据、互联网、人工智能、知识图谱、文本数据结构化等技术在相关业务领域中的应用。重点行业公安交管指挥中心业务领域，重点攻关 5G、物联网、区块链、大数据、融媒体服务和移动互联网技术在核心业务系统中的应用。

工业互联网安全领域，重点攻关区块链技术和基于"区块链"的标识解析体系技术。

## 第五节　网络空间安全的产业谱系

我国从事网络空间安全相关业务的企业数量超过 3000 家，覆盖网络安全设备、安全服务、安全软件、安全集成等网络安全各环节，产业链上下游协同效应进一步增强。在政策支持和市场向好的双轮驱动下，企业活力持续增强。一方面，投融资活动持续活跃；另一方面，上市企业发展态势强劲，目前中国上市网络安全企业达 20 余家，上市企业总市值从 2010 年的不足百亿元发展到超 5000 亿元，实现了 50 倍的增长。

### 一、网络空间安全产业链体系

《2021 中国网络安全产业全景图》以 PDR 网络安全模型为基础，参考 IPDRR 安全框架和 P2DR2 模型，核心模型包括"防护（Protection）""检测（Detection）""响应（Response）"和"持续改进"。在核心模型之外，还包括网络基础安全与行业场景 2 个大类，构建完整的网络空间安全建设链。产业链全景图共涵盖 26 个一级分类，123 个二级分类，网络空间安全产业链分析如图 16.3 所示。

（一）上游：网络基础安全厂商

计算机环境安全提供商提供可信计算、办公设备、邮件和主机等环境安全设备；通信网络安全厂商主要提供通信网络类安全设备；关键芯片提供商为中游设备厂商提供通用芯片和专用芯片等基础元器件；基础硬件厂商为中游设备厂商提供主板、网卡、服务器和存储设备等基础 IT 设备；基础软件提供商为中游厂商提供操作系统、数据库和中间件等；基础能力建设单位参与国家标准、行业标准和专项标准等内容的制定，规范产业和企业行为。

（二）中游：网络空间安全核心业务厂商

检测类包括网络空间数据感知设备厂商、网络空间大数据厂商、威胁检测与捕获厂商、漏洞检测与管理厂商等；响应类包括时间管理 & 感知厂商、调查取证厂商和应用防护厂商等；持续改进类主要是安全服务厂商；防护类包括数据安全、安全开发、边界访问控制、应用防护、身份识别与访问管理、云安全、业务风控、内容安全和安全防护靶场厂商。其中，检测类厂商和响应类厂商一部分产品直接供应给下游最终用户，另一部分产品提供给安全服务厂商。

（三）下游：行业场景与用户

包括信创、工业互联网、公共安全、社会治理、公共卫生等场景，从用户看，主要是政企客户，包括公检法军、电信企业、民政部门、能源企业、金融企业和科技企业等。

### 二、网络空间安全产业政策分析

党中央、国务院高度重视大数据在推进经济社会发展中的地位和作用。2014 年，大数据首次写入政府工作报告，大数据逐渐成为各级政府关注的热点，政府

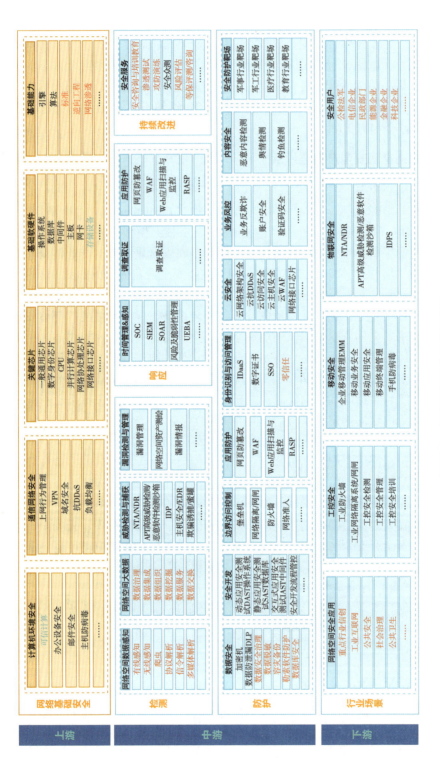

图 16.3　网络空间安全产业链分析

数据开放共享、数据流通与交易、利用大数据保障和改善民生等概念深入人心。党的十九大明确提出推动大数据与实体经济深度融合。2020 年，"数据"正式成为生产要素，数据要素市场化配置上升为国家战略。

国家政策大力支持"双 G 双提"和信息安全建设，利用网络空间感知产业方向发展。"双 G 双提"带来的千兆宽带部署计划，将进一步刺激入网流量和高网速用户占比上升。5G 大规模商用将刺激移动网络产品升级，同时进一步刺激入网数据分发带来的新增需求，网络空间感知产品将迎来升级换代和需求爆发的新机遇。信息安全相关政策的出台，刺激行业高景气度和政府采购计划。政府作为网络可视化重要采购方，在给出网络安全行业引导意见的同时刺激自身采购需求的上行，借此实现对网络空间的监管。

以数据安全和网络空间靶场为抓手的网络安全与防护产业迎来国家政策红利期。随着信息安全逐渐受到政府及重点行业的高度重视，国产信息安全产品有望在政策扶持下加快发展，有望受益存量空间的替代效应和增量空间的乘数效应，网络信息安全未来将有巨大的发展空间。

数据安全成为网络安全与信息安全的核心领域。系列政策的出台都提到要加强数据安全，数据安全已成为事关国家安全以及经济社会发展的重大问题，数据安全产业迎来了历史性的发展机遇。全球范围网络空间对抗日益实战化、体系化、智能化，网络空间靶场作为网络空间安全研究、学习、测试、验证、演练等必不可少的重要基础设施，日益受到政府的重视。

国家政策大力支持网络安全产业关键基础设施建设。信息安全技术网络安全等级保护相关标准的推出，标志着等保 2.0 的时代正式到来，网络安全产业和相关产品服务（如等保测评、代码安全监测等）得到大力扶持。国产密码相关法律、规章和标准相继落地实施，明确关键信息基础设施需要密码重点保护，系列政策激发国产密码算法应用市场需求，促进国产密码应用。国际网络泄密事件不断，危机空前严峻，网络攻防演练需求迫切，国际网络安全态势严峻，世界各国纷纷大力建设兼具防御和威慑能力的网络空间安全体系。同时，我国《网络安全法》提出关键信息基础设施的运营者应"制定网络安全事件应急预案，并定期进行演练"。

国家政策大力支持信创产业建设。国家政策大力倡导信创替代建设，党政机关信创已经从试点建设进入全面替代阶段。重点行业信创替代工作也提上日程，目前由中央网信办开始组织实施大力推进 8+2 重点行业信创替代工作。鼓励进一步提升政务秘密载体工作质量和效率。政策提出，要通过加强新时代核心秘密载体传递工作，进一步提升核心秘密载体传递工作质量和效率。国家公共安全始终是国家政策重点关注和大力支持的行业，通过对自然灾害、事故灾难、公共卫生、社会安全等重点安全领域的源头性、基础性信息资源的优化整合和业务关联共治，提高常态下安全管理创新、风险隐患预防化解和非常态下的快速应急处置能力，公共安全领域将进入红利期。国家对工业互联网安全提出明确要求，对充分认识工业互联网安全的重要性和特殊性、落实工业互联网的安全主体责任、推动工业互联网安全技术能力建设和产业发展提出了具体的要求。

### 三、北京市网络空间特征

作为"中国网都"，北京网络空间在基础设施建设、数字经济发展、网络生态治理、网络安全防护等方面，都处于全国领先位置，综合排名第一。

（一）基础设施建设完善

北京作为国内领先的数字化经济标杆城市，网络空间基础设施处于全国领先位置。截至 2021 年，北京基本建成网络基础稳固、数据智能融合、产业生态完善、平台创新活跃、应用智慧丰富、安全可信可控的新型基础设施。

（1）演进的新型网络基础设施。截至 2021 年，累计建成 5G 基站超过 3 万个，实现五环内和北京城市副中心室外连续覆盖，五环外重点区域、典型应用场景精准覆盖，构建 5G 产业链协同创新体系。推进了千兆固网接入网络建设。实现了以高级别自动驾驶环境建设为先导的车联网，构建了服务京津冀、辐射全国工业互联网赋能体系，实现了互联网新基建的跨越式发展。

（2）完善的数据智能基础设施。新型数据中心、大数据平台、人工智能基础设施、区块链服务平台等，强化了以"筑基"为核心的大数据平台顶层设计，支持"算力、算法、算量"基础设施建设，形成了智慧城市的数据底座，完善了公共数据资源开放平台，支撑交通、教育、医疗、金融、能源、工业、电信以及城市运行等重点行业开展大数据及人工智能应用。

（3）先进的智慧应用基础设施。围绕智慧交通提升、智能停车、智慧养老等智慧社区和智慧环境应用，形成了国家级产业创新中心为牵引、各类学校与平台型企业合作转化的模式，在产业创新平台体系、科技成果转化服务上，推动传统基建数字化改造和智慧化升级，形成网络基础设施的智慧基础。

（二）数字经济发展繁荣

《中国互联网发展状况》统计数据显示，从数据指标、产业转轨等维度看，北京是中国数字经济的领头羊，2020 年，信息传输、软件和信息技术服务业增加值为 3500.9 亿元，位居全国第一。

北京互联网产业特点突出，以科技创新、高端产业为主。互联网、车联网、新能源、人工智能、工业互联网正在全面加速迈向数字化、智能化。在软件层面，利用云基础设施、AI 等智慧基础设施，已经构建出智慧城市、智慧园区、智慧机场、智慧校园等丰富的生态体系。

产业互联网方面，北京同样积淀了深厚的产业。作为全国数字经济中心和标杆城市，北京既有政策引导下建立的产业联盟，也有市场自然选择的产业链生态，初步形成了数字经济发展具备聚集协同效应。

北京有其独特性，但更多是先行者的可借鉴经验，无论是互联网产业，还是产业互联网，其产业协同和行业公司实践，将为全国其他城市提供宝贵的先行经验。

（三）网络生态治理先进

北京网络空间具有其复杂性和特殊性，北京市网络安全和信息化办公室、北京市公安，及其他委办局，坚持首善标准，以技术管网，主体管理，管人、管事、管网络，营造出风清气正的首都网络空间。

（1）技术管理网络空间。北京市网络安全和信息化办公室（以下简称"网信办"）作为监管单位，将监管标准化规范化。同时，通过统筹其他委办局，建立管理的公共样本集，建立审核、分类行业分级标准，建立信息不对称的技术管网能力，道高一尺，魔高一丈，实现对平台类、网站、网络安全基础设施等主动发现能力和纠错能力。

（2）主体责任管理。通过对内容和流程生产过程的主体管理，实现了内容生产流程的安全可控。互联网平台作为安全管理的主体责任，既需要对发布的内容安全负责，又要确保内容生产流程的安全可控。作为网络空间平台，以主体责任约束，形成导向引领算法、流程控制内容安全的正确导向。作为监管单位，网信办按照信息化规划，形成以大数据平台、人工智能平台、监测标准服务等主动管理能力。

（3）协同标准管理。作为监管单位，最终的目的是实现依法治网，将监管标准化、规范化。通过监管单位，大数据平台和大网站、平台样本集共享，建立行业公共样本集，形成监管单位审核、行业分级分类标准。

（四）网络安全防护稳固

北京根据网络空间管理现状，围绕首都立体化社会治安防控体系建设的核心要求，提出了"集中采集、统一数据、共享业务、多元发展"的总体建设思路。

在此思路下，北京网络安全管控业务改变了各单位分散建设、各自使用的建设模式，形成由市委网信办统一开展数据中心的规划与建设，根据上层业务需求，逐步形成数据中心的标准化体系，为市委网信办、公安局、国安局、通管局等单位的业务应用提供数据平台支撑的建设模式。

北京通过网络安全管理模式的升级，促进网络安全产业集聚发展，培育了一批拥有网络安全核心技术和服务能力的优质企业，支持操作系统安全、新一代身份认证、终端安全接入等新型产品服务研发和产业化，建立可信安全防护基础技术产品体系，形成覆盖终端、用户、网络、云、数据、应用的安全服务功能，在网络空间及安全管理上处于全国领先位置。

# 第十七章　经济安全

当前是全球经济的一个关键时点，世界正经历百年未有之大变局，充满复杂性、不确定性，且前所未有，它有可能使经济脱轨，也有可能影响人们的生活和福祉，特别是新冠肺炎疫情肆虐，作为全球重大公共卫生事件，再次为我们敲响了警钟。在此背景下，经济发展中面临的各种危机都不是单纯的经济问题，经济发展与安全的内在联系无法割裂。

关于经济安全，以往的研究将更多的注意力放在了国家层面的经济安全问题上，但由于一国之内各地区的基本情况和经济发展阶段的不同，因此地方经济安全更具实操性。所以必须于危机中育先机，在变局中开新局，为推动世界经济持续、健康、安全发展，提出"智慧北京方案"，采用全方位综合治理的手段和战略来解决经济可持续发展问题。

本章在全面梳理经济安全国内外研究进展、分析目前存在问题的基础上，提出地区经济安全的内涵及研究范畴。地区经济安全分为两个层次：一是经济运行或发展自身存在的安全问题，主要指经济体系本身的安全和维护这种安全的能力，是一个经济体系抵御各种干扰、威胁、侵袭的能力；二是由经济运行异常直接引致的、关系到政治和社会的安全问题，主要指由于经济运行中出现的问题而导致的政治、社会方面的安全问题，即把经济力量和能力看作对政治安全及社会安全的支撑。

另外，分析影响北京经济安全的影响因素。一是宏观因素，包括经济层面、自然层面和社会层面。经济层面主要有经济发展速度、通货膨胀率、社会就业情况、政府债务负担情况、对外贸易的依存度、国内经济和国际经济发展形势。二是中观因素，主要指产业链完整性以及供应链保障。

与此同时，5G、云计算、人工智能、大数据等与安全问题深度融合的新技术飞速发展。在此基础上，本章将探讨基于新技术发展的智慧北京经济安全预测决策谱系建设目标，包括宏观经济运行稳定、金融安全、就业稳定、供应链保障，并细化设计出相应指标。

　　根据梳理现状，分析北京经济安全智慧体系建设存在的问题，并具体提出下一步建设内容，主要包括经济运行智慧体系、金融安全智慧体系、供应链保障智慧体系。

　　进一步地提出智慧北京经济安全预测决策谱系联动应用的具体案例，包括上述几个体系以及电子信息产业国产化的北京案例，具体分析信息化如何支撑宏观经济决策，以及如何通过分析产业链大数据、绘制产业图谱、创建供应链安全系统来实现依托信息技术手段进行跟踪和预警，最终确保宏观经济及供应链的安全。

## 第一节　北京经济安全的影响因素

### 一、综述

（一）经济安全

　　本节对新时代我国经济安全的内涵、现状及涉及的细分领域做了综述。首先，清晰界定了"安全""经济安全"等相关概念，同时结合新时代我国经济安全形势，阐述国家经济安全的重要性。其次，立足改革开放以来我国经济安全的发展历程，阐述了我国经济安全已取得的成就。最后，从产业结构、我国社会主义市场经济体制、金融风险、网络安全问题、贸易保护主义、粮食安全等方面论述我国经济安全面临的问题和挑战。

　　新时代，我国经济安全建设的主要内容包括坚持和完善中国特色社会主义基本经济制度、维护国家经济主权与发展利益、防范和应对重大经济风险挑战、全面深化改革提高经济发展质量，同时还要注重协调好发展与安全、国内发展安全和国际竞争合作、预防为先和底线思维、经济安全与国家安全这四对关系。本章有针对性地从筑牢物质基础、优化体制保障、营造国际环境、应对非传统风险四个方面提出了新时代我国经济安全建设的实现路径，进而为新时代维护我国经济安全指明方向。

1. 经济安全的内涵

　　经济安全作为国家安全的重要组成部分，于 1980 年在日本《国家综合安全报告》中首次提出，此后，经济安全成为国家安全的重要内容，目前已形成诸多国家经济安全理论。

　　国外学界关于经济安全的内涵主要有以下几种代表性观点：巴尔德文从保护主体、客体及方式手段出发，指出所谓的经济安全是指"特定的经济价值免受损害"[1]；

---

① David A. Baldwin. The Concept of Security ［J］. Review of International Studies，1997（23）：5-26.

诺伊和沃尔夫提出，经济安全是指在可能威胁或阻碍美国经济利益的事件或行动前面，保护或促进美国经济利益的能力①，该定义侧重于经济能力与经济繁荣；"南拓"把经济安全看作人们在充满活力的市场经济体制下为自己的福祉提供机会与手段。国外学者大多将经济安全定义为通过保障本国的经济发展与经济优势来确保国家安全。

国内学者对国家经济安全的研究可以概括为四种观点：一是何纬达（2008）提出，国家经济安全是指一国经济在运行中基础很牢固、增长很稳健、运行很畅通、发展很持久，且在受到各种因素干涉时依旧能保持一国经济利益不受到任何伤害的状态；二是赵英等（1994）指出，国家经济安全是一个国家的经济竞争力，是一个国家经济抵御国内外各种干扰、威胁、侵袭的能力②；顾海兵等（2020）认为，国家经济安全的内涵由不被干扰的状态、抗威胁和防侵害的能力共同组成，并提出经济安全条件侧重于外部条件、经济安全能力更强调内部特征，二者相依相伴③；雷家骕（2006）认为，国家经济安全指一国作为一个主权独立的经济体的最为根本的经济利益不受伤害，同时基本经济制度、经济主权和经济发展是其所提到的关乎国家发展前途与命运走向的核心及根本利益④。

综上所述，经济安全是指一个地区作为经济体，其经济系统本身正常运行的能力，即使经济系统内部出现不均衡或者受到外部经济冲击影响时，经济系统本身恢复到均衡状态的能力，即经济系统自身的稳定性问题。

2. 经济安全建设的现状

近年来，立足于我国发展现状与全球经济安全态势，以现实问题为导向而解决问题是我国学者深入研究国家经济安全的实现路径的重要方式。有关我国经济安全建设所面临的挑战，国内学者大致从国际环境、国内环境及经济发展三个维度着手。

舒展、刘墨渊（2014）认为，国际贸易增速放缓、国际金融环境脆弱、国家保护主义强化均对我国经济安全构成严重威胁⑤。陈曦、曾繁华（2010）认为，当前政府的经济职能不健全，同时我国政府经济职能的转变滞后于经济的发展，成为我国经济安全的主要障碍之一⑥。叶卫平（2011）表明，加快转变经济发展

---

① C. Richard Neu, Charles Wolf, Jr. The Economic Dimensions of National Security [M]. Santa Monica, CA: RAND Corporation, 1994.

② 赵英, 胥和平, 邢国仁. 中国经济面临的危险——国家经济安全论 [M]. 云南：云南人民出版社, 1994.

③ 顾海兵, 张帅. 中国经济安全研究：误区再反思 [J]. 学术研究, 2020 (1).

④ 雷家骕. 关于国家经济安全研究的基本问题 [J]. 管理评论, 2006 (7): 3-7.

⑤ 舒展, 刘墨渊. 国家经济安全与经济自主性 [J]. 当代世界经济, 2014 (10).

⑥ 陈曦, 曾繁华. 国家经济安全的维度、实质及对策研究 [M]. 北京：中国经济出版社, 2010.

方式，有利于控制国际金融危机等资本主义经济危机的风险，加快转变内需与外需关系的处理方式，有利于维护国家经济主权安全，加快转变经济发展与社会发展关系的处理方式，有利于维护国家基本经济制度安全[①]。

3. 经济安全的细分领域

国内学者多数从制度层面、政治层面及经济层面展开探讨。一些学者强调要完善国家经济安全的相关制度，为我国经济安全提供体制保障。

舒展、刘墨渊（2014）从经济层面着手促进国家经济安全，指出要通过站在国际发展的高度来发展高新科技、拓宽战略空间、统筹我国经济发展与对外开放，注重培养比较优势和保护经济主权，构建以经济自主性为核心的国家经济安全战略。顾海兵等（2020）指出，通过新的五大发展理念统筹好第一、二、三产业的协调发展，把握好农业的基础性作用、高新产业的引导作用、服务业的促进作用，努力构建产业结构与消费结构、资源结构、科技创新相匹配的经济发展，最终为我国经济安全提供丰厚的物质基础。

目前关于经济安全的研究较为分散，多数集中于一个或几个安全隐患，具有"应急"或"应激"的特点。

（二）北京经济安全

地区经济安全和国家经济安全的含义有所不同。北京作为政治中心、文化中心、国际交往中心、科技创新中心，北京的经济安全对全国经济、政治、社会稳定有重要影响，研究和分析影响北京经济安全的风险因素有着重要的稳定意义（李婧、王旭，2009）。但专门针对北京经济安全展开研究的文献极少，叶卫平（2006）从产业层面分析了影响北京经济安全的主要因素，并探讨了消除北京电子信息产业安全、汽车工业安全、城市化安全隐患的对策。李婧、王旭（2009）从宏观经济运行、地区财政风险、对外经济贸易和产业结构四个方面分析了北京市经济发展中存在的经济安全风险及对策。

**二、影响因素**

综合既有文献的研究看，影响地区经济安全的因素主要包括宏观、中观、微观三方面。

一是宏观经济因素，这是由于宏观经济运行环境是保障经济安全的基础。主要影响因素包括经济发展速度、通货膨胀率、社会就业情况、政府债务负担情况、对外贸易的依存度等。在宏观经济运行分析的基础上，对北京市经济结构进行梳理。

---

① 叶卫平. 转变经济发展方式与维护国家经济安全［J］. 教学与研究，2011（6）.

二是中观产业因素，这是由于产业间原材料与产品动态流动、互相作用，是一个紧密的供求系统，这个系统的稳定对内关乎经济系统的稳定和发展的可持续性，影响资源、环境和就业，对外影响国际经济关系。影响因素包括产业结构、产业链完整性及供应链保障性、原材料与产品如何在产业间流动等。在厘清北京产业链现状的基础上，探讨供应链保障性，从而确保北京经济安全。

三是微观技术因素，这是由于随着5G、云计算、人工智能、大数据等与安全问题深度融合的新技术飞速发展，新技术势必快速推动北京经济安全预测决策体系建设。主要论证信息化如何支撑供应链的安全，即通过产业大数据的收集整理分析，绘制产业图谱，并通过新一代信息技术手段跟踪和预警产业链动态发展，从而确保供应链稳定自足。

### 三、指标设计

根据前述分析，智慧北京经济安全预测决策谱系建设指标如图 17.1 所示。

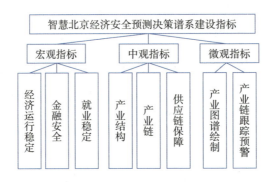

图 17.1　智慧北京经济安全预测决策谱系建设指标

## 第二节　北京经济安全的内涵分析

### 一、宏观层面

宏观经济运行环境是保障经济安全的基础，北京作为政治中心、文化中心、国际交往中心、科技创新中心，其宏观经济运行是否稳定对北京经济安全乃至全国经济、政治、社会稳定都有重要的影响。

（一）经济运行稳定

根据历年统计年鉴及政府工作报告，北京经济运行是否稳定，主要从两个维度考察：一是经济总量和经济结构；二是关乎宏观经济运行的各个部门。本章对经济部门进行总量分析，包括经济发展水平、经济发展速度、通货膨胀率、社会就业情况、政府债务负担情况、对外贸易的依存度。在宏观经济运行总量分析的基础上，对北京经济结构进行梳理。

（二）金融安全

由于金融是整个宏观经济发展的血液，金融安全直接影响经济安全，金融安全在经济安全中的地位和作用日益加强，因此本节将金融安全作为独立小节进行分析。

通过对现有的涉及金融安全指标体系的相关研究梳理归纳，可以发现该领域总体研究趋势呈现出综合化的特点，金融安全指标体系范围越来越广，从最初的被动型危机后冲击研究，到主动型金融业子市场潜在风险分析，再到近年来综合宏微观经济状况、金融行业运行以及国内外金融环境等因素的系统性研究。这些丰富的研究成果是本章的理论基础，为本章构建北京金融安全测度指标体系提供了清晰的研究思路与严谨的指标范围。本章顺应指标体系综合化趋势，基于科学、系统、显著与可操作四项原则，归纳前人金融安全评价研究常用指标，以这些被学术界认同的共同指标构成初选指标体系。

1. 银行业资本充足率

资本充足率是巴塞尔协议规定对商业银行的监管指标，它反映了银行自有资本是否足以应对存款人或债权人资产损失的能力，以免发生由于资产质量急剧恶化后，银行资本金不足导致的资不抵债或者破产倒闭情况（汪祖杰、吴江，2006）。因此，资本充足率是银行业安全性的重要指标之一。

2. 不良贷款率

不良贷款是银行系统最明显、最直接的不安全因素，其不利影响大致分为四方面：首先，不良贷款的出现表明银行大概率会出现损失，同时加大银行的风险处置成本；其次，经营状况问题会影响银行作为信用中介的运转效率，资金融通职能受损（苏立维，2010）；再次，社会整体信用环境恶化，"示范"效应可能导致违约行为多发；最后，信贷市场收缩，银行信用风险的发生向金融机构释放风险信号，导致金融机构收缩银根，提高贷款门槛，控制风险。

3. 证券业指标

随着我国证券市场参与主体越来越多，证券交易越来越活跃，区域内金融安全必须充分考虑证券业因素。区域内上市公司数量、总市值、流通市值可以反映区域证券市场环境优化水平。区域内证券期货经营机构数量在一定程度上反映了区域证券市场发展水平。

4. 保险业指标

保险行业的运营安全主要从发展潜力与偿付安全两方面考虑。发展潜力可以由保险深度和保险密度两项指标反映，保险深度是保费收入与 GDP 的比值，反映区域内保险市场的发展程度；保险密度是人均保费额度，反映区域内保险市场的发达程度。该两项指标值越大，表明保险业在地区经济中地位越高，对该区金融安全的支撑能力越大（张亮，2014）。而保险赔付率是保险公司落实的赔款支出与保费收入的比值，赔付越多则保费收入盈余越少，影响未来赔付能力，对区域保险行业乃至区域整体金融市场形成负面冲击。

（三）就业稳定

充分就业是宏观经济调控的主要目标之一，对地区经济安全有着重要的影响。本章将分行业对北京就业人数变化、北京各行业劳动力需求景气指数进行比较分析，并从就业的角度探讨由此引发的经济风险问题及可采取的应对措施。

## 二、中观层面

产业链完整是保障国内供应链安全的充分条件。本章将首先分析北京的重点产业，然后，针对重点产业梳理产业链现状，最终从供应链保障性的角度支撑北京经济安全。

（一）产业结构

产业结构从数量上说是不同产业之间的比例关系，而在社会化大生产与专业化条件下，不同产业之间是一种相互联系、相互制约的关系。各产业生产所需要的原材料与所生产的产品在产业之间流动，相互提供、相互补充，产业间构成了一个中间供求的紧密的系统，这个系统的稳定关乎经济系统的稳定和发展的可持续性。同时，产业的正常生产需要资源、环境和人力的支持，所以产业的发展会反过来影响资源、环境和就业。一个地区的产业结构系统，会与地区外或者国际经济相联系，必然会涉及对外经济的各种关系。所以，产业结构间产生的问题，会影响经济安全的各个方面。

本章将从北京产业结构的关联度，产业发展对资源环境的影响，以及产业发展的对外经济贸易等角度分析北京产业结构在经济运行过程中所暴露出来的风险问题。

（二）产业链

根据北京落实首都城市战略定位、建设国际科技创新中心、构建高精尖经济结构、推动京津冀产业协同发展的定位要求，先进制造业、软件和信息服务业、科技服务业等高精尖产业是北京的重点产业。将安全发展贯穿于高精尖产业体系构建全过程，建设更高水平、更具韧性的产业链供应链，实现关键环节自主安全可控，提升风险应对能力，才能把握发展主动权。

产业链完整是保障国内供应链安全的充分条件。产业链与创新链的协同将提高科技创新转化效能，制造业与服务业协调融合将提高新业态活力。全面对标全球产业创新前沿、发展引领技术创新以及带动能力强劲的行业、培育掌握核心竞争力和重要知识产权的产业、布局国家重大战略项目和前沿技术、培育新业态新模式，才能在新一轮竞争中抢占先机，在把握发展主动权的同时确保经济安全。

本章将根据北京高精尖产业新体系梳理重点产业的产业链，并针对产业链的安全性进行分析。

（三）供应链保障

厘清重点产业的关键技术是否由国内掌握、确保国产化配套比重达到一定水平、确保生产效率达到国际先进水平、优化绿色发展、推动国际产能合作迈向高层次，将成为确保供应链保障的重要因素。因此，本章将在深入研究北京重点产业的产业链基础上，科学分析供应链保障程度，进而对北京经济安全做出科学判断。

### 三、微观层面

具体到微观技术层面，本章重点论述新一代信息技术如何通过收集、整理、分析产业大数据，绘制产业图谱，进而对重点产业的产业链进行跟踪和预警，最终支撑供应链安全。

（一）产业图谱绘制

随着信息化与工业化的深度融合，信息技术渗透到了工业企业产业链的各个环节，条形码、二维码、RFID、工业传感器、工业自动控制系统、工业物联网、ERP、CAD/CAM/CAE/CAI 等技术在工业企业中得到广泛应用，尤其是互联网、移动互联网、物联网等新一代信息技术在工业领域应用，工业企业也进入了互联网工业的新的发展阶段，工业企业所拥有的数据日益丰富，包括设计数据、传感数据、自动控制系统数据、生产数据、供应链数据等，数据驱动的价值体现及其带来的洞察力贯穿于智能制造生命周期的全过程，大数据在产业中的应用，推动形成以数据驱动、快速迭代、持续优化为特征的产业智能系统。通过互联网、移动物联网等带来了低成本感知、高速移动连接、分布式计算和高级分析，信息技术和工业系统正在深入融合，创新产业的研发、生产、运营、营销和管理方式。

通过收集、整理、分析产业大数据绘制重点产业整条生态链的产业图谱，梳理产业链构成和传导机制，进而分析重点产业的市场价值流动与产业升级方向。

（二）产业链跟踪预警

大数据应用、建模与仿真技术使得跟踪和预测动态性成为可能。本章将探讨如何构建工业数据安全管理体系，包括明确企业安全主体责任和各级政府监督管理责任，构建工业数据安全责任体系，进而加强态势感知、测试评估、预警处置等工业大数据安全能力建设，实现闭环管理，全面保障产业链安全。

## 第三节　北京经济安全的现状及问题

### 一、经济运行及结构现状

根据《北京统计年鉴 2021》，2020 年，北京地区生产总值为 36102.6 亿元，比上年增长 1.2%，其中，第一产业生产总值为 107.6 亿元，第二产业为 5716.4 亿元，第三产业为 30278.6 亿元。居民消费价格指数为 101.7，比上年的 102.3 稍有回落，通货膨胀率压力较小。2020 年，城镇新增就业人数为 26.10 万人，新增就业规模较上年减少 9 万人，存在一定的失业压力，但北京全面落实首都城市战略定位，"四个中心"功能建设全面提速，在人口、建设用地、建筑规模"三个减量"的同时，全员劳动生产率从"十三五"末的人均 21.2 万元提高到 2020 年的 28 万元以上。2020 年，一般公共预算收入为 94.3 亿元，一般公共预算支出为 96.1 亿元，政府债务负担可控。2020 年，北京地区进出口总值为 23215.9 亿元，外贸依存度为 64.3%，较上年大幅回落。

从宏观经济运行层面看，地区生产总值增幅放缓，居民消费价格指数回落，就业压力增加，财政收入与支出均相应下降，外贸依存度下降。在主要经济指标总量分析基础上，北京经济结构依然呈现出以第三产业为主的局面，地方生产总值中，第一产业占比 3.3%，第二产业占比 13.6%，第三产业占比 83.1%，就业人数中，第一产业占比 0.4%，第二产业占比 15.8%，第三产业占比 83.8%。经济结构持续优化，数字经济占比达到 38%，居全国前列。

在智慧北京经济安全预测决策谱系中，宏观经济运行指标属于常规监测数据，与经济安全预测决策相关性高，这是因为宏观经济运行指标是由不同部门、不同行业与不同企业相互影响、互相制约，共同影响国民经济发展的速度和质量所形成的数据，其他维度指标与宏观经济总量及其结构密切相关。宏观经济运行指标是智慧北京经济安全预测决策谱系中的关键，起决定性作用。

## 二、金融安全现状

2020 年，国内商业银行资本充足率为 14.7%，北京银行业资本充足率也远超国际标准。北京银行业总资产规模达到 286247.83 亿元，同比增长 9.05%；总负债规模为 273385.42 亿元，同比增长 9.26%；各项贷款规模为 114095.96 亿元，同比增长 10.47%；各项存款规模为 202060.77 亿元，同比增长 8.90%；不良贷款规模为 633.11 亿元，不良贷款率为 0.55%。

2020 年，北京保险业经营情况良好，原保险保费收入 2303 亿元，保险深度为 6.38%，反映出北京保险市场发展程度较高，保险密度为 1.05 亿元/万人，反映出北京保险市场发达程度很高。

截至 2020 年底，北京共有上市公司共 381 家，上市公司总市值达到 151721.16 亿元，上市公司流通市值达到 124557.14 亿元，上市公司本年累计募集资金 3866.48 亿元。北京共有证券公司 17 家，证券营业部 527 家，基金管理公司 36 家，管理基金 1682 只，期货公司 19 家，期货营业部 116 家。

在智慧北京经济安全预测决策谱系中，金融安全指标属于常规监测数据，但指标变动较大。由于金融是整个宏观经济发展的血液，金融安全直接影响经济安全，因此与经济安全预测决策相关性高，影响力大，且专业性强。

## 三、供应链保障现状

根据北京落实首都城市战略定位、建设国际科技创新中心、构建高精尖经济结构、推动京津冀产业协同发展的定位要求，以及保障供应链的智慧体系建设目标，确定先进制造业、软件和信息服务业、科技服务业等高精尖产业是北京的重点产业。

目前，北京已构建起高精尖经济结构，高精尖产业进入创新发展及提质增效新阶段，为"十四五"时期构建现代产业体系、建设保障供应链的智慧体系奠定了坚实基础。具体数据如下：

一是产业发展能级实现新跃升，为保障供应链的智慧体系建设提供了基础条件。2020 年，北京高精尖产业实现增加值 9885.8 亿元，占地区生产总值比重达到 27.4%，培育形成新一代信息技术（含软件和信息服务业）、科技服务业两个万亿元级产业集群以及智能装备、医药健康、节能环保、人工智能 4 个千亿元级产业集群。

二是产业创新能力明显提高，为保障供应链的智慧体系建设提供了未来潜力。2020 年，北京高精尖产业研发经费投入占收入比重达 7.3%，创建了 3 个国家级制造业创新中心、92 个企业技术中心和 8 个工业设计中心，布局人工智能、量子、脑科学等一批新型研发机构，拥有独角兽企业 93 家，数量居世界城市首位。

三是产业项目落地取得丰硕成果，为保障供应链的智慧体系建设提供了切实可行性。国家级专精特新"小巨人"、制造业单项冠军、智能制造示范项目和系统解决方案供应商数量全国领先，涌现出福田康明斯"灯塔工厂"、小米"黑灯工厂"等行业标杆，率先启动建设国家网络安全产业园，聚集全国半数以上网络安全和新创企业，落地工业互联网标识解析国家顶级节点、国家工业互联网大数据中心和安全态势感知平台等一批重大基础设施平台。

### 四、存在的问题

"十四五"乃至更长时期，经济安全仍是北京提升创新发展活力、持续高质量发展的重要保障，但是，当前北京经济安全体系的建设现状与其需达到的要求仍存在差距。北京经济发展需要联动宏观、中观和微观三个层面的经济安全预测决策智慧体系来保障，因此，北京经济安全体系建设存在的主要问题是预测决策智慧体系建设不足。

综上所述，核心问题是如何建立一套联动的经济安全预测决策目标谱系，将可控、可测、相关指标分层次地有机融入一套体系，使其结合人工智能算法及时评测并预警可能影响北京经济安全的可见及隐性指标。关键问题是如何充分利用新一代信息技术，挖掘产业数据赋能与智慧提升的潜能，建立一套金融安全智慧体系，从而预警及应对产业、财政及金融风险，破解产业链、供应链"卡脖子"问题，提升经济活力和韧性，为打通从科技研发到落地转化的创新闭环提供指导及持续发展动能，释放新产业新业态倍增发展势能，提升北京产业发展的核心竞争力，为国际科技创新中心和现代产业体系建设提供支撑，最终确保支撑供应链保障。

## 第四节　北京经济安全目标谱系及联动应用

### 一、目标谱系

基于前文理论和北京经济安全体系建设存在的主要问题，本章遵循典型性、客观性、层次性和可操作性原则，对影响北京经济安全的主要因素进行梳理，提出智慧北京经济安全预测决策目标谱系如表 17.1、图 17.2 所示。

表 17.1　智慧北京经济安全预测决策目标谱系

| 一级指标 | 所属系统 | 类型 | 二级指标 | 三级指标 |
|---|---|---|---|---|
| 北京经济安全 | 经济本身 | 宏观 | 经济发展水平 | 地区生产总值 |
| | | | | 人均地区生产总值 |
| | | | | 三次产业占比 |
| | | | | 社会固定资产投资 |
| | | | 经济发展速度 | 地区生产总值增长率 |
| | | | 价格水平 | GDP 平减指数 |
| | | | | 三次产业平减指数 |
| | | | 收入及就业 | 人均可支配收入 |
| | | | | 人均可支配收入增长率 |
| | | | | 恩格尔系数 |
| | | | | 城镇登记失业率 |
| | | | | 各行业劳动力需求景气指数 |
| | | | 政府债务负担情况 | 地方财政收入 |
| | | | | 税收收入 |
| | | | | 地方财政支出 |
| | | | 对外贸易的依存度 | 进出口总额 |
| | | | | 出口总额 |
| | | | | 进口总额 |
| | | | | 出口依存度 |
| | | | | 进口依存度 |
| | | | | 依存度平均值 |
| | | 中观 | 产业结构贡献 | 三次产业在 GDP 中的比重 |
| | | | | 三次产业吸收就业 |
| | | | | 三次产业贡献税收 |
| | | | | 三次产业对外经济贸易 |
| | | | 产业结构关联 | 影响力系数 |
| | | | | 感应度系数 |
| | | | 重点产业全产业链发展 | 产业融合度 |
| | | | | 产业耦合度 |
| | | | | 产业结构柔性系数 |
| | | | | 产业协调指数 |
| | | | | 产业共享指数 |
| | | | | 首位产业引领度系数 |
| | | | | 产业创新生态系数 |

351

续表

| 一级指标 | 所属系统 | 类型 | 二级指标 | 三级指标 |
|---|---|---|---|---|
| 北京经济安全 | 经济本身 | 微观 | 工业互联网设备 | 设备企业数量 |
| | | | | 设备企业营业收入 |
| | | | | 边缘计算企业数量 |
| | | | | 边缘计算营业收入 |
| | | | 工业互联网网络 | 工业通信网关设备企业数量 |
| | | | | 工业通信网关设备企业营业收入 |
| | | | | 物联网模组企业数量 |
| | | | | 物联网模组企业营业收入 |
| | | | | 交换机企业数量 |
| | | | | 交换机企业营业收入 |
| | | | | 光纤接入设备制造企业数量 |
| | | | | 光纤接入设备制造企业营业收入 |
| | | | 工业互联网安全 | 工业互联网平台数量 |
| | 环境友好 | 可持续发展 | 资源利用情况 | 万元地方生产总值能耗 |
| | | | | 能源消费弹性系数 |
| | | | | 三次产业能耗 |
| | | | | 三次产业的环境污染治理成本 |

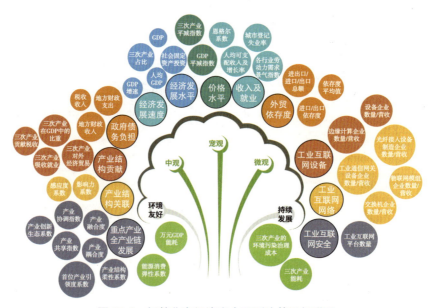

**图 17.2　智慧北京经济安全预测决策目标谱系**

## 二、系统全景

目标谱系的构建对北京经济安全具有重要基石作用，在此基础上，可做产业链的安全性评估与预警，为全链条产业生态体系决策提供科学依据，确保产业链安全。

城市经济安全是动态的和相对的，除了经济本身，环境以及所处的社会都在随时间不断变化和演进，进而影响城市的经济安全。基于北京经济安全的预测决策体系是一个通过监测预警、应急响应、检测评估、攻防测试等手段确保经济社会有序发展的动态平衡系统，它的预测决策过程如图 17.3 所示。

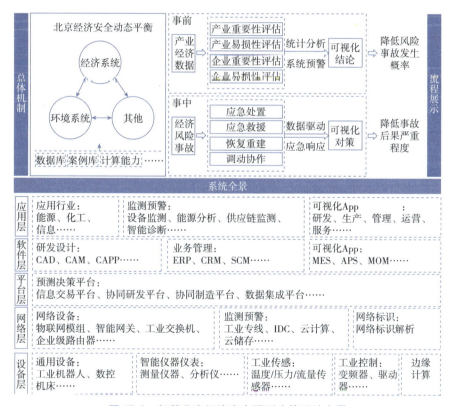

图 17.3　智慧北京经济安全预测决策系统全景

## 三、联动应用

### （一）信息化支撑供应链保障

北京正积极培育形成两个国际引领支柱产业、四个特色优势的"北京智造"产业、四个创新连接的"北京服务"产业以及一批未来前沿产业，构建"2441"高精尖产业体系，打造高精尖产业 2.0 升级版。通过做大新一代信息技术、医药健康两个国际引领支柱产业，做强集成电路、智能网联汽车、智能制造与装备、绿色制造与节能环保"北京智造"四个特色优势产业，做优区块链与先进计算、科技服务业、智慧城市、信息内容消费"北京服务"四个创新连接产业，抢先布局一批未来前沿产业，优化产业间、区域间协同联动发展，提升自主可控能力，最终依托智慧北京经济安全预测决策谱系实现供应链保障和经济安全。

贯通重点产业的产业链上下游，构建研发、制造、服务等各环节联动迭代的新链条，强化数字化赋能，打造创新驱动产业发展的新范式。通过构建智能泛在的产业基础设施实现智慧北京经济安全预测决策谱系联动。具体应用如下：

1. 建设基础稳固的新型网络基础设施

通过建设基础稳固的新型网络基础设施，实现智慧北京经济安全预测决策谱系联动。加快基于 IPv6 的下一代互联网规模部署，新建 5G 基站，提高有效面积覆盖率，建设以物联网、车联网、工业版 5G 芯片、网关、多接入边缘计算、卫星互联网为代表的通信网络基础设施。在此基础上，构建服务京津冀、辐射全国产业转型升级的工业互联网赋能体系，建设工业互联网标识解析国家顶级节点、打造国家工业互联网大数据中心。

2. 打造数智融合的数据智能基础设施

通过打造数智融合的数据智能基础设施，实现智慧北京经济安全预测决策谱系联动。推进数据中心从存储型到计算型升级，加快数据中心从"云+端"集中式架构向"云+边+端"分布式架构演变，强化以"筑基"为核心的大数据平台建设，逐步将大数据平台支撑能力向下延伸，夯实北京城市大脑应用基底，建设人工智能超高速计算中心、一体化大数据平台、区块链共性平台等数据智能基础设施。加快传统基础设施数字转型和智能升级，开展智慧城市、智慧民生、智慧产业等智慧应用。

3. 建设共享开放的生态系统基础设施

通过建设共享开放的生态系统基础设施，实现智慧北京经济安全预测决策谱系联动。加强共性支撑软件研发，打造高可用、高性能操作系统，推动数据库底层关键技术突破，建设共享产线等新型中试服务平台，建设各类特色产业园区基础设施，完善协同创新服务设施。

4. 夯实自主可控的可信安全基础设施

通过夯实自主可控的可信安全基础设施，实现智慧北京经济安全预测决策谱系联动。系统布局覆盖终端、用户、网络、云、数据、应用的可信安全基础设施，促进网络安全产业集聚发展，培育拥有网络安全和新技术与服务能力的优质企业，支持操作系统安全、新一代身份认证、终端安全接入等新型产品服务研发和产业化，建立可信安全防护基础技术产品体系，支持建设一体化新型网络安全运营服务平台，提高新型基础设施建设的安全保障能力。

5. 确保数据跨境安全合规开放

通过确保数据跨境安全合规开放，实现智慧北京经济安全预测决策谱系联动。依托北京国际大数据交易所，稳妥推进数据跨境流动，在确保数据跨境安全合规开放的基础上逐步释放数据价值。以数据分级分类为突破口，加快推进数据的国内国际流通，重点推进价值大、安全级别低的数据先行对外开放。重点可在中关村软件园国家数字服务出口基地、朝阳金盏国际合作服务区和自贸区、大兴机场片区部分区域探索试验区内跨境数据流动试点路径，分阶段推动跨境数据有序安全开放，逐步建立跨境数据流动规则，不断扩大国际合作范围的同时确保安全。

（二）金融安全智慧体系

通过设置财政与金融安全垫实现智慧北京经济安全预测决策谱系联动。当前，北京市一般公共预算收入呈下降趋势，政府赤字及隐性债务、居民及企业部门债务都稳定在一定规模水平，财政及金融风险并存对北京市经济安全造成的影响，可尝试通过设置财政与金融安全垫的路径应对。

1. 建设智慧金融自然利率系统保障货币政策空间

新发展格局下的货币政策以币值稳定为目标，因此保持较高的自然利率有利于货币政策目标的实现。2008 年全球金融危机爆发以来，美国、欧元区等经济体出台大规模量化宽松政策，政策利率触及零利率下限。新冠肺炎疫情暴发以来，发达市场推出大规模财政政策刺激措施，为保障财政政策效果只能维持零利率，因此进一步掣肘了货币政策。相比之下，我国财政金融政策均克制且稳定，为货币政策留足了空间。在此背景下，通过建设智慧金融自然利率系统观测、测算、预测自然利率水平，可有效应对美国及欧元区货币政策和财政政策调整的外溢效应，阻挡其对金融安全形成的外部冲击，以较大的货币政策空间有力支撑金融稳定与安全。

2. 建设智慧金融外汇储备系统保障人民币汇率稳定

防控外债风险是保障金融安全的重要内容，外汇储备是稳定人民币汇率的压舱石。20 世纪拉美债务危机、东南亚金融危机的历史经验表明，外债风险容易引发债务危机甚至进一步引发经济危机，而外债具有一定的顺周期性，企业开展外贸交易时，人民币升值预期有可能加强企业利用海外举债的可能性，这将增加资本项目与金融项目下的外汇流动，在国际收支层面进一步加强升值预期。建立在新一代信息技术基础之上的智慧金融外汇储备系统将实时监测及预测北京市各部门的外汇储备量，进而判断汇率调节政策工具是否留有充足空间，以及能否保障汇率均衡，确保金融安全。

（三）未来应用场景

数字经济飞速发展背景下的经济安全是一个不同于以往的全新命题。当前，以人工智能、大数据、物联网为标志的第四次工业革命方兴未艾，世界正步入智能化时代，第四次工业革命与数字经济紧密相关。中国的数字经济规模占国内生产总值比重已超过 1/3，中国在生产、办公、医疗、教育、娱乐等方面都在进行数字经济升级。同时，数字经济的发展对中国抗击新冠肺炎疫情发挥了重要作用。北京数字经济发展进一步提速，2021 年，北京数字经济实现增加值 1.6 万亿元，占北京 GDP 比重达到 40.4%，其中核心产业增加值 8900 多亿元，同比增长 16.4%，占北京 GDP 比重达到 22.1%。在实体经济拥抱数字化的同时，金融领域也在数字化进程中不断突破，法定数字货币作为数字时代最重要的金融基础设施，已成为社会经济循环中的重要交易媒介。虽然中国在法定数字货币的研发与试行中处于全球领先地位，但在国际标准制定中却不占优势。而货币无疑是影响经济安全的重要因素，通过货币政策数倍放大其对经济的影响，数字货币对纸币的替代以及全球使用又进一步扩大了货币对经济的影响范围。2020 年 9 月，《中国（北京）自由贸易试验区总体方案》提出，"充分利用监管沙箱机制，稳妥开展金融科技创新""建设法定数字货币试验区"。在此背景下，在数字经济发展的浪潮中融合实体经济与金融服务，高效借助新一代信息技术和数字货币的发展确保经济安全，建立一套高效、安全的预测决策系统，是北京建设科技创新中心、保障金融稳定的重要课题。

2021 年 9 月 10 日，北京法定数字货币试验区正式成立，该区域将作为新兴金融产业集聚区、首都金融改革试验区，围绕支付清算、登记托管、征信评级、资产交易、数据管理等环节，支持数字金融重点机构和重大项目落地，提升金融基础设施数字化水平。数字货币的推广，在一定程度上可以替代纸币，纸币数量占货币总量的比例称为"现金漏损率"，不进入货币创造体系。若社会上"现金漏损率"过高，会引起通货紧缩，流通不畅，进而发生经济危机，社会动荡。数字货币具有携带信息的能力，不仅可记录每一笔资金的流向，还可通过与智能合约的结合预测"现金漏损率"，提前捕捉到通货膨胀或通货紧缩的信号，提前进行有效的货币政策部署。政策效果如图 17.4 所示。

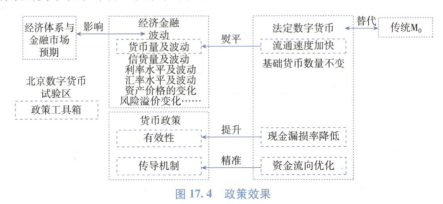

图 17.4　政策效果

# 第十八章　AI 智能平台

AI 平台涉及数量庞大的因素和技术，譬如以大数据为核心、以 5G 为核心、以超级计算为核心、以人工智能技术为核心等。基于现有研究，科学的城市大脑建设方案应具备 10 个特征：构建基础理论、适应复杂场景、突破地域限制、消除信息孤岛、满足民众需求、降低建设成本、实现协同建设、体现人机融合、保持持续进化、对人类协同发展形成支撑。AI 平台是集成了 AI 算法、算力与开发工具的平台，通过接口调用的形式使企业、个人或开发者高效使用平台中的 AI 能力，实现 AI 产品开发或 AI 赋能。

## 第一节　国内外 AI 平台概述

2008 年 1 月，IBM 首席执行官彭明盛首次提出"智慧地球"概念，由此延伸的智慧城市概念极大推动了世界各国城市的现代化进程。2010 年以来，世界性科技公司纷纷推出自己的"大脑"系统、包括谷歌大脑、百度大脑、讯飞超脑、阿里 ET 大脑、腾讯超级大脑、滴滴大脑、360 安全大脑、华为 EI 智能体、IBM 沃森系统、达闼科技的机器人大脑等。

亚马逊推出了 AWS 平台，通过使用 AWS Machine Learning（ML）进行准确预测，从数据中获得更深入的见解，降低运营开销并改善客户体验。AWS 通过最全面的人工智能（AI）和机器学习（ML）服务、基础设施和实施资源，增强客户服务体验。微软建设出 Azure AI 平台。利用 Azure AI 提供的数十年突破性研究、负责任的 AI 实践和灵活性来构建和部署客户自己的 AI 解决方案。通过简单的 API 调用访问高质量的视觉、语音、语言和决策 AI 模型，并使用 Jupyter Notebooks、Visual Studio Code 等工具以及 TensorFlow 和 PyTorch 等开源框架创建自己的机器学习模型。

上海于 2018 年 1 月 30 日正式发布《贯彻落实〈中共上海市委、上海市人民政府关于加强本市城市管理精细化工作的实施意见〉三年行动计划（2018—2020年）》（以下简称《三年行动计划》）。《三年行动计划》提出，上海市要做强"城市大脑"和"神经末梢"。打造感知敏捷、互联互通、实时共享的"神经元"系统；深化智慧治理，以城市网格化综合管理信息平台为基础，构建城市综合管理信息平台，推进"城市大脑"建设。

福州于 2019 年 9 月 17 日发布城市大脑顶层设计纲要，基于国产自研、自主可控人工智能芯片的算力，通过开放城市创新应用场景，营造国内外企业共同参与建设的开放生态。福州城市大脑可概括为"一云一湖一生态"，即一个自主可控的 AI 算力云、一个融合共享的数据湖和一个开放创新的生态体系。其中，一个生态体系又包含开放算法生态、场景应用生态和协同创新生态三个层面的含义。

此后，上海、海口、福州、北京、长沙、郑州、合肥、宁波、深圳、呼和浩特等城市也都开展了泛城市大脑建设，截至 2021 年，全国已经有近 500 个城市开始了城市大脑的建设或规划。政府从国家层面全面推进中国 AI 平台建设，建设"新一代人工智能开放创新平台"。在《中国制造 2025》的大背景和智能经济新形态下，各省市响应中央号召，已有 30 多个省市发布人工智能相关规划或专项政策，以人工智能为技术手段，发挥当地产业集群优势，促进产学研融合并协同发展。截至 2019 年，包括科技部、国家发展和改革委员会在内的 15 个部门构成的新一代人工智能发展规划推进办公室已宣布将依托百度、阿里云、腾讯、科大讯飞与商汤科技分别建设自动驾驶、城市大脑、医疗影像、智能语音与智能视觉五大领域的首批国家新一代人工智能开放创新平台。

但目前没有统一的智慧城市建设规范和标准，国内先行城市在数百家科技企业的帮助下进行各自的理解和探索，城市各领域的人、机器、AI 系统没有统一的规范可以无障碍地连接到智慧城市的系统中，还存在部门孤岛、行业孤岛、企业孤岛和地区孤岛的问题。城市的各种需求不能在同一个平台上统一解决。智慧北京的建设不仅仅是工程技术问题，更是基础科学研究问题（见图 18.1）。21 世纪以来，前沿科技领域出现了包括智慧城市、目标谱系在内的大量新概念和新技术。这也是智慧北京建设所面临的基本问题。只有找到这个规律并掌握它，我们才有可能在智慧北京的未来建设过程中以最小试错成本获得最大红利。

在科技企业方向，世界范围的科技巨头为了适应互联网新出现的类脑结构，不断将自己的核心业务与互联网大脑架构结合。谷歌依托搜索引擎带来的大数据提出谷歌大脑，科大讯飞依托语音识别技术提出讯飞超脑，360 依托安全业务提出 360 安全大脑，腾讯依托社交网络应用提出腾讯超级大脑，阿里巴巴依托企业级服务提出阿里 ET 大脑，华为依托通信领域的优势地位提出华为 EI 智能体。

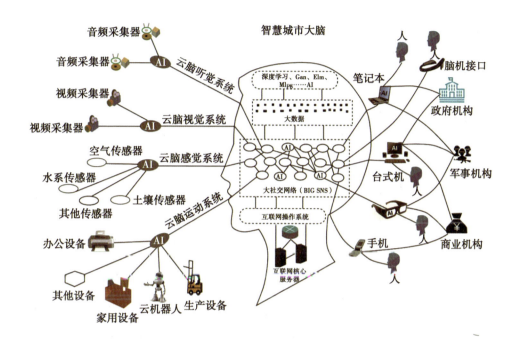

图 18.1　智慧城市大脑智能 AI 平台

2020 年 3 月，习近平在考察杭州城市大脑运营指挥中心时指出，推进国家治理体系和治理能力现代化，必须抓好城市治理体系和治理能力现代化。运用云计算、大数据、区块链、人工智能等前沿技术推动城市管理手段、管理模式、管理理念创新，从数字化到智能化再到智慧化，让城市更聪明一些、更智慧一些，是推动城市治理体系和治理能力现代化的必由之路，前景广阔。

## 第二节　AI 平台设计

如图 18.2 所示 AI 智能平台是专门为智慧城市建立的自学习、自适应、自完善、自分析的在线平台。该平台以智慧城市为载体，构建涵盖智慧政务、智慧交通、智慧社区、智慧医疗、智慧教育、智慧旅游、智慧环保、智慧商务、智慧产业、智慧建造十大应用的综合性平台。AI 智能平台通过对当今北京生活数据进行训练分析，充分利用 5G、大数据、人工智能、区块链、新基建、目标谱系等新兴技术构建新科技浪潮下的智慧北京。使北京信息产业和信息基础设施得到更快发展，信息技术、网络技术得到更广泛应用，智慧化发展、智慧化管理、智慧化生活水平走在全国前列。

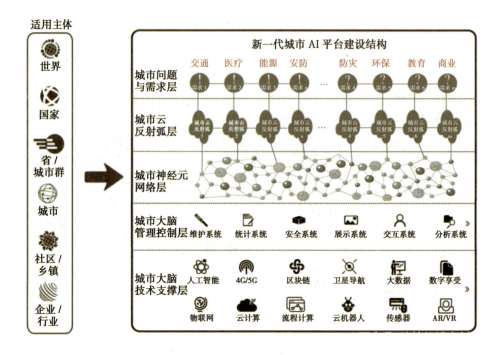

图 18.2　新一代城市 AI 平台建设结构

AI 智能平台的组织机制和推进机制基本健全，规划、政策、法规和标准体系基本完善，信息安全保障水平显著提升，全民信息化素质和信息化应用能力显著提高，信息化人才引进和培育成效明显，信息化专业人才队伍不断壮大，国内外合作交流机制进一步完善。

**一、智慧北京建设技术框架**

结合北京的实际情况，智慧北京的建设采用如图 18.3 所示总体框架。

（1）智慧城市空间发展路线：智慧城市的建设是从智慧示范园区建设，到智慧城市建设，再到智慧城市群建设，这样一个从点到面、由小到大的全过程。

（2）智慧城市生态系统建设愿景：智慧城市生态系统包括自然生态系统、社会生态系统和经济生态系统三大部分。通过智慧城市生态系统建设，使城市达成环境友好、资源节约、社会和谐、民生幸福、产业绿色、信息通畅等美好蓝图，使城市具备生态系统一般自我调节和自我完善的能力。

（3）智慧城市生态系统组成：智慧城市生态系统由目标谱系和应用体系两部分组成。目标谱系支撑应用体系运行，应用体系带动目标谱系发展，两者相互支撑、相辅相成，共同构成推陈出新、生生不息的智慧城市生态系统。目标谱系

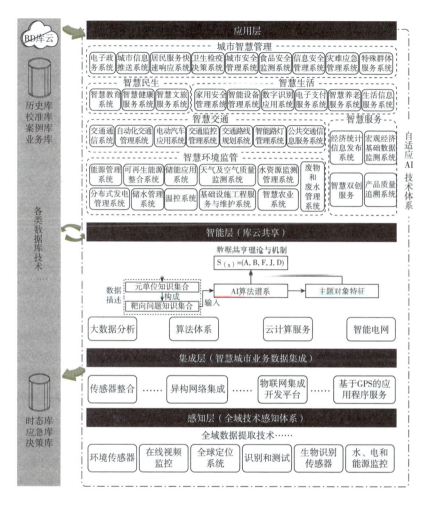

图 18.3 AI 智能平台技术基础

是供给方，主要包括智慧城市建设支柱产业和智慧城市建设带动产业两大部分。智慧城市建设支柱产业带动智慧城市建设带动产业的发展，同时，智慧城市建设带动产业的发展支撑着智慧城市建设支柱产业的发展。应用体系是需求方，包括感知层、网络层、服务层和应用层等几大层次。

（4）智慧城市运行体系：智慧城市运行体系包括智慧城市建设过程中规划、融资、实施、运营等全生命周期过程。

（5）综合保障措施：包括政策、法规、行业准则，这些措施便于企业的建立和运营，促进上层体系的规范化发展。综合保障措施是整个北京智慧城市的基础，保障整个北京智慧城市建设的正常运行。

## 二、信息化建设基础

建立建成 AI 智能平台应从信息化基础设施建设入手搭建背景平台。

(一) 建设全面覆盖的感知网络

推进传感器全面部署，扩大包括 RFID 感知、位置感知、视频感知网络、环境感知网络等感知监控网络覆盖范围，实现城市动态实时监控。

(二) 提高宽带网络覆盖水平和效能

一是不断提高宽带网络覆盖水平，使各类有线和无线形式的宽带网络覆盖城乡。支持运营商建设 5G、DTMB、CMMB 作为"无线城市"主体网络，以 WLAN 作为热点区域高速接入的补充技术，全面实现无线互联网在室外全覆盖和室内深度覆盖。提高主要公共场所 WLAN 覆盖率，在大专院校、交通枢纽、商业集中区、公共活动中心等主要公共场所提高普及应用。

二是提高宽带网使用效能，提高户均网络接入水平，使城市家庭使用网络的平均带宽达到 30 兆以上；提高平均无线网络接入带宽，使室外网络连接的平均实际带宽水平达到 5 兆以上。

(三) 推进"三网融合"

推动广电和电信业务双向进入试点，统筹规划和管理三网信息网络资源，支持建设以数字电视为核心、主干与接入实现三网融合的高清互动数字家庭业务商用试验网络。

(四) 建设智慧应用集成平台

建设统一的智慧应用集成平台，实现智慧管理应用的集成和感知网络的统一管控，并为智慧公众和产业应用创造良好的产业发展技术环境。

(五) 建设以超算中心为基础的基础设施共享服务平台

以超算中心为基础，建设统一的城市级基础设施共享服务平台，通过高速网络提供用户所需要的云计算服务，方便实现硬件资源统一部署与维护。

## 三、AI 平台设计技术

AI 平台设计技术以机器学习为基础，首先利用计算机视觉和自然语言处理技术分别对城市 AI 平台中所涉及的图像、视频以及自然语言数据进行识别、标记、分类处理，其次通过联邦学习框架实现隐私数据间协作解决数据孤岛问题，最后通过搭建深度学习模型进行训练使 AI 平台能够实现预测智慧。

(一) 机器学习

机器学习是一门涉及计算机科学、概率论、统计学、逼近论、凸分析等学科与理论多领域交叉学科，研究计算机如何模拟或实现人类的学习行为，以获取新的知识或技能，重新组织已有的知识结构，使之不断改善自身的性能。

　　按照传统的机器学习理论框架，机器学习可以分为有监督学习和无监督学习两类。在有监督学习中，学习器利用的是已标签样例，而无监督学习只关注未标签样例。随着数据采集技术和存储技术的发展，获取大量未标签样例已经比较容易，而由于需要耗费一定的人力和物力，获取大量已标签样例则相对比较困难。

　　在AI平台设计过程中需要标记很多数据集，在这些数据集中未标签样例的数量远大于已标签样例的数量。如果只使用少量已标签样例，那么由监督学习训练得到的学习模型不具有很好的泛化能力，同时造成大量未标签样例的浪费；如果只使用大量未标签样例，那么无监督学习将忽略已标签样例的价值。因此，研究如何综合利用少量已标签样例和大量的未标签样例来提高学习性能的半监督学习（Semi-supervised Learning），已成为当前机器学习和模式识别的重要研究领域之一。近几年，随着机器学习理论在实际问题中的广泛应用，半监督学习获得了长足发展。半监督学习研究主要关注当训练数据的部分信息缺失（包括数据的类别标签缺失、数据的部分特征维缺失、噪声等）的情况下，如何获得具有良好性能和泛化能力的学习机器。目前，其研究成果已经广泛应用于自然语言处理、数字图像处理、视频标签、生物特征识别等领域中。

　　（二）计算机视觉

　　计算机视觉是通过机器学习模拟人类视觉功能人工智能技术，实现对图像或视频的识别、标记、分类与处理，是人工智能技术的重要研究方向之一。

　　在AI平台设计过程中，需要处理低级视觉数据和高级抽象知识之间的语义差距。视觉到文本是一个主要的技术，可以在许多现实世界应用，如视频监控系统、视觉辅助系统，等等。尽管许多经典的计算机视觉分类或检测方法在上述的一些应用中显示出良好的结果，但它们通常生成部分的和非结构化的输出，如视频帧中的边框和对象标签。这些方法为我们提供了语义原语，它们可以被认为是"从视觉到文本"的基本步骤。另外，基于端到端视觉到文本的自然语言生成技术直接生成描述视觉观察的句子，更易于理解。

　　（三）自然语言处理

　　自然语言处理是一门融语言学、计算机科学、数学为一体的科学，研究能实现人与计算机之间用自然语言进行有效通信的各种理论和方法，是人工智能技术的重要研究方向之一。

　　在AI平台设计过程中，不但需要处理视觉数据，文本数据的处理也十分重要。视觉形式和文本形式之间有一个关键的区别：抽象层次。视觉内容的数据形式是包含特定主题的图像或视频，更具体地说，是一个对象、一个场景、一个事件、一个活动等。相反，文本内容的基本数据形式是单词，即字符串。虽然一个字也可以描述一个特定的对象或活动，但它只提供了一个高水平的概念对象、活动，从现实世界中抽象出来，这可能意味着信息包含不同形式的人类感知的许多方面，如视觉、嗅觉、听觉、味觉和触觉。由视觉形成的视觉信息只是其中之一。虽然命名实体会提供关于特定物体或事件的更多细节，但包含该物体或事件的图像或视频仍然比纯粹的标签或概念更生动。这些不同之处，即生动的视觉表示与高度抽象的文本表示，定义了机器视觉的主要挑战，也是自然语言处理的一个关键课题。在计算机视觉中，通过识别图像或视频的类别或其他高级特征来表征图像或视频。在自然语言处理中，通过识别词语序列的内涵和外延来解析语言描述，通常会遇到相反的挑战。这些挑战之所以出现，是因为语言是直接相关的概念，而不是真实世界中物体或活动的无损记录。

（四）联邦学习

联邦学习本质上是一种分布式的机器学习技术，主要包括客户端和中心服务器。客户端（如平板、手机、IoT 设备）在中心服务器（如服务提供商）的协调下共同训练模型，其中客户端负责训练本地数据得到本地模型（Local Model），中心服务器负责加权聚合本地模型，得到全局模型（Global Model），经过多轮迭代后最终得到一个趋近于集中式机器学习结果的模型，有效地降低了传统机器学习源数据聚合带来的许多隐私风险。

在 AI 平台设计过程中，通过联邦学习在数据不共享的情况下完成联合建模，以解决数据孤岛问题。具体来讲，各个数据拥有者（个人/企业/机构）的自有数据不会离开本地，通过联邦系统中加密机制下的参数交换方式（在不违反数据隐私法规的情况下）联合建立一个全局的共享模型，建好的模型在各自的区域只为本地的目标服务。该技术允许用户在机器学习过程中既可以保护用户隐私，又无须源数据聚合，其本质是分布式机器学习技术，目标是在数据隐私安全以及合法合规的前提下，实现不同企业间协同建模，以提升人工智能模型的效果。

根据联邦学习的数据特点（不同参与方之间的数据重叠程度），将联邦学习分为横向联邦学习、纵向联邦学习和迁移联邦学习 3 类。

1. 横向联邦学习

当两个参与方的用户重叠部分很少，但两个数据集的用户特征重叠部分比较多时，这种场景下的联邦学习叫作横向联邦学习。比如一个银行系统在深圳和上海的分部为参与方，两边业务类似，收集的用户数据特征比较类似，但两个分部的用户大部分是本地居民，用户重叠比较少，当两个分部需要做联邦模型对用户进行分类的时候，就属于横向联邦学习。

2. 纵向联邦学习

当两个参与方的用户重叠部分很多，但两个数据集的用户特征重叠部分比较少时，这种场景下的联邦学习叫作纵向联邦学习，横向联邦学习与纵向联邦学习是联邦学习的常见范式。纵向联邦学习以保护隐私的方式计算模型在训练过程中的梯度和损失，且这些模型构建依赖的数据集是将不同客户端的不同数据特征聚合起来的数据集。在这样的联邦机制下，参与联邦学习的各客户端享受平等的身份和地位，使用各客户端的数据共同构建全局共享模型，帮助每个参与进来的客户端建立"共同富裕"战略。Nock 和 Hardy 等提出了一种纵向联邦学习方案，该方案运用同态加密算法保护数据安全和隐私，同时提出将泰勒逼近与损失和梯度计算进行组合来训练逻辑回归模型。比如同一个地区的两个机构，一个机构有用户的消费记录，另一个机构有用户的银行记录，两个机构有很多重叠用户，但记录的数据特征不同，两个机构想通过加密聚合用户的不同特征来联合训练一个更强大的联邦学习模型，这种类型的机器学习模型就属于纵向联邦学习。目前，逻辑回归模型、树形结构模型和神经网络模型等众多机器学习模型已经逐渐被证实能够建立在此联邦体系上。

3. 迁移联邦学习

当两个参与方的用户重叠部分很少，两个数据集的用户特征重叠部分也比较少，且有的数据还存在标签缺失时，这种场景下的联邦学习叫作迁移联邦学习。比如，两个不同地区的机构，一个机构拥有所在地区的用户消费记录，另一个机构拥有所在地区的银行记录，两个机构具有不同的用户，同时数据特征各不相同，这种情况下联合训练的机器学习模型就是迁移联邦学习。

（五）深度学习

深度学习是机器学习的研究方向之一，是通过学习样本数据的特征规律与层次关系使机器具有分析、归类、预测等人类智能行为的一项技术。

神经网络最近成功地促进了模式识别和数据挖掘的研究。许多机器学习任务，如对象检测、机器翻译和语音识别，曾经严重依赖手工特征工程来提取信息特征集，最近被各种端到端深度学习范例所彻底改变，如卷积神经网络（CNNs）、递归神经网络（RNNs）和自动编码器。深度学习在许多领域的成功部分归功于快速发展的计算资源（如 GPU）、大训练数据的可用性以及深度学习从欧几里得数据中提取潜在表示的有效性。

以图像数据为例，可以将图像表示为欧几里得空间中的规则网格。卷积神经网络能够利用图像数据的移位不变性、局部连通性和组成性。因此，中枢神经系统可以提取与整个数据集共享的局部有意义的特征，用于各种图像分析。

虽然深度学习可以有效地捕捉欧几里得数据的隐藏模式，但以图形式表示数据的应用越来越多。例如，在电子商务中，基于图形的学习系统可以利用用户和产品之间的交互而做出高度准确的推荐。在化学中，分子被建模为图，它们的生物活性需要被识别以用于药物发现。

人们对扩展图形数据的深度学习方法越来越感兴趣。在 CNNs、RNNs 和来自深度学习的自动编码器的推动下，重要操作的新概括和定义在过去几年中迅速发展，以处理复杂的图形数据。

## 第三节　AI 的模式理论与算法创新

在全域集理论中，全域集表示为 $S = (A, B, F, J, D)$，其中 $A = (A_1, A_2, \cdots, A_n)$ 为全域字段结构；$B = \{\sigma(A_1), \sigma(A_2), \cdots, \sigma(A_n)\}$ 为字段的境变描述，即字段在不同条件下的变换与特征描述；$F: A \rightarrow B$ 为境变算符，对字段变换与字段幂集之间的关联映射关系进行计算建模；$J$ 为界壳，表示数据分析需求与业务范围的论域约束；$D$ 为表结构，表示由 $B$ 中不同字段变换、境变特征构成的关联结构表集合。

全域集理论为智慧城市建设提供了宏观的理论指导框架，在该框架下从智慧城市海量数据的两个不同维度出发，提出了全域集的两大实例化集合：模态全域集 $S_m = (M, B_m, F_m, J_m, D_m)$ 与行业全域集 $S_t = (T, B_t, F_t, J_t, D_t)$。具体来说，$M = \{M_1, M_2, \cdots, M_k\}$ 表示全域多模态数据，$T = \{T_1, T_2, \cdots, T_n\}$ 表示全域行业数据，所研究的问题总体上可形式化描述为：

$$I_1 = \phi[F_m(M_1, M_2, \cdots, M_k)] \tag{18-1}$$

$$I_2 = \psi[F_t(T_1, T_2, \cdots, T_n)] \tag{18-2}$$

$$\rho(I_1, I_2) \rightarrow \forall M_i \in \{M_1, M_2, \cdots, M_k\} \mid \forall T_j \in \{T_1, T_2, \cdots, T_n\} \tag{18-3}$$

式中，多模态综合信息由模态汇总函数 $\phi(\cdot)$ 结合模态境变算符 $F_m$ 将多模态数据进行信息汇总而获得，该过程可视化如图 18.4 所示；行业综合信息 $I_2$ 由行业联合函数 $\psi(\cdot)$ 结合行业境变算符 $F_t$ 将各行业数据进行信息联合而获得，该过程可视化如图 18.5 所示。最终，经验认知函数 $\rho(\cdot)$ 将海量城市数据信息在两个维度即多模态与各行业进行综合后，实现全域行业数据的跨模态任意转换，由此为智慧城市建设奠定数据感知与数据认知基础。

智慧城市建设的核心问题之一是如何有效利用海量城市数据信息，以提升各行业的自动化和智能化水平，从而提升城市管理效率和改善市民生活质量。城市中的海量数据涉及人们生活的方方面面，然而行业间的数据由于隐私安全等问题无法实现互通互联，这显著制约了智慧城市的发展。为了打通全域行业数据壁垒、充分有效利用海量城市数据，本章基于全域集理论和联邦学习技术提出了全新的多模态 AI 理论，包括多模态 AI 理论、数据互联技术机制和跨模态认知 AGI。

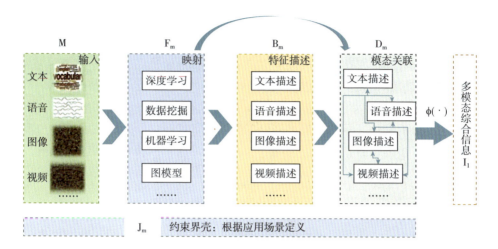

图 18.4 模态全域集可视化

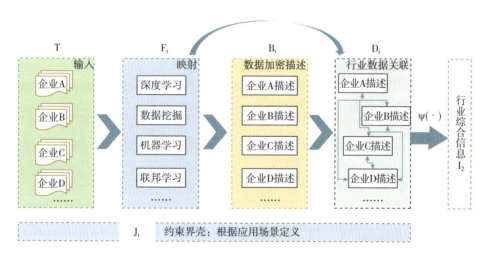

图 18.5 行业全域集可视化

## 一、多模态 AI 理论

城市数据涉及民生的方方面面，同时包含语音、图像、视频等结构化数据和新闻、报表等大量非结构化数据，在宏观上呈现非欧氏空间的数据特性。不同于欧氏空间中的数据，非欧氏空间中的局部数据具有不等维性与无序性，不等维性表明局部数据表示的维度不一，无序性表明局部数据中的元素不存在规则的排列顺序。

现有 AI 算法在单模态分析中已取得突破性进展，但对于多模态信息融合仍显乏力，其根本原因是缺乏一种有效的多模态 AI 学习理论。不同于狭义图网络仅建模单一模态，广义图网络可以为多源异构数据提供统一建模的 AI 理论框架，从而实现对多模态信息的深度挖掘与整合。

多模态数据是人类对自然界事物不同形态的抽象，并且多模态数据往往也是人们信息交流的载体，因此如何将多模态数据进行特征学习是对数据认知和理解的重要基础。多模态数据大致分为图像、文本、结构化数据和时间序列数据，涵盖了视频、语音、传感器等数据，如何对各个模态数据进行特征提取是为后端引用提供可靠特征保障的基础。

由于近几年深度学习的快速发展，深度学习在单模态数据上的特征提取已经趋于完善，但相比人类学习过程而言，深度学习还存在诸多问题，例如深度学习需要大量的带标签的数据进行训练，以及无法引入人类的先验知识进行推理与迁移等。根据人类学习知识的经验，利用拓扑图结构可以直观地构建知识体系，所以，不论是在多模态特征提取还是多模态特征融合中，图网络都非常适用。

广义图网络可通过对函数进行参数化来逼近累计求和表达形式，并学习参数化的集合函数以同时完成欧氏与非欧氏空间局部数据的聚合。

为了更有效且高效地训练学习，可以使用神经网络来参数化集合函数。实际中，可以用一个全连接的神经网络来拟合内函数和外函数。这主要有三个重要优势：

（Ⅰ）神经网络的有效性：拟合能力。根据函数拟合理论，三层的神经网络可以拟合任意函数。这很大程度上表明，用神经网络参数化的集合函数的表达能力十分强大，即可以用来拟合任意的集合函数。

（Ⅱ）神经网络的高效性：可并行性。在实际应用中，很重要的一点是如何将模型高效地训练和部署。因为神经网络的可并行性，使得参数化后的集合函数具有可并行性。这可以很大程度上提高模型的训练速度和部署的便捷性。

（Ⅲ）神经网络的可学习性：反向传播算法。深度学习模型取得突破发展的前提是依赖一种可靠稳定的学习算法，即反向传播算法。这使得训练学习很深很宽的深度神经网络模型成为可能。由于集合函数可以用神经网络参数化，意味着集合函数可以传递梯度，因此能使用反向传播算法进行学习。

类似于深度卷积神经网络，通过将卷积操作替换为参数化后的集合函数，新得到的深度神经网络可以有效且高效地处理多源异构的非欧氏数据集合，例如三维数据、交通数据、生物分子数据、人物关系数据、互联网数据等。

基于图网络的多模态特征学习在目标检测、推荐系统中的实际应用结果表明，图网络对于构建不同模态的特征关系与利用外部先验知识进行迁移和推理有着优异的表现，且可以广泛应用在其他多模态应用场景中。

为了深入融合多模态数据不同维度向量中的高层关系特征，本章提出关系协同学习的广义深度图网络来逐层地学习不同维度向量特征间更高层次的关系，并用高层次的关系来指导网络学习更有效的特征表示。不同于聚合处理非欧氏空间中的局部数据，这里需要处理的是不同数量、不同维度特征之间的关系。具体来说，非欧式空间中的局部数据聚合可看作底层数据的高效简单聚合，基于图网络对特征融合是在高层空间中对数据进行特征的语义学习和特征抽取。

给定一个特征集合 $X = \{x_1^-, x_2^-, \cdots, x_n^-\}$，式中，$x_i^-$ 表示第 i 个特征向量或者输入的特征表示，并且每个特征向量的维度是不确定的，首先将所有的特征表示归一化到同一个特征空间，然后在新的特征空间中考虑图网络的两个输出值，即更高层的特征表示和高层特征之间的关系值。得益于神经网络的特征映射能力，针对不同的特征，建立全连接的神经网络，将所有的特征都映射到固定维度的特征空间。

因此，提出基于广义图网络的多模态 AI 理论，以广义图网络为数学模型，采用 AI 技术构建具有理论保证的拟合学习函数，从而有效建模多源异构数据模态。

## 二、数据互联技术机制

城市中的海量数据由于各行业隐私安全等问题存在难以打通的数据壁垒，极大地阻碍了信息互联。联邦学习为破除数据壁垒、实现信息互通提供了有效途径。具体来说，当多个数据拥有方 $E_i$（$i=1, 2, \cdots, N$）想要联合它们各自的数据 $G_i$ 训练机器学习模型时，传统方案是将所有数据 $G_{sum} = \{G_i, i=1, 2, \cdots, N\}$ 整合到一方，并利用数据 $G_{sum}$ 进行训练以得到模型 $M_{sum}$。联邦学习方案是指数据拥有方 $E_i$ 在不给出己方源数据 $G_i$ 的情况下，也可进行模型训练得到模型 $M_{fed}$ 的计算过程，并能够保证模型 $M_{fed}$ 的性能 $V_{fed}$ 与模型 $M_{sum}$ 的性能 $V_{sum}$ 之间的差距足够小，即：

$$|V_{fed}-V_{sum}<\delta,| \tag{18-4}$$

式中，$\delta$ 是任意小的一个正值。

针对城市中的各行业数据，以联邦学习为核心方案的数据互联技术面临两个关键问题：一是如何制定各行业的统一数据表示标准与数据互联框架；二是如何充分利用海量的无标签数据来训练机器学习模型。问题一可形式化描述为：

$$\{C'_i, i=1, 2, \cdots, N\} \xleftarrow{\Delta} \{G_i, i=1, 2, \cdots, N\} 且 |I_{G'_i}-I_{G_i}<\delta| \tag{18-5}$$

即由统一的数据表示标准 $\Delta$ 将数据 $G_i$ 加密转换为 $G'_i$，并保证源数据 $G_i$ 所含有的信息量 $I_{G_i}$ 与加密转换后 $G'_i$ 所含有的信息量 $I_{G'_i}$ 差异足够小。

问题二可形式化描述为：

$$I_2 = \hat{\psi}(\hat{G}_1, \hat{G}_2, \cdots, \hat{G}_n) + \tilde{\psi}(\tilde{G}_1, \tilde{G}_2, \cdots, \tilde{G}_n) \quad 其中\ I_{\hat{G}} \leqslant I_{\tilde{G}} \qquad (18-6)$$

即全域行业数据由少量带标签数据 $\hat{G}$ 与海量无标签数据 $\tilde{G}$ 组成。由于无标签数据的信息量 $I_{\tilde{G}}$ 远远大于带标签数据的信息量 $I_{\hat{G}}$，因此如何有效挖掘两部分数据尤其是海量无标签数据信息是实现数据整体互联的关键所在。

破除数据壁垒以充分利用海量城市信息是发展智慧城市的迫切需求。一方面，需以保护隐私和数据安全为前提建立共有模型；另一方面，需结合少量带标签与海量无标签数据充分挖掘整体信息。联邦学习为打通数据壁垒实现数据互联提供了可行的解决方案，但未给出利用海量无标签数据的学习机制。本节提出结合半监督机器学习的联邦自学习理论框架，为实现单域完备、全域完整的数据互联技术提供有效的理论支撑。

少量带标签数据所含的信息十分有限，全面挖掘海量无标签数据信息是实现城市数据互通互联的重大核心需求。为此，将半监督学习与联邦学习相结合，提出基于半监督学习的联邦自学习理论与模型。具体来说，针对少量带标签数据，可使用现有的 AI 算法构建联邦学习训练框架；针对海量无标签数据，需挖掘数据本身蕴含的知识来构建无监督和自监督的学习理论及方案，并结合联邦学习实现海量数据的信息提取。

联邦学习的孤岛数据有不同的分布特征。对于每一个参与方来说，自己所拥有的数据可以用一个矩阵表示。矩阵的每一行表示每一个用户或者一个独立的研究对象，每一列表示用户或者研究对象的一种特征。同时，每一行数据都会有一个标签。对于每一个用户来说，人们希望通过他的特征 X，学习一个模型来预测他的标签 Y。在现实中，不同的参与方可能是不同的公司或者机构，人们不希望自己的数据被别人知道，但人们希望可以联合训练一个更强大的模型来预测标签 Y。因此，为了破除数据壁垒，实现全域行业数据的互通互联，需制定统一的加密转换标准将各行业数据转换为隐含的数据表示，随后针对加密数据建立基于联邦学习的模型训练框架。

### 三、跨模态认知 AGI

智慧城市建设的终极形态是打造城市大脑，跨模态认知 AGI 是城市大脑的基础计算模型，其目标是在感知多模态数据的基础上实现跨模态认知能力，从而为智慧城市提供通往高层认知的有效途径。然而，一方面，目前跨模态认知仍然缺乏有效的理论指导，计算机领域的研究人员并不清楚人类本身如何得以实现跨模态认知的能力；另一方面，如何构建跨模态认知 AGI 模型是 AI 科学家面临的关键难题。根据式（18-3），上述问题可形式化描述为：

$$\rho(I_1, I_2) \xrightarrow{\Omega \mid D} \forall M_i \in \{M_1, M_2, M\cdots, M_k\} \mid \forall T_j \in \{T_1, T_2, \cdots, T_n\}$$

$$(18-7)$$

即，一方面，缺乏有效的理论指导来搭建人类的经验认知网络 $\Omega \mid D$ 以实现跨模态认知转换，式中，$\Omega$ 为认知网络的组织形式，$D$ 为认知网络的数据结构表；另一方面，在经验认知网络 $\Omega \mid D$ 之上，构建 AI 模型来实现经验认知函数 $\rho(\cdot)$，从而完成任意的跨模态认知转换。

构造通用人工智能 AGI 城市大脑是智慧城市建设的终极目标，其基础功能是实现像人类一样会听、会看、会说、会学习的能力，如图 18.6 所示：

会听：语音识别、机器翻译　　会学习：机器学习，知识表示
会看：图像识别、文字识别　　会联想：图说故事，文字画图
会说：语音合成、人机对话　　会思考：人机对弈，医疗诊断
　　……　　　　　　　　　　　　……

AGI城市大脑

图 18.6　智慧城市大脑基础功能概述

实现数据的跨模态认知转换是构造城市大脑的基本需求。一方面，要求城市大脑模型能将各模态数据进行统一关联和认知转换，即"举一反三"；另一方面，要求其能够联想思考，具备创造和延伸能力，达到一定的智慧水平，即"融会贯通"。为此，借鉴人类大脑的跨模态通感能力，提出面向 AGI 的跨模态通感认知理论与模型。

头脑是一个能够思考的功能实体，因此它能够支持智能行为。人类和许多其他动物一样拥有思想。在这样的自然系统中，思维是通过大脑实现的，大脑是一种特殊的物理设备。然而，人工智能的一个关键基础假设是思维，即认知系统是一种特殊类型的计算实体，可以通过多种物理设备（一个最近被重新定义为基底独立性的概念）实现，无论是自然大脑、传统的通用计算机，还是其他功能充分的硬件或软件形式。

认知学是一门有关心智（Mind）和智能（Intelligence）的跨学科（Interdisciplinary）研究，包含哲学、心理学、人工智能、神经科学、语言学和人类学。认知学综合了许多理论观点，但人们必须领会各种未来前景的多样性，以及由来自不同领域的研究者带给心智和智能的不同研究方法。虽然如今认知心理学家经常参与理论和计算建模的活动，但他们的主要方法仍然是对人类被试者的实验。这些被试者通常是满足实验要求的大学生，他们被带进实验室以便于不同类型的思维能够在一定条件的控制下得到研究。比如心理学家已经通过实验检验了人们在从事演绎推理时所犯的各种类型的错误、人们形成和使用概念的方式、人们利用心理图像思考的速度、人们使用类推处理问题的表现。人们关于心智如何运作的结论，所依据的必须超出常识和内省，因为这些活动经常给人们一个受到误导的关于心理活动的图景，并且许多都是无法被人类的意识所接收到的。因此，从不同渠道小心仔细展开心理操作的心理实验成为使认知学成为科学的关键。

通用人工智能（AGI）是一个基于人工通用智能的智能体被编程为展示广泛的人类智能能力，如意识、自我理解和自我控制。这些代理能够检测每个领域的新问题，并找到合适的解决方案。AGI 具有支持情绪状态、自我学习和注意力控制的广泛认知能力，并且具有一般人类智慧，可以执行人类能够执行的任何智力任务的机器智能。

今天，我们生活在一个由大量不同模态内容（文本、图像、视频、音频、传感器数据、3D 等）构建而成的多媒体世界中，这些不同模态的内容在具体事件和应用中具有高度相关性。跨模态任务也越来越多，涉及多个模态的数据的交互，例如图像和视频的检索、描述、视频摘要、文本到图像和视频的预测与合成、语言驱动的时空动作定位，以及视觉常识推理，等等。因此，跨模态学习日益引起了学术界和工业界的关注。跨模态学习进行联合特征学习和跨模态关系建模，旨在有效地利用不同模态内容的相关性进行系统性能优化。

知识图谱是面向 AGI 的跨模态通感认知建模的有效技术，具有较高的发展前景。知识图谱技术已经被广泛用于处理结构化数据（采用本体+D2R 技术）和文本数据（采用文本信息抽取技术），但还有一类非结构化数据，即视觉数据，则相对关注度较低，而且相缺乏有效的技术手段从这些数据中提取结构化知识。最近几年，虽然有一些多模态视觉技术提出，但这些技术主要是为了提升图像分类、图像生成、图像问答的效果，不能很好地支撑多模态知识图谱的构建。视觉数据库通常是图像或视频数据的丰富来源，并提供关于知识图谱中实体的充分视觉信息。显然，如果可以在更大范围内进行连接预测和实体对齐，进而进行实体关系抽取，可以使现有的模型在综合考虑文本和视觉特征时获得更好的性能，这也是我们研究多模态知识图谱（Multi-modal Knowledge Graph）的意义所在。

## 第四节　AI 在智慧北京下的应用及其发展的关键技术和约束

AI 智能平台分别对智慧政务、智慧交通、智慧社区、智慧医疗、智慧教育、智慧旅游、智慧环保、智慧商务、智慧产业、智慧建造十大应用系统建设方向进行了深入研究，通过不同系统建设互相影响建立形成良好的服务运营模式。

## 一、AI 智能平台中的智慧政务的关键技术和约束

智慧政务是以城市级数据中心为载体，构建基础数据库和各类专业数据库，通过整合政府 IT 资源，向社会提供公共云服务。打造政府跨部门的"政务服务平台"，实现依托电子政务外网、政务内网，面向企业及公众的事务处理、事务查询等的公众服务平台；面向公务员的内部信息发布、培训教育、相互交流和资源共享，使政府工作人员通过各种终端，随时随地登录统一平台获取所需信息或服务。

建设政务云数据中心，采用虚拟化等新技术，通过整合、扩展、完善建设政务云数据中心，广泛推行基础设施共享服务、平台共享服务、应用共享服务，实现技术资源整合共享。

建设政务物联网数据中心，依托现有电子政务基础设施，根据各部门物联网应用扩展需求，建设全市机关统一的政务物联网数据中心，为部门基于物联网的应用系统集中提供网络通信、数据存储、信息处理及系统运行服务，避免各部门分散建设物联网数据中心。

整合完善政务网络平台，整合各部门涉密网络，形成全市统一的涉密信息传输管理平台。大力发展内网决策指挥、办公管理、信息共享、业务协同等各类应用。严格按照信息系统分级保护要求，落实安全保密措施，完善身份鉴别、访问控制、责任认定体系，确保内网应用安全。

整合完善网络安全平台，按照信息系统等级保护要求，完善以病毒防范、漏洞管理、入侵防范、信息加密、访问控制等为重点的安全防护体系；完善以安全审计、系统监控、接入控制等为重点的安全管理体系；建设移动电子政务平台，根据机关移动办公、移动执法需求，适应手持设备智能化和移动通信技术快速发展的形势，规划建设移动政务安全接入平台和应用服务平台，形成有线无线互为补充、安全可靠、统建统管、充分共享的移动电子政务平台。

## 二、AI 智能平台中的智慧交通的关键技术和约束

智慧交通作为北京智慧城市建设的关键领域之一，城市的发展每次进入一个快速的时代，区域的开发、城市化的进程、商业的发展、居住环境的改变等每个变化必将对交通运输产生新的需求，交通作为北京城市高效运转的动脉，连接着城市的人、货及提供服务的群体的核心系统，直接影响着北京的经济活动能力和城市的运转效率。

北京"智慧交通"将以物联网、云计算为代表的新技术运用到整个交通系

统中，建立一个更大的综合交通体系。智慧交通可以提高交通系统的运行效率、减少交通事故、降低环境污染，促进交通管理及出行服务系统建设的信息化、智能化、社会化、人性化水平，有助于最大限度地发挥交通基础设施的效能，提高交通运输系统的运行效率和服务水平，为公众提供高效、安全、便捷、舒适的出行服务。

北京智慧交通建设以国家智能交通系统体系框架为指导，以北京都市圈交通一体化为基础，建设和完善一个中心"北京市交通信息资源中心"，两个平台"交通信息共享交换平台和交通综合指挥调度平台"，八大部分"信息采集、信息处理、实时监控、信号控制、交通执法、指挥调度、运营组织、信息服务"，两套体系"标准体系、安全体系"。

建立智能交通运输数据资源中心，汇聚融合交通运输行业全网数据，包括交通局各二级单位数据、客运运输数据、货运物流运输数据、其他局委（交警、公安、工商等）交通运输相关数据、运营商手机信令数据、互联网出行数据、气象数据、视频数据等，对多源数据进行融合治理后，形成统一路网表达。基于交通运输行业特点，构建交通运输行业数据模型和指标体系，形成城市的交通运输数据资产，提供统一的数据服务支撑上层智能应用。

通过运用智能交通技术促进北京在国内率先建成高效、安全、智能、绿色的区域综合交通运输体系，提升交通运输管理与服务水平，增强交通运行监测与评估能力，改善交通应急处理与决策能力，大幅度提高北京交通运输系统的管理水平和运行效率，为出行者提供全方位的交通信息服务和便利、高效、快捷、舒适、经济、安全、人性、智能、生态的交通运输服务，为交通管理部门和相关企业提供及时、准确、全面和充分的信息支持及信息化决策支持。

### 三、AI 智能平台中的智慧社区的关键技术和约束

智慧社区城市公共服务体系建设。通过对社区医疗、社区环保、社区家政、社区微电网等多个社区服务监管系统的建设实现对城市社区深化服务及全面监控。通过社区医疗服务中心医疗信息平台和大型医疗机构互联互通，使"电子病历"延伸到基础医疗单位，为北京分析居民健康状况、预测居民健康风险提供全面数据基础；建设社区内和社区边环境监测体系，包括水资源、噪声、空气、垃圾等监测体系，构建老百姓环境投诉平台，为城市化环境问题的管理提供依据；建设统一的社区家政信息系统，对社区家政提供的各项服务进行分类和监控，为社区居民提供优质高效的家政服务；未来智慧社区将构建社区智能微电网，提供社区公共用电需求、智能调节社区用电分布。微电网还参与城市智慧电网，以发挥自身的作用。

社区内自治服务体系建设。通过对社区安保、社区物业服务系统的建设实现社区自身内部的服务管理体系。在智慧社区中，除目前社区已普遍建设的电视监控系统、电子巡更系统、周界防范与报警系统，还将增加出入口管理系统、停车管理与诱导系统、门禁系统等，以增加智慧社区的智能化程度和安全性；智慧社区物业通过建立社区建筑、物业设施、设备的维护管理的自动监控和集中管理，在此基础上结合对业主信息和工程文件信息集中管理及分析，应用计算机网络技术实现三位一体的智能物业管理。远程抄表、基础设施自动报修、视频监控和自动预警等综合服务将使人们的生活更加方便、快捷、安全。

社区家庭自我服务体系建设。加快普及智能家居系统的建设，通过灯光控制子系统、窗帘控制子系统、背景音乐控制子系统、可视对讲和安防报警、家电控制管理等系统实现家具智能化，让家居生活更加舒适、安全、有效。

### 四、AI 智能平台中的智慧医疗的关键技术和约束

建设智慧医疗专网。建设覆盖北京的高速网络设施，满足智慧医疗专网在高并发压力下的海量数据传输，保障数据实时畅通和安全。建设智慧医疗数据中心。建设基于居民的电子病历和健康档案的基础资源库，结合其他相关机构提取的信息，经过加工、重组为各类主题数据资源库，为全市的医疗服务、公共卫生安全及监管、业务协同、分析决策等业务提供最全面、最科学的数据支撑。

基于区域医疗数据，健康档案管理系统、妇幼保健信息管理系统、公共卫生信息系统及个人健康数据，以及院内的 HIS、CIS、LIS、PACS、EMR 等系统协同归一，互联共享。借助自然语义理解技术（NLP），大数据和智能算法的分析及识别能力、医疗知识图谱，辅助医生为患者高效地构建健康问题发展模型，掌握疾病的关键线索，有的放矢，有效治疗，提升各业务场景的档案调阅效果。给予医生更多的有效疾病线索，辅助为患者做更全面疾病问题评估，促进医患矛盾的改善。在不同的医疗健康应用场景下，合理授权数据应用，提供适合业务场景的档案调阅系统。

面向个人建立健康档案系统，支持居民随时查阅健康数据、体检报告等，核心健康指标的趋势，以及主要疾病的风险分析，个人用药安全提醒、在线用药咨询、药品识别，随时补充自己在其他非本地医疗机构的病历信息，支持对接医疗机构/养老机构的健康管理方案，提高个人和居家健康管理水平，特定人群的产检提醒、婴儿疫苗、儿童健康体检、服药提醒。

建设智慧医疗信息平台。规范整合全市医疗机构和卫生监管单位的各类信息系统。利用云技术，建设一体化的北京市智慧医疗信息平台，实现全市的医疗资源共享、数据交换、信息传输等各类服务。建设卫生信息业务应用平台。提供面

向全市各类用户（包括市民、各级医疗机构和卫生监管部门）的各类应用。实时提供给临床医务人员完整的患者信息和辅助的诊疗方案，以提高工作效率和医疗质量。为居民提供便捷、全程、廉价的医疗卫生服务，缓解"看病难，看病贵"，建立卫生信息惠民网站，为居民提供健康信息及健康咨询服务。

### 五、AI 智能平台中的智慧教育的关键技术和约束

建设智慧文化教育体系，以整合拓展优化文化教育资源，完善产业布局规划，改善文化传播和教育体系结构，健全文化教育保障体系为主线，以推进文化教育的均衡发展为重点，发展基于人生不同阶段教育需求的终身教育模式，全面实施重视培养知识运用能力、创新能力的素质教育。以达到普及优质基础教育，提升高等教育，大力发展职业教育，全面推进终身教育的北京教育体系建设目标。

建设技术先进的数字博物馆和数字图书馆，建立自动化管理体系和快速畅通的网络环境；开展一系列、多层次、交互式的文博多媒体资料和文献信息服务，为读者提供具备资源整合和电子导航功能的统一的检索界面和个性化定制服务。文化与教育信息资源共享服务平台建设，实现全市文化与教育机构资源的共享、管理和统一服务。

文化教育资源与教育协同管理平台、远程教育平台、教育档案系统共同构成文化教育云服务中心的主体支撑平台。教育门户整合教育资源和学习资源，实现教育资源共享，建立网上虚拟校园。通过云计算在其中的作用，使大规模共享资源成为可能。

北京具有丰厚的高校教学资源，可以充分利用首都优势建成一个能整合多种资源、多业务、多应用的高安全性的平台。充分利用北京的文化教育底蕴建设智慧校园，可以采用顶尖高校牵头，众多高校协同的网络在线智慧校园运行模式，从而打造独一无二的智能教育平台。

### 六、AI 智能平台中的智慧旅游的关键技术和约束

随着数字经济的崛起，越来越多的人选择自由行，对旅游产业的数据融合、数据智能服务的需求越来越强。通过数据的打通，充分协同交通管理、公共出行、城管停车、治安平安等能力，实现"多游一小时、多留一天"等业务目标，驱动提升政府行业监管能力、旅游产业营销效能、公众旅游服务体验感。

提高游览转场的效率。持续推进"数字旅游专线"的建设，在交通枢纽、集散中心以及景区建立人流疏散点，开通"数字旅游专线"共享大巴，游客利用移动端平台预订，实现从市区（热门）景区到郊区（其他）景区快速串联。

智能引导游览路径。通过探针、视频监控、闸机、互联网数据等方式精准地探测景区实时人流，并将数据接入城市大脑文旅系统以及应急系统，当景区接近饱和人流时，提前预警并通过微信、短信、高德 App 等渠道通知游客，将游客疏导至周边景区，提升游客的游览效率。

通过自驾游分析等精准营销的建设，推出城市旅游名片（1 日游/2 日游/3 日游套票）等精细化旅游产品，提升旅游体验感，实现停留意愿提升。

### 七、AI 智能平台中的智慧环保的关键技术和约束

北京"智慧环保"指通过综合运用数字环保和物联网技术，围绕建立与完善"科学的减排指标体系、准确的减排监测体系、严格的减排考核体系"的要求，构建多元化、智慧型环保感知网络系统。

（一）完善和优化环境监测监控系统，完善和优化北京的水、气、土壤、噪声、固废、生态等环境监测监控设备

重点建设重金属、放射源、固废及危险品转移、尾矿库等监测监控系统，大力推进环境治理设施的建设，开展环境治理设施及监测监控设备的运营服务，保障环境监测、治理体系的正常运转，提升城市环境管理能力。

（二）整合环境信息资源和数据，建立环境信息数据库

整合所有环境信息资源和数据，建设环境监测数据标准体系，实现管理应用、信息共享和信息服务一体化功能，提高环境数据管理、分析和利用水平，与办公自动化系统等其他平台实现方便对接。

（三）建立环境信息综合分析中心

环境信息综合分析中心由四大分析系统构成：区域排放总量核算系统、环境质量综合评价系统、环境辅助决策系统、环境应急预测预警系统。统筹规划建设生态环境数据资源池，实现生态环境物联感知数据、业务应用数据、政务执法数据等相关数据资源的规划、建设、管理和服务，支撑生态环境智慧应用开展。融合部省生态环境数据、局内业务应用系统数据、市委办局数据，新建水环境、大气环境、空气质量、固废与化学品等基础库，建设污染源档案、机动车档案、污染监控档案等主题库，提升基础数据服务能力和水平，推进数据共享，提升数据流通价值。

环境信息化经过多年建设，已建成了诸多业务系统，积累了大量的数据，智慧环保的建设也会存储和集中大量环境信息，需对这些海量数据进行组织、提取、深入挖掘加工，将大数据技术等先进的信息化技术与环境保护工作紧密结合起来，利用模型、评价体系和综合分析等工具促进环境信息在规划计划、政策法规、环境影响评价、污染防治、生态保护和环境综合执法等方面的有效应用，为

政府进行及时、高效的决策提供科学依据。为使污染源及环境质量数据进一步发挥社会效益，需要将污染源及环境质量与节能减排、环境质量管理等环境保护存在的深层次问题相结合而进行深入研究，通过对污染源管理及环境质量信息的集成、梳理、分析，将环境信息作为一种重要的资源，为环保战略可持续发展提供可靠持续的信息保障，充分反映环境的动态特征，为环境管理与决策提供信息支持和服务，大大增强对环境管理的科学决策和有效控制能力。

### 八、AI 智能平台中的智慧商务的关键技术和约束

着力抓好电子商务的推广应用，积极实施电子商务进企业计划，大力推进电子商务进社区、进农村、进政府采购。着力完善电子商务服务体系，积极实施网商培育计划、平台集聚计划，拓展数字电子、移动电子等电子商务服务。着力加快电子商务模式创新，以提高企业自主创新为核心，加强产学研合作，构筑电子商务技术平台。着力完善电子商务支撑体系，加速网络基础设施、物流配套体系、标准体系、信用体系和支付体系等支撑体系建设。充分发挥阿里巴巴等领军企业作用，形成电子商务产业集群，拉长电子商务产业链，全力打造全国电子商务中心。

### 九、AI 智能平台中的智慧产业的关键技术和约束

（1）综合实力显著增强方面：智慧城市在产业方面的建设是将城市原有的产业加以智慧化改造，同时将因为智慧城市的发展催生一批战略性新兴产业。无论是原有产业还是新生产业，都会因智慧城市的建设而在能力上得到本质提升。

（2）创新能力大幅提升方面：智慧城市建设将是一个复杂的系统性工程，在建设过程中会使用众多新产生的技术，对先进技术的需求会使北京当地的科研院所、研发机构、高校、企业等单位充分发挥自身的创新能力来满足市场需要。另外，智慧城市的建设为北京当地的各类单位和企业提供了良好的科研环境和相关的基础设施，对于提升北京创新能力也将大有帮助。

（3）空间布局明显优化方面：随着智慧城市的建设，北京市政府必将出台相关政策来扶植战略新兴产业，并出台相关政策加速北京区域内的战略新兴产业的合理优化布局，达到优势产业集聚的效果，从而最大限度地发挥智慧城市建设为战略新兴产业发展带来的优势。

（4）可持续发展能力持续提高方面：智慧城市的发展将加快北京产业结构的优化升级，并促进新一代信息技术产业和战略新兴产业的发展，加快北京的产业结构调整和落后产业淘汰，改变原有的发展模式，实现产业的可持续发展。

（5）利于重点产业的打造方面：物联网产业、软件产业、通信网络等北京

规划的重点产业，也是北京智慧城市产业建设中重点加以倾斜的产业，这些产业的发展反过来会促进智慧城市更好地建设，这有利于北京打造自身优势的重点产业。

### 十、AI 智能平台中的智慧建造的关键技术和约束

智慧建造是现代建造信息化发展的新阶段，是在数字化建造的基础上，利用物联网的技术和设备监控技术加强信息管理及服务；清楚掌握产销流程、提高生产过程的可控性、减少生产线上人工的干预、及时正确地采集生产线数据，以及合理的生产计划编排与生产进度，并集绿色智能的手段和智能系统等新兴技术于一体，构建一个高效节能的、绿色环保的、环境舒适的、人性化的智慧建造模式。

智慧建造首先是基础设施高度信息互联，包括生产设备、机器人、操作人员、物料和成品；其次是制造过程数据具备实时性，生产数据具有平稳的节拍和到达流，数据的存储与处理具有实时性；最后是可以利用存储的数据从事数据挖掘分析，有自学功能，还可以改善与优化制造工艺过程。因此，企业不仅需要快速、高效的生产、检测过程，而且需要有一个快速的决策过程，这些都需要有大量的数据作为依托，才能得出正确的结论。

智慧建造需要通过企业信息化的底层设计，构建一体化服务平台。通过服务化、虚拟化、物联网技术，将大型、高端硬件制造设备和遗留信息系统接入智慧制造的平台系统，多种制造模式，实现制造生产设备的动态组织、高效共享和协同运行。

智慧建造通过数字化制造设计，实现设计与生产的综合集成。通过 PDM 和 ERP 的集成，更好地实现产品数据及相关的信息在两个系统间往来传送，实现及时、有效地信息同步和共享。实现基于 RFID 的模具管理和生产线物流管理。采用基于 RFID 技术作为数据源的模具管理系统及利用计算机网络化系统作业，可以有效地对设备进行管理、评估成本，从而提高工作效率，强化控制，达到运作标准化作业目的。

# 第十九章　大数据全域集模型

## 第一节　全域集思想的提出

人类思维的基础体现在对事物认识的不断升级中，大数据与人工智能从产生到发展的历程中，模拟人脑认知过程的建模思路大多以自顶向下的方式进行，以抽象表征具体，对于范围较小、较为具体的科学问题（如针对某些具体业务的数据分析），一些简单的学习方法即可实现数据挖掘，因此自顶向下的建模方式具有较好的适用性。然而，人类认识世界的角度必然是全方位、立体化的，认知过程是自适应螺旋式上升的，纷繁复杂的世界与人类的感官交互反馈，从而使人脑的思维过程具有高度的复杂性与不确定性，这一过程，对应于人工智能技术对全域数据的信息捕捉、识别、学习、自底向上地不断涌现，从而能够对处于人类认知空白地带的客观实际进行结构性的模拟。因此，数据与信息的差异会带来隔阂、矛盾乃至利益纷争，如何进行规范协调？怎样正确地描述数据、理解数据、充分使用数据成为大数据运用的本质问题。

在现代生活中，我们经常会遇到一些问题：

引例1：假设张三目前被确定为新冠感染的密切接触者，因此流调人员急需调查清楚张三近期以来的全部行动轨迹信息，此时，我们需要的信息是各个系统（交通、餐饮、工作单位、手机定位等）内以张三作为标识的全部字段信息以及与张三在某些字段信息（如地理位置）上发生高度重叠的人员信息。

引例2：近日来对若干起发生在不同地点的列车安全风险事故的调查发现，这些事故都出现了一个共同的特征——出现打雷天气，那么，这些事故是否具有一些共性的其他原因呢？

引例3：张三突发食物中毒住进医院，手机消费记录显示他近段时间经常在某一饭店点外卖，此时，我们需要找到在同一段时间内与张三点了相同外卖的人员并分析其身体状况。

　　显然，在实际的大数据运用中，数据的分析往往是从样本展开的，那么是否存在与上述问题对应的大数据理论体系？

　　在传统的、既有的探索中，粒计算是模拟不确定性问题求解的解决方案之一，在 AI 的发展历程中具有极高的理论价值，例如：

　　粗糙集：处理不一致、不精确信息，近几年已出现研究瓶颈。

　　模糊集：表达模糊的信息，如"多大岁数算老年人"。

　　Vague 集：对模糊集的拓展，加入真假隶属度。

　　……

　　这些粒计算的思想通过概念过渡的处理方式有效体现了客观世界的对象在不同状态（数据）间朴素的联动思想，可以有效避免决策的封闭性和单一性。在大数据背景下，论域内的对象往往具有较多的可观测属性和字段。显然，分散的粒计算目前无法提供一套将对象分类压缩后产生概念以及高级别知识的方法论，这也就意味着，在使用一系列集合论处理大数据时，依然缺乏全域联动机制，无法实现连续的举一反三并形成认识客观事物的完整逻辑链条，无法产生新的知识，从而影响 AI 技术的全场景通用水平。

　　集合论从诞生至今已经有 100 多年的历史，每出现一种新的集合理论，都伴随着人类对不确定性事物认知的一次拓展，集合论起源于集合中的对象与集合之间的二元关系，粒计算、AI 技术等的发展，使这种二元关系不断得到拓展。大数据背景下的人工智能要在方法论层面突破两个关键理论问题，一是数据的全域联动；二是通过不同粒计算思想的充分交互与深度有机结合，使 AI 技术能够模拟真实的人脑认知思维。因此，大数据背景下，对数据的充分利用不再是某一个机构自己的工作，而需要一种理论来描述信息在不同场景、不同机构之间的联动，通过建立一套数学集合理论量化联动标准、规范联动操作，实现真正意义上的"大数据"。

　　借鉴粒计算的元组表示法，数据样本 x 的全域集采用五元组表示：

$$S_{(x)} = (A，B，F，J，D) \tag{19-1}$$

　　其中，A 表示样本 x 数据分析业务系统的字段集合；B 为样本集合 X 的全域字段；F 表示由 A 映射到 B 所处问题场景的逻辑变换方法；J 表示数据分析需求与业务范围的界壳；D 表示数据决策的关系表结构集合。B 与 A 的关系为：

$$B = F(A) \vee B' \tag{19-2}$$

　　其中，B′表示目标系统中与 A 联动的全域关联字段。

　　例如，字段 A 表示"身份证号码"，B′则表示一个人身份证号码在各个系统中所绑定或关联的其他字段。

## 第二节  全域集的基础运算

**定义 1**：联动关系。给定关系 $R_1$ 与关系 $R_2$，$R_1$，$R_2 \in D$，令 X 表示样本集合变量，$X_1 \in R_1$ 表示 $X_1$ 是 $R_1$ 中的样本集合，$A_1$ 为关系 $R_1$ 中的字段幂集，$A_2$ 为关系 $R_2$ 中的字段幂集，$a_1 \in A_1$，$a_2 \in A_2$，则从关系 $R_1$ 与关系 $R_2$ 的广义笛卡儿积中选取字段间满足一定条件的样本可以形成连接运算：

$$R_1 \triangleright \triangleleft R_2 = \{ X_1 \overset{\cap}{} X_2 \mid X_1 \in R_1 \wedge X_2 \in R_2 \wedge V[X_1(a_1)] \leftrightarrow V[X_2(a_2)] \} \quad (19-3)$$

式中，$\leftrightarrow$ 表示关系比较符，$V(\cdot)$ 表示字段取值，可见，当 $\leftrightarrow$ 为"等号"时，$R_1 \triangleright \triangleleft R_2$ 即为等值连接，此时，若存在 $\{ X_1 \in R_1 \wedge X_2 \in R_2 \wedge V[X_1(a_1)] \leftrightarrow V[X_2(a_2)] \} \neq \Phi$，则关系 $R_1$ 与关系 $R_2$ 形成联动关系。

**定义 2**：数据的全域联动关系。给定关系 $R_i$ 及其对应样本 $X_i$，对于界壳内包含多个关系的目标系统 $D = \{ R_1, R_2, \cdots, R_n \}$，所有满足条件 $\{ X_i \in R_i \wedge X_j \in R_j \wedge V[X_i(a_i)] = V[X_j(a_j)] \} \neq \Phi$ 的关系 $\underset{j \in [1,n]}{\cup} R_j$ 为样本 $X_i$ 的全域联动关系、$\underset{j \in [1,n]}{\cup} A_j$ 为样本 $X_i$ 的全域字段。

**定义 3**：相等关系。对于两个位于共同的界壳（$J_1 = J_2$）与业务系统（$D_1 = D_2 = \{ R_1, R_2, \cdots, R_n \}$）内的数据样本 $X_1$ 与 $X_2$，如果 $X_1$ 与 $X_2$ 具有相同的全域联动字段 $B'_1 = B'_2 = \underset{i \in [1,n]}{\cup} A_i$，则有 $S(X_1 \mid J_1) = S(X_2 \mid J_2)$。

**定义 4**：交集与并集。给定界壳 J 条件下的全域集 $S(X_1 \mid J)$ 与 $S(X_2 \mid J)$，则样本 $X_1$ 与 $X_2$ 的全域字段构成关系 $R_1 = \{ B(X_1) \mid B(X_1) = F[A(X_1)] \vee B'(X_1) \}$，$R_2 = \{ B(X_2) \mid B(X_2) = F[A(X_2)] \vee B'(X_2) \}$，则 $S(X_1 \mid J)$ 与 $S(X_2 \mid J)$ 的交集与并集可表示为：

$$S(X_1 \mid J) \cap S(X_2 \mid J) = \{ X \mid X \in B(X_1) \wedge X \in B(X_2) \} \quad (19-4)$$

$$S(X_1 \mid J) \cup S(X_2 \mid J) = \{ X \mid X \in B(X_1) \vee X \in B(X_2) \} \quad (19-5)$$

**定义 5**：差集。给定界壳 J 条件下的全域集 $S(X_1 \mid J)$ 与 $S(X_2 \mid J)$，则 $S(X_1 \mid J)$ 与 $S(X_2 \mid J)$ 的差由属于 $S(X_1 \mid J)$ 而不属于 $S(X_2 \mid J)$ 的样本构成：

$$S(X_1 \mid J) - S(X_2 \mid J) = \{ X \mid X \in B(X_1) \wedge X \notin B(X_2) \} \quad (19-6)$$

**定义 6**：广义笛卡儿积。给定界壳 J 条件下的全域集 $S(X_1 \mid J)$ 与 $S(X_2 \mid J)$，其中，$B(X_1)$ 有 m 个字段，$B(X_2)$ 有 n 个字段，全域集 $S(X_1 \mid J)$ 与 $S(X_2 \mid J)$ 的广义笛卡儿积是一个 m+n 列的样本集合。样本的前 m 列是 $B(X_1)$ 对应的样本，后 n 列是 $B(X_2)$ 对应的样本。若 $B(X_1)$ 有 $s_1$ 个样本，$B(X_2)$ 有 $s_2$ 个样本，则 $S(X_1 \mid J)$ 与 $S(X_2 \mid J)$ 的广义笛卡儿积有 $s_1 \times s_2$ 个样本，记作：

$$S(X_1 \mid J) \times S(X_2 \mid J) = \{ x_1 \overset{\cap}{} x_2 \mid x_1 \in B(X_1) \wedge x_2 \in B(X_2) \} \quad (19-7)$$

# 第二十章 "四个中心"目标谱系

### 一、北京城市功能定位及战略举措

新中国成立以来，北京城市性质不断演进。20 世纪 80 年代以前，北京城市定性是国家首都，全国的政治、经济、文化中心。20 世纪 80 年代以后，在坚持国家首都，全国政治、文化中心，并确立现代化国际城市、世界古都和宜居城市的同时，北京不再定位经济中心。2008 年以来，北京城市性质又出现了新的探索，主要包括：2008 年，中共北京市委、北京市人民政府正式发布《关于促进首都金融业发展的意见》，提出将北京建设成为具有国际影响力的金融中心城市；2009 年，《国务院关于同意支持中关村科技园区建设国家自主创新示范区的批复》提出，把中关村科技园区建成具有全球影响力的科技创新中心；2010 年，习近平在北京调研时提出"五都"概念，即"努力把北京打造成国际活动聚集之都、世界高端企业总部聚集之都、世界高端人才聚集之都、中国特色社会主义先进文化之都、和谐宜居之都"；2011 年，《北京市加快国际商贸中心建设的意见》提出，把北京建设成为国际商贸中心城市。

2014 年 2 月，习近平考察北京时对北京的核心功能进行了明确定位，即全国政治中心、文化中心、国际交往中心、科技创新中心，要求努力把北京建设成为国际一流的和谐宜居之都。2015 年 6 月，中共中央、国务院印发的《京津冀协同发展规划纲要》指出，推动京津冀协同发展是一个重大国家战略，核心是有序疏解北京非首都功能，要在京津冀交通一体化、生态环境保护、产业升级转移等重点领域率先取得突破，对北京的核心功能定位再度进行了明确。2017 年 9 月，北京发布了《北京城市总体规划（2016 年—2035 年）》，明确北京的一切工作必须坚持"四个中心"的城市战略定位，"有所为、有所不为"。2021年，"科技创新中心"进一步升级为"国际科技创新中心"，为"四个中心"赋予了新的内涵和新的使命。北京"四个中心"建设，是在京津冀协同发展、雄安新区和城市副中心建设、高精尖产业发展等共同构成的宏大背景下突出的建设目标。

（一）京津冀协同发展规划

京津冀协同发展是党中央作出的一项重大战略决策。战略的核心是有序疏解北京非首都功能，调整经济结构和空间结构，走出一条内涵集约发展的新路子，探索出一种人口经济密集地区优化开发的模式，促进区域协调发展，形成新增长极。

中央指出，京津冀要坚持协同发展、重点突破、深化改革、有序推进。要严控增量、疏解存量、疏堵结合调控北京市人口规模。要在京津冀交通一体化、生态环境保护、产业升级转移等重点领域率先取得突破。要大力促进创新驱动发展，增强资源能源保障能力，统筹社会事业发展，扩大对内对外开放。要加快破除体制机制障碍，推动要素市场一体化，构建京津冀协同发展的体制机制，加快公共服务一体化改革。要抓紧开展试点示范，打造若干先行先试平台。

京津冀协同发展的顶层设计开启了三地功能互补、错位发展、相辅相成的新征程。从更宏阔处看，以建设首都为中心的世界级城市群为目标的京津冀地区，承载了推动中国实现全局均衡发展、改变经济发展"南强北弱"的状况、深刻重塑中国乃至世界经济地理版图格局的历史使命。

（二）雄安新区

设立雄安新区，是党中央深入推进京津冀协同发展作出的一项重大决策部署，对于集中疏解北京非首都功能，探索人口经济密集地区优化开发新模式，调整优化京津冀城市布局和空间结构，培育创新驱动发展新引擎，具有重大现实意义和深远历史意义。

2017年8月，北京举行全力支持雄安新区建设发布会，发布了京冀两地签署的《关于共同推进河北雄安新区规划战略合作协议》具体内容。北京将紧紧围绕雄安新区建设发展总体要求，在工作机制、科技创新、交通、生态、产业、公共服务、规划、干部人才交流8个合作领域支持雄安新区建设。

2018年4月，中共中央、国务院批复了《河北雄安新区规划纲要》，是指导雄安新区规划建设的基本依据。规划期限至2035年，并展望21世纪中叶发展远景。2018年11月25日，河北雄安新区规划建设工作领导小组召开会议。会议强调，要深化细化各类专项规划，进一步健全完善雄安新区规划体系。要按照雄安规划纲要要求，完善绿化空间布局，积极构建"一淀、三带、九片、多廊"生态格局。要优化绿化功能布局，统筹森林和郊野公园、城市公园、街景公园建设，着力打造绿化特色景观，有效提高土地使用效率。要创新绿化体制机制，坚持政府主导、市场化运作，切实解决资金难题，为建设林城相融、林水相依的生态城市提供有力支撑。2019 年 1 月 2 日，中国政府网公布了《国务院关于河北雄安新区总体规划（2018—2035 年）的批复》，批复对紧扣雄安新区战略定位、有序承接北京非首都功能疏解、优化国土空间开发保护格局、打造优美自然生态环境、推进城乡融合发展等提出指导性意见。2019 年 1 月 24 日，《中共中央国务院关于支持河北雄安新区全面深化改革和扩大开放的指导意见》发布，明确了未来发展目标，要把雄安新区建设成为北京非首都功能疏解集中承载地、京津冀城市群重要一极、高质量高水平社会主义现代化城市，发挥对全面深化改革的引领示范带动作用，走出一条新时代推动高质量发展的新路径，打造新时代高质量发展样板。

（三）通州城市副中心

1983 年的《北京城市建设总体规划方案》提出"积极发展远郊，着重发展卫星城镇"。当时重点规划建设的卫星城有黄村、昌平、通县和燕山 4 个。1993 年的《北京城市总体规划（1991 年—2010 年）》，进一步提出"城市建设重点要逐步从市区向远郊区作战略转移"。当时规划确定了 14 个卫星城，包括通州、良乡、平谷和顺义等，并将通州镇、亦庄和黄村列为全市重点发展的卫星城。该版规划中还指出"东部和南部是北京未来发展重点"。

2005 年的《北京城市总体规划（2004 年—2020 年）》（以下简称 2005 版总规）中，提出了"两轴—两带—多中心"的城市空间新格局。通州是"两带"上的一个节点，两带具体指东部发展带（包括通州、顺义、亦庄、怀柔、密云、平谷）和西部发展带（包括大兴、房山、昌平、延庆、门头沟）。通州同时又属"多中心"之一，多中心包括中关村高科技园区核心区、顺义现代制造业基地、通州综合服务中心等。在该版总规中，正式提出了"新城"概念，并规划了通州、顺义、大兴、平谷、密云、房山等 11 个新城。

2005 版总规进一步强调了东部区域是北京城市未来重点发展的地区，着重突出通州、顺义和亦庄 3 个地区，指出这 3 个区域是"承接中心城人口、职能疏解和新的产业集聚的主要地区，是近期发展的重点"。

2005 版总规对通州的定位非常清晰，是"北京未来发展的新城区和城市综合服务中心。引导发展行政办公、商务金融、文化、会展等功能，是中心城行政办公、金融贸易等职能的补充配套区"。计划"在南苑或通州潮白河与北运河沿线的地区预留行政办公用地。调整优化中央行政办公用地布局"。也就是说，早在 15 年前就为通州规划预留了"行政办公"功能。2012 年 6 月，北京提出"落实聚焦通州战略，分类推进重点新城建设，打造功能完备的城市副中心，尽快发挥新城对区域经济社会发展的带动作用"。"城市副中心"概念首次亮相。

2015 年，在《京津冀协同发展规划纲要》"推动京津冀协同发展是一个重大国家战略，核心是有序疏解北京非首都功能"精神引导下，北京提出加快规划建设北京行政副中心，有序推动北京市属行政事业单位及公共服务功能向市行政副中心和其他区疏解。

在 2017 年规划中，北京的城市空间结构调整为"一核一主一副、两轴多点一区"。一副即北京城市副中心，规划范围为原通州新城规划建设区，总面积约155 平方千米。在本次规划中，提出"有序推进城市副中心规划建设，带动中心城区功能和人口疏解"。

北京城市副中心是北京新两翼中的一翼。应坚持世界眼光、国际标准、中国特色、高点定位，以创造历史、追求艺术的精神，以最先进的理念、最高的标准、最好的质量推进北京城市副中心规划建设，着力打造国际一流的和谐宜居之都示范区、新型城镇。

副中心要承接中心城区的疏散人口，通过有序推动市级机关和事业单位搬迁，带动中心城区其他相关功能和人口疏解，到 2035 年承接中心城区 40 万~50万常住人口疏解。

北京城市副中心将与顺义、亦庄、大兴、平谷等东部各区域联动发展；并与廊坊北三县地区统筹发展，统一规划、统一政策、统一管控，实现统筹融合发展。

（四）高精尖产业规划

与战略性发展规划和功能调整相适应，北京的产业结构也一直在追求高精尖和高质量发展。进入 21 世纪，现代制造业、现代服务业、现代农业成为产业高级化发展的方向。然而，随着经济体量和产业规模的扩大，北京面临的资源、环境约束日益突出。北京本身是一个缺水、缺地、资源短缺、环境容量有限的城市，传统产业过多会占用宝贵的资源，资源和环境的矛盾越来越突出。在北京发展低附加值、低技术含量、高资源能源消耗的产业已经不可持续。因此，北京迫切需要加快经济结构尤其是产业结构的升级，为经济发展质量和效益提升夯实基础。

在新一轮科技革命和产业变革条件下，新技术、新业态、新产品、新模式不断涌现，成为带动经济发展的新动能。产业技术含量和创新水平普遍提高，以科技创新为核心的全面创新能力已经成为决定国家和区域经济核心竞争力的关键要素。知识、技术和人力资本密集型的高精尖产品、业态、价值链环节已成为产业高端发展的方向。

北京作为我国科技创新中心，创新资源高度集聚，在知识技术资本和人力资本等高端创新资源方面具有我国其他地区不可比拟的优势，为高精尖产业的发展提供了得天独厚的条件。在北京发展创新驱动型的高精尖产业，能够降低创新资源的获得成本和使用成本，具有比较优势。因此，在市场机制作用下，经济可持续发展需求与技术经济演进趋势形成交汇，北京经济和产业发展必然要向高精尖方向升级换代。

2015年12月，北京市经信委提出北京要紧扣制造业创新和京津冀协同发展主题，重点突出"四个坚持"：坚持将构建高精尖产业结构作为主攻方向和突破口；坚持将"产品创造"作为培育高精尖产业的主要抓手，加快推动由全面发展向产业高端环节、核心领域和尖端科技的聚焦发展；坚持将有序疏解非首都功能作为推动制造业创新发展的强大动力，主动"瘦身"，优化资源配置；坚持将京津冀产业协同发展作为实现"由北京创造"的支撑条件，推动在京津冀构建开放、共享、协作的跨区域产业创新网络，实现互补、共赢发展。

2021年，《北京市"十四五"时期高精尖产业发展规划》提出，到2025年，北京高精尖产业增加值占地区生产总值比重将达到30%以上，万亿元级产业集群数量4~5个，制造业增加值占地区生产总值13%左右、力争15%左右，软件和信息服务业营收3万亿元，新增规模以上先进制造业企业数量达到500个。

"十四五"时期是北京落实首都城市战略定位、建设国际科技创新中心、构建高精尖经济结构、推动京津冀产业协同发展的关键时期。在全球创新版图重构以及我国加快构建双循环新发展格局的时代背景下，北京高精尖产业要坚持以首都发展为统领，巩固产业调整转型的良好势头，准确把握新发展阶段，深入贯彻新发展理念，主动融入新发展格局，全力推进高质量发展，切实肩负起国家赋予的使命和责任。

北京发展高精尖产业已经有一定基础。数据显示，2020年北京高精尖产业实现增加值9885.8亿元，占地区生产总值比重达到27.4%，较2018年提高2.3个百分点；培育形成新一代信息技术（含软件和信息服务业）、科技服务业两个万亿元级产业集群以及智能装备、医药健康、节能环保、人工智能四个千亿级产业集群。规划提出，"十四五"时期，北京将推动产业"换核、强芯、赋智、融合"，加快产业基础再造提升、产业链条优化升级、智能绿色全面覆盖、制造服务深度融合、区域发展开放联动"五个突破"，推进动力转换、效率提升、结构优化"三大变革"，实现高精尖产业质量、能量、体量"三量提升"，打造一批具有全球竞争力的万亿元级产业集群和领军企业。

**二、北京"四个中心"的建设目标**

城市战略定位是城市总体规划中最重要的组成部分，对城市未来发展方向做出科学定位。《北京城市总体规划（2016 年—2035 年）》明确指出，北京的一切工作必须坚持全国政治中心、文化中心、国际交往中心、科技创新中心的城市战略定位，履行为中央党政军领导机关工作服务，为国家国际交往服务，为科技和教育发展服务，为改善人民群众生活服务的基本职责。2020 年"四个中心"发展目标为：中央政务、国际交往环境及配套服务水平得到全面提升；初步建成具有全球影响力的科技创新中心；全国文化中心地位进一步增强，市民素质和城市文明程度显著提高。

北京作为超大城市与国家首都，既承载着一般城市的功能，又具有其他城市不具备的首都功能，首都功能是首都城市最重要的也是特有的功能。"四个中心"的城市战略定位体现了北京的首都功能，发展的核心内涵是首都发展，以"四个中心"建设优化提升首都功能，履行"四个服务"基本职责，是北京一切工作的落脚点。"四个中心"相辅相成，共同构成北京的首都功能。政治中心方面，要做好中央政务功能服务和首都政治安全保障工作，塑造大国首都形象；文化中心方面，要在传承保护北京历史文化的基础上提升公共文化服务质量、打造城市文化品牌，形成大国首都的独特文化气质；国际交往中心方面，通过加强全方位国际交流合作，增强大国首都国际影响力；科技创新中心方面，通过"三城一区"建设，构筑北京发展新高地，推进世界级创新型城市建设，扩大大国首都科技影响力。这可以说是"四个中心"的建设总目标，如图 20.1 所示。

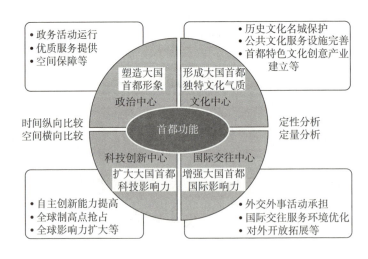

图 20.1　北京"四个中心"功能目标

对于建设目标的实现程度评估，"四个中心"各有不同。政治中心建设，主要关注全力维护首都政治安全、保障国家政务活动安全高效有序运行，提供空间保障、为中央党政军领导机关提供优质服务等方面。文化中心建设，主要关注构建历史文化名城保护体系、完善公共文化服务设施网络、建设具有首都特色文化创意产业等。国际交往中心建设，主要关注承担重大外交外事活动、优化国际交往服务环境、拓展对外开放广度和深度、培育国际合作竞争新优势。国际科技创新中心建设，主要关注提高自主创新能力、在基础研究和战略高新技术领域抢占全球制高点、建设具有全球影响力的全国科技创新中心。本章关注的即是以上建设目标和具体指标的大数据谱系及大数据技术实现方法。

## 第二节 建设内容

### 一、全国政治中心建设

（一）内涵与意义

政治中心是指以行政管理为主要职能的城市，城市中设置相应的行政机关、公安、法院、税收等相应的各级行政管理机构。由于各个城市在行政管理体系中所处的地位不同，其中心作用大小也不同。北京作为中国的首都，其政治直接管辖范围包括全中国，是全国性的政治中心。

北京作为全国政治中心定位具有极为重要的战略意义。首都是国家政权的核心所在，是国家认同、民族认同的标志，是政治整合、国家统一的象征。北京的一举一动、一言一行对于全国具有很强的示范效应。党的十八大以来，习近平非常关心首都的建设和发展，先后多次对北京工作做出重要批示，指出开展任何工作都应从政治的高度去认识。习近平总书记强调，"看北京首先要从政治上看"，明确了政治中心建设的政治特性。"四个中心"首先是政治中心，各项工作首先是政治工作。2017年6月，习近平在专题听取北京城市总体规划编制工作汇报时强调"政治中心方面，要做好中央政务功能服务和首都政治安全保障"。2019年1月，习近平在京津冀三省市考察时再次强调北京要"提升行政管理效率和为中央政务服务的职能"。

政治中心是北京近年来最核心的城市功能和最突出的城市色彩，决定北京城市发展方向的首要因素是政治中心独有的无比强烈的政治驱动。全国政治中心职能使首都城市具备政治优势，由于首都城市是国家的象征，同时是国家中央政府机关所在地，这使其在全国的政治地位独一无二。处于政治权力核心的首都城市在政策制定、政策实施中具有其他城市不可比拟的优势，一般具有合理的政府组织结构、科学的政府运作机制、高效的政府施政程序等。首都城市政府通过立法、司法、执法三个方面为居民的社会生活提供公平、便捷的服务，从政治角度促进首都城市的发展，并且带动整个国家的发展。

（二）全国政治中心目标谱系

全国政治中心的确立，其中的因素复杂多样。在中国古代社会和现代社会，一个政权把都城定在什么地方，主要是各方领袖或权贵势力博弈的结果。细化其内部深层次原因，有学者认为政治中心的选择取决于政治、军事形势以及积淀为文化传统的社会心理认同等方面，还必须加上偶然性大于必然性的某些因素，也有学者认为自然环境、朝代更迭、经济中心的转移等方面的原因会影响全国政治中心的选择。

我国首都政治中心建设并非一蹴而就，而是一个历史过程，从国民党统治下的一个特别市逐步建设为新民主主义社会的首都，又从新民主主义社会的首都建设为社会主义社会的首都，在这两个转变过程中，北京的角色定位随着国家社会性质的变革而转变。在工作中，北京始终坚持贯彻执行党中央的路线、方针、政策，顾全大局、服从全局，"用客观上可能达到的最高标准要求自己的工作"，不断同先进地区比，找差距，找缺点，不断地提出新要求，向更高的目标迈进。概括起来，北京作为政治中心，其工作主要包含两方面内容，一方面是显性的，即一些政治中心必备要素的筹建，如全国标志性建筑、国家最高权力机关所在地等，北京是重要参与者、具体筹建者；另一方面是隐性的，但更为关键，就是在社会发展、变革中，其各项工作走在全国前列，和中央保持一种密不可分的良性互动，在全国发挥其关键的带动示范作用。据此，本章提出测度"全国政治中心"的大数据目标谱系如表 20.1 所示。

表 20.1　全国政治中心大数据目标谱系

| 主要维度 | 说明 | 数据 |
|---|---|---|
| 中央级政治机构 | 党、政、军等国家级机关 | 中共中央、国务院、国家军委等中央机关及其下属机构的数量 |
| 中央级政务活动 | 政务工作性、常规性活动 | 全国人大、政协等"两会"及相关会议、活动的数据 |
| 国家级会议 | 以中央或国家名义召开的非常规会议 | 如中央外事工作会议、中央民族工作会议，全国公安、海关、税务、统计、工业和信息化工作会议等 |
| 国家级重大活动 | 以国家名义举办的重大活动 | 如中华人民共和国成立七十周年、建党百年、辛亥革命 110 周年等 |

## 二、全国文化中心建设

（一）文化中心时代背景

文化是一个国家、一个民族的灵魂。北京是世界著名古都，有着 3000 多年的建城史、860 多年的建都史，丰富的历史文化是一张金名片，是中华文明源远流长的伟大见证。文化中心一直是北京重要的首都功能。北京"四个中心"的战略定位明确后，北京市政府于 2016 年 6 月 3 日发布实施《北京市"十三五"时期加强全国文化中心建设规划》，首次将加强全国文化中心建设规划列为市级重点专项规划。加强全国文化中心建设，是履行首都职责使然，贯彻落实首都城市战略定位、建设国际一流的和谐宜居之都的必然要求。进入新的发展时期，《新时代繁荣兴盛首都文化的意见》《北京城市总体规划（2016 年—2035 年）》《北京市推进全国文化中心建设中长期规划（2019—2035 年）》等一系列政策密集出台，文化软实力和影响力进一步增强。

（二）主要功能与发展现状

《"十三五"时期加强全国文化中心建设规划》明确了全国文化中心建设的功能定位，即凝聚荟萃、辐射带动、创新引领、展示交流和服务保障功能。

"十三五"时期，全国文化中心建设的规划体系日臻完善。陆续发布了《北京市推进全国文化中心建设中长期规划（2019—2035 年）》和"三带两区"规划（《北京市大运河文化保护传承利用实施规划》《北京市长城文化带保护中长期规划（2018—2035 年）》《北京市西山永定河文化带建设中长期规划（2018—2035 年）》《北京市公共文化服务体系示范区建设中长期规划（2019—2035 年）》《北京市文化产业发展引领区建设中长期规划（2019—2035 年）》），编制了《大运河国家文化公园（北京市）建设保护规划》《北京市"十四五"时期加强全国文化中心建设规划》，逐步形成了较为完备的全国文化中心建设规划体系。

"十三五"时期，全国文化中心建设的法规政策保障不断完善。出台了《北京市非物质文化遗产条例》《北京市文明行为促进条例》《北京历史文化名城保护条例》，完成《北京市志愿服务促进条例》修订，推进《中轴线申遗保护条例》等多项地方性法规。同时，发布了推动非国有博物馆发展、广播电视公共服务体系建设、公共文化机构法人治理结构改革，加强院团改革、文化产业高质量发展等文化建设政策。抗击新冠肺炎疫情期间，出台"北京文化 28 条""北京书店 16 条""网络视听暖企 8 条"等企业扶持政策。

"十三五"时期，全国文化中心建设的落地项目不断增多。在全国文化中心建设中长期规划引领下，每年重点任务和折子工程上百项，内容涉及内涵挖掘、文物保护、主题创作、环境整治、文化设施、产业发展、宣传展示等各方面。环球主题公园于 2021 年 9 月正式亮相。启动新国展二期建设、张家湾设计小镇、台湖演艺小镇等项目，郎园、798、咏园等一批老旧厂房利用等文化产业园区成为北京文化产业一大特色。从顶层设计到落地实施，全国文化中心建设的四梁八柱更加稳固。

"十三五"时期的主要成就表现在：

北京精品力作不断涌现。在 2017 年、2019 年两届"五个一工程"评奖中，北京的获奖数量均居全国第一，2019 年更是创造了纵向比历史最好、横向比遥遥领先的成绩。一批口碑票房双丰收的文艺精品集中涌现，中国电影票房榜国产电影前 5 名影片《战狼 2》《哪吒之魔童降世》《流浪地球》《红海行动》《唐人街探案 2》，全部是北京出品、北京制作。"十三五"时期，文艺院团改革引向深入，出台"院团 18 条"，加大财政扶持力度，对文艺院团实施"两效统一"的绩效改革，推动解决长期困扰院团的排练演出"场所难"问题，吉祥戏院装修改造、北京歌剧舞剧院原址重建、京南艺术中心、中国杂技艺术中心等一批重点剧场项目加快推进。

"十三五"时期，北京公共文化服务不断丰富。城市副中心剧院、博物馆、图书馆建设持续推进，北京文化中心拔地而起，北京人艺国际戏剧中心工程加快建设。全市四级公共文化服务设施基本实现全覆盖，已建成 15 分钟公共文化服务圈，一座座特色文化空间不断出现在市民身边。截至 2020 年 11 月底，北京市实体书店数量 1938 家，比上年增加 639 家，同比增加 49%，实现每万人拥有 0.9 家书店。北京实体书店数量排在全国第一，产业影响力和竞争力日益显现。

"十三五"时期，文化活动丰富多彩。首都市民系列文化活动举办 2 万多场，贯穿全年、覆盖全市。非遗老字号创新发展，恢复生机活力，走入市民生活、校园活动中。北京国际电影节、北京国际公益广告大会、中国戏曲文化周、北京国际音乐节等文化品牌活动有力提升了全国文化中心的全球影响力。

（三）文化中心的测度及大数据目标谱系

国内外文化发展综合评价体系较为丰富，国外的如欧洲创意指数（ECT），国内的如香港创意指数（HKCI）、中国省市文化产业发展指数（UCII）、中国文化发展指数（CDI）、中国城市文化竞争力指数等。于丹将全国文化中心指标确定为文化资源力、文化创新力、文化传播力、文化涵育力和文化凝聚力五项核心指标。其中，文化资源力包括文化遗产资源、文化设施资源、文化人力资源三个二级指标；文化创新力包括文化政策动力、文化资本活力、文化企业实力、文化经济体量四个指标；文化传播力包括城市文化品牌塑造、核心内容产品辐射、重大活动影响三个二级指标；文化涵育力可分为投入指标、建设指标、效果指标三个二级指标等。文化凝聚力是在文化的资源力、创新力、传播力、涵育力的基础上形成的一种向上、向善的道德规范和价值取向，是吸引、聚合所有成员形成稳固的文化共同体的合力。

范周提出国家文化中心建设评价指标体系的六项指标——价值导向力、文化资源力、文化服务力、文化创新力、文化市场力、文化传播力。六项指标与《北京市推进全国文化中心建设中长期规划（2019—2035 年）》紧密相连。在建设全国文化中心的六项指标中，价值导向力是首位，坚持社会主义核心价值观的引领是第一标准。文化资源力是指某地区既有的文化资源状况与水平，既有物质的层面，又有非物质的层面。文化服务力指公共文化服务，包括政府层面的公共文化治理与公民层面的公共文化参与，旨在考察多中心协同的公共文化服务体系。文化创新力是以文化科技、文化金融等要素为推动力，以创意创新驱动文化资源创造性转化与创新性发展的能力。文化市场力以文化企业与文化从业者为主体，强调市场的资源配置与自我造血能力，以及创意人才的重要作用。文化传播力面向国内外两个层面，文化贸易是国际文化传播力的重要组成部分。

在广泛参考国内外有关城市文化发展评价指标体系基础上，本章将全国文化中心建设的大数据目标谱系确定为文化资源、文化创新、文化传播、文化涵育和文化凝聚五个主要维度，如表 20.2 所示。

表 20.2　全国文化中心建设的大数据目标谱系

| 一级目标 | 二级维度 | 三级数据 | 数据来源 | 备注 |
|---|---|---|---|---|
| 全国文化中心 | 文化资源 | 文化遗产资源 | 北京市统计局、中国非物质文化遗产网 | 物质文化遗产资源与非物质文化遗产资源 |
| | | 文化设施资源 | 北京市统计局 | 室外文化空间资源（如公共绿地等）、室内文化空间资源（如书店等） |
| | | 文化人力资源 | 北京市（区）统计局、各区高层次人才服务中心 | 规模以上文化产业从业人数（人）及比重（%）；文化人才认定数（人）等 |
| | 文化创新 | 文化政策动力 | 首都之窗 | 顶层设计体系、试点示范平台等，例如北京市政府出台的与文化产业相关政策等 |
| | | 文化资本活力 | 文创实验区管委会；实验区信促会 | 文化产业专项资金年投入总额（万元）；文化产业年贷款总额（亿元）等 |
| | | 文化企业实力 | 北京市统计局 | 规模以上文化产业实现收入（亿元）；文化企业总数（家）；规模以上文化企业数占文化企业总数的比重（%）等 |
| | | 文化经济体量 | 北京市统计局 | 规模以上文化产业人均收入（万元）；规模以上文化产业收入利润率（%）；上市文化企业（含新三板）数（家）等 |

续表

| 一级目标 | 二级维度 | 三级数据 | 数据来源 | 备注 |
|---|---|---|---|---|
| 全国文化中心 | 文化传播 | 城市文化品牌塑造 | 国家文创实验区 | 文化产业园区公共文化空间数（个）；文化产业园区举办文化活动次数（场次）；各类媒体宣传报道次数（次）等 |
| | | 核心内容产品辐射 | — | — |
| | | 重大活动影响 | 商务部，北京市统计局 | 以世界园艺博览会为代表的国际顶级节事活动、以奥运会为代表的国际顶级赛事、以"一带一路"国际合作高峰论坛为代表的国际顶级会议等 |
| | 文化涵育 | 投入指标 | 首都之窗、北京市统计局 | 主要包括文化事业投入和惠民文化政策两方面 |
| | | 建设指标 | 北京市统计局 | 主要包括图书馆、文化馆、博物馆、美术馆等公共文化资源 |
| | | 效果指标 | — | — |
| | 文化凝聚 | — | 首都之窗 | 文化产业园区总数（个）等 |

为了支持全国文化中心大数据目标谱系，需要进一步细化文化中心基础数据资源，具体包括：①文化遗产资源数据；②室外文化空间资源（如公共绿地等）、室内文化空间资源（如书店等）；③文化企业及其收入、利润、人员等数据；④文化政策体系，试验（实验、示范）园区，文化事业投入；⑤文化产业资金情况；⑥各类、各层次文化活动的具体数据（世园会、奥运会、国际高峰论坛等）；⑦文化内容产品、获奖、传播等；⑧公共文化资源（包括图书馆、文化馆、博物馆、美术馆等）

## 三、国际科技创新中心建设

### （一）国际科技创新中心的必然选择

2020年9月，习近平在科学家座谈会上指出，我国经济社会发展和民生改善比过去任何时候都更加需要科学技术解决方案，都更加需要增强创新这个第一动力。"十四五"期间，我国要加快构建以国内大循环为主体、国内国际双循环相互促进的新发展格局，经济发展要实现国内国际两个市场、两种资源协调共享，互相给养，创新是第一动力，即促进国内国际双循环必须坚持创新驱动。首先，构建新发展格局，要努力实现全球资本在中国的集聚和运转，最有效的方式就是集聚起全球化的创新资源。其次，构建新发展格局，要求形成需求牵引供给、供给创造需求的更高水平动态平衡，其关键节点在于本国可以提供高质量的产品和服务。显然，只有融入全球创新体系和实现自主创新，才可以不断推出新产品、新服务，从而满足人民日益增长的消费需求。最后，构建新发展格局，要求促进出口和进口协调发展，核心是通过科技创新解决"卡脖子"的关键技术自给，发展战略性新兴产业，实现产业链和价值链的升级，唯有如此，才能真正解决进口和出口不均衡的问题。因此，构建新发展格局必须依靠创新驱动，而国际科技创新中心是全面实现新发展格局的"最佳极点"①。

北京创新资源密集，为科技创新提供了丰沃土壤。北京已布局有高能同步辐射光源等 20 个重大科技基础设施、128 个国家重点实验室、68 个国家工程技术研究中心，还有一大批知名高校院所。此外，北京拥有 2.9 万家国家高新技术企业，"充分发挥高新技术企业的优势，建设一批创新的联合体"成为北京下一阶段的重要工作内容。这一资源优势，不但在国内遥遥领先，在全球城市中也毫不逊色。这些都是建设国际科技创新中心的重要资源，将其进行有效的聚合、利用，形成聚变反应，可以释放巨大的科技创新能量②。这些资源优势为北京强化国家战略科技力量构建奠定了良好的基础③。

科技创新成果富集，辐射作用十分突出，这也是北京建设国际科技创新中心的底气所在。近年来，北京充分发挥人才和科技资源高度集聚的优势，科技创新实力大幅度提升。第五次国家技术预测的结果显示，在中国领跑世界的重大科技创新成果中，有一半以上来自北京。

（二）发展脉络及创新实践

自 2014 年明确了"四个中心"城市战略定位，北京全面落实国家创新驱动和京津冀协同发展战略，大力推进科技创新中心建设，初步建成具有全球影响力的全国科技创新中心，取得了较为明显的改革创新实践经验。北京加强顶层设计，编制完成全国科技创新中心建设"三张图"④。

---

① 史欣向．建设国际科技创新中心的使命担当［N］．中国社会科学报，2021-02-23（008）．

② 王言虎．建设国际科技创新中心，引领首都高质量发展［N］．新京报，2020-12-02.

③ 郑金武．着力提升科技创新能力——从两会关键词看北京国际科技创新中心建设［J］．科技传播，2021，13（6）．

④ 全国科技创新中心建设的"三张图"：①编制全国科技创新中心建设"设计图"。制定《北京加强全国科技创新中心建设总体方案》，经国务院审议发布，明确"三步走"发展方针和重点任务，全国科技创新中心建设上升为国家战略；发布《"十三五"时期加强全国科技创新中心建设规划》，明确提出"十三五"时期建设思路、重点任务布局；制定《北京系统推进全面创新改革试验加快建设全国科技创新中心方案》，构成了远期、中期、近期相结合的全国科技创新中心建设"设计图"。②搭建全国科技创新中心建设"架构图"。在国家科技创新中心建设领导小组框架下，组建北京推进科技创新中心建设办公室。设立"北京办公室一处七办"组织架构，作为落实任务的执行主体和责任主体。建立健全沟通协调、战略咨询、评价监测、公众参与、组织保障等工作机制。③完成全国科技创新中心建设"施工图"。编制形成《北京加强全国科技创新中心建设重点任务实施方案（2017—2020 年）》，明确六方面重点任务，按照"量化、细化、具体化、项目化"的要求，按年度制订实施方案滚动推进。

自 2017 年始，北京全国科技创新中心建设进入全面加速期。《北京城市总体规划（2016 年—2035 年）》正式批复，为科技创新中心建设提供根本遵循。制定《北京市推进科创中心建设办公室组建方案》，明确北京办公室和"一处七办"组织架构及工作机制。2018 年，科技创新中心"三城一区"主平台定位明确。编制出台《中关村科学城规划》《未来科学城规划》《怀柔科学城规划》《关于加快推进北京经济技术开发区和亦庄新城高质量发展的实施意见》。出台《北京市支持建设世界一流新型研发机构实施办法（试行）》，推动成立量子院、脑科学中心等一批新型研发机构。发布《新时代推动首都高质量发展人才支撑行动计划（2018—2022 年）》，出台《关于优化人才服务促进科技创新推动高精尖产业发展的若干措施》，并深入宣贯"10+3"高精尖产业发展系列政策，出台具体产业行动计划等措施。设立北京市科技创新基金，引导投资高端科研成果落地孵化转化。

2019 年至今，是全国科技创新中心建设全面攻坚期。出台《北京市促进科技成果转化条例》，完善了促进科技创新的法治体系。发布《关于新时代深化科技体制改革加快推进全国科技创新中心建设的若干政策措施》，加强改革系统性、集成性、协同性，刀刃向内自我改革，勇闯科技体制改革深水区。出台《北京市科技奖励制度改革方案》，推动印发《"新三板"综合改革方案》，发布实施《"一带一路"科技创新北京行动计划》，明确各重点改革总体思路和改革举措。实施应用场景建设相关工作方案，发布两批共 30 项应用场景清单。组建市区两级高精尖产业落地工作专班，在人工智能、医药健康、智能网联汽车、智慧广电等领域发布系列行动计划。

启动编制北京市"十四五"时期加强全国科技创新中心规划，为未来五年科技创新中心建设提供思路和战略部署①。经过"十三五"时期不懈的努力，北京科技创新中心建设迈上新台阶，取得了重要进展。"十四五"期间，北京要充分发挥科技和人才优势，"锻长板、补短板"，坚持"四个面向"，深化科技体制改革，推进"揭榜挂帅"等新的科研组织方式，在"卡脖子"技术和前沿领域，实现更多"从 0 到 1"的突破。到 2025 年，北京国际科技创新中心基本形成；到 2035 年，北京国际科技创新中心的创新力、竞争力、辐射力全球领先，形成国际人才高地，切实支撑我国建设科技强国②。

（三）国际科技创新中心主要成就

1. 国际科技创新中心的主要功能

国际科技创新中心的主要功能是全球创新资源配置。传统科创中心通常以众

---

① 王涵，刘利. 立法视角下推进国际科技创新中心建设的若干问题与建议［J］. 科技中国，2020（12）.

② 许强：努力开创国际科技创新中心建设新局面［J］. 河南科技，2021，40（3）.

多有重大影响的创新成果产出为主，用科技论文、发明专利、成果转化、高科技产值等指标衡量，辅助于创新资源投入的指标，如科学家和工程师人数、高学历占比、研发投入水平、研发机构数量等。现代科创中心，不仅要有强大的创新资源投入与重大成果的产出，更要具备与全球创新资源广泛连接、强大整合、指挥控制、前沿引领的功能，具体表现为科技项目国际合作数量、创新网络关联度、项目和人员国际交流频率、全球研发机构数量、重大科技成果发布与交易、重大国际研讨会和论坛等[1]。

2. 国际科技创新中心的主要表现

研究型大学和各类科研机构相对集中。创新要素的持续集聚是科技创新中心的首要特征。其中，研究型大学和各类科研机构发挥着不可替代的基础性作用。自1980年以来，许多OECD国家都普遍重视从大学研究的公共投资中增加国家的经济回报，积极鼓励与支持大学和研究院所周边的"衍生"企业，大力推动实验室经济和大学周围创新企业的区域集群发展。以美国为例，其最具代表性的两大高技术区域集群——加州的硅谷和波士顿地区的128公路，均是由所在区域内的研究型大学及相关的"衍生"企业所激发的。例如，硅谷有斯坦福大学、加州大学伯克利分校及旧金山分校等全球顶级高校，以及斯坦福直线加速器中心（SLAC）、帕洛阿托研究中心（PARC）等知名研究机构，为硅谷产业界源源不断地输送领先技术。值得一提的是，斯坦福大学通过制订产业联盟计划促进科研人员、院系之间以及大学与外部企业之间合作，也积极鼓励科研人员校外创业以加速科研成果商业化。同时，不少研究发现：多数国家的技术发明者所引用的大学专利或科技论文大都出自本地的大学和科研机构[2]。据统计，斯坦福大学的师生和校友创办的企业产值占硅谷产值的50%～60%。又如，波士顿地区拥有超过100所大学，有哈佛大学、麻省理工学院、塔夫茨大学、波士顿学院、波士顿大学等，其中全美高校排名前50的有7所，是名副其实的美国高等教育核心区。据调查，麻省理工学院在本地的关联企业超过1000家，全球销售额为530亿美元，直接创造当地就业岗位12.5万个，间接带动就业岗位12.5万个。正是在这些强大科研机构的支撑下，波士顿自20世纪90年代起成功转型成为全球最重要的创新中心之一[3]。可见，相对集中的研究型大学和科研机构极大地推动了一个地区的知识生产、技术商业化以及创新扩散。

人才高度集聚。国际科技创新中心都将人才视为"第一资源"。例如，以色

① 周振华.加快推进全球科创中心建设的几点建议［J］.世界科学，2020（S1）.
② 搜狐网全球科技创新中心发展规律及启示［EB/OL］.https：//www.sohu.com/a/155249953_752060？qq-pf-to＝pcqq.c2c
③ 廖明中，吴燕妮.国际科技创新中心的六大特征［N］.深圳特区报，2019-07-09（B06）.

列的特拉维夫是一个依靠人才推动创新的典型城市。这座面积只有 51.8 平方千米、人口约有 40.3 万的城市，聚集了以色列近 1/4 的高科技企业，还有近 800 家"种子期"公司。特拉维夫每平方千米就有 19 家创业公司，每 431 人中就有 1 人在创业，是全球人均创业者最多的城市；1/3 人口是 18~35 岁的年轻人。根据创业基因公司（Startup Genome）发布的《2019 全球创业生态报告》，特拉维夫排名全球第 6 位。又如，波士顿同样是一座因人才而兴的城市。17 世纪中叶到 20 世纪初，波士顿经历三次大的发展危机，但都因其雄厚的人力资源优势使城市化危为机。波士顿发达的高等教育为该地区建立了丰厚的人力资本，世界一流的研究机构和公司集聚于波士顿也对人才形成了巨大的吸引。据统计，2010~2014 年，波士顿就职于高新科技领域的雇员以 4.6%~6% 的速度逐年增加。2016 年，通用电气（GE）决定把公司总部迁至波士顿，其中一个重要原因是波士顿能够比较容易地吸引多元化科技人才。再如硅谷，据《2020 硅谷指数》统计，1854 平方英里的面积容纳人口达 310 万人次。硅谷拥有宜人的气候条件、一流的大学园区和浓厚创新创业氛围，在其狭小的地理面积里集聚了 50 人以上的诺贝尔奖学金获得者、上千位的美国科学院和工程院院士、100 多万科技人员，近 300 万的就业人口超过 40% 拥有本科以上学历，而且超过 30% 是海外人口。

风险投资充裕。风险投资在国际科技创新中心的创新生态系统中扮演着资金提供者和资源连接者的角色。硅谷、波士顿、特拉维夫等国际科技创新中心的风险投资机构都非常发达。据《2018 硅谷指数》和《全美风险投资协会 2018 年报》（NVCA）数据，2017 年，硅谷、旧金山风险投资额分别达 140 亿美元和 109 亿美元，两者合计占全美 38.9%，整个加州占全美 51.03%。波士顿所在的马萨诸塞州是美国另一个风险投资集聚地。近 10 年，马萨诸塞州占全美的风险投资资金的比重维持在 9%~12%。事实上，全球第一家现代风险投资机构——美国研究开发公司（ARD）诞生于波士顿（1946 年），该公司曾成功孵化 DEC 等一批创新型企业。《2020 硅谷指数》指出，硅谷地区创造 420 亿美元的风险投资，投资达到创纪录的 9200 万美元。

创新中介发达。国际科技创新中心普遍有非常完善的创新中介服务网络，其中最突出的领域包括律师事务和技术转移等。硅谷、波士顿都受益于美国顶级律师事务所提供的专业服务。例如，硅谷拥有威尔逊（WSGR）、科律（Cooley）、欧华（DLA）等一批全球知名律师事务所。这些律师事务所甚至愿意为初创公司提供新公司注册、起草投资条件书等无偿的服务。律师事务所通过这种方式廉价地获取客户，因为这些初创公司可能变成明天的谷歌或脸书。又如，波士顿地区共计拥有 30 多家技术转移中介机构，极大促进了本地区大学研发的新产品、新技术转让给当地企业。麻省理工学院的技术许可办公室是全美开展大学专利使用转让最活跃的机构之一，与产业界、风险投资市场和企业家保持着长期且密切的合作关系。据不完全统计，过去 10 多年，经麻省理工学院技术许可办公室专利转让催生了数百家高新技术公司，涵盖生物、信息、纳米等产业领域。再如，以色列的大学从 1959 年就开始成立自己的技术转移公司。特拉维夫大学于 1973 年设立了拉莫特技术转移公司，专门负责推动大学研究成果的商业化。拉莫特技术转移公司与企业和投资者的合作方式包括：技术许可、研究合同、创办新兴企业、研究联合体等，通过这些方式拉莫特技术转移公司成功地与以色列的大多数企业甚至国际方面的企业建立了协作关系。

企业家精神活跃。国际科技创新中心普遍都是企业家精神极为活跃的社会。硅谷科技创业公司发展的主体是大批复合型的企业家群体（科技企业家为主）和创业团队。同时，硅谷很多企业家都有连续创业经历，这提高了创业公司的成活率和成功率。例如，著名的企业家吉姆·克拉克（Jim Clark），先后创办了网景（Netscape）等 7 家公司。埃隆·马斯克（Elon Musk）先后创办了贝宝（PayPal）、太空探索技术公司（Space X）、特斯拉等数家公司。

创新企业集群发展。国际科技创新中心的标志性特征是拥有一批世界级企业和强大的创新企业集群。从欧盟发布的《2017 全球研发支出 2500 强企业榜单》可以看到世界级科技企业的全球分布情况。例如，伦敦拥有以阿斯利康、葛兰素史克、巴克莱银行、联合利华、劳埃德银行、励讯集团等为代表的 57 家世界级企业。美国旧金山—硅谷地区更是拥有英特尔、苹果、甲骨文、思科、脸书、博通等多达 165 家世界级企业。纽约拥有以辉瑞制药、IBM、百时美施贵宝、百事公司、再生元制药、康宁公司、高露洁—棕榄、万事达为代表的 58 家世界级企业。波士顿拥有以通用电气、生化基因、福泰制药、雷神、德事隆集团、亚德诺、泰瑞达、阿卡迈技术、孩之宝为代表的 87 家世界级企业。东京拥有本田、索尼、日立、佳能、东芝、三菱电机、富士通、住友化学、三菱化工、日本电气、三菱重工等超过 200 家世界级企业。

经济基础雄厚。科技创新中心离不开雄厚的经济基础，也离不开完善的产业体系、适合本地的经济结构和市场环境。从历史上看，多数科技创新中心都是由经济中心发展而来。从早期的英国伦敦地区到后来欧洲的大柏林地区、巴黎都市圈，再到美国加州湾区、纽约都市圈和日本东京都市圈，都无一例外地首先成为经济发达地区，并在一定条件下形成了辐射更大区域的创新中心。《2020 硅谷指数》指出，硅谷经济持续 9 年扩张，该地区的 GDP 在 2019 年增长了 170 亿美元，平均年收入达到 146795 美元。

机构与制度匹配。高技术园区和知识创新区作为核心载体、创新体制机制作为保障支撑。为了吸引大量具有高研发能力的组织机构入驻，世界各地的普遍做法是建设科技类功能区，包括高新产业开发区、科学园、科学城、科技城等类型，如美国硅谷、128 号公路高技术产业带、北卡三角研究园、英国剑桥科学园等。在城市中这类园区也以"知识创新区"的形式存在，如中东的迪拜知识村、波罗的海知识地区、巴塞罗那知识区等①。

（四）国际科技创新中心的测度与大数据目标谱系

2021 年 10 月，清华大学产业发展与环境治理研究中心联合自然科研（Nature Research）面向全球隆重发布"2021 国际科技创新中心指数（GIHI）"②。该指数从科学中心、创新高地和创新生态三个维度来评估国际科技创新中心城市（都市圈）的发展水平。本章主要参考 GIHI 指数的测度维度和数据，提出国际科技创新中心建设的大数据目标谱系，如表 20.3 所示。

表 20.3　国际科技创新中心建设的大数据目标谱系

| 一级目标 | 二级维度 | 三级数据 | 数据来源 |
|---|---|---|---|
| 国际科技创新中心 | 科学中心 | 高被引科学家、活跃科研人员数量及比例（每百万人） | Digital Science Dimensions |
| | | 顶级科技奖项获奖人数 | 图灵奖官网、诺贝尔奖官网、菲尔兹奖官网 |
| | | 世界一流大学、科研机构 200 强数量 | 2020 世界大学学术排名，自然指数 |
| | | 大科学装置、超级计算机数量 | 各国大科学规划、网站宣传、研究文献等；全球超级计算机 Top500 榜单 |
| | | 高被引论文比例 | Digital Science Dimensions |
| | | 论文被专利、政策、临床试验引用的比例 | |
| | 创新高地 | 有效发明专利存量（每百万人） | Derwent Innovation 专利数据库 |
| | | PCT（Patent Cooperation Treaty）专利数量 | |
| | | 研发投入 2500 强企业数量 | 相关分析报告 |
| | | 独角兽企业数量 | CB Insights 独角兽榜单、胡润全球独角兽榜单 |
| | | 高技术制造业企业市值 | 福布斯中国 |

① 旷薇，张章. 北京建设全球科技创新中心的思考 ［A］//中国城市规划学会、杭州市人民政府. 共享与品质——2018 中国城市规划年会论文集（16 区域规划与城市经济）［C］. 中国城市规划学会，杭州市人民政府：中国城市规划学会，2018.

② 新浪网. 全球首发! 国际科技创新中心指数 2021 ［EB/OL］. http：//k. sina. com. cn/article_1686546714_6486a91a02001igsy. html.

续表

| 一级目标 | 二级维度 | 三级数据 | 数据来源 |
|---|---|---|---|
| 国际科技创新中心 | 创新高地 | 新经济行业上市公司营业收入 | Osiris 全球上市公司分析库 |
| | | GDP 增速 | ①GDP 数据来自各国或城市统计局，OECD<br>②PPP 指数和 GDP 平减指数来自世界银行 |
| | | 劳动生产率 | 劳动力数据来自各国或城市统计局 |
| | 创新生态 | 论文、专利合作网络中心度 | Digital Science Dimensions，Derwent Innovation 专利数据库 |
| | | 外商直接投资额（FDI）与对外直接投资额（OFDI） | 跨境绿地投资在线数据库 fDi markets |
| | | 创业投资金额（VC），私募基金投资金额（PE） | CB Insights |
| | | 注册律师数量（每百万人） | 各国、城市律师协会，各国司法部等 |
| | | 数据中心（公有云）数量，宽带速度 | Cloudscence，https://testmy.net/list |
| | | 国际航班数量（每百万人） | OAG（Official Aviation Guide）全球航空情报资讯机构 |
| | | 电子政务水平 | 联合国电子政务调查报告 |
| | | 专业人才流入数量 | 领英大数据洞察数据库 LinkedIn Talent Insights（http://business.linkedIn.com/talent.solutions/talent.insights） |
| | | 居民平均受教育年限 | 联合国开发计划署地方人类发展指数 |
| | | 国际会议数量 | 国际大会与公约协会（International Congress and Convention Association，ICCA） |
| | | 公共博物馆与图书馆数量（每百万人） | ①公共博物馆：包括官方发布名录、官方旅游欢迎页面、博物馆爱好者平台及网络地图等<br>②公共图书馆：包括官方统计年鉴或统计公报、图书馆官方网站、政府网站、官方旅游欢迎页面及网络地图等（不含大学图书馆） |

国际科技创新中心基础数据资源：①科研人员与科学家人员数据，专业人才流动情况；②科技成果获奖、论文、专利及其被引数据；③大学、科研机构；④超级计算机、大科学装置，数据中心，宽带；⑤企业及其市值、营业收入、研发投入；⑥GDP，劳动生产率；⑦FDI、OFDI、VC；⑧国际航班；⑨电子政务；⑩居民受教育情况；⑪国际会议；⑫公共博物馆、图书馆

## 四、国际交往中心建设

### （一）意义与现状

国际交往中心是《北京城市总体规划（2016年—2035年）》提出的北京城市战略定位之一，是习近平对北京重要讲话提出的首都核心功能。2020年"一核、两轴、多板块"国际交往空间布局的开启，国际交往中心专项规划的编制，中国（北京）自由贸易试验区批建，都推进着北京国际交往中心功能建设[①]，2020年11月《区域全面经济伙伴关系协定》的签署，更体现了国际交往的共同意愿。

国际交往中心建设是北京落实"四个中心"城市战略定位的重要组成部分，对于服务国家对外开放大局、实现北京城市高质量发展、建设世界级城市具有重要支撑作用[②]。《北京国际交往中心发展报告（2019）》数据显示[③]，2018年北京作为中国外交的核心承载地的作用进一步发挥，全年共接待"国宾团组"247个，安排相关参观与考察活动261场，举办93场国际会议，位居全国第一。2019年，北京成立了"北京推进国际交往中心功能建设领导小组"，并编制《北京推进国际交往中心功能建设行动计划（2019—2022年）》[④]，将北京打造为国际交往度活跃、国际化服务完善、国际影响力凸显的重大国际活动聚集之都。北京市根据自身发展需要，加强吸引外资，截至2018年，有超过165个国家或地区的累计超过43000家外商投资企业在北京注册，累计吸引外资超过10360亿元，占全国吸引外资总额的7%[⑤]，进一步呈现了把北京打造成国际交往中心的趋势。

同时，国际交往中心的建设，汇集了开展国际交往的各种资源，为"一带一路"国际交流与合作提供了充足条件。在京津冀区域协同发展的背景下，北京临近天津港，既有进出口贸易便利，又有临近河北的工业制造业优势；既有国际交往中心建设的政策"软实力"，也有各生产要素聚集促进产业发展的"硬实力"，这都将成为北京对接"一带一路"国际交流与合作的坚实基础。

### （二）国际交往中心的功能要素

北京建设国际交往中心的目标是打造国际交往活跃、国际化服务完善、国际

---

① 曲娜.构建北京国际交往中心的完备指标体系 [J].金融博览，2021（7）.

② 李军凯.加快推进北京国际交往中心建设 [N].经济日报，2019-11-22（12）.

③ 刘波.北京国际交往中心发展报告（2019）[M].北京：社会科学文献出版社，2019.

④ 北京推进国际交往中心功能建设领导小组召开第一次全体会议 [EB/OL].https://www.sohu.com/a/338561207-100035309.

⑤ 4.3万余家外企在京设立，北京成吸引外资"强磁场" [EB/OL].https://www.sohu.com/a/317961795-114988.

影响力凸显的重大国际活动聚集之都①。北京国际交往中心建设的功能定位主要表现在：国家外交和国际交往活动的核心承载地；国际文化交流枢纽；具有影响力的国际科技交流合作中心；国际资源聚集高地；国际化服务环境示范城市；汇集国际资源、带动区域经济发展②。若再将上述要求归类，可将其分为政治、经济、文化三个大类。

政治上，国际交往中心强调巩固和发展国际秩序，推动共商、共建、共享的新全球治理。在国际政治舞台上，首都城市很多时候不单单代表自身，而是作为主权国家对外交往的名片和窗口，承担着大量官方外交的责任。首都城市身份的特殊性使其参与全球治理的途径以政府间外交活动为主，民间交往为辅。参与全球治理的一大趋势是加入多边城市国际组织的活动，这些组织涉及人权、可持续发展、城市合作、扶贫、环保等多个领域。

经济上，国际交往中心的主要作用是对发展和创新的引领。国际交往中心城市的建设不同于世界城市的建设，它不再依靠城市的人口规模，或是单单强调城市在经济和金融方面的实力，而看重城市在创新、交流、开放等方面的表现。国际交往中心对国际经济和贸易要有一定的引领能力，能在一定程度上控制贸易活动的过程。同时，国际交往中心要具备发展的潜力，能引领未来的城市必定是"智慧城市"或"创新城市"，建设这类城市离不开科研的投入和发展。

文化上，国际交往中心是文明互知互鉴的平台。国际交往中心应该对具有多样性的世界文明，持开放与包容的态度，尊重各国独特的历史和文化。"以文明交流超越文明隔阂、文明互鉴超越文明冲突、文明共存超越文明优越"，是人类命运共同体建设的重要方向，是中国外交的新内容，更是国际交往中心建设的准则之一。党的十九大报告中提出，中国"谋求开放创新、互惠包容的发展前景，促进和而不同、兼收并蓄的文明交流"，国际交往中心的建设能有效地促成这种交流，形成文化间相互欣赏、相互理解、相互尊重的格局。

（三）国际交往中心建设的意义

国际交往中心促进北京城市发展。城市环境的改善，国际活动的聚集，需要城市各方面水平的整体提升。尤其要重视科技创新中心、全国文化中心建设与国际交往中心建设的协同关系。由科技进步带来的追赶型发展和创新型发展，是中国和亚洲国家近年来展示出的突出形象，也是关系到未来新科技革命的格局。只有通过高水平的国际交往，以大量的国际学术合作、科技交流、人才流动为依托，北京才能够迅速成长为世界重要的科技创新中心。全国文化中心与国际交往中心建设是相辅相成的。北京的文化既要开放包容，又要体现东方特色，代表亚

---

① 北京城市总体规划（2016年—2035年）[Z].2015.
② 刘波.全面推进北京国际交往中心建设（3）[EB/OL].http://71.cn/2018/0718/1009794.3shtml.

洲文化形成文化向心力，对世界其他文明板块形成文化吸引力。通过北京，世界可以了解东方、通向亚洲。科技创新中心和文化中心建设，可以为北京的国际交往中心建设带来更强的综合性区位优势。

国际交往中心促进京津冀协同发展。北京明确提出"建设以首都为核心的世界级城市群""提升京津冀城市群在全球城市体系中的引领地位"。要"充分发挥北京一核的引领作用""在推动非首都功能向外疏解的同时，大力推进内部功能重组，引领带动京津冀协同发展"。其中，非首都功能疏解，是指北京用世界级城市资源实力补充京津冀城市群发展。国际优质要素的聚集地在北京，以北京为交往和创新平台，可以为京津冀城市群的经济发展、社会治理、文化提升和环境改善提供全球性资源。

国际交往中心促进国家外交。国际交往中心建设对国家外交的意义不仅体现在外围环境的改善，还要为中国特色大国外交的内涵发展提供核心支撑。中国特色大国外交的主要目标是推动构建人类命运共同体。中国要发挥负责任大国的作用，积极贡献全球治理方案，推动经济全球化朝着更加开放、包容、普惠、平衡、共赢的方向发展。北京是中国所倡导的新型国际关系的主场、新型全球治理的心脏。北京国际交往中心建设，为首都维度的城市国际化补充了新的内涵。

（四）国际交往中心的测度与大数据目标谱系

目前关于城市国际化的评价指标研究较多。本章对这些文献进行了初步的梳理，如表 20.4 所示。

表 20.4　国内外关于城市国际化评价指标体系的研究成果

| 研究学者 | 研究时间 | 指标数目 | 指标内容 | 研究城市 |
|---|---|---|---|---|
| 喻国明 | 1995 | 31 | 5 项关键指标（年资金融通总量、年人均生产总值、港口吞吐量、外汇市场日交易量、外贸转口额）以及其余 13 项基本指标和 13 项参考指标 | 青岛 |
| 张程睿，林睦曾 | 1997 | 58 | 政治、经济、文化、信息、城市基础设施、城市环境、人口素质、社会安全保障 8 个方面 | |
| Beaverstock J. V. | 1999 | 4 | 财务、广告、金融和法律四大产业的公司分布 | 全球 123 个城市 |
| Grosveld H. | 2002 | 11 | 表演艺术、酒店管理、房地产、贸易与交通、大学、生产服务、博物馆、媒体、国际组织、跨国公司、金融 11 个方面 | 全球 94 个城市 |

续表

| 研究学者 | 研究时间 | 指标数目 | 指标内容 | 研究城市 |
|---|---|---|---|---|
| 顾朝林 | 1999 | 28 | 包括经济发展水平、服务业水平、劳动力素质、金融资本国际影响力和国际交流水平等5个方面 | 北京等18个大城市 |
| 叶贵勋、金忠民 | 2000 | 75 | 包括产业经济、金融贸易、人口、道路交通、公共交通、轨道交通、市政设施、信息化、城市环境、对外交通、能耗结构、文教卫体等 | 上海 |
| 蔡旭初 | 2002 | 124 | 包括总体经济实力、国际化程度、城市基础设施、集散能力、政府作用、管理绩效、科技开发、人力资本投入以及生活质量共9个方面 | |
| 杨立勋 | 2003 | 40 | 包括城市基础设施、经济、贸易、金融、第三产业、科教文化、外语环境7个方面 | 深圳 |
| 刘玉芳 | 2007 | 35 | 包括经济发展、基础设施、社会进步和国际化水平4个方面 | |
| 屠启宇 | 2009 | 40 | 设立目标性和路径性指标群，下设9个组别 | |
| 叶珊珊、翟国方 | 2010 | 40 | 综合经济发展水平、国际化程度、基础设施条件、政府财税调控能力、科技创新能力、环境吸引力、人口发展能力 | 长三角25个城市 |

通过对国际交往中心内涵的探讨和对国际上具有一定影响力的城市评价指标体系进行分析与总结，本章主要参考吴雨韩关于城市建设国际交往中心进程的指标体系[1]，将国际交往中心建设的目标谱系划分为全球治理、经济合作、文明借鉴三个主要维度，每个维度之下进一步细分指标和数据（见表20.5）。其中，全球500强公司入驻数量数据来自北京的外商投资行业协会，国际航空运输量数据来自国际航空运输协会，举办国际会议、展览的数据来自国际大会与会议协会（ICCA），外国驻华大使馆和总领事馆数据来源于中华人民共和国外交部领事司，友好城市和友好交流关系城市数据来自北京外事办公室的外商投资行业协会，其余数据来自北京市统计年鉴。

---

[1] 吴雨韩. 北京国际交往中心建设指标体系研究［D］. 北京外国语大学博士学位论文，2019.

表 20.5 国际交往中心建设的大数据目标谱系

| 一级目标 | 二级维度 | 准则层 | 指标层 |
|---|---|---|---|
| 国际交往中心 | 全球治理 | 政府间外交 | 使、领馆数量；主办政府间多边会议数量；大型会议场馆数量；政府间国际组织数量；友好城市数量 |
| | | 民间交往 | 国际非政府组织数量；全球性的媒体总部数量；供职于国际机构的人员数量；举办 ICCA 会议次数 |
| | 经济合作 | 发展引领 | 世界 500 强企业总部数量；FDI 流出总量；商品进、出口总额 |
| | | 创新引领 | 世界排名前 300 大学数量；研究所数量；已注册国际专利数量；所获高级别科研奖项数量；大型科研会议召开次数；研究员数量 |
| | 文明借鉴 | 城市形象 | 旅游出入境国内外游客数量、国际酒店数量、国际航班数量；世界文化遗产景点数量、博物馆数量、体育馆数量、艺术表演场地数量；生活质量居住便利程度、交通便利程度、外语指示标志有效盖盖率等 |
| | | 人文交流 | 外籍居民数量；外籍学生数量；外来人口来源国家数量；主办大型体育赛事次数；世界级文化活动召开次数 |

国际交往中心基础数据资源：①北京外国使、领馆数据：名称、地址、职能、人员等；②政府间多边会议数据：会议名称、时间、地点、成果，参会人员国别、职务等；③支持国际交往的会议场馆数据：名称、功能、空间、活动等；④政府间国际组织数据：名称、职能、注册地、参加人员；⑤友好城市：城市名称、国别，签订时间，具体活动；⑥国际非政府组织数据：名称、职能、注册地、参加人员；⑦全球性的媒体总部数据；⑧供职于国际机构的人员；⑨举办 ICCA 会议、大型科研会议、大型体育赛事、世界级文化活动等；⑩世界 500 强企业总部数据；⑪高校、研究所、研究人员数据；⑫科研成果奖励数据、注册的专利数据；⑬FDI、商品进出口；⑭国际酒店、国际机场及航班数据；⑮出入境游客数据；⑯世界遗产景点、博物馆、体育馆、艺术表演场地数据；⑰外籍居民、学生基本情况；⑱居住、交通、国际化标识等

## 第三节　建设现状

由于北京"四个中心"大数据目标谱系及大数据资源尚未正式建立，尚不能运用大数据手段对建设成效进行评价。卢明华等（2021）运用定性定量相结合的方法，充分结合更多公开的二手数据，对北京"四个中心"建设现状进行了评估。

### 一、全国政治中心建设现状

关于政治中心建设，主要通过服务保障能力的显著增强的定性评价。具体包

括：北京城市总体规划、北京城市副中心控制性详细规划和首都功能核心区控制性详细规划，分区规划、乡镇国土空间规划高质量编制实施，首都规划体系得到历史性深化和完善；核心区重点地区综合整治；安全生产专项整治和城市安全隐患治理；完成街道更新治理城市设计导则，探索街区更新"保障对保障"实施机制；核心区内非首都功能逐步向外疏解，为首都功能优化提升提供了空间保障。

**二、全国文化中心建设现状**

北京步入国际一流文化大都市阵营。根据 2019 年《国际文化大都市评价报告》，北京在 50 个国际文化大都市综合排名中居第 7 位，10 项一级指标中有 7 项指标名列前 10（见表 20.6）。2020 年，北京超过柏林，上升为第 6 位。

表 20.6　2019 年国际文化大都市评价与排名

| 排名 | 综合 | 人文生态建设 | 公共文化设施 | 公共文化供给 | 公共文化参与 | 文化市场 | 文化经济发展 | 文化教育 | 互联网发展 | 文化旅游 | 文化全球影响 |
|---|---|---|---|---|---|---|---|---|---|---|---|
| 1 | 纽约 | 伦敦 | 日内瓦 | 巴黎 | 上海 | 旧金山 | 纽约 | 伦敦 | 旧金山 | 罗马 | 伦敦 |
| 2 | 伦敦 | 芝加哥 | 米兰 | 东京 | 北京 | 日内瓦 | 伦敦 | 东京 | 纽约 | 东京 | 纽约 |
| 3 | 巴黎 | 罗马 | 旧金山 | 纽约 | 纽约 | 爱丁堡 | 东京 | 纽约 | 洛杉矶 | 北京 | 巴黎 |
| 4 | 东京 | 纽约 | 维也纳 | 北京 | 东京 | 马德里 | 首尔 | 巴黎 | 阿姆斯特丹 | 香港 | 东京 |
| 5 | 旧金山 | 巴黎 | 法兰克福 | 悉尼 | 深圳 | 法兰克福 | 洛杉矶 | 莫斯科 | 东京 | 莫斯科 | 香港 |
| 6 | 柏林 | 柏林 | 哥本哈根 | 墨尔本 | 香港 | 哥本哈根 | 柏林 | 北京 | 华沙 | 洛杉矶 | 多伦多 |
| 7 | 北京 | 北京 | 阿姆斯特丹 | 伦敦 | 伦敦 | 大阪 | 广州 | 洛杉矶 | 达拉斯 | 上海 | 北京 |
| 8 | 洛杉矶 | 墨尔本 | 达拉斯 | 多伦多 | 墨西哥 | 达拉斯 | 维也纳 | 上海 | 巴黎 | 巴黎 | 莫斯科 |
| 9 | 上海 | 香港 | 爱丁堡 | 上海 | 巴黎 | 费城 | 慕尼黑 | 悉尼 | 上海 | 大阪 | 新加坡 |
| 10 | 罗马 | 旧金山 | 布鲁塞尔 | 首尔 | 首尔 | 芝加哥 | 达拉斯 | 新加坡 | 北京 | 柏林 | 柏林 |

北京公共文化设施国内领先，但与世界知名城市存在差距。在国内，北京绝大部分公共文化设施得分最高；在规模和丰富度 2 个维度上略强于上海，遥遥领先于全国其他城市。在艺术馆、剧院、公共图书馆、酒吧等公共文化设施供给的

数量上总体偏弱，每年音乐、舞蹈等表演场次更弱（见表 20.7）。公共文化设施人均指标与世界知名城市仍有较大差距。

表 20.7　国际城市文化活力指标比较

| 指标 | 北京 | 纽约 | 伦敦 | 巴黎 | 东京 |
|---|---|---|---|---|---|
| 世界文化遗产数/个 | 7 | 1 | 4 | 4 | 2 |
| 公共图书馆数/个 | 24 | 207 | 325 | 1047 | 387 |
| 每 10 万人公共图书馆数/个 | 0.1 | 2.4 | 3.9 | 8.5 | 2.9 |
| 书店数/个 | 1514 | 814 | — | 1251 | 1646 |
| 每 10 万人书店数/个 | 3.1 | 9.4 | 4.3 | 10.2 | 12.2 |
| 博物馆数/个 | 179 | 140 | 192 | 297 | 173 |
| 艺术馆数/个 | 59 | 1475 | 478 | 1142 | 618 |
| 剧院数/个 | 174 | 637 | 270 | 836 | 236 |
| 音乐厅数/个 | 32 | 15 | 10 | 16 | 13 |
| 每年戏剧表演场次/场 | 12217 | 43004 | 32032 | 51070 | 28970 |
| 每年音乐表演场次/场 | 2575 | 22204 | 22828 | 31375 | 16699 |
| 每年舞蹈演出场次/场 | 450 | 6292 | 2236 | 1651 | 2445 |
| 电影院数/个 | 174 | 98 | 163 | 312 | 67 |
| 电影节/场 | 2 | 57 | 53 | 190 | 60 |
| 酒吧数/个 | 1423 | 2113 | 3615 | 4316 | 29358 |

注："—"为数据缺失。

文化产业发展引领全国，但缺少具有国际影响力的文化品牌。2019 年，北京规模以上文化产业实现收入 12849.7 亿元，占 GDP 比重 9.4%，位居全国首位。2010~2019 年中国省市文化产业发展指数，北京连续 9 年排名全国第一。但与伦敦、巴黎、东京等国际大都市都具有世界知名的文化品牌和著名 IP 相比，北京始终缺乏一个具有国际影响力的文化品牌和一批具有国际竞争力的文化龙头企业。

### 三、国际交往中心建设现状

大型国际活动组织能力强，承担众多重大外交外事活动。北京作为首都，具备更强的组织协调、安保和动员宣传推广能力。2019 年，北京市举办了多项重大国事、外事活动，包括新中国成立 70 周年庆祝活动、第二届"一带一路"国际合作高峰论坛、北京世园会等；接待国际会议 91 场，位居亚太城市第七、中国第一。2010~2019 年，北京共举办 1228 场国际会议，在亚太地区排在第三位，仅次于新加坡的 1543 场和首尔的 1343 场。

世界 500 强企业总部聚集，在世界城市中的等级显著提升。北京拥有世界 500 强企业总部 56 家，居世界第一。北京在全球化与世界城市研究网络（Globalization and World Cities Study Group and Network，GaWC）发布的 2018 年《世界城市名册》中的城市等级排名第 4 位，成为继伦敦、纽约、香港之后的世界城市（见表 20.8）；在《全球城市指数报告》中，2015~2019 年稳居第 9 位，2020 年上升至第 5 位，城市竞争力显著增强。

表 20.8　全球化与世界城市研究网络中世界城市排名变化

| 城市等级 | 2000 年 | 2004 年 | 2008 年 | 2010 年 | 2012 年 | 2016 年 | 2018 年 | 2020 年 |
|---|---|---|---|---|---|---|---|---|
| Alpha++ | 伦敦 | 伦敦 | 伦敦 | 伦敦 | 伦敦 | 伦敦 | 伦敦 | 伦敦 |
|  | 纽约 | 纽约 | 纽约 | 纽约 | 纽约 | 纽约 | 纽约 | 纽约 |
| Alpha+ | 香港 | 香港 | 香港 | 香港 | 香港 | 新加坡 | 香港 | 香港 |
|  | 巴黎 | 巴黎 | 巴黎 | 巴黎 | 巴黎 | 香港 | 北京 | 新加坡 |
|  | 东京 | 东京 | 新加坡 | 新加坡 | 新加坡 | 巴黎 | 新加坡 | 上海 |
|  | 新加坡 | 新加坡 | 东京 | 东京 | 上海 | 北京 | 上海 | 北京 |
|  |  |  | 悉尼 | 上海 | 东京 | 东京 | 悉尼 | 迪拜 |
|  |  |  | 米兰 | 芝加哥 | 北京 | 迪拜 | 巴黎 | 巴黎 |
|  |  |  | 上海 | 迪拜 | 悉尼 | 上海 | 迪拜 | 东京 |
|  |  |  | 北京 | 悉尼 | 迪拜 |  | 东京 |  |
| Alpha | 芝加哥等 | 多伦多等 | 多伦多等 | 米兰、北京等 | 芝加哥等 | 悉尼等 | 台北、广州、米兰等 | 悉尼、洛杉矶、多伦多等 |
| Alpha- | 台北、迈阿密等 | 墨西哥、上海、北京等 | 都柏林、台北等 | 台北、迈阿密等 | 首尔、台北等 | 台北、广州、都柏林等 | 深圳、阿姆斯特丹等 | 首尔、广州、台北、深圳等 |

注：2000 年、2004 年世界城市排名中，Alpha+ 等级的城市仅 4 座，故此部分有空白。

国际组织数量少且外国游客数量持续下降。2018 年，北京仅有 8 个政府间组织总部、23 个政府间组织代表处、16 个非政府组织总部，其中只有上海合作组织属于全球最有影响力 92 个国际组织之一。与纽约、伦敦、巴黎、东京等国际大都市相比，北京不仅国际组织数量少，而且缺乏重量级国际组织。2015~2019 年，北京接待外国游客数量下降了 36.9 万人次，同期上海增加了 77.5 万人次，北京接待外国游客占全国的比重与上海的差距由 13 个百分点增加到 15 个百分点，2019 年，北京该比重也低于广州。

**四、国际科技创新中心建设现状**

研发投入大且注重基础研究。北京研发投入强度与基础研究占比都居于国内领先地位，达到发达国家水平。2019 年，北京共有研发人员（全时当量）31.40 万人，占全国的 6.54%，每万人拥有研发人员 215 人，是上海的 1.8 倍，全国平均水平的 4.2 倍。北京基础研究人员占比 20.22%，是上海的 1.4 倍，全国平均的 2.5 倍（见图 20.2）。北京研发经费内部支出 2233.59 亿元，占全国总支出的 10.1%，研发经费占 GDP 比重为 6.31%，居全国之首，是上海的 1.6 倍，全国的 2.8 倍。北京基础研究经费占研发经费的 15.9%，是上海的 1.8 倍，全国的 2.6 倍。

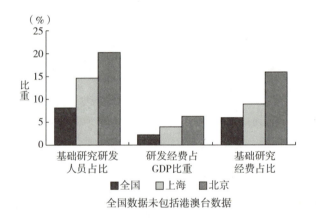

**图 20.2 2019 年北京、上海和全国主要科技投入指标比较**

科技产出全球影响力持续提升。2020 年，北京专利申请量、授权量分别为 25.7 万件、16.3 万件，其中发明专利申请量、授权量分别占总量的 56.8%、38.3%，远高于全国比例；北京万人发明专利拥有量为 155.8 件，较 2015 年增长了 1.5 倍，是全国平均水平的近 10 倍，居全国首位。2018 年与 2020 年的自然指数—科研城市榜单显示，北京是自然指数追踪的 82 种高质量研究期刊论文的最大城市，在全球科研城市中蝉联第 1。根据全球创新指数报告，2017 年，北京在全球前 100 个科技集群中排在第 7 位，2021 年跃为第 3 位。该报告显示，2015～2019 年，北京的专利（Patent Cooperation Treaty，PCT）申请量占全球 2.62%，出版物占全球 2.95%，共占全球 5.57%，低于东京—横滨集群比重（12.4%），高于纽约（2.66%）、巴黎（2.28%）、伦敦（1.63%），北京的科技产出跻身世界前列，如图 20.3 所示。

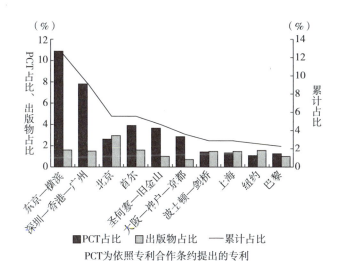

图 20.3 2015～2019 年全球前 10 个科技集群专利和出版物情况

企业在北京科技创新中的主导作用待加强。北京企业拥有的有效发明专利占全部发明专利的比重仅为 17.12%，不仅远低于上海（41.27%），更远低于全国（63.24%）。2019 年，北京高技术产业、战略性新兴产业增加值分别为 8630 亿元、8406 亿元，均低于深圳 9231 亿元、10156 亿元的规模。

总之，北京首都功能优化提升，"四个中心"功能建设全面提速，"四个服务"水平显著提高：北京政治中心服务保障能力增强，大国首都形象展现；文化中心影响力不断提升，步入国际一流文化大都市阵营；国际交往环境及配套服务能力不断提升，在世界城市中的等级显著提升；科技创新能力引领全国，已初步建成具有全球影响力的科技创新中心。

但对标世界知名城市，北京在"四个中心"建设上仍存在不足：公共文化服务供给能力与世界知名城市存在差距，缺少具有国际影响力的文化品牌；国际组织规模影响力与大国首都地位不匹配，对国际游客的吸引力不强；全国科技创新中心领先地位受到挑战，创新对高质量发展支撑能力亟待增强。

未来，政治中心建设方面，严格规划，高度管控，全力维护首都政治安全，持续降低核心区人口、建筑等密度，多措并举让核心区"静"下来；统筹核心区中央政务办公、文化、公共服务等功能，为中央党政军领导机关提供优质服务。文化中心建设方面，对标国际文化大都市，增加城市公共文化优质供给，提高公共文化服务效能；深度挖掘首都文化资源，提炼民族文化IP，打造具有全球竞争力的文化品牌。国际交往中心建设方面，高标准推进"两区"建设，推动全方位扩大开放；积极与国际组织进行联系，争取政府间国际组织落户，借助国际组织提升城市国际话语权；促进城市、文化和旅游相互渗透，利用旅游优化城市文化，借助文化推广旅游，推进文旅融合吸引国际游客。科技创新中心建设方面，超前布局世界一流的科技设施与创新平台，提高重大原始创新的引领能力；打造全球科技创新枢纽城市，持续提升科技创新枢纽的集聚力、整合力、辐射力与协同力；强化企业创新主体地位，促进科技成果转化，加强高科技产业链与创新链对接。

## 第四节　联动应用

北京"四个中心"建设是一个整体目标，四个中心的功能定位具有相互依托、互相促进的性质。

一方面，北京作为国家首都，全国政治中心成为最根本的定位，也具有无可替代的优势资源。文化中心、国际交往中心与政治中心具有紧密的联系，依托政治中心的国际交往、文化建设，为北京带来了丰厚的机会和资源。作为政治、文化和国际交往的重要组成要素，高等院校、科研院所、全球企业总部等也成为推动科技创新中心的重要力量，从而奠定了北京的国际科技创新中心地位。

另一方面，当前经济社会发展一个很重要的趋势是文化科技融合，文化中心和科技创新中心"双轮驱动"下的城市，国际影响力不断增强，全球化活动不断增多，进一步促进了国际交往和政治影响，从而推动了国际交往中心和政治中心建设。四个中心的相互嵌入、相互依托、协同演进形成北京城市发展的主旋律。

### 一、全国政治中心的核心地位

北京在西周时成为周朝的诸侯国之一——燕国的都城，自金朝起成为古代中国首都——中都。自元朝起，开始成为全中国的首都。明朝自成祖后开始对北京进行大规模扩建，清朝在延续明北京城的基础上又进行了一些修缮和扩建。至清末，北京成为当时世界上最大的城市。北京有着3000余年的建城史和800余年的建都史，自秦汉以来，北京地区一直是中国北方的军事和商业重镇。1949年后，北京成为中华人民共和国的首都、直辖市，是中国共产党中央委员会、中华人民共和国中央人民政府、全国人民代表大会、中国人民政治协商会议全国委员会、中华人民共和国中央军事委员会所在地。历史的积淀和现实的选择，奠定了北京政治中心的核心地位，并辐射到文化中心、国际交往中心和国际科技创新中心的建设。

### 二、全国文化中心和国际科技创新中心的基础地位

北京拥有丰富的历史文化资源，政治中心定位也促进了更多的全国性其至国际性文化资源汇聚，这为全国文化中心的建设奠定了资源基础。文化中心的形成，既得益于政治中心的外溢效应，又进一步巩固和推动了政治中心的内涵，尤其是以社会主义核心价值观为代表的主流文化与政治文明的相互统一。

北京同时拥有丰富的科技创新资源，其中，最重要的当数高度密集的高校和科研院所中的高科技人才资源。政治中心、文化中心的定位和发展，进一步吸引更多的科技人才和产业资源落户北京，促进了高端科技创新资源的汇聚，助力国际科技创新中心建设。

### 三、国际交往中心的重要地位

北京的政治、文化、科技资源，是国际交往的基础，国际性政治交往、文化交流、科技合作，既吸引了全球优秀资源来京，又推动了中国自有资源的对外发展，从而为全国政治建设和社会经济发展发挥重要作用，是实现中华民族伟大复兴中国梦的重要支撑。

### 四、"四个中心"大数据目标谱系

北京建设"四个中心"是不可分割的逻辑整体，相互之间具有紧密的联系和功能支持。无论从宏观上如何构建"四个中心"根、干和叶的目标谱系，归根结底都是由北京区域内的各类基础资源和动态资源共同支撑形成的。因此，本章把四个中心各自的大数据目标谱系进行综合后，形成北京"四个中心"大数据目标谱系（见图20.4），反映它们之间错综复杂的数据资源协作关系和多层叠加的层次关系。

### 五、智慧北京建设的策略建议①

党的十八大以来，习近平九次视察北京、十六次对北京发表重要讲话，深刻回答了"建设一个什么样的首都，怎样建设首都"这一重大时代课题。首都工作关乎"国之大者"，一切工作都要从政治上考量、在全局下行事，大力加强"四个中心"功能建设、提高"四个服务"水平，更好服务党和国家工作大局，

---

① 李学伟. 北京市政协提案"关于加快构建智慧北京全域目标（场景）谱"［EB/OL］. http：//xueshu. baidu. com.

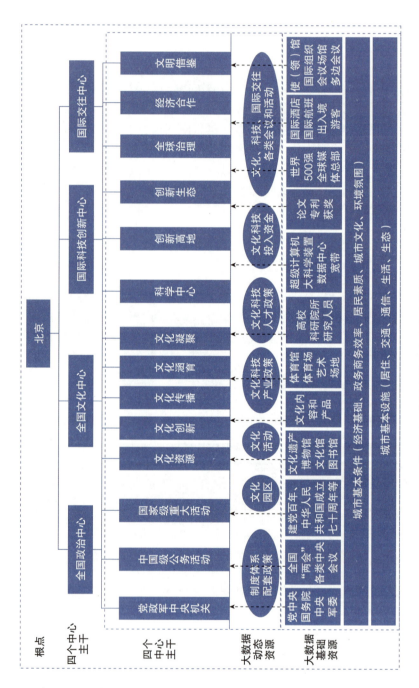

图20.4 北京"四个中心"大数据目标谱系

更好满足人民对美好生活需要①。为此陈吉宁提出要全面推进北京智慧城市建设，加强顶层设计，布局智慧北京全域应用场景，一体建设数字政府、数字经济、数字社会；北京"十四五"规划提出，要提升基础设施和公共服务质量，提高城市治理智慧化水平；《北京市"十四五"时期高精尖产业发展规划》（以下简称《规划》）提出，通过在北京全域打造智慧城市应用场景，鼓励全域场景创新，吸引各行业、各领域新技术在京孵化、开展应用，加速形成创新生态，带动相关产业在京落地发展。

北京"四个中心"的建设是智慧北京建设成就的集中体现。在新发展理念指导下，智慧北京的研究和建设是提升超大城市治理水平、推进首都治理体系和治理能力现代化的重要途径；同时，通过大胆探索贯穿其中的相关"卡脖子"技术与理论创新，能带动系列高精尖产业，成为北京数字经济快速发展的关键抓手。建立在快速、稳定的数字经济和卓越、有效的城市治理基础上的"四个中心"功能定位，才能真正成为中国发展的标杆和引领。因此，智慧北京的建设是"四个中心"建设的核心内容。

为落实"规划"并推动高精尖产业的发展，还需通过系统的研究以攻克相关的技术问题。究其根本，关键科学问题在于：①智慧城市建设是一个复杂的系统工程，涉及多个学科与高精尖产业技术，其理论方法研究相对滞后（如智慧城市的清晰定义、涉及可见与不可见的目标场景体系等）；②万物互联的大数据（如人、物、事、环境等）描述的理论模型缺失，数据共享管理与技术机制及理论没有理顺和突破（如区块链、云分布的共享技术、数据库语言创新等）；③核心技术创新研究不足，尤其是涉及 AI 算法理论与芯片、引领的技术标准等方面。这些是制约智慧北京发展及泛在大数据应用不足的根本问题。因此，研究智慧北京全域目标（场景）谱系的理论及其关键技术，在新阶段具有重要意义。建议应充分运用人工智能和大数据技术，创新相关技术理论，具体从三个方面推进智慧北京建设工作，提升城市治理水平：

（1）研究智慧北京全域目标（场景）谱系。建设智慧北京是一个复杂的巨系统工程，数据驱动是新型智慧城市建设的突出特征。应加强顶层设计，以市民需求为导向、以大数据应用为驱动、以智能决策为核心，在智慧城市建设运行管理的全生命周期过程中，明确政府、企业、市民等各主体在智慧北京全域各场景各单元的需求目标，构建中/宏观应用目标谱系全景，打造一体化可适变的全域智慧北京应用谱系，实现城市的"一体化监测、智能化管理、多信息融合、整体式管控"，为切实提高北京城市精细化管理水平打下坚实基础。

---

① 蔡奇．"学习贯彻党的十九届六中全会精神宣讲报告会"的讲话［Z］．2021．

（2）加强大数据全域（全域集）理论基础研究。全域应用场景的构建是建设智慧城市的前沿探索，应在基础理论研究方面跟进支撑，形成突破。因此，应采用全域集理论描述智慧城市大数据字段，构建全域大数据集理论体系，探究数据的标准化颗粒表述，建立一套数学集合理论量化联动标准、规范联动操作，为突破各场景及各系统之间的数据壁垒、建立标准数据云库提供数学理论支撑，从而为打造数字城市、智慧城市奠定大数据综合应用的理论基础。

（3）创新 AI 模式理论与技术，推动解决"卡脖子"技术问题。城市在发展及信息化历史过程中形成了大量信息孤岛，智慧城市在建设中面临的关键难题之一是能否有效聚合多源异构的城市数据资源并发挥其整合效应。因此，通过研究大数据共享机制与 AI 算法体系创新应用，分析城市大数据源的分类特征与共享机制，形成基于场景的启发式学习、自适应学习以及全域机器学习的模式体系创新，推动关键核心技术联合攻关取得突破，不仅有助于解决智慧北京建设中的"卡脖子"技术问题，同时能够发挥北京在人工智能研究领域等战略长板优势，进一步推动北京成为全球创新高地，引领高精尖产业发展。

总之，在新发展理念的指导下，建设智慧北京不仅是推进首都治理体系和治理能力现代化的重要途径，还能进一步推动北京国际科技创新中心建设、带动相关高精尖产业发展。服务国家、北京、行业发展是市属高校办学的根本出发点，市属高校有义务、有担当，也应有能力参与智慧北京的建设与发展。已有相当研究基础的市属高校应通过智慧北京相关研究引领学科建设、带动高精尖技术发展、加速高水平人才培养、促进相应科技成果转化，为加强"四个中心"功能建设、提高"四个服务"水平，更好满足人民对美好生活需要贡献应尽的责任和力量！

# 参考文献

［1］李学伟，张若冰．创新研究推动智慧北京关键技术发展［J］．北京联合大学学报（人文社会科学版），2020，18（3）．

［2］张若冰，祝歆，李雪岩．智慧城市建设推动社区治理实践创新［J］．北京联合大学学报（人文社会科学版），2021，19（2）：116-124.

［3］阿里云．阿里城市大脑解决方案［EB/OL］．https：//www.sohu.com/a/426126487_680938，2020.

［4］刘彤．5G为智慧城市建设提供全方位支撑［N］．人民邮电，2021-02-09（008）．

［5］王玉梅，胡伟峰，汤进，等．产品交互设计中场景理论研究［J］．包装工程，2017（6）．

［6］毕马威．未来之道，携手共赢［R］．毕马威咨询，2020.

［7］阮闯．企业大脑——人工智能时代的全数字化转型［M］．北京：经济管理出版社，2017.

［8］崔昌云．智慧城市社区信息化建设分析［J］．电子世界，2021（3）：9-10.

［9］张博．政府购买智慧社区养老服务的风险及治理——基于智慧社区养老服务链的视角［J］．中国矿业大学学报（社会科学版），2018（4）：1-9.

［10］侯鲁民．大数据时代下城市智慧社区治理体系构建与优化［J］．中国科技信息，2021（7）：105-106.

［11］申永丰，杨小军．全面把握智慧社区建设的科学内涵［N］．中国社会科学报，2021-03-31（008）．

［12］曹海军，侯甜甜．新时代背景下智慧社区建设：价值、逻辑与路径［J］．广西社会科学，2021（2）：1-7.

［13］高凡．智慧社区基层治理平台助力城市管理下沉社区［J］．中国建设信息化，2021（2）：66-67.

［14］孟晨瑜．后疫情时期智慧社区治理的创新机制研究［A］．河北省公共政策评估研究中心等，2020：10.

［15］李建军．以"智慧"为目标形成社会协同：智慧社区实现路径［J］．现代商贸工业，2020，41（32）：14-16.

［16］韩勇，朱懿．智慧社区服务供给机制创新——以广西北海市智慧政务服务平台应用为例［J］．企业经济，2021，40（11）：119-125.

［17］张艳国，朱士涛．大数据融入智慧社区建设：时代价值与现实路径［J］．江汉论坛，2021（11）：117-124.

［18］康健，王成荣，王春娟．数字经济背景下智慧型社区商业配置研究［J］．商业经济研究，2021（21）：29-32.

［19］郑烨，姜蕴珊．走进智慧城市：中国智慧城市研究的十年发展脉络与主题谱系［J］．公共管理与政策评论，2021，10（5）：158-168.

［20］吴海琳，程茹．走向"复合型社会"赋能的智慧社区建设——空间社会学视角下的"十三社区"案例分析［J］．福建师范大学学报（哲学社会科学版），2021（4）：85-96.

［21］徐兰，李亮．互联网+智慧养老：基于O2O理念下的社区居家养老服务模式［J］．中国老年学杂志，2021，41（12）：2675-2681.

［22］陈栋，张翔，陈能成．智慧城市感知基站：未来智慧城市的综合感知基础设施［J］．武汉大学学报（信息科学版），2021（12）：1-39.

［23］吴海琳．找回"社会"赋能的智慧社区建设［J］．社会科学战线，2020（8）：231-237.

［24］王小强．大数据推进社区治理和服务创新的路径［J］．人民论坛，2021（12）：76-78.

［25］白海涛，刘军，冉旭东．基于多源大数据的智慧社区环境评价研究［J］．中国电子科学研究院学报，2021，16（3）：270-276，284.

［26］孟令鹏，田萃，许维胜．人工智能赋能城市社区治理的共融模式及其实施路径［J］．上海行政学院学报，2021，22（2）：83-90.

［27］张晨，张卉妍．需求、行动者与绩效：智慧社区创新实践的动力机制——基于S市Y社区的个案研究［J］．新视野，2021（1）：91-97.

［28］王波，张伟，张敬钦．突发公共事件下智慧城市建设与城市治理转型［J］．科技导报，2021，39（5）：47-54.

［29］王法硕．智能化社区治理：分析框架与多案例比较［J］．中国行政管理，2020（12）：76-83.

［30］宗成峰．中国"互联网+"城市社区治理：挑战、趋势与模式［J］．

城市发展研究，2020，27（10）：23-27，46.

［31］朱懿．城市社区智慧治理的整合机制研究［J］．企业经济，2021，40（3）：80-87.

［32］任志祥．利用大数据提升基层治理水平的路径［J］．人民论坛，2020（26）：72-73.

［33］Zhu，X.，Chen，et al. Smart city community governance system based on online and offline aggregation services［J］．Journal of Ambient Intelligence and Humanized Computing，2021（1）：7-14.

［34］段浩，徐梦．新基建下工业互联网产业链评估与安全预警［J］．中国工业和信息化，2020（4）．

［35］姚磊，张翔宇．工业互联网保"双链"稳定机理初探［J］互联网经济，2020（8）．

［36］贺正楚，曹德，潘红玉，等．全产业链发展状况的评价指标体系构建［J］．统计与决策，2020（18）．

［37］胡丽，陈友福，智慧城市建设不同阶段风险表现及防范对策［J］．中国人口·资源与环境，2013（11）．

［38］袁海红，牛方曲，高晓路．城市经济脆弱性模拟评估系统的构建及其应用［J］．地理学报，2015（2）．

［39］谢玮．提升产业基础高级化、产业链现代化水平工业互联网的驱动力［J］．中国经济周刊，2020（9）．

［40］杨思佳．基于"风险—能力"的安全城市评估模型研究［J］．中外企业文化．2015（12）．

［41］郭再富．安全城市内涵及其持续改进过程研究［J］．中国安全生产科学技术，2012（8）．

［42］Safe Cities Index［EB/OL］．https：//safecities. economistxom/wp-content/uDloads/2019/08/Aug-5-ENG-NEC-Safe-Cities-2019-270x210-19-screen. pdf.

［43］U. S. Department of Homeland Security. National Preparedness Guidelines［EB/OL］．https：//www. hsdl. org/abstract&did=478815.

［44］北京市"十四五"时期智慧城发展行动纲要［EB/OL］．http：//www. beijing. gov. cn/zhengce/zhengcefagui/202103/t20210323_2317136. html.

［45］郑荣华．"智慧城市"促进产业经济的发展［N］．中华工商时报，2019-04-11（03）．

［46］逢金玉．"智慧城市"——中国特大城市发展的必然选择［J］．经济

与管理研究，2011（12）：74-78.

［47］智慧城市获国家支持　万亿市场还需打造产业链条［EB/OL］. https：//www.sohu.com/a/197180942_221974.

［48］智慧北京重点工作任务分工（京政办函〔0120〕6号）［EB/OL］. http：//www.beijing.gov.cn/zhengce/zfgb/lsgb/201905/W020191126326366 623359.pdf.

［49］郭仁忠，林浩嘉，贺彪，等. 面向智慧城市的 GIS 框架［J］. 武汉大学学报（信息科学版），2020，45（12）：1829-1835.

［50］经济运行大数据分析平台助力智能决策［EB/OL］. https：//www.sohu.com/a/229351073_393976.

［51］北京市中小企业公共服务平台推出北京通企服版 App［EB/OL］. https：//baijiahao.baidu.com/s？id=1691114763917690914&wfr=spider&for=pc.

［52］开发城市智慧大脑等场景　朝阳加快建设数字经济示范区［EB/OL］. https：//www.sohu.com/a/490532158_115865.

［53］安鑫. AI 赋能　技术革新推动安防迈向智能化时代——专访北京汉王智远董事长兼总经理黄磊［J］. 中国安防，2021（Z1）：15-19.

［54］孔祥波. 利用大数据进行人口实时监测［EB/OL］. https：//baijiahao.baidu.com/s？id=1625249571241774475&wfr=spider&for=pc.

［55］杨星宸. 一种基于大数据的智慧人力运营管理平台［J］. 计算机产品与流通，2020（4）：116-117.

［56］王志辉. 大数据驱动的智慧人力资源管理［J］. 电子技术与软件工程，2019（24）：131-132.

［57］京东智慧人才管理系统初露锋芒　斩获人力资源科技最佳应用实践奖［EB/OL］. http：//www.sohu.com//222455181-162290.